作者简介

李勇，1965年生，安徽固镇人。先后就读于安徽师范大学历史系、华东师范大学史学所、复旦大学历史学系，分获历史学学士、硕士和博士学位。现为淮北师范大学历史与社会学院教授、院长。兼任中国史学理论学会理事，安徽省历史学会副会长、淮北市历史教育指导委员会理事长。曾荣获安徽省高校中青年骨干教师、安徽省高校学科拔尖人才、安徽省高校教学名师称号。

主要著作有《鲁滨逊新史学派研究》、《保卫历史学》等，参编《20世纪中外史学交流》、《西方史学史（第三版）》、《史学理论大词典》、《中国史学史纲》，并在《史学理论研究》、《史学史研究》、《学术月刊》、《史学月刊》等刊物上发表学术论文四十余篇。

西方史学通史

第四卷　近代时期（上）

14世纪初至18世纪

The Beginning of 14th Century ~ 18th Century

主　　编　张广智

本卷作者　李　勇

復旦大學出版社

本卷提要

本卷首先阐述 14 世纪初到 16 世纪末人文主义史学产生的社会与学术条件，代表性史家的成就、地位和影响，其对于西方史学的贡献以及存在的局限；其次探讨 18 世纪理性主义史学兴起的社会和学术原因，述及百科全书派、苏格兰学派、哥廷根学派、历史哲学的发展等；最后分析基督教史学在近代早期的发展和影响，包括博学派产生的原因和主要贡献、基督教史观对于世俗史学家和思想家的影响。

本卷在论述近代早期西方史学的流变时注意考察其社会背景和学术条件，并说明史学的总体特征、局限与影响；同时关注史学家之学术渊源及其衍化，着力探讨各史学流派的特点。全卷从贡献与局限、进步性与保守性、世俗性与宗教性、思想内在的矛盾性、理论与实际脱节等视角落墨，力求较为客观地呈现近代早期西方史学的复杂性。

目 录

导 论

14 世纪到 17 世纪初，即世界历史上通常所谓的西方“文艺复兴”时期，历史学面临着新问题，反映了新内容，呈现出新特征。其新面目有着沃实的社会土壤和丰厚的学术基础。其间欧洲资本主义经济从萌芽到迅猛发展，突破地中海沿岸蕞尔城市国家孕育成全球性市场。那些富裕起来的原本处于下层的人们，要求与贵族分享政治权利，最终通过和平乃至暴力手段，在欧洲建立自由和民主政体。意识形态也颇不平静，资产阶级提出和发起新教运动，对基督教会提出挑战，宗教改革与反改革进行着殊死的较量。其间，各种思想起伏跌宕，人文主义和理性主义先后成为思想文化的主流。在其浸染之下，西方近代史学得以发轫并获得迅速发展。历史进入 17 世纪中期以后，直到法国大革命前夕，欧洲社会发生了许多重大变化，这些变化主要有：专制王朝统治出现了危机，突出表现为经济上的自由呼声和政治上的立宪要求非常强烈；国际角逐日趋激烈，世界霸权反复易手，北美独立革命震惊世界。西方知识界意识到问题的严重性，试图寻求解决之策，一方面希望从遥远的中国找到参照系，另一方面从欧洲历史当中寻找答案。

一、风云变幻的近代西方社会

从文艺复兴到启蒙运动，西方社会的发展可以用风云变幻来加以形容，具体情况简述如下。

1. 资本主义的萌芽与发展

文艺复兴时期是欧洲资本主义原始积累阶段。按照马克思的说法：“在 14 和 15 世纪，在地中海的某些城市已稀疏地出现了资本主义的最初萌芽。”①

① 马克思：《资本论》第 1 卷，人民出版社 1975 年版，第 167—168 页。

马克思所说的这些城市有佛罗伦萨和威尼斯等。就佛罗伦萨而言，14 世纪就出现了毛织业、银行业等影响巨大的行会。随后在欧洲大陆、英格兰等地都出现了资本主义经营方式且相当发达。例如，15 世纪巴黎的呢绒行业专门技术的工序已有 20 多种。再如，英国的一些贵族采取圈地的方式进行经营以收取地租，即农业的资本主义经营方式，这就是英国历史上著名的“圈地运动”。

资本主义发展较早的国家，除了在国内为资本运行而营造便利条件外，还肆意向海外扩张，残酷掠夺殖民地。从 15 世纪末到 16 世纪初，以葡萄牙、西班牙为代表的欧洲国家，纷纷寻求新的通向东方的航路。

全球航路的开辟，给欧洲带来意想不到的影响。例如，英国受海外尤其是美洲白银不断输入的影响，国内爆发了“价格革命”，出现“圈地运动”。“圈地运动”的结果是大面积土地所有权或者经营权的转让，一方面产生大量贵族地主、农业资本家，另一方面使得大量农民失去土地。这些固然为英国资本主义的迅速发展提供了有利条件，同时也产生新的社会力量，带来新的社会矛盾。17 世纪，英国棉纺织业就发展起来了；到了 18 世纪，其他制造业也逐渐建立和发展起来。这就为后来的工业革命奠定了基础，也提出了新要求。自耕农作为一个阶级，到 18 世纪中叶在英国已经基本消失，土地集中在少数地主、贵族和资本家手中。自耕农转变为雇农或者城市工厂中的雇佣工人。随着工业化进程的加剧，新的阶级即工业无产阶级产生，并成为反对封建贵族统治的重要力量。

随着资本主义的迅速发展，1688 年“光荣革命”后，英国再次实施自由放任的经济政策，商品生产的自由竞争更为顺畅地发展起来。约翰·洛克的“私有财产神圣不可侵犯”的思想在社会上普遍流行，并取得法律地位，经营工商业和发财致富得到社会的肯定。法国重农主义奠基人魁奈，也鼓吹经济自由，反对国家干预经济，提出经济上的放任自由的主张。他所代表的重农学派认为，对工商业的税收和干预是不必要的和有害的。因为，第一，由于农业才是真正的、唯一的生产部门，加在工商业上的税收，实际上最终是由农业部门支付的；第二，任何对工商业的干涉，导致其成本、费用的增加，都会使工商业产品价格上涨，使农业部门支付更多的产品来购买工商业产品。所以，重农学派也在鼓吹“自由放任”政策。法国学术界没有落伍，可是法国资本主义经济的发展并没有像英国那样顺当，这样使得法国社会在英国这块样板和对手的比照下，呈现出更大的复杂性。

2. 政治的渐趋自由与民主

文艺复兴时期，在欧洲资本主义发达的国家，市民上层在政治上和王权结为同盟，以实现其本土和海外利益最大化。然而，17 世纪中期以后，欧洲专制王朝统治普遍出现了危机，资产阶级提出实行立宪政治的强烈要求。

长期以来，英国国会处在王权压制之下，可是新贵族和资本家随着经济势力的日益强大，在政治上提出有利于自己的诉求。"光荣革命"之前，他们以法律的形式甚至以革命方式，通过议会限制王权，动摇了君主制的基础。"光荣革命"之后，他们建立了君主立宪制，限制王权确保自己的政治利益，君主立宪制成为西方政治体制的一块重要样板。

在英国建立民主政治的情况下，法国还在施行中央集权的封建君主制度，可是到了 18 世纪后半期已经明显暴露出衰败迹象。路易十四统治时期，经济上施行重商主义，鼓励国内生产，扶植出口贸易，政治上实行严格的专制独裁，宣传"君权神授"思想。这样，在 18 世纪末之前，法国农村已经被资本主义经济所渗透；对外贸易特别发达，仅次于英国。同时，法国政治上出现"佩剑贵族"和"穿袍贵族"，他们成为第一和第二等级，与第三等级形成严重对立。

随着资本主义经济的迅速发展，法国出现农民严重失业、国库空虚、经济混乱的状况，加之连年自然灾荒的侵扰，因此农民和城市工人的暴动也不断发生。路易十六统治时期，先是召开"显贵会议"，可是没有解决这些问题；后又不得不召开停开多年的三级会议，其结果是不仅没有解决现实问题，反而加剧了封建贵族统治的危机。

在英国君主立宪制影响下，法国有人例如若望·梅里叶提出要废除君主制。启蒙运动时期，许多启蒙思想家提出"异端"主张并在社会上流行起来。例如，孟德斯鸠推崇英国的君主立宪；伏尔泰宣传开明君主制；卢梭反对过分的贫富悬殊，成为影响大革命中激进派的思想家；百科全书派中的核心人物狄德罗则号召人民起来开展革命。

以英法为代表的欧洲社会发展和存在的问题，促使启蒙学者进行思考，他们在理想上提出自由、平等和博爱的目标，思考不平等、不自由的起源，论证人类走向理想的合理性和可能性；欧洲社会历史的发展引人注目，吸引许多学者就欧洲国家历史进行研究，试图就现实问题进行解读。总之，欧洲近期历史发展为启蒙时期的史学家提供了思想动力和条件。

3. 宗教改革与反改革

在意识形态领域中，宗教改革和反改革进行着惊心动魄的大搏斗。资本主义发展的结果是人们要求获取更多的经济利益，具有更大的思想自由，自己支配世俗生活。可是，欧洲基督教会与世俗贵族势力相结合，对社会各阶层课以重税，把农民逼向绝路，妨碍市民的利益追逐；基督教会以残酷镇压的方式限制信仰自由；特别是许多教士生活腐败，与其精神引导者的身份极不协调。于是，宗教改革运动在16世纪初呼之欲出了。

1517年，马丁·路德针对教会的腐败发布《九十五条论纲》，标志着宗教改革运动的开始。这一运动虽然最初是从德国开始的，但是很快波及整个欧洲，出现了独立于罗马教廷之外的路德教、加尔文教和英国国教等新教组织。天主教并不示弱，在组织学术僧团进行论战的同时，焚毁新教人士的论著。其中也有在两者之间进行调和的，例如伊拉斯谟就试图在路德与教廷之间加以调停。这场宗教改革与反改革的较量，一方面使得各派出于论战需要而走向历史研究，直接促成博学派史学的出笼，另一方面起到思想解放作用，使得世俗学者关注社会、关注现实，因此殖民地历史、民族史写作空前繁荣。

特别是，从文艺复兴前后开始直到启蒙运动，不仅基督教神学史观关于历史起点和分期的理论，而且其关于世界历史统一性的学说，都受到了挑战。传统的基督教世界史统一观中的人类，实际上仅是欧洲及其近邻的几个民族，其共同起源来自《创世记》中的亚当和夏娃，其共同的道路是从失乐园堕落到受惩罚，再经末日审判而复归的过程，其王室谱系具有单一性，即所有的王室谱系都可以追溯自中东。可是，自15世纪末以后，非洲、美洲、西印度群岛、中国、印度等一系列民族和文明出现在欧洲人视野中，彻底超越了基督教的狭隘空间观念。随之基督教史观面临着难题：第一，这些众多民族、国家的王室谱系难以纳入现存的结论中。第二，基督教通过救赎走向末日审判的进步历史观，一旦碰到那些异教徒国家，其前提条件就无法成立了。这样，“基督教世界史统一观的两个假说，即王室系谱的单一性和各民族道路的共同性最终宣告破产了”①。

二、民族国家事务的世界意义

就在欧洲各民族国家社会内部发生重大转折之际，国际舞台上也上演

① 何平：《历史进步观与18、19世纪西方史学》，《学术研究》2002年第1期。

着一幕幕惊心动魄的“话剧”。

1. 风云际会的国际局势

几经易手的海外霸权。在开辟环球航路的最初阶段，西班牙凭借其特殊航海地位，掌握着殖民霸权。到了17世纪中叶，荷兰在军事上打败西班牙，取得商业和殖民霸权。之后，英国随着经济的发展和军事力量的增强，又将荷兰取而代之。到了18世纪，在殖民扩张问题上，英国和法国之间发生了激烈冲突。路易十四时代，法国积极推行侵略扩张政策，企图把势力扩张到比利牛斯山、阿尔卑斯山和莱茵河一带，以达到称霸欧洲的目的；法国又不断将势力发展到印度、加拿大、路易斯安那、圭亚那、马达加斯加等地。这样，法国势力的不断扩张构成了对英国殖民霸权的威胁。英法之间，经过西班牙王位继承战争、奥地利王位继承战争、七年战争和1778—1783年间的战争，英国终于打败法国，成为世界上最为强大的殖民帝国。

北美独立震惊世界。就在英法为殖民利益争夺之际，美洲却出现宗教觉醒即大觉醒运动。这一运动在美洲各地持续了几十年，成为美洲首次真正的群众运动。尽管它只是一次宗教运动，然而却影响了当时的政治。因为那些参与觉醒运动的民众，拒绝承认与英国君主相关的占据主导地位的教士的权威性，这就暗示着他们更有可能继之否定皇家官吏的权力。换言之，北美已经出现与英国政府离心的现象。

英国向北美转嫁战争损失的做法引起北美人民的强烈不满。英国政府为了弥补在与法国、印第安人战争中的巨额债务，决定向殖民地征收印花税。这一法案在1765年通过后，就立刻引起北美殖民地的强烈反对，北美殖民地人民的自治意识得以强化。可是，他们提出自治的请求却遭到英国议会的否决。

1773年12月发生波士顿倾茶事件，英国认为这是殖民地的公然挑衅，迅速通过5项强制性法令，加强对北美经济、政治和军事的控制。这一举动加速北美独立的步伐，殖民地人民决定要求选出自己的议会以保护其利益，在费城召开了第一次大陆会议。后来从1775年4月19日莱克星顿打响第一声独立的枪声，到1783年英国政府批准和谈条约，最终英国的北美殖民地赢得了独立和自由。

欧洲国家殖民霸权的变迁和北美殖民地的独立，其政治和经济上的影响自不必说，而其对于学术巨大而深远的影响却是要加以说明的。第一，英国从分散到统一、由弱变强，路易十四统治时期的法国强盛，成为史学家关注的对象;欧洲其他国家近代史中,与英法相类似的事务,也成为史学家关注的对象。第二,史学家意识到,离开一个国家的对外关系是无从认识这个国家的,离开欧洲的对外关系也是无从认识欧洲的,因此欧洲历史的写作必须纳入全球范围内,欧洲民族国家历史的写作必须放入欧洲框架之内。这种整体的或者全局的视野成为启蒙运动时期史学家的普遍特征。

2. 儒家学说的魅力

早在13世纪以来,欧洲就有许多传教士、商人、外交使节和游客不断东来,在他们的影响下,欧洲人对中国渐渐有了清晰的认识。因此,文艺复兴时期,中国文化就对西方有过贡献。后来,启蒙运动的学者们在寻求思想资料时,把目光投向了东方的中国,掀起了一股中国热。许多人在写关于中国的著作,不少中国古典文献被翻译过去。儒家学说成为倡导理性的依据,中国政治体制成为欧洲"开明君主"统治的样板。

在16世纪末,利玛窦将《四书》译为拉丁文。到了17世纪初,金尼阁又把《五经》译成拉丁文。17世纪中后期,法文本《大学》、《中庸》、《论语》、《易》、《书》等都得以出版。特别是18世纪,耶稣会士在欧洲介绍孔子的学说,传教士发起中国礼仪之争,引起了知识界对中国思想学说的关注。在这种情况下,中国无神论思想的书籍,被翻译或者解释为拉丁文或法文,其中的无神思想以无名或匿名的形式秘密传播着,"现在理性的王国到临了,欧洲的孔子也出现了,越接近到大革命,孔子学说越成为法国政治革命的有力武器,这就一步一步走上欧洲之所谓'哲学时代'"①。

许多启蒙学者例如伏尔泰、莱布尼茨等人都受中国儒家学说的影响。伏尔泰极端赞扬中国文化的价值,中国的哲学、道德、政治、科学,经他一说,都变成尽美尽善的东西了。1755年,伏尔泰看到法文本的讲述春秋时代故事的中国元曲《赵氏孤儿》,受到启发,写出剧本《中国孤儿》,讲述成吉思汗的故事。在伏尔泰的笔下,富于侵略的成吉思汗被古老民族的优秀文化所征服,转变为明智的哲人。伏尔泰发现中国文化是和欧洲不同的一种文化,它不说灵魂不灭,不说来世生活。孔子自己也不以神或预言者自命,孔子不讲神秘,只谈道德,一言以蔽之,即不将真理与迷信混同。相比较而言,基督教全然为虚伪的、迷信的,结果只给人类以重大的不幸。因此,伏尔泰"主张应该根本废弃宗教,为人类的幸福与和平再现的原故,儒教可算最好最合人

① 朱谦之:《中国哲学对欧洲的影响》,河北人民出版社1999年版,第80—81页。

类理性的哲学了”①。

莱布尼茨也赞美儒家学说。他承认中国文化对于西方文化发展作出重大贡献，有论者说得好：

> 他的《单子论》极其和中国儒释道三教的德性论相同。他所提出的“预定的调和”又极像中国的“天下之道”。莱布尼茨和中国的哲人一样，深信实际世界有其统一性，精神上日新又新的进步，所以非常乐观。他们都以为宗教的任务在于创造知识，目的在于教成对于社会有用的行为。这就是欧洲启蒙运动的福音。他们以为道德就是快乐，快乐为所有思想的最高目标。②

他满怀希望中国学者可以到欧洲来传播中国的学说。

总之，就儒家学说在那时欧洲的影响，赖赫淮恩在《中国与欧洲》一书中写道：“孔子为此世纪之守护尊者。”③

3. 中国政体的“样板”价值

中国“仁君之治”传统影响了西方开明君主论，而清初盛世一统政府成了西方的政治理想。

福利德尔在《现代文化史》中，概述了从 16 到 18 世纪中国文化对欧洲政治的影响，他说：

> 中国是个模范国家，不单是艺术方面，就是智慧方面也然。……读者们个个都憧憬于神话式的理想国中，里边有幸福安乐、泰然无忧的人民，有学识最高的政治管理者，生活优裕，直如华胥国一般。历史学家伏尔泰为首，也极力炫耀中国以为是一个理想至治之世，道德、宗教与行政全超然不群。④

游客腓纳斯在《旅行记》中说：

---

① 朱谦之：《中国哲学对欧洲的影响》，第 289 页。

② 〔英〕赖赫淮恩在《中国与欧洲》中的话，转引自朱谦之：《中国哲学对欧洲的影响》，第 224 页。

③ 转引自朱谦之：《中国哲学对欧洲的影响》，第 39 页。

④ 同上书，第 58 页。

> 中国人为世界上最严守规则的国民。国王为世界上最有力的头脑,由此主脑使国家的手足活动。中国谓为武断政治,不如以文治主义的理想称它。①

白晋作《中国皇帝传》献给路易十四,其中把康熙写成哲人政治的理想君主:

> 他具有最优美的性质,精神活泼,富于观察力、记忆力。其识见的高超,意志的坚定,一切他的倾向均适宜于做成高尚而且伟大的帝王,使人民叹美他的公平、正义。至其爱好人民、服从理性、节制情欲、在百忙中仍不忘科学与艺术之热烈的嗜好,使任何人都为之惊服不已。②

中国经籍和孔子学说因耶稣会士的介绍与提倡,在法国大革命前,已唤起欧洲一般知识界人士的注意,成为当时学者思考政体的精神支柱。赖赫淮恩在《中国与欧洲》一书中说:

> 那些耶稣会中人,把中国经书翻译出来,劝告读者不但要诵读它,且须将中国思想见诸行动。他们不知道经书中的原理,刚好推翻了他们自己的教义;尤其重要的,就是他们不但介绍了中国哲学,且将中国实际的政情亦尽量报告给欧洲的学者,因此欧洲人对于中国的文化,便能逐渐了解,而中国政治也就成为当时动荡的欧洲政局一个理想的模型。③

这些传教士的著作对启蒙学者发生了重大影响,使他们认识到中国成为一个理想至治的样板。例如,在伏尔泰看来,中国的政治观念有两种好处:第一,中国人将君主或官吏看作家长一般,给他尽力;第二,政府当局注意人民福利,以增进人民福利为第一义务。所以皇帝或官府常常要修理道路,开凿运河,保护学术与技术工业的发展,人民亦不自觉地表示敬意,养成

---

① 转引自朱谦之:《中国哲学对欧洲的影响》,第 64 页。
② 同上书,第 68 页。
③ 同上书,第 193 页。

了顺从的美德。

可见，中国文化对西方启蒙运动发生了重大而深远的影响，用伏尔泰的话说："欧洲王公及商人发现东方，追求的只是财富，而哲学家在东方发现了一个新的精神和物质的世界。"①或者像莱布尼茨所写的那样"现在东方的中国，竟使我们觉醒了"②。

三、科学进步与思想变革

17、18世纪，西方自然科学取得了长足的发展，它对于历史学的意义，不仅在于提供了历史观的参照，还在于赋予了方法论的启发。

1. 科学革命的方法论意义

自然科学给历史观提供了参照。1543年哥白尼提出的"日心说"，尽管是不彻底的，然而却动摇了基督教宇宙观念；布鲁诺进一步论证了宇宙的无限性和客观性；开普勒提出行星运动的三大规律，认识到宇宙运动的方式；伽利略的天文学成就，特别是牛顿经典力学成就，更使人们认识到自然界的真相；化学从炼金术中解放出来；哈维证实了血液循环论，推动了解剖生理学的研究。自然科学给予人们以信心，相信人类可以通过自己的理性去认知世界，特别是可以通过科学方法在可知领域内理解世界；自然科学给予人们的暗示是，人类社会亦如自然界一样或者像一部机器，其运动是有规律的；它还给予人们以批判与怀疑的态度，这种批判使人们坚信世俗的理想王国一定会到来，人们在思考人类历史发展的终极原因时，产生了与传统观念中上帝支配人类命运说法不同的观点。到启蒙运动时期，这些自然科学已被知识界普遍接受，并影响了人们对人类历史的根本看法。近代的历史进步论得以确立下来。

恩格斯在论18世纪自然科学时说：

> 18世纪综合了过去历史上一直是零散地、偶然地出现的成果，并且揭示了它们的必然性和它们的内部联系。无数杂乱的认识资料得到

---

① 转引自〔德〕科奇温：《十八世纪中国与欧洲文化的接触》，朱杰勤译，商务印书馆1962年版，第79页。

② 转引自沈福伟：《中西文化交流史》，上海人民出版社1985年版，第449页。

> 清理，它们有了头绪，有了分类，彼此间有了因果联系；知识变成了科学，各门科学都接近完成，即一方面和哲学，另一方面和实践结合了起来。①

是的，自然科学成就给了人们以勇气，相信通过人的理性可以认知人自身的历史。启蒙学者们把人类社会与自然界相比附，认为人类社会是按照永恒的规律运动着的，历史研究的任务就是要发现其规律。他们把人类历史看成是连续发展的过程，不断从低级走向高级的进步过程。总之，启蒙学者们直接把自然科学的方法移植于社会研究，产生出科学的、理性的规律意识。对此，本书在以后探讨理性主义史学时将有比较详细的论述。

大陆和英国的自然科学还给予人们以方法论的启示。笛卡儿，作为西方近代哲学、解析几何的创立者，认为科学研究是建立在怀疑以往结论的基础上的，人们依据自己的直觉来获得知识；而且，科学知识是精确的和可演绎的。尽管后来有人批驳他的这些观点和做法，然而他的思想是有方法论意义的，它启示人们：认识事物要怀疑现存的甚至是权威的结论；真理是明确清晰的认识；可以使用演绎方法来认识事物。这对于启蒙学者的历史认识是非常有价值的。

培根则提出了科学的经验认识论，主张以感性材料来作为认识的对象和依据。他反对先验的做法，主张把试验和理性结合起来认识世界。在逻辑学层面，他制定了归纳法，主张从大量个别中细绎出一般结论。后来洛克把培根的经验论进一步发展为人对外部世界的感受即"外部经验"和人的心灵自我反省的"内部经验"。这些理论的方法论启示在于：真理的认识要有大量的经验材料为依据，结论可以从具体材料中概括出来，自我认识需要反思与批判。启蒙时期的历史学家正是"从大量的孤立的史实中，经过归纳、概括、推理，寻找出共同的规律，导引出历史结论。他们也常用抽象的理性观念或抽象的普遍法则，去说明和解释历史，作出总结性的论断"②。

2. 追求世俗的人文主义

文艺复兴时期，随着知识勃兴，道德却日趋堕落。其原因在于：财富的

① 恩格斯：《英国状况：十八世纪》，《马克思恩格斯全集》第1卷，人民出版社1956年版，第656—657页。

② 徐正、侯振彤：《西方史学的源流与现状》，东方出版社1991年版，第100页。

增加与流通腐蚀着修道者的思想，无论男女，都日渐憎恶从前贫穷而令人恐惧的生活，安贫乐道的观念受到膨胀起来的物欲的强烈冲击。派系倾轧，战争频仍，不受道德约束的外籍雇佣军的涌入，专制君主统治抑制公民的个人自由，所有这些都破坏了传统的道德操守和风俗习惯。一些教皇，虽然以精神领袖面目立身，但是其行为却实践着对传统道德的否定。这种道德沦丧正是精神世俗化的反映和伴行者。而且，那些人文主义者多是世俗生活的热切追求者。古奇说得精辟：

> 与其说意大利的文艺复兴，是对权威的有意识的反抗，不如说它是一个思想世俗化的运动。对于人，对于人的智力和人体美的引以为自豪的喜悦心理，取代了中世纪理想中的忧郁的禁欲主义。对人类在世间的成就的研究，取代了对人的精神特质和死后情景的臆测。①

世俗精神最集中和最典型的表述，就是处在时代潮流之上的思想——人文主义。至于人文主义的内涵，综合前人的研究，可以得到如下几点意见。

第一，“人文主义”这个术语，是在19世纪早期被提出来的。按照克利斯特勒的说法，人文主义者“就是讲授人文学科的人，而人文学科这个词则代表了一组学科，它由语法、修辞学、诗学、历史和道德哲学组成”②。而人文主义的学术研究则是：

> 一个把研究古典文化，复兴希腊—罗马精神遗产，同当时的历史事件与活动紧密地联系起来的文化和教育上的革新。而这些事件与活动的范围是大大地超出了意大利学者们或豪华的城市宫廷生活的狭小圈子的。③

---

① 〔英〕乔治·皮博迪·古奇：《十九世纪历史学与历史学家》(上册)，耿淡如译，商务印书馆1989年版，第68—69页。

② 〔美〕保罗·奥斯卡·克利斯特勒：《意大利文艺复兴时期八个哲学家》，姚鹏、陶建平译，上海译文出版社1987年版，第3—4页。

③ 〔意〕欧金尼奥·加林：“意大利文版导言”，〔英〕丹尼斯·哈伊：《意大利文艺复兴的历史背景》，李玉成译，三联书店1988年版，第4页。

而且，当文艺复兴在16世纪于意大利衰落之时，正是它在法、英、德和西班牙等地蓬勃萌发之际。

第二，人文主义中心内容，是以人权代替神权，以人本代替神本。文艺复兴期间诞生了一批新型知识分子，他们多是一些视野开阔的政治家、外交家、律师或企业家，这就决定其人生观、世界观、历史观是世俗的。他们希望史学着眼于"人"和"人的事业"，主张历史应当记载"人事"，应当探讨社会现象的因果关系，应当以垂训为目的。杜兰在回顾这一问题时差不多用诗一般语言写道：

> 人文主义者占据了意大利心灵，使它从宗教转向哲学，从天堂转向地上，也向讶异的一代泄露了异教思想和艺术宝藏……现在人类的适当题材是人，是他潜在的力量和身体的美，是他感官和感情的欢乐、痛苦，是他理性的脆弱尊严；是丰富、完美地显露这些题材的古希腊、罗马文学。这就是人文主义。①

第三，特别是那些具有学者和政治家双重身份者，把最初的人文主义推向了公民人文主义。"公民人文主义"这一概念最初是巴龙在1925年评价梅尼克时提出的；到了1955年出版《早期意大利文艺复兴的转折》，巴龙把它界定为爱国、国民政府和公共服务观念，而这些观念来自古希腊和罗马共和国，在文艺复兴中被参政的知识分子和教育家们重新发现并加以普及②。像但丁、薄伽丘、布鲁尼、比昂多、瓦拉、马基雅维里和圭恰迪尼等人，就是公民人文主义的倡导者和践行者。

如何认识历史现象，如何在历史写作中注入自己的社会诉求等，这些问题使得新兴资产阶级向历史学提出了新要求，而贯穿其中的就是公民人文主义的史学观念。

3. 蔑视权威的理性主义

启蒙运动学者，例如以伏尔泰为代表的法国思想家们，给史学发展提供了丰富的思想遗产，其中重要的就有理性至上原则、历史怀疑态度和历史进

---

① 〔美〕威尔·杜兰：《世界文明史·文艺复兴》上卷，幼狮文化公司译，东方出版社1999年版，第98页。

② James Hankins, "Introduction", James Hankins, *Renaissance Civic Humanism*, Cambridge: Cambridge University Press, 2000.

步观念。

理性至上原则的运用。启蒙学者心中的“理性”是指人类认识真理的自然能力和这种能力自身所带来的真理认识。他们奉行理性至上原则，用理性作为衡量一切事物的尺度，恩格斯指出：

> 他们不承认任何外界的权威，不管这种权威是什么样的。宗教、自然观、社会、国家制度，一切都受到了最无情的批判；一切都必须在理性的法庭面前为自己的存在作辩护或者放弃存在的权利。①

这种思想倾向发展为理性主义。理性主义的内容是：用自然神论和无神论来对抗天主教会的权威，以宗教宽容与信教自由来对抗宗教迫害；反对封建专制制度，用资产阶级的政治自由来对抗封建统治阶级的暴戾统治；反对“神授”封建权力，提倡“天赋人权”，国家权力属于人民，法律面前人人平等；崇尚知识，提倡科学，力图使人们从中世纪蒙昧主义的桎梏中摆脱出来。理性主义成为启蒙时期历史著作中的主流观念。

历史怀疑论的方法论价值。在理性主义思想家与天主教辩护士的论争中，强烈的历史怀疑主义流行起来，从阿格里帕到蒙田再到笛卡儿，成就了这一倾向。启蒙时期的学者们，不仅怀疑中世纪的神学史学，而且怀疑古典权威的历史写作，甚至怀疑最为流行的宗教经典《圣经》的可靠性。这一精神使史学家在历史写作过程中，对史料采取慎重态度，直接影响这一时期史学的特点。对此，有学者精辟地说道：“在理性怀疑主义的激流中，史学本身也成为怀疑的对象，西方史学的主体认识进入前所未有的深化阶段。”②

历史进步论成为史学的灵魂。启蒙运动时期，历史进步观念流行起来。伏尔泰、孟德斯鸠、杜尔阁、卢梭、孔多塞、康德等，这些顶尖的思想家，都是历史进步学说的秉持者。他们在批判和继承基督教历史进步说基础上，提出理性主义历史进步学说，“这种历史认识比起人文主义史学家仅满足于探讨所谓人的价值，要深刻得多了”③。这些人中的大多数，把理性作为历史

---

① 恩格斯：《反杜林论》，《马克思恩格斯全集》第20卷，第19页。
② 郭小凌：《西方史学史》，北京师范大学出版社1995年版，第208页。
③ 张广智：《超越时空的对话：一位东方学者关于西方史学的思考》，北京师范大学出版社2008年版，第221页。

发展的基本动力，把历史发展看成理性与愚昧、迷信斗争并不断走向光明的过程。他们认为理性可以帮助人们认识错误、克服恶行，保证社会趋向完美。这种历史进步观成为启蒙时期历史写作的指导思想，“到了 18 世纪，启蒙思想家不仅牢固地确立了进步的观念，而且通盘考察了人类过去、现在和未来的整个进步过程和趋势，使之成为一种完整的历史进步学说，对以后西方史学和社会学大发展产生了深远的影响”①。

四、近代西方史学的发轫与进步

文艺复兴时期，近代西方史学诞生了，在紧接其后的启蒙运动时期，它获得迅速发展。这里就其总体特征、进步史观、科学史学等问题稍加阐述。

1. 史学的总体特征

从 14 世纪到法国大革命前夕，是欧洲近代历史早期。在这一时期里，西方史学处于承前启后阶段，它一方面走出了中世纪而具有近代性，另一方面为其在 19、20 世纪的充分发展奠定了基础。概括说来，它具备下列特征。

第一，历史观发生了根本嬗变。近代早期西方主流史学家，例如布鲁尼、马基雅维里、圭恰迪尼、伏尔泰、休谟、吉本等人，无论是记载一个城市的历史，还是写作民族国家史乃至整个世界的历史，在其著作中都把历史的主角从神转变为人。这看似向古典回归，实际上是在新的历史条件下的根本性变革。这一变革表明，史学家非常关注人的世俗生活和精神世界，把历史变动的原因归结于人的活动或者人的理性及其自然环境，而不是万能的神。从此，人和人的活动、关系，成为历史写作的永恒对象。近代早期特别是启蒙时期的历史进步论，是在中世纪基督教史学的历史进步论基础上创新而来的。这一时期的思想家或者史学家，例如瓦萨里、孟德斯鸠、杜尔阁、康德、赫尔德等人，吸收基督教神学史观的进步因素而淡化其神的成分，并充分考虑到历史退步说和循环说的合理成分，让进步说带有强烈的历史分期特征和辩证色彩，从而成为历史观中占据主导地位的观念，一直持续到以后的几个世纪。他们在追问终极原因的时候，提供的答案是人的活动、地理环

① 张广智、张广勇：《史学，文化中的文化》，浙江人民出版社 1990 年版，第 190 页。

境、人类的知识、善与恶的较量,可谓五花八门。需要说明的是,进步史观是其中最为突出的内容,下文将做单独探讨。

第二,历史怀疑传统得以形成。中世纪的历史著作中存在着大量的作伪成分。近代早期的历史学家在撰写古代和中世纪历史过程中,开始对其进行批判,并进而批判被奉为权威的古典时代的历史学家,例如瓦拉证明了教会权威文献具有虚假性,辨别出李维《罗马史》中的错误记载,伏尔泰在其历史著作中也多处指出古典作家的错误记述。就在这种批判实践中,逐步形成了历史怀疑的传统。这一传统中所包含的怀疑精神在辨伪工作中得以发展起来,成就了文艺复兴和启蒙运动中的历史皮浪主义①。无论是出于对基督教神学的批判,还是出于为基督教会的辩护,西方史学家都期望把历史写作建立在坚实而确切的历史证据之上,他们搜集和整理了大量古代文献,成就了以玻兰达斯学派和圣摩尔学派为代表的博学派史学,其成就都是在这一精神引导下完成的。特别是启蒙运动时期,西方史学家在这一精神引导下,开展了对史学中神学的清算,批判神迹的虚假。这一怀疑精神确立之后,被后世史学家继承下来,成为西方史学在 19 世纪走向科学化的一项重要因素。

第三,历史写作内容和形式发生显著变化。在文艺复兴早期,西方史学家继承修昔底德所创立的政治、军事史写作传统,维兰尼、布鲁尼乃至马基雅维里等人走的就是这条道路;到了后期特别是晚期,宗教内容成为史学家关注的热点;启蒙运动时期,社会、文化史研究成为史学的主流,使得希罗多德开创的文化史传统被史学家所普遍接续。而且,颇有意味的是,文艺复兴时期,城市史或者地区史写作非常流行,到了启蒙运动时期,整体史或者普遍的历史又或世界史写作,成为时尚。西方史学发展出现"钟摆"或者说是"回归"与"反回归"现象。在这一过程中,还出现对特殊性和共性的同等强调,以至于出现像维柯和赫尔德等人这样将两者结合起来的历史主义思想。其间,既有关于人类历史共同规律的阐述,又有浪漫主义关于特殊性的彰显;既包涵民族主义、欧洲中心主义,又出笼了全球的观点。就历史写作形式而言,从最初的编年体,走向历史叙述体。

---

① 皮浪主义起于公元前 3 世纪希腊怀疑派哲学代表人物皮浪。同是希腊怀疑论哲学家的塞克斯都斯·恩皮里库斯写出《皮浪主义纲要》,阐释皮浪的怀疑论。简单说来,皮浪主义就是怀疑主义,而历史皮浪主义可以理解为历史学领域中的怀疑主义。

虽然史学主流是写作人的历史，但是这并不意味着基督教史学的消失。就在人成为历史主角的同时，基督教史学还以不同形式继续发展。第一，博学派历史写作盛行起来。博学派虽然均为宗教界人士，不是单纯的学术团体，整理教会包括圣徒传和教会史文献，其历史观仍然为神学史观；但是，博学派成就了怀疑精神、考证方法，整理出大量文献，促进了辅助学科的发展，同样是西方近代史学重要组成部分。第二，在历史进步论中隐含着神学意蕴。中世纪史学家著作中的“神”到了启蒙学者著作中改变面目成为“理性”，而由理性化身的科学和哲学又成为史学的统领者。换言之，理性以及理性所产生的哲学、科学，在历史学中起到了最高和万能神的作用。可以认为，中世纪神学史观改头换面，参与了西方近代史学的变革，作出了积极贡献。

无论是文艺复兴时期还是启蒙运动时期的史学，都还保留与近代不相协调的因素。例如，马基雅维里在历史写作中强调人事重要的同时，还偶尔以神秘主义来解释历史；培根的历史观在唯物与唯心二元之间徘徊；维柯在阐述历史规律的同时，极力维护基督教上帝的神圣性；伏尔泰向往自由、平等、博爱，却又对开明君主抱有幻想；卢梭在阐释历史进步论的同时，反对过分推崇给历史带来进步的科学与艺术。这些都是西方史学走向近代过程中所残留的中世纪的影响，或者是早期近代学者的自我批判，可称为近代西方史学的两重性。

西方史学的每一次转型都与东方影响分不开，早期近代西方史学的产生发展也是如此。西方古典时期，小亚细亚的文化促成希罗多德等人走出纷扰杂沓的准史学——神话；中世纪历史时期，在犹太民族的宗教文化影响下，经过欧洲学者的改造与发展，形成基督教神学史观，使得基督教史学占据主导地位，实现对古典史学的征服；西方学者本来想通过复兴古典文化来建立新型的史学，可是古今之争中崇今派的胜利，使得这一努力失去了学理依据，他们不得不把眼光再次投向东方，惊奇发现中国的儒家学说和政治体制正是其心中的偶像，然后援引过来，帮助其完成史学的改造。可以说，没有中国元素，就没有成熟的西方近代早期的历史学。

近代意义上的历史写作已成燎原之势。就民族国家而言，最初从以佛罗伦萨为代表的意大利发端，涌现出一批杰出史学家，姑且称为“佛罗伦萨历史学派”。随着时间的推移逐渐向欧洲其他国家蔓延。其间，法国、德国、英国、西班牙等国，都不同程度接受了文艺复兴的洗礼，产生人文主义的历史写作，当时意大利不但开风气之先，而且处于中心地位。到了启蒙运动时期，法国学术界最为耀眼；但是就史学而言，英国也产生了苏格兰史学派，德国出现哥廷根学派，其成就总体上并不在法国之下。因而，近代意义上的历史写作已在欧洲呈现燎原之势。这一趋势在19、20世纪得到了继续，以至于出现英、法、德、美、意各国史学齐头并进、各种思潮交互影响、各流派共同发展的格局。其根源却不能不归于近代早期西方史学所奠定的良好基础。

以下就这一时期西方史学中非常重要的问题，即历史进步观的确立和史学科学化的追求，稍加说明。

2. 进步史观的确立

彼得·伯克说过，西方史学思想最重要也是最明显的特征之一是强调发展或者进步的观念[①]。17、18世纪西方学者的进步史观，一方面是19世纪历史进步学说的基础，另一方面却又与基督教神学史观的关系非常密切，关于后者下文有比较详细的说明。

文艺复兴之后，特别是在启蒙运动时期，进步观念成为学士文人普遍关心的问题，正如有学者所说："在1690—1740年间，启蒙的无限进步观已经在法国的知识界出现，而且曾经一度经常成为沙龙中讨论的主题。"[②]他们的观点就像恩格斯所说：自然神论者伏尔泰、卢梭等人，几乎狂热抱着"人类(至少是现时)总的说来是沿着进步方向运动的这种信念"[③]。

可以肯定的是，它与中世纪的基督教神学进步观点是显然不同的。对此，有学者概括得非常好，权且录之于下：近代早期特别是启蒙时期"历史发展的进步的观念，与中世纪的'天路历程'的思想有很大的不同。事实上，启蒙时代的思想常常用贬低中世纪的方式来阐述历史的变化。从思考的角度来看，两者也有较大的不同。启蒙时代思想家的观点基于人的理性，由此而对历史和自然作出一种反思；而中世纪的历史观念则建立在对上帝的信仰之上。前者论证了现世的合理，后者否定了人间的生活；前者鼓舞人们追求现实的幸福，后者则使得人们沉迷于遁世的冥想"[④]。正是这些不同使得

---

① 〔英〕彼得·伯克：《西方历史思想的十大特点》，王晴佳译，《史学理论研究》1997年第1期。
② 〔英〕约翰·伯瑞：《进步的观念》，范祥涛译，上海三联书店2005年版，第91页。
③ 恩格斯：《路德维希·费尔巴哈和德国古典哲学的终结》，马克思、恩格斯：《马克思恩格斯全集》第21卷，第324页。
④ 王晴佳：《西方的历史观念——从古希腊到现代》，华东师范大学出版社2002年版，第90页。

文艺复兴后的历史进步论成为近代意义上的进步论。

然而，必须看到近代学者特别是启蒙学者的进步论，与基督教神学史观有密切关系。卡尔·贝克尔就说："这些 philosophes[哲学家们]比起他们所十分自信的或者我们通常所想象的来，更接近于中世纪，更未能从中世纪基督教思想的成见之下解放出来。"[①]又说："'哲学家们'却比他们自己所知道的更为接近于宗教徒。他们是基督教新教和冉森教派的世俗继承人。"[②]如果这一说法可取的话，那么历史进步论与基督教的关系问题并不简单。

历史进步观是包含着基督教意蕴的。卡尔·洛维特，这位关注近代历史哲学与基督教关系的著名学者，通过许多个案研究得出结论说："一切历史哲学都毫无例外地依赖于神学，即依赖于把历史看作救赎历史(Heilsgeschehen)的神学解释。"[③]而现代的历史哲学是"发源自《圣经》中对某种践履的信仰，终结于末世论(eschatologischen)典范的世俗化"[④]。他还说："基督教和后基督教(nachchristliche)的历史观原则上都指向未来；它扭转了与现在和过去的事件相关联的事(historein)这个词的古典涵意。"[⑤]卡尔·洛维特所论精辟。

卡尔·贝克尔则从时代舆论氛围的角度考察了历史进步论与基督教神学进步观之间的等同或者类似关系。他指出每一个时代有着特殊的舆论氛围，与这种不同舆论气氛相匹配就有不同的词汇来表达实际上是一样的含义。例如，用"自然规律"和"自然界"来代替"上帝"[⑥]，"仁爱"、"人道"，"都是'哲学家们'以世俗的词句缔造出来表达基督教服务思想的新词汇"[⑦]。"神恩"被翻译成为"德行"，"灵魂不朽"变成"未来状态"，"福祉"被变成"人类的可完善性"[⑧]。这样，"天城"就转移到了尘世上来，"上帝"成为"一种远为简单的自然得多的、远非那么神秘和深奥的方式在通过他的事迹而向人们启示他的目的不是记录在圣书里的，而是记录在自然这部大书里的，是全

---

① 〔美〕卡尔·贝克尔：《18 世纪哲学家的天城》，何兆武译，三联书店 2001 年版，第 35 页。
② 同上书，第 46 页。
③ 〔德〕卡尔·洛维特：《世界历史与救赎历史》，李秋零、田薇译，三联书店 2002 年版，第 4 页。
④ 同上书，第 5 页。
⑤ 同上书，第 10 页。
⑥ 〔美〕卡尔·贝克尔：《18 世纪哲学家的天城》，第 28 页。
⑦ 同上书，第 44 页。
⑧ 同上书，第 52 页。

人类都可以公开阅读的"①。

如此看来,启蒙学者的救世精神是等同于基督教的,他们"要开辟追求幸福所能利用的一切途径,要向人类保障自由、平等和情爱的赐福。……终究是被同一个理想所鼓舞的——即基督教的服务理想、那种要摆正一切事物的人道主义的冲动"②。而且,启蒙思想家有着基督教神学家同样的悖论。洛克在《人类悟性论》中就遇到这一问题,那就是,"假如自然界是上帝的作品,而人类是自然界的产物;那么人的一切所作所为和所思所想,人的一切所曾有过的所作所为和所思所想,就必定也是自然的,并且是与自然的以及自然界的上帝的法则相一致的。……那么人和他的习俗又怎么可能居然和自然并不协调一致呢?"③同时,无论是基督教神秘主义者,还是自然神论者、无神论者,在回答各种终极问题上都是无能为力的。

总之,历史进步论与基督教进步观有着渊源关系,可以概括为:

第一,在牛顿的学说影响下,启蒙学者赋予所崇拜的对象一个新名词,他们用自然代替了上帝。因此,启蒙时期出现非常有意思的现象,那就是无论是基督徒、自然神论者还是无神论者,虽然他们在争论不休,但是全都承认自然界的权威,即使有不同意见,那也只是涉及它那权威的范围,即涉及它究竟仅仅是肯定抑或是取代旧启示的权威。

第二,以伏尔泰为代表的自然神论者对无神论的拒绝,表明他们对基督教的虔诚。启蒙运动期间,爱尔维修等人的无神论是追求伏尔泰等人的理性观念而继续走下去的结果。可是,那些启蒙学者们却毫无例外地拒绝无神论者的结论,可见启蒙学者骨子里是倾向于神学的。

第三,历史进步论者,以对人道的爱取代了对上帝的爱,以人类通过自己的努力而达到完美的状态取代了人类的赎罪,以希望活在未来世世代代的记忆之中取代了希望在另一个世界里的不朽。

须要说明的是,从 17 世纪晚期开始,一直到法国大革命前夕,无论历史进步史观是出于怎样的学理,但已被那些有重要影响的思想家和史学家所普遍接受,成为解读历史发展进程的理论。

---

① 〔美〕卡尔・贝克尔:《18 世纪哲学家的天城》,第 54 页。

② 同上书,第 45 页。

③ 同上书,第 66 页。

3. 史学科学化的追求

近代西方史学有着显著的科学化追求。这一过程是从摆脱神学束缚开始的,同时是对史料的重视与尊重;它还是对历史共性或者普遍性的追求,或者说是历史写作与哲学的结合。

人文主义史学人本观念、文献学成就和方法是史学科学化的重要组成部分。文艺复兴时期,许多学者特别是史学家已经把批判的矛头指向教会,突出表现为书写世俗生活,以人事来解释历史的发展。这在以后的相关部分将有详细论述。但是,人文主义学者许多时候又是在宗教界庇护下的;他们代表着新生的资产阶级要求,可是又打着复古的旗号,未免温文尔雅。到了启蒙时代,自由、平等、博爱成为人们的理性目标,促使人文主义史学往前进入理性主义阶段。它探讨人的价值,是可贵的,并为启蒙运动时期的史学家所继承,但是对历史规律考虑不多,对历史进步性相信得也不够。在史学内容上,其地方史和政治史写作也是有局限的,忽视了历史上的经济和文化,在历史区域上局限于一城一地,没有从更大的范围上考虑世界史体系。人文主义史学的这些不足,必须由一种新的史学来克服,这种新的史学就是理性主义史学。

博学派史学对史料的重视与尊重是科学史学不可或缺的部分。对此,学界有人认为:"'博学时代'的教会活动,仔细考查,不免发现其中涉及到历史'客观、真实、可信'等问题,它要求一切在'客观性'的规则内行事,神话、传说、寓言统统让位于信史、逻辑和哲学。"①是的,正如下文在讨论博学派史学中所认识到的那样,博学派史学家所延续的历史皮浪主义者的怀疑态度,为理性主义者所继承;他们重视史料特别是大量希腊文和拉丁文史料的搜集、整理和出版,为启蒙运动时期的史学家深入研究提供了材料;博学派促进了欧洲国家史学的民族化进程,使得民族性在启蒙运动史学得以继续加强;博学派史学家提出了鉴定史料真实性的方法,也为启蒙运动史学提供了工具。然而,博学者无论是新教徒还是旧教徒,他们都是出于宗教论争目的,并不重视历史的真实问题;其历史观仍然是中世纪的,其著作中还充满着神迹、天意、四大君主国等。博学派史学的这些不足需要清算,理性主义史学就承担起这一历史重任。

① 张井梅:《嬗变与转型:文艺复兴后期法国史学析论》,复旦大学历史学系博士研究生学位论文,2010年,第148页。

就文艺复兴时期和博学时代史学对后世的积极影响，有论者概括得精到：

> 后世的西方史学，尽管史家辈出，学派纷繁，异说迭起，各树一帜。但万变不离其宗，他们偏重于论证派或叙述派的风格依然是不难分辨的。①

启蒙运动时期的历史学为科学史学开拓广阔空间。这一时期的学者都尝试把历史学与哲学结合起来，许多史学家主动探索具有哲学意味的历史写作，许多哲学家捡起历史帮助自己构架哲学体系。理性主义者相信人的认知能力，相信人可以像认识自然界一样去认识人的历史；他们关注整体，重视共性。即使是反理性主义者，例如维柯也在基督教历史观影响下，去积极阐释规律、各民族的共同性。在启蒙学者的历史规律论中，上文已经谈到的历史进步论就很突出。

古今关系问题成为历史进步观念中的一项重要内容。人类从有历史意识开始便有关于古今问题的思考。到了意大利文艺复兴以后，这一思考被强化了。人文主义者对古人是推崇备至，首推古人为人们模仿和效法的榜样，但不久之后就遭到了各种各样现代观念的挑战，争论的结果莫衷一是。这个相持状态持续了很长时间，直到17、18世纪之交路易十四统治时期，“法国论争和英国‘书籍之战’的到来，才推向了高潮”②。古今争论所围绕的主要问题是：第一，在哲学与自然科学知识方面，古人比今人懂得更多吗？第二，在文学与艺术方面，古人比今人更有成就吗？这场争论最初是在哲学、自然科学领域，后来发展到文学艺术诸领域，可见，“该论争更像一场伴随有许许多多小冲突的持久战，而非只是大战一场；它铺天盖地地展开战斗，涉及了无数问题，但论战双方最终都没有（尽管不是完全没有）分出胜负，而是陷入了某种僵局”③。

古今之争本质上是历史退步说与历史进步说之争，它促使了近代历史进步论的出笼，“这场关于古今时代和文化的争论，于18世纪初以尊今

---

① 张广智：《克丽奥之路——历史长河中的西方史学》，复旦大学出版社1989年版，第85页。

② 〔美〕列维尼等：《维柯与古今之争》，林志猛等译，华夏出版社2008年版，第108页。

③ 同上书，第107—108页。

派的胜利而告终。1701 年，崇古派代表人物布瓦洛致书佩罗，承认路易十四时代是历史上的最伟大的时代，过去时代的成就都不可与之抗衡。随着尊今派的胜利，进步观念日益深入人心，于是形成了一种时代的思潮和信念”①。总之，启蒙运动时期的史学是西方史学科学化进程中承前启后的发展阶段。

① 张广智、张广勇：《史学，文化中的文化》，第 190 页。

上编　文艺复兴时期的史学

第一章　人文主义史学的先驱

历史进入文艺复兴早期，那些敏锐的西方学者们倡导人文主义。为了摆脱基督教神学的束缚，他们或直接涉足现实事务，或擎起复古大旗，成为人文主义史学的先驱。

一、维兰尼的《佛罗伦萨编年史》

文艺复兴时期，人文主义学者撰写其时代的近代历史所依据的文献材料，主要是由早些时候那些城市编年史家们写作的结果。在这些编年史家中，特别是编写佛罗伦萨城市史方面，成就突出、影响深远者当首推维兰尼(Giovanni Villani，约 1276—1348 年)。

1.《佛罗伦萨编年史》的撰写

维兰尼的游历相当广泛，曾到过弗朗德、罗马和那不勒斯。据他自己所说，尤其是 1300 年访问罗马时，产生了历史沧桑感。他发现过去罗马帝国疆域内城市纷纷兴起，而现实中的罗马却处在衰落之中，在这一反差激励下决定去编一部佛罗伦萨编年史。这成为他的写作动机。对此，维兰尼这样写道：

> 当我看到罗马那些宏伟而古老的纪念性建筑，读到萨拉斯特、琉坎、李维、发利里阿斯、奥洛西阿斯①和其他史学大师们撰写的罗马史和罗马人的伟大事业(他们把罗马人大大小小的事业都记载下来了)的时候，我就模仿他们的风格和方法，尽管我，作为一个初学的人，是不配

① 此处引文外文翻译以原书为准，有的与本书翻译不一致。后文中亦有此类情况，均尊重所引出处的译法，不一一标注。

担当这样艰巨的工作的。

维兰尼希望：

> 让后世知道一点佛罗伦萨的豪富和它那显赫的名声的来源，以便将来有学识的人能够促使佛罗伦萨更加繁荣。①

历史有着惊人的相似，大约350年之后，爱德华·吉本跟他有着类似的心境，只不过吉本走向探讨罗马帝国的衰亡，而维兰尼重在考察佛罗伦萨的兴起。

《佛罗伦萨编年史》开篇就有关于其写作意图的声明：无论是因为人类的忽略还是因为古代记录的毁坏，最终导致关于佛罗伦萨起源和发展的叙述缺乏条理性。维兰尼就是要纠正这些缺失。

编年史的前6卷，不仅仅局限于佛罗伦萨，而是扩大到整个意大利。之后叙述了这个城市的发展历史。他从巴别塔写起，而结束于黑死病时期前夕。其弟马提奥以同样的方法和精神，继续编写，对1348年和1349年那次大瘟疫的描写富有独创性。1363年马提奥死后，维兰尼儿子菲利普又续了几章，一直编到1363年。该书广泛考察了从神话时代佛罗伦萨创建到维兰尼所生活时代的历史。

不容否认，维兰尼对古典文献例如萨鲁斯特、琉善、李维、瓦勒利乌斯·马克西穆斯、奥罗修斯等人的著作非常熟悉。

但是，更为突出的是维兰尼写作中的现实意识。他特别着迷于但丁的《神曲》，并从但丁那里获得思想上的启示。当然两人是有区别的，他们的政治经历和社会关系明显不同。但丁不仅是1302年圭尔夫白党毁灭的受害者，而且作为一个大行会卡里马拉的成员，对佛罗伦萨商业和财政持保守态度。在这些方面，维兰尼不赞成但丁；但是，维兰尼为了后人利益而写作历史倒是与但丁一致的。

特别是，维兰尼从事公民事务，曾在1315年当过羊毛业行会执事，1316年又曾担任造币厂厂长，还曾在1317年、1321年和1328年做过管理手工业

---

① 转引自〔美〕J·W·汤普森：《历史著作史》第二分册，谢德风译，商务印书馆1988年版，第682页。

的官员;他还是国际银行家波鲁茨和布奥纳考西公司的合伙人。恰好在那个时期,佛罗伦萨正是全欧最富裕的工业和银行业中心。维兰尼以迅速发展的银行业和商业利益为由替佛罗伦萨的结盟辩护。他忠于圭尔夫派黑党。书中关于查理曼重建佛罗伦萨的传说,事实上是他自己虚构的,而且是一种佛罗伦萨与法国王室之间亲密联系的历史认同。维兰尼以杰出市民和市政官员的身份写作,为其祖国佛罗伦萨添光加彩。对此,后人一语中的地评论道:"在著作被写出的时候,它获得了准官方的地位。"①

2. 佛罗伦萨史写作传统的初起

《佛罗伦萨编年史》具有重要的史料价值,甚至到了 20 世纪,它还是研究意大利中世纪史的重要文献,特别是关于经济和商业的记述很有价值,汤普森说:"构成微拉尼著作的主要价值的是关于经济和商业以及社会情况的丰富记述。"②因此,后来他写《中世纪晚期欧洲经济社会史》时就对此非常重视。关于这种经济史研究价值,有学者恰如其分地指出:

> 此时期中,他对历史的影响和经济的基础有不凡的见解;他是第一位把社会情况的统计资料加入叙述中的人。他的《佛罗伦萨年鉴》的前三册大多为传说;但在以后的书里,我们获悉,公元 1338 年,佛罗伦萨及其腹地有 10.5 万居民,其中 1.7 万为乞丐,4 000 人靠公共救济;有 6 所小学,教育 1 万男女学童,4 所高级学校,在其内有 600 男生和少许女生学"文法"(文学)和"逻辑"(哲学)。他跟大部分历史家不同,把新书、画、建筑之评介也包括在该年鉴中;很少有一个城市生活的部门曾被如此直接地描述过。如果他把所有这些情况和细节接着原因、现象、人物、结果,写成统一性的叙述,则他可能就把年鉴变成历史了。③

威尔·杜兰在文字中相当细致点出维兰尼的《佛罗伦萨编年史》中所涉及的一些经济数据,这样就不难理解汤普森在其《中世纪晚期欧洲经济社会史》对《佛罗伦萨编年史》加以征引了。

维兰尼的《佛罗伦萨编年史》是了解和撰写 13、14 世纪意大利历史的重

---

① Kelly Boyd, *Encyclopedia of Historians and Historical Writing*, London, Chicago: Fitzroy Dearborn Publishers, 1999, p. 1266.

② 〔美〕J·W·汤普森:《历史著作史》第二分册,第 683 页。

③ 〔美〕威尔·杜兰:《世界文明史·文艺复兴》上卷,第 39—40 页。

要材料,其写作佛罗伦萨史的传统为后人所继承。有学者这样评价维兰尼的影响:

> 维兰尼的《编年》在佛罗伦萨被广泛阅读着,从他那个时候开始这部书就是每一位城市史学家的基本读物。其最伟大的成就是把他的后继者的注意力吸引到凭借历史事件而探讨人类也探讨超自然的原因,就是通过他的榜样表明一部编年史怎样被用于表达当代严重而持久的政治和社会危机的。①

就佛罗伦萨编年史而言,后世不断有人编写,一直到16世纪。维兰尼有两位直接继承人。第一位是马基奥尼·狄·卡波·史梯发尼。其所著12卷书是从佛罗伦萨创建写起的,此书前一部分仍然是关于佛罗伦萨的传说和中世纪史的重述,而以后诸卷又和维兰尼的著作写同一个时期,但是不如维兰尼写得仔细。只有最后1卷还算重要,这是因为它记述的是当时的事:1379—1382年梳毛工人大暴动,这个暴动是佛罗伦萨下层反对贵族的三重暴动,即经济、社会和政治的全面大反叛。第二位是季诺·卡波尼。他所撰《佛罗伦萨史》,从这次梳毛工人大暴动写起,止于1419年。后来,布鲁尼、马基雅维里、圭恰迪尼都一直撰写佛罗伦萨的历史。

二、但丁、彼特拉克与薄伽丘的启示

有些人文主义者,虽然主要不是历史学家,但是他们的思想却为人文主义史学开辟了发展方向。除了但丁外,彼特拉克和薄伽丘等人的思想也对文艺复兴史学起到了引导作用。

1. 但丁:现实与古典的双重奏

但丁(Alighieri Dante, 1265—1321年)系意大利著名诗人,出生在佛罗伦萨,病逝于拉维纳。他曾说过:"人类的高贵,就他的许多成果来看,胜过天使的高贵。"②这表明他对世俗的看重。

---

① John Cannon, *The Blackwell Dictionary of Historians*, New York: Basil Blackwell Ltd., 1988, pp. 434 - 435.

② 〔意〕但丁:《论俗语》,吕六同译,〔意〕但丁著,吕六同编选:《但丁精选集》,北京燕山出版社2004年版,第585页。

1293年，他把自1283年以来发表的诗作整理为《新生》，其中把世俗爱情和对天主的虔诚爱戴和谐地交织在一起。它是对爱情理想的精心构思。他把爱情视为所有的善恶，且温柔无限，但丁说：

> “爱情”的支配是善的，因为他能把他的仆人的性灵从所有的尘俗之中解救出来。
>
> “爱情”的支配是恶的，因为越是做他的仆人，便越是要尝忧伤与痛苦的滋味。
>
> “爱情”这个名称既是听去如此温柔，那么他的行事也必定不会不温柔的，因为古人曾说过：“有其名必有其实。”①

因此，但丁对“爱情”很是向往，他希望：“‘爱情’便来做了我灵魂的主人，我的灵魂，也便很快地和他缔结了姻缘。”②他这种注重世俗的态度影响深远，有论者指出：“他是一位具有全面影响的天才，他看待人生和世界的方式已经不知不觉地改变着整个欧洲的思想。”③

但丁具有丰厚的古典修养。1283年左右，他师从布鲁奈托·拉蒂尼学修辞，后来与同时代稍早的师友归多·归尼杰里和归多·卡瓦尔康提交情甚厚。他阅读荷马，其著作中多次引用《伊利亚特》和《奥德赛》；他熟悉并推崇维吉尔：“我已经长久学习过，爱好过，研究过你的著作！你是我的老师，是我的模范。”④他更是言必称亚里士多德，亚里士多德的《伦理学》、《政治学》、《物理学》、《论范畴》是他经常引用的文献。但丁引用过的文献还有包修斯的《哲学的安慰》、奥罗修斯的《反异教徒的历史》、阿奎那的《反异教徒大全》、奥维德的《变形记》等。他所推崇的古代学者还有贺拉斯、西塞罗、毕达哥拉斯等。正如有学者所说：

> 但丁著作中那种对于古典时代的迷恋，或者说更重要的是，那种

① 〔意〕但丁：《论俗语》，吕六同译，〔意〕但丁著，吕六同编选：《但丁精选集》，北京燕山出版社2004年版，第17页。

② 同上书，第3页。

③ 〔英〕乔治·霍尔姆斯基：《但丁》，裘珊萍译，中国社会科学出版社1989年版，第186页。

④ 〔意〕但丁：《神曲》，王维克译，〔意〕但丁著，吕六同编选：《但丁精选集》，北京燕山出版社2004年版，第82页。

与一个基督教新柏拉图主义的宇宙观对立的、关于高度个体化的人类命运的观点，已经成了文艺复兴时期意大利以及整个欧洲的特征。①

但丁是位公民事务的积极参与者，这首先跟他的人生观是分不开的。他认为，学者应该造福后代：

但凡具有灵性因而热爱真理的人，显然都会十分热心于造福后代。为了报答祖先不辞劳苦给他们遗留的财产，他们也要为后代留财富。一个人身受社会的教益而对社会的福利漠不关心，根本不能算他尽到本分……我不仅力求对社会多作贡献，而且要揭示他人没有探索过的真理，从而获得成果。②

他还提出："行动不是为了思想，相反，思想却是为了行动……行动就是目的。"③换言之，他追求的是，"人类作为一个整体而言，它的本分工作是不断行使其智力发展的全部能力；这首先是在理论方面，其次则在由理论发展而成的实践方面"④。

1307—1321年创作《神曲》，这是一部带有政治色彩的历险小说。其写作宗旨是映照现实，启迪人心，使意大利走出苦难。他严厉批判垄断中世纪全部文化的基督教神学，热情歌颂现实生活的意义，认为现实生活有其自身的价值。对此，有学者指出：

但丁从来不是书斋里的学者。他始终处在时代运动之中。他迎着历史的风暴，站在勃然兴起的市民阶级一边，进行着反对封建贵族的政治斗争；同时，他又用他的笔，描绘出新旧交替时期的现实生活和政治斗争。⑤

① 〔英〕乔治·霍尔姆斯基：《但丁》，第186页。
② 〔意〕但丁：《帝制论》，朱虹译，〔意〕但丁著，吕六同编选：《但丁精选集》，北京燕山出版社2004年版，第605页。
③ 同上书，第606页。
④ 同上书，第609页。
⑤ 吕六同：《编选者序》，〔意〕但丁著，吕六同编选：《但丁精选集》，第2页。

事实的确如此。1289 年他参加阿莱佐城反对吉伯林党的康帕迪诺战役和佛罗伦萨攻打吉伯林党的比萨战役。1295—1302 年参加城市行政会议，为六执政之一，一心建设和维护共和政权。1302 年出使罗马，由于圭尔夫党发生分裂，黑党夺取政权，但丁被革职并处以流放，此后将近 20 年一直流浪在外。1310—1311 年，他是皇帝亨利七世的狂热支持者。1314 年他彻底放弃对教皇的幻想。

同时，但丁还就政教关系提出了具有世俗倾向的理论。1312—1314 年创作《帝制论》。这是一部用拉丁语写出的政治理论著作，是对《飨宴》相关思想的发挥。全书分为 3 卷。第一卷从哲学上论证了单一的世界帝国之必然性；第二卷从历史的角度论述了罗马帝国命定要扮演这样的角色；第三卷主要从神学上反驳了那些支持教会之财产和司法权的观点。其整个逻辑是：

> 为了给尘世带来幸福，一统的政体或帝国是必要的。①
>
> 最高贵的民族理应高居其他民族之上；罗马民族就是最高贵的民族；因此，它应该高居其他民族之上。②
>
> 罗马人通过征服世界，其行为都是正当的。……罗马人征服世界是正当的，因此它有权享有帝国的尊严。③

他在第三卷中提出，尘世的君主统治直接由上帝赐予而非来自罗马教皇。书的最后写道："罗马政体根本不必服从罗马教皇，因为在某些方面我们尘世的幸福服从于我们永生的幸福。"④这些思想在《飨宴》中也有类似的表述。1304—1308 年创作《飨宴》。他在书中捍卫罗马帝国的世俗传统。他以为教皇贪图世俗权力，就不是把人类欲望引向上帝的精神典范；相应的，帝国衰弱，就不会存在足以从物质上限制这些欲望的法律。

需要特别说明的是，但丁曾判定《君士坦丁赠与》是无效的，因为它同时违背了帝国和教会的根本职责，任何皇帝都无权分裂帝国，而按照天意帝国只能是一种统一的世俗权力。他有力和机智地捍卫了世俗国家独立的合

---

① 〔意〕但丁：《帝制论》，朱虹译，〔意〕但丁著，吕六同编选：《但丁精选集》，第 611 页。
② 同上书，第 628 页。
③ 同上书，第 637 页。
④ 同上书，第 677 页。

理性。

他强调了个人努力的意义，认为“家族并不使个人高贵，而是个人使家族高贵”①。他对当时佛罗伦萨乌贝尔蒂家族和米兰维斯孔蒂家族的一些人以家族荣耀来标榜自己提出了批评，这里不再具体征引他的著作加以说明了。他还在《飨宴》中，抨击封建等级观念，表现出“人贵于品行”的人文主义思想。

他开创了研究意大利语的先河。1303—1304 年所作《论俗语》，是意大利学术史上第一部用拉丁语写作的论述语言问题的著作，可以看作是对《新生》中第 25 节话题的继续，是《飨宴》卷一和卷二的姊妹篇。他赞美俗语，并对意大利 14 种方言进行分类，提出建立统一意大利语的主张。它不仅开创了研究意大利俗语的先河，而且对于意大利语的形成奠定了基础。

但丁的这些思想和生活倾向，具体说崇尚古典文献、注重世俗生活、关注现实公民事务，引导了后世人文主义者的学术方向。其一些学术活动，例如对政治体制、意大利语、《君士坦丁赠与》的研究，也启发了后世学者。

2. 彼特拉克：崇尚古典的情怀

彼特拉克(Francesco Petrarca，1304—1374 年)出生于阿莱佐，1343 年之前生活在阿维尼翁，搜集古希腊和罗马的文献抄本，漫游过法国北部、德国和罗马，创作拉丁语和意大利语抒情诗。1343—1353 年，居住在意大利巴尔马，仍然去各地漫游并搜集古典著作和从事文学创作。1348 年在得知恋人去世后，四处云游直至终生。主要著作有《我心中的隐私》、《凯旋》、《歌集》、《名人传》和《阿非利加》等。

彼特拉克对于人文主义的贡献也有其首创性。他第一次提出“人学”和“神学”的对立，否定中世纪世界观和禁欲主义教条，这对冲破封建束缚和宗教桎梏，推动文艺复兴运动的深入发展，作出了重要贡献。彼特拉克敌视经院主义，渴望恢复古代罗马的伟大政治，怀着对古希腊知识和文明的浓厚兴趣，热心阅读古代拉丁文著作。

他肯定现实、人生，反对禁欲主义比但丁还要坚决、彻底。彼特拉克曾经说：

> 凡人要关怀凡间的事务……我不想变成上帝，或者居住在永恒中，

① 〔意〕但丁：《论俗语》，吕六同译，〔意〕但丁著，吕六同编选：《但丁精选集》，第 586 页。

或者把天地抱在怀里……我自己是凡人，我只要求凡人的幸福。[①]

在政治上，他断定罗马帝国衰亡是不可避免的，殷切期望意大利成为一个统一的君主政体国家。可是其社会活动不依赖于任何一个权贵，不直接参与公民事务。这与其他积极参与公民事务的人文主义者例如但丁截然不同。

他对历史知识情有独钟，彼特拉克自述道：

我心无旁骛地学习古史及其他东西……我为历史学家们着迷，尽管我同样为他们之间的分歧感到不快；当产生疑问时，我听从的版本要么其内容的逼真使我信服，要么其作者的权威能影响我。[②]

可见，他有着强烈的历史意识。这种意识不仅表现为搜集古文献，撰写古人传记，还表现在其许多歌咏古史的诗歌和与古人的通信之中。

人文主义者走向世俗化却以回归古典文化为其表现形式，他们把古希腊、罗马历史学家奉为楷模，到处搜寻他们的遗稿或者著作手抄本，并将它们加以注释刊布出来。彼特拉克是这种活动的倡导和激励者，在其学术志趣中现实性与古典性分量相较之下，他更倾向于崇尚古典。

1345年，彼特拉克首先发现《西塞罗致沃罗纳和阿提库斯的书信》抄本。他藏有希腊文《荷马史诗》，并鼓励一位希腊人里昂吉奥·彼拉多将它译为拉丁文。他曾得到李维《历史》的一个抄本，并进行了赞赏和考证性的注解。他还应皇帝查理四世之请，根据文风中的语言变迁，对所谓的把奥地利置于帝国司法体系之外的《恺撒契约》，进行了辨伪。这些都影响了后来瓦拉对李维的研究和对教廷文献《君士坦丁赠与》的考辨[③]。彼特拉克的努力激活了人们寻找古典手稿的热情。

其他学者循着彼特拉克所开辟的方向在各地奔波着。薄伽丘受其影响和督促，搜集希腊古典稿本，从被人忽视的蒙特喀昔诺的图书馆里发现了塔

① 转引自王秋荣、陈伯通：《西方文学思潮概观》，海峡文艺出版社1988年版，第23页。

② 转引自〔美〕唐纳德·R·凯利：《多面的历史》，陈恒、宋立宏译，三联书店2003年版，第256页。

③ 〔美〕唐纳德·R·凯利：《多面的历史》，第248—255页。

西佗所作的《编年史》11—16卷和《罗马史》1—5卷[①]。萨鲁塔提,1330年出生在比斯托亚城,从1375年起直到1406年去世,担任佛罗伦萨政府文书长。他也是一个公民人文主义者,按照有的学者的说法,萨鲁塔提是:

> 佛罗伦萨共和政治和人文主义活动中遐迩闻名的一位中心人物。他之所以能在佛罗伦萨社会中建立自己牢固的地位,从某种意义上说,得归于他积极提倡人文主义思想,并注意把人文主义活动和参与政治生活结合在一起。[②]

其名著有1381年《论世俗与宗教》、1399年《论命运、幸运和偶然性》和1400年《论暴君》等。他发现了西塞罗书信全集。其学生中有布鲁尼、布拉奇奥里尼、尼科鲁·尼可利等。

关于布鲁尼,以后有专章论述,这里略去。波吉奥·布拉奇奥里尼,从1403年担任教皇秘书起,就努力搜集古典拉丁文作家的文稿和古罗马铭刻。他曾组织4次较大规模的考察活动,就连在康斯坦茨开宗教会议的时间都不放过,钻到德国寺院图书馆寻找“猎物”。结果是,他搜集到西塞罗演说辞、卢克莱修《物性论》、昆体良《雄辩术》、塔西佗《编年史》和《历史》、拉丁诗人斯塔提乌斯《诗草集》等许多古典作家的著作,成为文艺复兴时期收获最大的古典书稿收藏家。他还把色诺芬《居鲁士的教育》和狄奥多乌斯《西西里史》翻译成拉丁文[③]。

至于尼科鲁·尼可利,他抄录和整理古代手本,其中有普林尼、卢克莱修的著作和古罗马喜剧作家普拉图斯的12部喜剧。1437年,他将收藏的800多册书转给了科西莫,佛罗伦萨劳伦佐图书馆所藏珍贵手稿许多是经他手抄的。他还搜集许多古代文物包括艺术品和钱币等。

彼特拉克不仅影响人们搜集古典文献与文物,还是古典文化的杰出模仿者。有学者就说彼特拉克是:

> 在他的同时代人中所获得的荣名其实主要是由于这样的事实,那

---

① 〔美〕威尔·杜兰:《世界文明史·文艺复兴》上卷,第58页。

② 张世华:《意大利文学史》修订版,上海外语教育出版社2003年版,第101页。

③ 〔美〕J·W·汤普森:《历史著作史》第二分册,第687页。

就是：他是古代文化的活代表，他模仿各种体裁的拉丁诗歌，力求用他卷帙浩繁的历史和哲学著作来介绍古人的作品而不是去代替它们。①

彼特拉克在历史学方面有许多原创。这些原创表现为：把古代罗马和当代之间的历史时期，即后世称为中世纪的，看成是天才、美德和荣耀消失的时代，是时间的渣滓，渴望古代的幸福并相信它的重现。这种古典复兴的思想在其称颂西庇阿的史诗《阿非利加》中充分表现出来。他在意个人名声，有选择地述说历史，树立道德和政治榜样，鄙视中世纪蛮族。其《名人传》使用西塞罗一般的文词，对名人进行赞誉，但是对查理大帝却流露出厌恶之情。

3. 薄伽丘：关注现实的胸襟

薄伽丘(Giovanni Boccaccio，1313—1375年)出生于佛罗伦萨附近的契塔尔多一商人家庭，是佛罗伦萨第一个通晓希腊文的人文主义者。

其主要著作有：1336年所写散文体长篇小说《菲洛可洛》，1338年写长诗《菲洛斯特拉托》，1339年写叙事诗《泰萨伊德》，1341—1342年完成诗歌散文集《亚美托的女神们》，1342—1343年完成寓言诗集《爱的幻影》，1343—1344年完成散文体小说《菲娅美达的哀歌》，1344—1346年完成长诗《菲爱索莱的仙女》，1349—1353年创造《十日谈》②，不久写成短篇小说《大鸦》。

他与当时著名的人文主义者交往颇多。1350年结识彼特拉克，1351年去帕度亚邀请被放逐的彼特拉克返回佛罗伦萨，两人友情笃深。他著有《但丁传》，1373—1374年在佛罗伦萨一座教堂里讲授但丁的《神曲》。这样，他加强了古希腊、罗马文学艺术的传播，扩大了文艺复兴的影响。

薄伽丘热切关注世俗事务。他在《十日谈》中提出了其人文主义思想体系，主张一切以"人"为本，用人性来反对神性，提倡人道与神道抗衡，顽强地表现了新兴资产阶级摆脱封建约束和宗教枷锁的世俗愿望。而人性，在其笔下突出地表现在世俗爱情上。他赋予爱情以全新的诠释，将它视为一种新道德、新人伦。在他看来，纯洁的爱情是男女之间高尚情愫的流露，理应得到大众祝福，因为这种真实情感乃人生中一个积极因素，是幸福的源泉。

① 〔瑞士〕布克哈特：《意大利文艺复兴时期的文化》，何新译，商务印书馆1979年版，第201页。
② 方平、王科一译为卜伽丘《十日谈》，上海译文出版社1981年出版。

他还在《十日谈》中，极力歌颂人的价值、尊严和力量。通过书中一百则内容各异的故事，可以得出如下结论：自然把人创造得又美丽又匀称，所以人有能力创造和征服一切，而不必屈服于上帝或教会的安排。

他还是个公民事务的积极参与者。薄伽丘信奉人要对他人有用，曾说：

> 在许多美德中，我认为“感激”是最值得称道的；反过来说，忘恩负义便是顶卑鄙的行为。为了表明自己不是那种忘恩负义的人，我趁眼前可说是摆脱束缚、一无牵挂的时候，决定凭自己一点浅薄的才学，写一下东西，给帮助过我的人读着消遣，聊作报答。①

在佛罗伦萨政治斗争中，他坚定站在共和一边，反对封建专制。他参加了行会，曾在佛罗伦萨共和政体中担任掌管财务的官职，先后7次受共和政体委托，去意大利各地乃至法国办理外交事务。

薄伽丘热爱现实生活，信奉人性和人道，同时对天主教会进行了猛烈的批判。他借讲故事人之口，抨击教会人士说：

> 他们这伙人，从上到下，没有一个不是寡廉鲜耻，犯着“贪色”的罪恶，甚至违反人道，耽溺男女，连一点点顾忌、羞耻之心都不存在了；因此竟至于妓女和娈童当道，有什么事要向教廷请求，反而要走他们的门路。……个个都是酒囊饭袋，贪图口腹之欲，狼吞虎咽，活像是头野兽。他们首先是色中饿鬼，其次就好算得是肚子的奴隶了。②
>
> 个个都是嗜钱如命、贪得无厌，非但是人口可以当牲口买卖，甚至天主教徒的血肉，各种神圣的东西，不论是教堂里的职位，祭坛上的神器，都可以任意作价买卖。③
>
> 坏到了不能再坏的地步。④

有位学者的话对于认识薄伽丘反天主教会与实现世俗生活的关系很有意义，他说：

---

① 〔意〕卜伽丘：《十日谈·绪言》，方平、王科一译，上海译文出版社1981年版，第4页。
② 〔意〕卜伽丘：《十日谈·第一天》，第46页。
③④ 同上书，第47页。

人文主义者在反对天主教会时，大胆地提倡“人性”，反对“神性”；提倡“人道”，反对“神道”；提倡“个性解放”，反对“宗教桎梏”；要现实生活中的幸福，不要教会的禁欲主义和幻想中的天国的“幸福”。只消把这些精神枷锁都打破了，人们就会认识到：幸福在人间。①

命运是薄伽丘关心的话题。他认为：“自开天辟地以来，人类始终受着命运的支配，将来一定还是这样，直到世界的末日。”②《十日谈》中第二天的10个故事就是以之为主题的。但是，他又认为人通过聪明才智是可以摆脱命运的摆布，凭借个人才智，终于如愿以偿③，《十日谈》中第三天的10个故事就是要说明这个道理。他的这一看法是后来人文主义者在这个问题上的主要思想倾向。

另外，其思想中还有其他因素，是后来相关思想的先声。例如，天赋人权的观点，他在《十日谈》的绪言中说过：

为了保护自己的生命而杀了人，甚至还可以不用抵罪。如果维护公共利益的法律尚且能够容忍这种行为，那么我们为了保全自己的生命，采取与人无损的手段，当然是合情合理的。……为什么不替自己想想办法，来摆脱这忧愁呢？④

在薄伽丘看来，人们保全生命是合乎情理的，因为活着是人的与生俱来的权利。

薄伽丘还有浪漫的情愫，他憧憬：

在乡下，我们可以听小鸟唱歌，可以眺望青山绿野，欣赏田亩连片，麦浪起伏，以及各种各样的树木。我们还可以看到辽阔的苍穹。⑤

我们就在凉快的晚风中吃饭；饭后，大家就唱几首歌，玩一阵子，然后睡觉。明天，我们清早起来，各人可以随意散一会步，到时候，就像今

① 方平：《幸福在人间》，〔意〕卜伽丘：《十日谈》，第16页。
② 〔意〕卜伽丘：《十日谈·第一天》，第70页。
③ 〔意〕卜伽丘：《十日谈·第三天》，方平、王科一译，上海译文出版社1981年版，第168页。
④ 〔意〕卜伽丘：《十日谈·第一天》，第18页。
⑤ 同上书，第3页。

> 天一样，大家回来一起吃饭；饭后，我们跳一会舞，然后午睡；等睡醒之后，也像今天这样，大家回到这儿来开始讲故事——我觉得，讲故事是挺有趣，也是挺有益处的玩意儿了。①

这一点在后来的卢梭身上有明显的雷同表现，不过卢梭将之发展为浪漫主义了。

薄伽丘对后人的影响主要是通过《十日谈》来实现的。意大利近代著名文艺评论家桑克提斯曾把《十日谈》和但丁的《神曲》并列，称为《人曲》。《十日谈》在1471年出版后，根据赫顿的说法，在15世纪印行10版以上，16世纪印行了77版，可见影响之大②。对此，有学者概括道：

> 不容怀疑地统治了西欧近一千年的天主教的权威，第一次在文艺领域内遭受到这样严重的挑战。可以说，欧洲文艺复兴运动正是以《十日谈》的嘹亮的号角声揭开了序幕的。③

其实，可以具体地说：薄伽丘以其《十日谈》引导了西方史学关注现实的趋向。

三、人文主义史学先驱的过渡性

克罗齐说过："任何过去有过的事情都不会返回，任何过去有过的事情都不能被取消。"④这句话令人深思。是的，例如中世纪的社会特征和文化特点，不会因为人文主义学者的涌现而完全消失。文艺复兴时期是新旧事物交替阶段，其学术中保留着中世纪的一些特征，存在着过渡性。

1. 批判继承中世纪史学遗产

人文主义史学的先驱们继承了中世纪史学的双重性。毋庸置疑，中世纪史学的主流是基督教史学，可是并非没有世俗史学。例如，艾因哈德刻意模仿罗马斯韦托尼阿《十二恺撒传》作《查理大帝传》，其书中关于查理的武

---

① 〔意〕卜伽丘：《十日谈·第一天》，第70页。

② 转引自方平：《幸福在人间》，〔意〕卜伽丘：《十日谈》，第30页。

③ 方平：《幸福在人间》，〔意〕卜伽丘：《十日谈》，第3页。

④ 〔意〕贝奈戴托·克罗齐：《历史学的理论和实际》，傅任敢译，商务印书馆1982年版，第182页。

功、性格和私生活的描绘，就是典型的世俗历史写作。尼泰德所著《虔诚者路易的儿子们的纷争》，记载查理曼的三个孙子罗退尔、“秃头查理”、“日耳曼”路易之间为瓜分帝国而进行的战争。12世纪以后，西欧的编年史逐渐增强世俗性。正是世俗史学的保存与增长，为西方史学最终摆脱神学奴役并向近代过渡奠定了基础。特别是拜占庭史学，完全是在希腊、罗马史学基础上发展起来的，与同时代西欧相比，古典风气尤浓；拜占庭的许多历史学家不持神学史观，不写宗教传说，而是着力写帝王将相的功过，写普通大众的活动，写复杂的民族关系。在东罗马面临“蛮族”入侵的情况下，许多拜占庭史学家西迁到意大利，他们的史学倾向直接引导文艺复兴时期史学的发展方向。如果没有这些因素，人文主义史学先驱们对世俗的关注、对人物传记的重视则是无从理解的。

就基督教史学本身而言，在通常所认为的那些局限中，有些因素对于人文主义史学还是有着积极意义的。例如，基督教史学体例单调乏味，基本是简明年代记；基督教编年史中充斥着史料错误与作伪。维兰尼在写《佛罗伦萨编年史》过程中，批判了其前辈在史料上的作伪和错误，可是恰恰继承了编年这一形式。

2. 挥之不去的基督教神意

人文主义先驱蔑视教会，文艺复兴史研究专家丹尼斯·哈伊指出：

> 当时的意大利是一个圣人和神父的国家……意大利拥有的主教数量相当于我们所知道的其余西方天主教国家拥有的主教的总和。……毫无疑问，在意大利，宗教热诚和为数众多的神职人员是融为一体的。但是我认为这种一致性也有其相反的一面，就是群众，特别是青年中对神职人员所怀有的蔑视态度。①

他还说：

> 在一定程度上讲，反神职主义也只存在于真正的教徒中：教会满足他们精神生活的需求，神职人员却引起他们的忿恨和鄙视。……但

---

① 〔英〕丹尼斯·哈伊：《意大利文艺复兴的历史背景》，李玉成译，三联书店1988年版，第62—63页。

> 丁的态度就是既表现了这种对教皇和神职人员的蔑视，同时也表达了对教会和宗教的崇敬。……人们对神职人员的无知、道德败坏和高薪厚禄的谴责积累越多，也就加深了对他们的仇视。这些谴责大多数是有根据的。每个教派都指责他们的对手腐化堕落；所有教派都反对正统神职人员。①

但是，人文主义先驱的思想中还残留着愚昧。例如，维兰尼有着挥之不去的中世纪遗绪。《佛罗伦萨编年史》给予自然环境以适当关注，并在习见和神意的世界编年史框架内，详细叙述了洪水之后人们在欧洲定居的故事，包括雅弗和在意大利做了许多事的雅努斯，基督徒的出现和殉道等。特别是晚年，维兰尼认为1347年许多地区的地震可以被看作基督对其生徒的警告，预示着世界末日的来临。显然，在这里，维兰尼的著作里还保留着神意史观。但是，与中世纪编年史不同的是：

> 维兰尼的表现完全是乐观的，其所述佛罗伦萨故事首先是一个取得成就的人的故事。读者在他那里能够发现它再现了混合诸多影响的文献，这些影响有来自拉丁语的和方言的，出于圣经的、古典的、占星术的和商业的。……他采取近代做法，偏好确定的日期，比最好的中世纪编年都要可靠。②

然而，新与旧总是交杂着，比如彼特拉克的思想既有中世纪的特征，又有现代的气息。保罗·奥斯卡·克利斯特勒通过研究发现：

> 宗教信仰和宗教虔诚在他的思想和著作中居核心地位，并且没有丝毫理由来怀疑他的陈述是否真诚。假如在宗教和古代哲学之间发生冲突的话，他将站在前者的教旨一边。③

---

① 〔英〕丹尼斯·哈伊：《意大利文艺复兴的历史背景》，李玉成译，三联书店1988年版，第63—64页。

② Kelly Boyd, *Encyclopedia of Historians and Historical Writing*, London, Chicago: Fitzroy Dearborn Publishers, 1999, p. 1266.

③ 〔美〕保罗·奥斯卡·克利斯特勒：《意大利文艺复兴时期八个哲学家》，姚鹏、陶建平译，上海译文出版社1987年版，第12页。

其近代气息是，个人主义特征，好奇和旅游，喜欢孤独，性格忧郁，主张人及人的问题应该是思想和哲学的主要对象和关心点。有学者说：

> 我们必须承认旧东西和新东西同样是他的思想和观点的基本组成部分，在这个方面，就像在许多其他方面一样，彼特拉克是他那个时代的典型代表，是人文主义运动的典型代表。①

对于彼特拉克，的确当如是观。其著作被人们广泛传抄和诵读，其足迹所到之处连成了一张偌大的无形之网，将意大利和欧洲其他国家连在了一起。

其他人如但丁，他在《神曲》中，对于古代世界，除了记载基督教外，还记录了异教，并在两者之间保持平衡。薄伽丘则接受算命和评梦学说，相信众魔之说，而且以为罗马创建者埃涅阿斯游过冥府等。

总之，文艺复兴早期，许多旧传统包括旧的思想方法依然存在，但是新的学习、思考方法和内容已然出现。这些特性在以后本书所涉及的其他人文主义史学家身上仍然有所反映。

---

① 〔美〕保罗·奥斯卡·克利斯特勒：《意大利文艺复兴时期八个哲学家》，第20页。

第二章　布鲁尼的史学

布鲁尼(Leonardo Bruni，1370—1444 年)①出生于阿莱佐，是一位集社会活动家和学问家于一身的影响巨大的人物，其史学在文艺复兴时期开了一代风气，故有学者说："布鲁尼不仅是在继其古代楷模之后写出历史著作的第一个人文主义者，而且也复兴了古代形式下的演讲和对话。"②

一、亦官亦学的人生

布鲁尼不是纯粹的学者，也不是为官是图的政客。在他身上可见但丁的影子，是达则兼济他人的知识分子。

根据巴龙在《早期意大利文艺复兴的转折》中的研究，1403—1404 年间，布鲁尼写了《佛罗伦萨颂》。对于这一著作，有学者认为它"可以被看作对《佛罗伦萨史》内容的简介"③。也有学者认为他在重要的历史著作之后隐藏着宣传动机④。布鲁尼写《佛罗伦萨颂》显然是为其仕途做准备的，因

① 关于布鲁尼的生年，此说比较普遍，如：科雷耶所著《意大利文艺复兴哲学》，见帕金森所编《文艺复兴和 17 世纪的理性主义》；其他格利菲茨等人编译的《布鲁尼的人文主义》，翰金斯为布鲁尼《佛罗伦萨人民史》写的导论，科兰所著《意大利文艺复兴的历史学家和历史学》倾向于 1370 年。而坎农所编的《布拉克沃历史学家词典》定为 1374 年。汤普逊的《历史著作史》主张为 1368 年。国内学者中，郭小凌《西方史学史》、张广智《西方史学史》均定为 1369 年。

② Gordon Griffiths, James Hankins, David Thompson, "General Introduction", *The Humanism of Leonardo Bruni*, translations and introductions by Gordon Griffiths, James Hankins, David Thompson, Binghamton, New York: Center for Medieval and Early Renaissance Studies, 1987, p. 14.

③ James Hankins, "Rhetoric, History, and Ideology: the Civic Panegyrics of Leonardo Bruni", James Hankins, *Renaissance Civic Humanism*, Cambridge: Cambridge University Press, 2000, p. 145.

④ John Cannon, *The Blackwell Dictionary of Historians*, New York: Basil Blackwell Ltd., 1988, p. 53.

此相对而言，后一说法比较合乎情理。

1405 年，因其导师萨鲁塔提的推荐，布鲁尼成为教皇英诺森七世的秘书，其后担任教皇秘书职务一直到 1415 年。

1415 年，返回佛罗伦萨，进入他作为一个学者的最为高产时期。其中，1415—1416 年写《西塞罗新传》。他在翻译普鲁塔克《传记集》中的《西塞罗传》过程中，对其感到不满，于是转向从萨鲁斯特关于喀提林战争的论述和西塞罗自己的演讲中搜寻史料，写出了《西塞罗新传》。这一传记对于布鲁尼走上史学道路意义非同一般，它"标志着布鲁尼作为一个独立的史学家写作的开始。"①1416 年，写《佛罗伦萨人民史》第一卷，1428 年第六卷完成，1429 年 6 卷本著作第一次出版。此书从苏拉老兵建立佛罗伦萨开始说起，追溯到喀提林阴谋，最后写到亨利七世越过阿尔卑斯山、教皇哥里格利去世及其所引起的混乱和教会分裂。

1417 年，再次充当教皇秘书，效力于马丁五世，直到 1420 年。

1418 年，发表《论曼都亚城的起源》和《第一次布匿战争评注》。

1427—1444 年，担任佛罗伦萨的大法官。其间，根据巴龙的说法，1428 年布鲁尼写了《斯特罗兹葬礼上的演说》②。在文中他把一些军事荣耀归功于特定时期的斯特罗兹家族，可是那时这个家族的头目帕拉・斯特罗兹是很不得人心的。因此，有学者一针见血指出："布鲁尼在《斯特罗兹葬礼上的演说》中大胆使历史屈从自己的目的。的确，演讲接近历史的虚构。"③1436 年写《但丁传》、《彼特拉克传》④。其写作动机非常明确。之前，薄伽丘写过《但丁传》。布鲁尼认为，薄伽丘"热衷与爱情相关的部分，以致但丁生活中严肃和重要的部分被搁置身后而被无声地忽略了。那些趣味性的小事被记

---

① Gordon Griffiths, James Hankins, David Thompson, "General Introduction", *The Humanism of Leonardo Bruni*, translations and introductions by Gordon Griffiths, James Hankins, David Thompson, Binghamton, New York: Center for Medieval and Early Renaissance Studies, 1987, p. 36.

② 参阅 H. Baron, *The Crisis of the Early Italian Renaissance*, Princeton: Princeton University Press, 1955。

③ James Hankins, "Rhetoric, History, and Ideology: the Civic Panegyrics of Leonardo Bruni", James Hankins, *Renaissance Civic Humanism*, Cambridge: Cambridge University Press, 2000, p. 164.

④ Gordon Griffiths, James Hankins, David Thompson, "Classism and Florentine Culture", *The Humanism of Leonardo Bruni*, translations and introductions by Gordon Griffiths, James Hankins, David Thompson, Binghamton, New York: Center for Medieval and Early Renaissance Studies, 1987, p. 59.

起了,涉及严肃的就只有沉寂了"。因此,他"为了再创造而重新写作但丁的传记,更多注意其更有价值的事情"。同时,考虑到彼特拉克和但丁两位诗人都是其城市的荣耀,又写了彼特拉克的传记①。《亚里士多德传》是他晚年之作。这篇传记是布鲁尼史学著作中具有代表性的一种。它具有广泛的史料基础,主要依据狄奥根尼和中世纪《拉丁文传记》,也使用了西塞罗、普林尼、盖里乌斯、圣奥古斯丁等人的相关记载,还有身份不明的拜占庭文献集、普鲁塔克和阿提卡的演讲,当然也涉猎亚里士多德自己的著作。在形式上继承了苏埃托尼乌斯和狄奥根尼的做法,这在下文还要具体说明。它的创新之处在于,把亚里士多德与柏拉图进行比较,与否定亚里士多德的观点进行辩论,同时努力把亚里士多德放在历史背景中讨论他与马其顿的亚历山大和菲利普,与雅典和斯塔吉拉市民,与柏拉图及其学生的关系。这样,"《亚里士多德传》是一篇标志性的历史著作,远远超过了中世纪《拉丁文传记》和波莱所汇编的简短传记,甚至在一些技术方面超过了他的古代的传记作者。……亚里士多德第一次被表现为一个完整的人"②。1439 年,完成以色诺芬《古希腊史》为依据的《古希腊评注》。1442 年写成《意大利人反抗哥特人战争评注》,其材料主要依据普洛科比厄的著作,当然也有自己的贡献,下文将有详细交代。

二、人品与学品的谜团

布鲁尼历史著作及其做法曾经被后人严肃批评过,其为人诚实和历史著作可信性也受到怀疑。然而,这个问题还需要再加讨论。

1. 布鲁尼的人品问题

布鲁尼作为一个史学家,其声望在 19 世纪批评者那里受到严重损害。有人认为,布鲁尼利用其读者对希腊文的无知,而把希腊作者的著作出版为他自己的东西。这一看法导致了史学史家对他的批评非常尖刻。例如,关

---

① Leonardo Bruni, "Lives of Dante and Petrarch", *The Humanism of Leonardo Bruni*, translations and introductions by Gordon Griffiths, James Hankins, David Thompson, Binghamton, New York: Center for Medieval and Early Renaissance Studies, 1987, p. 85.

② Gordon Griffiths, James Hankins, David Thompson, "The New Philosophy", *The Humanism of Leonardo Bruni*, translations and introductions by Gordon Griffiths, James Hankins, David Thompson, Binghamton, New York: Center for Medieval and Early Renaissance Studies, 1987, p. 262.

于《意大利人反抗哥特人战争评注》，汤普森在《历史著作史》中明确指出：

他作为一位历史学家虽然有他的优点，但他并不是诚实的学者。他曾无意中得到一部普洛科比厄《哥特战争史》的拜占庭手稿，就把它译成拉丁文，定名为《意大利反抗哥特人的战争记事》六卷，冒充自己的作品问世。

汤普森又在注中写道：

于1470年付印。坡特哈斯堡，Ⅰ，172。1563年，伊丽莎白时代一位雇佣文人亚塔尔·哥尔定译为英文，书名叫作《利奥那多·阿累丁：〈保皇党人与哥特人争夺意大利的战争的历史〉》。一个法译本出现于1667年。①

其实，人们怀疑的还不仅限于这部著作，其他类似的“评注”性的著作都面临着同样处境，甚至连其《西塞罗新传》的诚实性都受到质疑。

有学者分析了产生这种指责的原因：

首先，由于他们对人文主义史学一般意义上的偏见；其次，特别是由于布鲁尼著作近代辑本的缺乏；最后，是由于假设其历史著作中有几种仅仅是译作。②

言之有理。因此，这一问题须重新看待。

关于《第一次布匿战争评注》，布鲁尼在《序言》中说：“事情越古老”，“它就越需要修复。”“我希望尽可能弄清楚所有的东西，就是这促使我写这一评注的。”他为了把事情变得可信，就把相关的希腊文和拉丁文作者列了个清单。他发现最早的记录者是用拉丁文写作的罗马人费边·毕克多，大约同

① 〔美〕J·W·汤普森：《历史著作史》第二分册，第686—687页。

② Gordon Griffiths, James Hankins, David Thompson, “The New History”, *The Humanism of Leonardo Bruni*, translations and introductions by Gordon Griffiths, James Hankins, David Thompson, Binghamton, New York: Center for Medieval and Early Renaissance Studies, 1987, p. 176.

时用希腊文记载了这场战争的是伽太基人菲里努斯,而且他们都赞赏各自的国家。结果菲里努斯的记载被波里比阿所继承,而毕克多的记载则被许多人继承,其中最为著名的是李维。问题是李维的书已经亡佚了,拉丁语中几乎见不到关于这场战争的记载了。布鲁尼"为前辈的荣耀所感动,为其业绩的辉煌和重要的记载不被毁灭,去写关于这场战争的评注",因此,布鲁尼说:我的做法"并不像翻译者那样依据单方面的,而是依据许多方面材料,以我自己最好的评判去衡量他们"①。巴龙在《转折》一书中认为,这一著作"基本上是波里比阿著作的改写"。而雷诺尔兹把波里比阿和布鲁尼的著作进行对比,发现布鲁尼除了使用波里比阿的材料外,还征引了斯特拉伯、修昔底德和彼特拉克的东西。特别是,经过布鲁尼的重新写作,把罗马的形象美化了。即使是采用了波里比阿的著作,也没照搬照抄。他省略了波里比阿的序言,插入了在波里比阿那里见不到的事情,例如,增加了罗马人杀害非洲魔鬼的故事。

可见,这一著作虽然不能看成是他创作的纯粹历史著作,但是说他完全抄袭波里比阿也是不妥当的。

至于《古希腊评注》,它是以色诺芬的《古希腊史》为基础的,所叙之事开始于公元前 411 年,也就是从修昔底德《伯罗奔尼萨战争史》丢下的地方写下去,评注了斯巴达对雅典的胜利、斯巴达的霸权及其被底比斯推翻的历史。在《序言》中,布鲁尼指出其写作目的是:历史上的争吵、危险不是因为命运而是人类自己的愚蠢;他对古希腊史事进行评注就是为了吸取教训。这就决定它也不是一部严格意义上的原创性历史著作。他不过是把古希腊的几个最强大国家的形势与 15 世纪的意大利区域性的政权佛罗伦萨、那不勒斯、罗马、威尼斯和米兰的形势相类比。这一类型的史学"就是要建立著作者和接受者之间的联系,不是为了细绎出作者和材料间的关系"②。而那些后来的批评者希望看到的关于史料的说明,对于布鲁尼时代的大部分人来说是奇怪的和毫无意义的。或者说,对于不懂得希腊文的读者,论述仅仅存在

---

① Leonardo Bruni, "Preface to the First Punic War", *The Humanism of Leonardo Bruni*, translations and introductions by Gordon Griffiths, James Hankins, David Thompson, Binghamton, New York: Center for Medieval and Early Renaissance Studies, 1987, pp. 192 - 193.

② Paul Botley, *Latin Translation in the Renaissance: The Theory and Practice of Leonardo Bruni*, Giannozzo Manetti, and Desiderius Erasmus, Cambridge, New York: Cambridge University Press, 2004, p. 25.

最稀少的手稿和不被知道的文字里的文本，显得没有必要了，因为能够读懂修昔底德的人应该是不需要注释的，而不能读懂的人还有拉丁文版本去转读。

《意大利人反抗哥特人战争评注》中有着类似的情况。麻烦在于，布鲁尼在这本书的序言中说他从希腊人的论述中获取资料，而没有明确地把普罗科比厄的著作称作史料。这成了众多批评的焦点，布鲁尼无论如何是脱不了干系的。可是，布鲁尼的评注同普罗科比厄的原著相比，还是有许多不同的。有学者指出，"他省略了许多，根据自己的意愿对普罗科比厄的叙述进行重新组合，增加了许多自己的判断"①。他省略的内容有：关于更为广阔的世界的讨论，法兰克人和皇帝之间的谈判，关于君士坦丁堡的政治情况的论述等。同时也有所增加，他指出了原著中暗示的一些东西，例如，布鲁尼从普罗科比厄的叙述中体会到，哥特人的和谈阴谋使拜里萨里乌斯把休战看成是哥特人被制服了。同时，增加了原著所没有的部分，例如关于托里拉胜利的意义的评价、被困的罗马人的坚忍、那西斯到来前罗马的不幸等。对于这一著作，如果以其"评注"类型的眼光来看待它，那么对于布鲁尼就会有宽宥之想。

布鲁尼的《西塞罗新传》同样不是苟且而为的著作。他在《序言》中说得很清楚，他看到现存的译本由于不懂希腊文等原因而错误百出，于是打算重译。可是在翻译过程中，他发现普鲁塔克的著作本身也是不能令人满意的。因为在布鲁尼看来，普鲁塔克遗漏了许多相关材料。这样，他索性把普鲁塔克的本子丢开，去重新写作西塞罗的传记。他阅读希腊文和拉丁文的相关著作，最后写成《西塞罗新传》②。当然，到底这一著作是否像布鲁尼所说的那样，历史上有人怀疑过，萨恩提尼认为它就是翻译之作，而巴龙则认为前三分之二完全是普鲁塔克的，后三分之一是布鲁尼的补充。佛莱德认为布鲁尼超越了普鲁塔克③。其实，布鲁尼是位诚实的学者。就这一著作而言，

---

① Paul Botley, *Latin Translation in the Renaissance: The Theory and Practice of Leonardo Bruni*, Giannozzo Manetti, and Desiderius Erasmus, Cambridge, New York: Cambridge University Press, 2004, p. 36.

② Leonardo Bruni, "The New Cicero", *The Humanism of Leonardo Bruni*, translations and introductions by Gordon Griffiths, James Hankins, David Thompson, Binghamton, New York: Center for Medieval and Early Renaissance Studies, 1987, pp. 184 - 185.

③ 参阅 Gordon Griffiths, James Hankins, David Thompson, "The New History", *The Humanism of Leonardo Bruni*, translations and introductions by Gordon Griffiths, James Hankins, David Thompson, Binghamton, New York: Center for Medieval and Early Renaissance Studies, 1987, pp. 177 - 178。

即使是受指责最大的前面的三分之二,他也补充了许多原传记中没有的东西,例如关于喀提林阴谋,西塞罗担任西里西亚总督,西塞罗加入庞培的原因等问题的分析,就是普鲁塔克所忽视的。

2. 布鲁尼的学品问题

文如其人,学也如其人。布鲁尼的人品问题自然带来其学品问题。

可以这样认为:《佛罗伦萨颂》、《斯特罗兹葬礼上的演说》等纯粹公民人文主义代表作,其真实性不足为凭,因为事实上,《佛罗伦萨颂》和《斯特罗兹葬礼上的演说》“都充满了无耻的夸大、修饰、虚构和不真实”①。这里带出如何看待布鲁尼历史写作可信性问题。

应该看到,布鲁尼在写史过程中,面临着史料抉择问题,因为同一件事情,有着不同说法。在中世纪特别是中世纪晚期,那些古代历史的材料中积累起厚重的错误并有惊人的粉饰。罗马皇帝和共和国英雄的传记,城市和王国的起源,哲学家和诗人的名望都在传奇的烟幕中变得模糊。但是,在14世纪的最后15年中,由于新史料的帮助,萨鲁塔提引领下的人文主义者的批判精神,已经开始了剥离中世纪传奇和发现关于过去真实论述的工作。布鲁尼以其老师为榜样,从希腊文和拉丁文中去汲取数量空前的古代史料。换言之,他“通过净化薄伽丘《但丁传》中的浪漫故事,把但丁从一个人为的具有抽象品质的集合体,变成一个尽管仍有年代错误,但却是可信的历史人物。通过把《彼特拉克传》奠定在彼特拉克自己记述和书信基础之上,把具有前人文主义先行者菲利普·维兰尼特点的仅仅为‘往事’的条目,改变为关于一个完人的被重新构建了的细致记录”②。

特别是,他能够从罗马的角度去关注希腊史学家对于历史的记载。他在色诺芬那里发现关于公元前4世纪政治历史的充分叙述,以此来编写拉丁文希腊史。他发现波里比阿的著作可以补偿因李维著作大部分亡佚所带来的损失,于是把波里比阿书中遗留下的所有材料变成一个简单的事件年表,他增加了在安提阿图斯、普鲁塔克、佛劳鲁斯和奥罗修斯书中能发现的任何其他信息。他汲取波里比阿关于北部意大利地理的描述,加入了关于

---

① James Hankins, “Rhetoric, history, and ideology: the Civic Panegyrics of Leonardo Bruni”, James Hankins, *Renaissance Civic Humanism*, Cambridge: Cambridge University Press, 2000, p. 161.

② Eric Cochrane, *Historians and Historiography in the Italian Renaissance*, Chicago, London: the University of Chicago Press, 1981, p. 20.

古代西西里的描述，而这是波里比阿认为他的读者已经在修昔底德那里读到了的。

他创造了一种历史写作形式，编写“许多事情的集合”，并很快发展为独立的写作形式，那就是评注。这种既不被单个主题也不会被一个论点所束缚，而仅仅探索信息，并把信息传给后代的做法，其本身就是一种严谨的学术态度。但是，由于这些是翻译过来的，因而常常受到人们的质疑。

总之，布鲁尼并不是一个随意处置历史的学者，而是具有“把史学艺术进行高度发展的杰出水平，使考证技术复杂化，超越了给他提供样板的古代罗马史学家”①。

三、近代西方史学上的开创之功

布鲁尼对于人文主义史学具有开创性贡献，这主要可从以下得到说明。

1. 崇尚古典史学

他对古典非常入迷并为古典复兴作出过重要贡献。其导师是那个时代最伟大的人文主义者萨鲁塔提，希腊学者厄曼纽厄尔·克立索罗拉斯教会他希腊文，使其养成了对古典文学和历史学的爱好。在他们的影响下，布鲁尼成为15世纪最有创造力的翻译者之一。其翻译活动为：在1403年之前就翻译了色诺芬的《希耶罗》。后翻译普鲁塔克《传记集》中的部分内容如《小伽图传》、《安东尼传》、《皮洛士传》、《狄摩西尼传》等。从1405年起到20年代，翻译了《伊利亚特》中的演说词，《柏拉图的早期对话》，亚里士多德的《伦理学》、《伪经济学》和《政治学》。他的这些译本“很快取代了中世纪的翻译，成为全欧洲权威性的学院文本”②。

在形式上模仿古典著作。上文说到的《亚里士多德传》就很典型。在形式上继承了苏埃托尼乌斯和狄奥根尼的做法，像苏埃托尼乌斯那样，描写其先人，按时间顺序简单回顾其生平，接着是论述其活动特点，记述其死亡情

① Gordon Griffiths, James Hankins, David Thompson, “General Introduction”, *The Humanism of Leonardo Bruni*, translations and introductions by Gordon Griffiths, James Hankins, David Thompson, Binghamton, New York: Center for Medieval and Early Renaissance Studies, 1987, p. 13.

② Eric Cochrane, *Historians and Historiography in the Italian Renaissance*, Chicago, London: the University of Chicago Press, 1981, p. 18.

况,像狄奥根尼那样写哲学家的教学生涯,在最后列了传主的著作目录。再如《佛罗伦萨人民史》,布鲁尼也效仿古典作家,“他把其著作分成卷,插入激动人心的老套演说,用优雅的拉丁文写作”①。

强调史学的社会功用。布鲁尼说:“历史是任何一个严肃的学者都不应该忽视的学科。”②其原因是,历史学对于现实具有重要意义。例如关于《佛罗伦萨人民史》的写作,他这样说:

> 这些行动对我来说似乎值得记录和记忆,我认为了解他们将对公众和个人的目标都有利。因为,假如我认为大些岁数的人们更明智,那是由于他们见识了更多的生活,如果我们细心阅读历史的话,那么它给予我们的明智将会多么大啊!因为这里许多年代的成就和结果都会被仔细阅读;从其书页中我们会轻松学到我们应该模仿什么和避免什么,而伟人赢得的荣耀,就像其中记载的那样,会激励我们表现具有美德的行为。③

他还说:

> 如果我没有搞错的话,学者的特别责任就是要赞美其时代的成就,把它们从漠视和命运力量中拯救出来——的确,把它们描绘成神圣的和流芳百世的。④

当然,其史学价值观是跟他的公民人文主义分不开的。

2. 高度关注公民事务

有人把布鲁尼的公民人文主义概括为:

---

① Ernst Breisach, *Historiography: Ancient, Medieval and Modern*, Second edition, Chicago, London: the University of Chicago Press, 1994, p. 154.

② 见 De Studiis et Litteris,转引自 Gordon Griffiths, James Hankins, David Thompson, “The New History”, *The Humanism of Leonardo Bruni*, translations and introductions by Gordon Griffiths, James Hankins, David Thompson, Binghamton, New York: Center for Medieval and Early Renaissance Studies, 1987, p. 175。

③ Leonardo Bruni, “Preface”, *History of the Florentine People*, Vol. 1, Cambridge, Mass: Harvard University Press, 2001, p. 3.

④ Ibid., p. 5.

活跃的生活优于沉静的生活，财富优于贫困，婚姻优于独身，政治行当优于寺院行当。同时，他把这些原则付诸实际。①

这些体现在史学上就是对市民生活的极度关注。例如，在《但丁传》和《彼特拉克传》中，他先写但丁的出身和从事公共事务，然后写其财产和为人，接着写但丁学问型的诗歌写作，最后写其子嗣。布鲁尼的《但丁传》与薄伽丘所写不同，这些不同突出表现为：除了在结尾写到但丁儿子里奥那多到佛罗伦萨访问布鲁尼，布鲁尼带他看其祖屋并告诉许多他不知道的事情外，布鲁尼在但丁被放逐问题上写得很详细，而这个问题薄伽丘则是轻描淡写的。更为重要的是，他与薄伽丘的观点也有差异，例如，薄伽丘认为但丁结婚，“有妻子是与他的学术生活对立的”，而布鲁尼则认为：

按照哲学家的说法，人是社会动物。根据出生在一个城市的多方面性，人的第一个组合是丈夫和妻子，无论在哪里缺乏这一点，就没有什么是完美的，因为只有这种爱是自然的、合理的和许可的。②

他声称：

他的最重要的研究是诗歌，但不是那种乏味的、无创造性的或者古怪的；他的诗歌是丰富的、多产的，建立于真实的知识和学问基础之上的。③

他认为但丁是有学问的诗人，是有创造性的诗人，并且为但丁用俗语写作辩护④。在《彼特拉克传》中，他写了彼特拉克的高贵出身，少年不凡，叙述了他从学法律转向阅读古代哲学家、诗人和史学家著作。他写彼特拉克

---

① Eric Cochrane, *Historians and Historiography in the Italian Renaissance*, Chicago, London: the University of Chicago Press, 1981, p. 19.

② Leonardo Bruni, "Lives of Dante and Petrarch", *The Humanism of Leonardo Bruni*, translations and introductions by Gordon Griffiths, James Hankins, David Thompson, Binghamton, New York: Center for Medieval and Early Renaissance Studies, 1987, p. 87.

③ Ibid., p. 92.

④ Ibid., pp. 92-94.

拒绝教皇要任命他为秘书的召唤，从不看重金钱，从父亲那里继承的财产被挥霍殆尽。布鲁尼认为："佛朗西斯科·彼特拉克首次以足够的才干认识和揭示已经失去并消亡了的古代风格中的优雅。"[①]他还说：

> 彼特拉克是这样的伟大，那个时代没有人能够企及，不仅在意大利而且在山地以外。……每个城市和地区乃至整个意大利人民赋予他的名望和荣耀是这样的伟大，以致它就是不可信的奇迹。不仅市民和农民，而且贵族、君主和爵士都去追求他，以他为荣耀。[②]

布鲁尼认为，西塞罗长于散文，维吉尔胜于诗歌，而彼特拉克是两者兼具，从而也超越了西塞罗和维吉尔[③]。有意思的是，在传记最后，布鲁尼将两人做了比较，认为"他们都是最有才干的，最著名的，最值得高度赞扬和褒奖"。但是认为但丁的生活更具有积极性和公民性，其写作环境更困难，但丁比彼特拉克更有学问[④]。可见，但丁与彼特拉克相较，布鲁尼更推崇前者。布鲁尼是位公民人文主义者，在生活和学术上与但丁一脉相承，因而他的这种做法就不足为奇了。

再如《佛罗伦萨人民史》，有学者指出：

> 整部著作的高潮就是佛罗伦萨国家在他那个时代所获得的荣耀地位。[⑤]

也有其他学者认为：

> 布鲁尼对西方史学经典的重要贡献是一本或多或少具有官方色彩

---

① Leonardo Bruni, "Lives of Dante and Petrarch", *The Humanism of Leonardo Bruni*, translations and introductions by Gordon Griffiths, James Hankins, David Thompson, Binghamton, New York: Center for Medieval and Early Renaissance Studies, 1987, p. 97.

② Ibid., pp. 97 - 98.

③ Ibid., p. 98.

④ Ibid., pp. 98 - 99.

⑤ Gordon Griffiths, James Hankins, David Thompson, "The New History", *The Humanism of Leonardo Bruni*, translations and introductions by Gordon Griffiths, James Hankins, David Thompson, Binghamton, New York: Center for Medieval and Early Renaissance Studies, 1987, p. 179.

> 的《佛罗伦萨人民史》，他从1416年动笔，一直写到1444年去世。此书叙述的内容和维兰尼的编年史大致相同，但以人文主义者的文风写就，并得益于一个世纪的学术研究与考证。布鲁尼用拉丁文，而不是用方言写作。较之维兰尼幼稚的记载，他的高明之处还在于他忠于西塞罗对历史的理解，即历史是解释知识的形式，是有价值的道德与政治教诲的源泉。①

这些关于《佛罗伦萨人民史》中的公民人文主义的说法都是中肯的。

3. 后世的宝贵遗产

布鲁尼提出了历史学结构问题，并表明了自己的观点。布鲁尼说：

> 历史学须臾离不开相关的绵长叙述，每个特别事情的原因说明和关于每个转折点的评判的公开表述。②

这一表述是经典的，至今人们对于史学结构的认识还没有超过他。

他提出了在历史社会价值追求下的客观问题。鉴于意大利人同哥特人之间的战争，拉丁文没有留下什么文献，而希腊文的记载倒是存在的。这样，布鲁尼出于一种民族激情，利用自己对于希腊文本的熟悉，依据普罗科比厄《意大利人反抗哥特人战争史》，就有了《意大利人反抗哥特人战争评注》一书的写作。一方面，书中保留着他一贯的历史写作信念，"历史学让我们更聪明和更谦逊"。另一方面，又导出了后来兰克所信奉的客观主义原则，"一个人必须像发生的那样书写历史"③。这种社会价值与学术价值的双重追求也是与今天的理念相一致的。

布鲁尼的著作被翻译成意大利文、法文、英文、德文，特别是西班牙文，"在大学、人文主义者的学校里，在所有受过教育的社会阶层中，不管是有学

---

① 〔美〕唐纳德·R·凯利：《多面的历史》，第263页。

② Leonardo Bruni, "Preface", *History of the Florentine People*, Vol. 1, Cambridge, Mass: Harvard University Press, 2001, p. 5.

③ Leonardo Bruni, "Preface to the Italian War Against the Goths", *The Humanism of Leonardo Bruni*, translations and introductions by Gordon Griffiths, James Hankins, David Thompson, Binghamton, New York: Center for Medieval and Early Renaissance Studies, 1987, pp. 195 - 198.

问的还是稍有点文化的，布鲁尼的著作都被了解和阅读”①。例如，《第一次布匿战争评注》的意大利文本流传有150个手抄本和12个印刷本②。而《斯特罗兹葬礼上的演说》流传下来大约65个手抄本③。

他在著作中把人民放在中心位置，主要讲述国家事务，重申历史学对于公民的价值。他主张个人的心理变化是产生世界变化的真正原因。在形式上，编年史的一年接着一年的通常形式也保留着，但是常常插入主题性的段落。对于那些不能被确切的文献记载所证实的不可信的创立神话，加以摒弃；他没有把不同来源的史料进行简单累加，而是坚持了考信原则。这样就降低了神性对于人事干预的重要性。对此，史学史家指出：

> 所有这些与伟大的雄辩连在一起，把布鲁尼的著作变成人文主义者史学的样板，尽管难以企及，就像随后的顶尖史学家波吉奥·布拉奇奥里尼和斯卡拉所表现的那样。④

换言之，布鲁尼之后，写历史成为公众关注的问题，这在中世纪是从未有过的。布鲁尼把对历史的解释用来为当前的政治服务，引起了日后一切政府当局的效法，这种做法在一定程度上一直延续至今。总之，正像一位学者所说的那样，“布鲁尼把历史变成了一种严肃的东西。所有这些革新都是非常重要的”⑤。

在他影响下，佛罗伦萨涌现出像马基雅维里、圭恰迪尼、瓦萨里等一大批史学家，他们或出生于佛罗伦萨，或生活于此，或写佛罗伦萨史，成就了15到16世纪的佛罗伦萨史学派。对于这一历史学派史家所体现出来的个性与共性，当值得我们作出进一步的研究。

---

① Gordon Griffiths, James Hankins, David Thompson, “General Introduction”, *The Humanism of Leonardo Bruni*, translations and introductions by Gordon Griffiths, James Hankins, David Thompson, Binghamton, New York: Center for Medieval and Early Renaissance Studies, 1987, p. 45.

② James Hankins, “Rhetoric, History, and Ideology: the civic Panegyrics of Leonardo Bruni”, James Hankins, *Renaissance Civic Humanism*, Cambridge: Cambridge University Press, 2000, p. 147.

③ Ibid., p. 151.

④ Ernst Breisach, *Historiography: Ancient, Medieval and Modern*, Second edition, Chicago, London: the University of Chicago Press, 1994, p. 155.

⑤ 〔英〕丹尼斯·哈伊：《意大利文艺复兴的历史背景》，李玉成译，三联书店1988年版，第134页。

第三章 比昂多和瓦拉的史学

继布鲁尼之后，秉持公民人文主义的比昂多和瓦拉在历史写作方面也成就卓越。比昂多致力于意大利史写作，而瓦拉重在考辨权威性的基督教文献。

一、比昂多的意大利史写作

比昂多(Biondo Flavio，1392—1463 年)，出生于佛莱，意大利文艺复兴时期著名社会活动家和学者。就学者身份而言，“他不但是一位考古学家，而且也是一位历史学家”①。

1. 执政与治学并行

比昂多受过良好教育。他最初在帕都亚接受教育，在那与第二代彼特拉克者有了交往，然后到了皮亚琴察读大学，在那里遇到了史学家皮·堪蒂多·德塞波里奥，并与之交好。

他从父亲那里继承的职业是巡回大臣办事处的公证人，凭借这一身份他能够到达罗马涅和威尼托的大部分城市；就是在这一使团经历期间，他遇到早期文艺复兴著名教师古亚里诺·达·维罗纳。正是维罗纳把比昂多引入古典语言文献学的。

在佛罗伦萨，比昂多度过生命中性格形成的大部分岁月，他自己把后来成为其主要事业的历史学归于在佛罗伦萨的经历，特别是布鲁尼的影响。他阅读布鲁尼的著作并从中获益，还要求布鲁尼给自己所写的东西进行修正或者提出建议。因此，有学者指出：

① 〔美〕J·W·汤普森：《历史著作史》第二分册，第 707 页。

> 或许就是布鲁尼教会对他产生引导作用的这些原则：历史与人的行为有关，与上帝无关；与政治有关，与宗教无关；与实际有关，与想象或者假设的政治组织无关。他为了获取信息而求助一些中世纪史学家，在方法、语言、对象和命题方面，对他们的彻底抛弃也许就像赞美其确切或者偶尔正确的程度一样。①

比昂多也是亦官亦学的人物。说他是官僚，原因在于他一生长期从政：1422 年秋，任佛莱驻米兰的代表。1425 年，成为维琴察的弗兰西斯科・巴巴罗的秘书。1427 年，担任布雷西亚的皮特罗・罗瑞丹的秘书。他还当过佛莱的卡迪那尔・多美尼科・卡普兰尼卡的秘书。1430 年回到贝加莫的巴巴罗身边。他还做过佛罗伦萨大主教乔万尼・维特莱奇的秘书。1433 年进入罗马教廷，效力于尤金四世，在斐拉拉-佛罗伦萨宗教会议期间为教皇起草了大部分比较重要的文献。比昂多还是教皇的大使，执掌着特别干练的外交使团。在尼古拉五世、卡里克斯图三世、皮乌斯二世时期，是教皇文件、诏书的撰写者和教皇书信的起草人。

说他是学者，是因为他有着傲人的学术成就：1422 年秋他在发现和出版西塞罗的《布鲁图》中起到关键作用。从 1435 年起，以《论罗马话的表述》开始了写作生涯，讨论拉丁语和意大利语之间的历史联系。1439 年开始其《始于帝国衰落的罗马人历史三十年》的写作，此书也简称《三十年》②。1444—1446 年写作《复兴的罗马》③，这是一个草草组织起来的概述和一个

---

① Eric Cochrane, *Historians and Historiography: in the Italian Renaissance*, Chicago, London: the University of Chicago Press, 1981, p. 35.

② 巴恩斯(Harry Elmer Barnes)在其《历史著作史》(*A History of Historical Writing*)中说，此书名为 *Decades of History since the Decline of the Power of the Romans*(*from 472 to 1440*)。汤普森(James Westfall Thompson)在其《历史著作史》中简称此书为 *Decades*，提供它的原名为 *Historiarum ab inclinatione Romanorus imperii decades ab anno 472 ab annum 1440*，谢德风在 J・W・汤普森的《历史著作史》中文本中译为《罗马帝国衰落以后的历史，472—1440》。郭圣铭《西方史学史概要》也持此说。根据科兰(Eric Cochrane)所著《意大利文艺复兴的历史学家和历史学》(*Historians and Historiography: in the Italian Renaissance*)第二章注释 5 提供的信息，1484 年威尼斯出版为 *Historiarum ab Inclinatione Romanorum Imperii Decades*。而这里采取 J・A・怀特(Jeffrey A. White)的说法。他翻译比昂多的《辉煌的意大利》并于 2005 年由哈佛大学出版社出版，其《导论》是 2004 年写成的。在这个《导论》中，J・A・怀特把比昂多的关于罗马衰亡的书译为 *Three Decades on the History of the Romans Beginning with the Decline of Their Empire*，并且认为比昂多重点写最后 30 年，故本书译为《关于罗马人历史的三十年，从其帝国衰落开始》，也简称为《三十年》。

③ 也有称为 Rome Restored。

关于“永恒城市”的指导手册，他试图通过对各种证据进行科学和严谨的筛选、评价和解释，把古代城市的有形体现从时间的毁灭中带回当代意识之中。1447—1453年，比昂多忙于《辉煌的意大利》[①]的写作。1453—1460年，在《胜利的罗马》中概述了罗马的机构、宗教、国内政治和军事。他还写了未完成的《威尼斯人民史》。

这种双重身份使他同那个时代许多人文主义学者，例如圭亚里诺·达·沃奥那、里奥那多·布鲁尼、里奥那多·圭斯提尼亚尼、弗兰西斯科·斐莱尔佛等建立了广泛联系。他还同那时人文主义者的强大保护者，例如那不勒斯王阿拉贡的阿尔方索、斐拉拉的侯爵博索·达艾斯特和显赫的威尼斯外交家与政治家弗兰西斯科·巴巴罗有着密切关系。这使他有足够的财力用于旅行和购置图书，可以动用各种关系获取必需的图书资料，对于他完成自己的历史著作起了重要作用。

2. 风格迥异的意大利史著作

比昂多著作宏富，成就突出，但是主要写作意大利史，兹分述如下。

《三十年》。比昂多生活的意大利处于四分五裂状态，可是它却有着辉煌的历史，而且这两者是连续的历史过程。这促使他去发现意大利是怎样从辉煌走向衰落的，于是他回到了古代罗马最后一位历史学家奥罗修斯那里，并以之为榜样进行历史探讨。

该书的上限是410年，下限为1441年。他把从410年到1410年的历史时期看成为罗马遭受劫难后的第一个千年，之后意大利开始了漫长历史中的另外一个时代。从1411年到1441年这30年中，虽然没有政治统一，但至少有优美文学的复兴。他重点写这个30年的历史。

比昂多认为，世界历史千年纪元的结束，标志着一个新纪元的开始。这个新纪元的特征不是持续和共同的帝国，而是不同民族在同时代的分裂。依靠武力建立起来的帝国覆灭了，而有着一些共同遗产、共同利益和共同语言的民族却得以延续。可见，暴力对一个民族的影响比不上共同遗产、共同利益和共同的也是最初的语言的影响。

奥罗修斯的历史视野是整体的，这就要求比昂多游遍欧洲和整个意大利以搜寻那些仍然只能在当地获得的历史记录，但是比昂多当时无论如何是很难做到的。如何看待城市或者地区之间的关系？布鲁尼主张单个的城

① 也有人称为《辉煌的罗马》(*Roma Illustrata*)。

市史只能放在几个城市共同体的逻辑关系中才能够被理解，后来圭恰迪尼实现了成功的尝试。可是，由于比昂多是对单个城市或者地区进行叙述的，因此慢慢地他对意大利整体考虑被淡化了。这一思路使得他与布鲁尼之间出现了差异，尽管在佛罗伦萨史的叙述方面他差不多逐字逐句步了布鲁尼之后尘。

西方学者们通常认为，他在此书中首次抽象出“中世纪”(the Middle Ages 或者 the Medieval Period)的概念，充分肯定中世纪在欧洲历史中的地位，看到欧洲历史发展的连续性，非常可惜的是并没有引起西方学者的足够重视，直到爱德华·吉本时代才有所改变。①

比昂多读了塔西佗关于安东尼的记载、奥罗修斯和杰罗姆关于君士坦丁和昔奥多修斯的说法、布鲁尼关于帝国不可弥补地破坏了共和国巧妙建立起来的东西的观点，在此基础上界定了一个“罗马衰落”的历史概念。这一欧洲历史学中的重要概念，启发了后来吉本对于罗马帝国衰亡史的进一步研究。对此，有学者指出，“这一概念很快成为欧洲历史意识的永久部分……后来被比昂多的18世纪的后学爱德华·吉本予以扩展，名为‘the Decline and Fall of the Roman Empire’”②。

《三十年》曾受到后世的高度尊重，例如汤普逊评价道：

> 这部著作采取的“长远”观点和批判处理史料的态度抢在吉本前头。甚至到现在为止，夫雷维阿·俾温多还没有得到他应得的评价。他的《罗马帝国衰落以来的历史》一书是近代史学一个里程碑。③

《复兴的罗马》和《胜利的罗马》。比昂多对古典时期的热爱最终使他转向罗马的宏伟遗存，他对罗马的地形、制度和古典时代及基督教时代的古迹进行了开拓性的调查，于是有了《复兴的罗马》和《胜利的罗马》的写作。他不仅赞美罗马过去的伟大，而且把废墟的价值理解为具有充分真实信息的考古学档案。

---

① 参阅巴恩斯的《历史著作史》、汤普森的《历史著作史》、科兰的《意大利文艺复兴的历史学家和历史学》等的相关论述。

② Eric Cochrane, *Historians and Historiography: in the Italian Renaissance*, Chicago, London: the University of Chicago Press, 1981, p. 36.

③ 〔美〕J·W·汤普森：《历史著作史》第二分册，第706页。

的确，这两部著作存在着不足。它们是不完整的，逻辑结构粗糙。然而应该看到，书中所鉴定的大部分事实为近代学者所接受。

它们对历史的认识具有自己的特点，对罗马政治的评价依据西塞罗给昆体良的信而不是依据塔西佗的说法，他把意大利第一个伟大时代没有像布鲁尼那样放到厄特拉斯堪斯时期或者共和早期，而是放在布鲁尼所痛骂的帝国第一和第二个世纪。

这两部著作的价值在于，它们"对后来一个多世纪的古代罗马文学和文献保持着规范性的引导"。同时，"两书产生出比仅仅是参考书更多的作用，尽管作参考书使用可能是其主要目的。它们也是用文艺复兴氛围下的语言写出的历史著作"①。

《辉煌的意大利》。比昂多在《辉煌的意大利》中，把在《复兴的罗马》和《胜利的罗马》中为罗马城所做的事情，扩大到《三十年》的地理限度中，对意大利半岛上之14个地区作了地理和历史考察。

关于此书写作动机，比昂多自述：由于罗马城被湮没了，文学艺术的培育暂时被疏忽，历史写作艺术不能独立生存而最终熄灭了。

与此同时的情况是：

> 没有人把正在做的事情记载下来而传给子孙后代，结果我们在很大程度上就忽略了意大利地区、城市、城镇、湖泊和山脉的地名——它们是那么频繁地出现在古代作家那里，更不用说已经消失的千年历史事件了；让我们更为惊奇的是，许多城镇和巨大城市建立的日期，与其建立者的名字一起也消失不见了。②

这样一来，他又说：

> 我想通过我所获得的意大利历史的实际经历，去发现我是否能够把流行的新创的词语下的名字提供给意大利古代的恰当的地方和人们，去建立新的命名法的权威，去复活和记录已经被清除了的名字，总

① Eric Cochrane, *Historians and Historiography: in the Italian Renaissance*, Chicago, London: the University of Chicago Press, 1981, p. 37.

② Biondo Flavio, "Preface", *Italy illuminated*, translated by Jeffrey A. White, Cambridge, Massachusetts, London: Harvard University Press, 2005, p. 5.

之要带着一些光亮来照亮意大利历史的昏暗。①

在书中,比昂多把他的视野拓宽到14世纪意大利地区的通观或者全局。除了其朴实的形式和百科全书式的内容外,比昂多的史学模式比许多人文主义者的都长久好多世纪。他热衷于熟练使用非文献的历史遗留,表明研究古物运动的兴起,最终扩大了历史学的范围,增强了重视原始史料的意识,唤起历史学家对于过去生活的整体感受。

这一著作最初是根据前人现有成果简单编辑而成的,他所征引的重要作者有李维、老普林尼、维吉尔、西塞罗等许多古典学者。其实,他还征引了同时代人的著作,例如安考那的西莱亚科的《游记》、薄伽丘的地理学著作《论山脉、森林、泉水、湖泊、江河、沼泽》和《论海之名》等,还有彼特拉克的《西里安游记》。因此该书多少有点剽窃的嫌疑。到了1453年,比昂多进行了重新编排,那就是沿着第勒尼安海岸,从热那亚到那不勒斯,返回亚得里亚海岸到达威尼托,停在次要地方威里吉奥或者不再显著的鲁尼的小镇,从追溯古代开始,涉及其地理位置、政府、建筑物和文化的概况开始,简单写了每个地方的历史。

关于它的一些不足,科兰说得好:

> 须知,作品离完成还差得远。佛罗伦萨的历史被明显地缩写,比昂多说:因为布鲁尼已经写得很权威了。罗马几乎没有被触及,可能是因为他担心重复他之前的著作中已经包括了的东西。山麓和岛屿一起遗漏了,可能是因为关于它们的信息还没有得到。这种地理学、地方志、政治和文化史的灵巧的结合,充分符合"我们时代的人们知道过去时期的热切愿望",也符合他们的很实际的愿望——能够通过近代名字来区分这些在古文字中提到的地方。②

比昂多的《辉煌的意大利》直接影响了其后继者例如里恩多罗·阿尔波提等人,使得意大利成为描述意大利城市的地方志文献的发祥地。此书出

---

① Biondo Flavio, "Preface", *Italy illuminated*, translated by Jeffrey A. White, Cambridge, Massachusetts, London: Harvard University Press, 2005, p. 5.

② Eric Cochrane, *Historians and Historiography: in the Italian Renaissance*, Chicago, London: the University of Chicago Press, 1981, p. 40.

版后，在整个16世纪被翻译成多种文字，成为各种历史地理概况的样板而被模仿和扩展。欧洲其他国家的这些类似著作典型的有16世纪早期的《辉煌的德国》和1701年的《辉煌的莱波尼亚》。J·A·怀特在评价这一著作时认为：

> 《辉煌的意大利》对于文艺复兴时期所发生的历史学和古物研究兴趣，特别对于古典学术史，对于作为一般的文化复兴运动的意大利文艺复兴，都是一部有意义的著作，的确它还没有受到充分的探讨和重视。①

怀特的评价是较为中肯的。

3. 在继承先学中出新

比昂多在学术实践中碰到一个棘手问题，那就是在把他能看到的和他所读到的放到一起，或者说把考古遗存和历史档案或者文献结合起来而出现冲突的时候，如何去处理。他采取这样的原则：宁愿相信早期罗马作家而不相信后来者的记载，他只接受某些由“古代值得信任的目击者”所建立起来的东西；当文献和实物出现冲突时，他宁愿相信他所搜集的实物。实际上比昂多不是第一个提出这些原则的人，也不是第一个试图应用于实际的人。他的前辈彼特拉克就是这样做的。而比昂多在这方面的特殊贡献在于：

> 对于罗马古物进行学术性探讨的真正奠基者是弗拉维奥·比昂多，按照其下个世纪最伟大的后继者的说法，是“所有近代学者中的第一位”，与文艺复兴历史学原则相似，比昂多把他在中世纪指导手册中发现的所有指认都纳入到不可信之列。②

此外，比昂多写作历史独具一格的做法是，在《三十年》、《复兴的罗马》、《胜利的罗马》、《辉煌的意大利》等著作中，把历史学设定在世俗范围，并赋

① J. A. White, “Introduction”, Biondo Flavio, *Italy Illuminated*, translated by Jeffrey A. White, Cambridge, Massachusetts, London: Harvard University Press, 2005, p. xiv.

② Eric Cochrane, *Historians and Historiography: in the Italian Renaissance*, Chicago, London: the University of Chicago Press, 1981, p. 38.

予它以地理学的意义,其学术价值在于,“直到16世纪的圭恰迪尼和西格尼奥为止,他的后继者还没有人能够达到这样的高度”①。

从学术传承上说,比昂多是布鲁尼最伟大的继承者。他在其著作中把博学和叙事结合到难得的程度。至于他与布鲁尼之间的差异,上文已经涉及,这里不再赘述。

史学史家汤普森,总结比昂多史学地位时所言非常经典,他说:

> 夫雷维阿·俾温多谴责佩脱拉克以大量轻蔑之词强加给中世纪,他强调从410年罗马被洗劫到文艺复兴时代欧洲历史的连续性。他是第一位从中世纪撰写的那些编年史中抽出中世纪史的作家,并认为中世纪本身就是一个历史时代。不幸的是,这个观点和教诲竟然无人注意,因而中世纪作为历史研究的一个领域一直未能取得应得的地位,直到吉本和浪漫主义运动才把它从埋没和受蔑视中拯救出来。尽管如此,夫雷维阿·俾温多在这部伟大著作中竟然还把史学批评建立在如此巩固的基础之上,以致后来意大利历史著作的篇章中就从未重复那些荒唐的胡诌,如说佛罗伦萨、威尼斯和米兰起源于特洛伊或其他古代城市等等,与此同时甚至迟至十七世纪,意大利以外的欧洲的历史写作却仍然充满虚构的故事。②

这里,汤普森肯定了比昂多关于中世纪卓然不群的观点、对于中世纪史料整理的贡献,表明比昂多在西方史学上的地位不仅在于继承其先学的做法,并且更为重要的是具有开创性。

二、瓦拉的历史文献学

在历史学系统中,文献辨伪和史料考证是非常重要的一个分支。瓦拉在这方面做得很出色。

1. 从政坛到学界

瓦拉(Lorenzo Valla, 1407—1457年)出生于罗马,在效力阿拉贡王阿

① Eric Cochrane, *Historians and Historiography: in the Italian Renaissance*, Chicago, London: the University of Chicago Press, 1981, p. 37.

② 参阅〔美〕J·W·汤普森:《历史著作史》第二分册,第706—707页。

尔方索之前曾在帕维亚大学任过教。1437 年担任阿尔方索的秘书。1448 年，就职于罗马大学。1457 年去世于罗马。

其名著有：

1471 年出版《拉丁语的优雅》或者《论拉丁文字的优美》，具体写作年代不详，但是通常认为是在完成《君士坦丁赠与》辨伪著作之前所写。

1440 年写出《君士坦丁赠与辨伪》，也称《君士坦丁的假信和欺捐》，后人整理为《瓦拉论君士坦丁的赠与》。

1445 年底到 1446 年初，瓦拉写作阿拉贡人征服全史，但是实际上只完成了一半，写成阿尔方索父亲斐迪南的历史传记《斐迪南统治阿拉贡的历史》，也有人把它翻译为《斐迪南一世时代的历史》，1521 年出版。

另外，他还有《〈新约〉注》，从语言学角度细致考察流行的拉丁文《新约》。

2. 考辨权威性的基督教文献

瓦拉文献学成就突出，不仅表现为关于《君士坦丁赠与》的辨伪，而且表现为对流行本拉丁文《新约》的质疑。

第一，《君士坦丁赠与》的辨伪。早期佛罗伦萨的历史著作，有许多手稿是相互抄袭来的，更有甚者，有的官方文献也存在着严重作伪现象①。瓦拉文献学突出成就之一是对《君士坦丁赠与》进行辨伪。

公元 756 年，法兰克王国国王“矮子”丕平把取自伦巴德人的意大利中部那块土地献给教皇，使教皇具有世俗权力，史称“丕平献土”或“丕平赠与”。然而，教廷嫌丕平威望不够，于 8 世纪中期到 9 世纪中期假造一个文件《君士坦丁赠与》，却说是 4 世纪初年由罗马皇帝君士坦丁自己作的。按照该文献的说法，君士坦丁在经教皇西尔弗斯特洗礼之后，把帝国首都东移到拜占庭，将统治帝国西部的所有权利转让给教皇。到了 12 世纪中期，它被吸收到基督教法律中而且处于非常重要的地位。假如不是伪造的，它表明第一位基督教罗马皇帝明确把统治西欧的权力授予了教皇。这一文件在中世纪被历代教皇奉为至宝，作为立国的根据，也成为教皇国与世俗政权之间理解、界定统治权出现冲突时有利于教皇国的一项重要依据。

对此，瓦拉之前有人怀疑过。早在 12 世纪几个敏锐的教士就提出怀疑②。

---

① 参阅〔美〕J·W·汤普森：《历史著作史》第二分册，谢德风译，商务印书馆 1988 年版，第 680—681 页。

② 可以参阅 Donald Kelly, “Clio and the Lawyers”, *Mediaevalia et Humanistica*, v, 1974。

到了15世纪早期,《君士坦丁赠与》可靠性问题又被一些学者例如安布罗吉奥、特拉沃萨里、利奥那多·特伦达、古沙的尼古拉、利吉那多·皮卡科等人提出来。[①] 例如,在1433年,古沙的尼古拉在他为巴塞尔会议所写的《论天主教的契约》一文中就揭发了捐赠的虚假,并对尤金四世的地位持有异议。

这些学者认为,既然皇帝有权力把西部划分出去,那么也有能力收回;他们提出:为什么在9世纪以前似乎没有提到过这个假设的转让?可是,他们是从政治学和逻辑学角度进行讨论的,举不出充分证据。

瓦拉沿着以往的疑问进行讨论,其起点是从另外一种考证的方法开始,那就是按照语言的历史真实性进行讨论。他从文件中找出在4世纪初不可能出现的字,证明《君士坦丁赠与》是8世纪某个时候的对4世纪知识和习惯有所了解的某个人编造的。

例如,《君士坦丁赠与》有一处说到"君士坦丁"称他的转让是由其权威和其"总督们"一起做出的。瓦拉指出,在当时的史料中从来也没发现以这种方式做出的法令。再如,文献中有"君士坦丁堡",瓦拉指出,在假想的赠与之时,这个地方还没有重新命名,而是以"拜占庭"闻名。其批判就这样采取一段接一段的形式对文本进行分析。

瓦拉的努力,揭穿了一件西方世界最著名的造伪,为新教改革势力反对教皇制度提供了有力武器,唤醒了西方史学家的历史怀疑精神,那就是传统上的第一手材料或权威文献并非完全可信。这一举动,正如有学者所言:

> 产生了有如学术上的大地震似的结果。作为内证校勘的范例,发拉的成就可以说是开创了下一个世纪整个伟大的文献校勘运动。在德国宗教改革运动中,马格德堡"世纪派"的一整套方法在发拉的方法中就已经有了。[②]

第二,流行本拉丁文《新约》的注释。流行本拉丁文《新约》,被认为是圣·杰罗姆在神灵的感召下,受教皇达马苏之命而翻译的,被教会使用了上

---

① Joseph Levine, "Reginald Pecock and Lorenzo Valla on the Donation of Constantine", SR, xx, 1973.

② 〔美〕J·W·汤普森:《历史著作史》第二分册,第709页。

千年。瓦拉注释《新约》可能是在1447年的大斋期，那时他是阿尔方索宫廷的一员。其《〈新约〉注》，从语言学角度细致考察拉丁文《新约》。其结论是圣·杰罗姆不是拉丁文《新约》的翻译者。他在写给教皇尼古拉五世的信中主张：他并不反对圣·杰罗姆，也不想重新翻译，“只是去做个修理，就像去修理漏了的屋顶一样”。①

瓦拉的这一工作引起了轩然大波。波吉奥·布拉奇奥里尼对其观点进行了批判。关于这个问题可以参考阅读保罗·波雷所著《文艺复兴时期的拉丁文翻译》的相关部分②，这里不再详述。同时，正是瓦拉的著作促使教皇要求马尼提去重新翻译《新约》。至于为什么没有委任瓦拉去翻译，有学者做出这样解释：

> 瓦拉自己不希望被委托这么一个精细的任务，不仅是因为他那时深深陷入翻译修昔底德著作的困境中，并且作为一个宗教上有争议的人物他有着不幸的声望。③

这一说法还是有道理的。

另外，还要提到的是，瓦拉受彼特拉克影响，做李维《罗马史》的注释工作。他通过科西摩·德·美第奇从彼特拉克那儿继承了更正确和更完全的修订过的李维著作，继续彼特拉克的工作，在李维著作中找出185处记载和传抄错误，并指出攸西比厄斯捏造了事实。

瓦拉辨伪之原因是值得进一步探讨的。根据卡伦泽的观点，导致瓦拉辨伪的主要原因是其正统思想，具体可以参阅其《意大利文艺复兴的逝去》相关内容④。但是，根据哈伊的意见，似乎瓦拉是为阿尔方索帮忙，发泄对教皇尤金四世的愤恨。他说：

> 应当知道瓦拉的名著《康斯坦丁馈赠的真伪》并没有任何今天我们

---

① Christopher S. Celenza, *The Lost Italian Renaissance: Humanists, Historians, and Latin's Legacy*, Baltimore, London: the Johns Hopkins University Press, 2004, p. 94.

② Paul Botley, *Latin Translation in the Renaissance*, Cambridge, New York: Cambridge University Press, 2004, pp. 90 - 94.

③ Ibid., p. 89.

④ Christopher S. Celenza, *The Lost Italian Renaissance: Humanists, Historians, and Latin's Legacy*, Baltimore, London: the Johns Hopkins University Press, 2004, p. 90.

> 称之为历史考证的东西。瓦拉写这部著作并不是如富埃特尔所说的出于他的勇敢,实际上他只是因为自己的保护者阿尔丰索五世对教皇欧紧尼奥四世充满仇恨才写此书。

其原因,在他看来是:

> 文艺复兴时期的历史学家表达了强权的君主利益,常常是他们的代言人。①

应该说这两种因素都有,但是在不同情况下,它们所起作用的程度有异。

瓦拉成长的家庭同教廷有着密切关系。其叔父麦其奥·斯科里瓦尼在教廷为官。瓦拉年轻时随时可以陪伴叔父访问各种各样的人文学士。在罗马的早年和最初学习之后,在佛罗伦萨接受教育,与那时的人文主义文化有着广泛接触。

当瓦拉沿途陪着叔父访问文人学士的时候,接触许多顶尖争论,体会他们思考问题的方式,领略了的古典作品的通晓优雅。这样,瓦拉细心研究他最喜欢的古代修辞学作家昆体良,被吸引到最终成为修辞学家的圣·保罗,"瓦拉相信在一些重要方面现代的基督教将会从回归使徒根底中受益"②。因此,他在《拉丁语的优雅》中赞扬罗马帝国灭亡后拉丁语的胜利,"复述了四个帝国的旧主题",维护教皇的传统③。他对拉丁文《新约》的态度也说明了这一点,上文已经涉及。

同时,在一些问题上,其政治利益、感情倾向又明显起了主导作用。瓦拉早年试图谋取教廷圣职授予秘书之职,但是最终失意而不得不依附阿尔方索。因此,"最初在教廷的失败多少影响了他对待有组织的基督教现存政府及其统治资格的态度"④。那不勒斯国王阿尔方索与教皇尤金四世有矛

---

① 〔英〕丹尼斯·哈伊:《意大利文艺复兴的历史背景》,第 276 页。
② Christopher S. Celenza, *The Lost Italian Renaissance: Humanists, Historians, and Latin's Legacy*, Baltimore, London: the Johns Hopkins University Press, 2004, p. 88.
③ 〔美〕唐纳德·R·凯利:《多面的历史》,第 265 页。
④ Christopher S. Celenza, *The Lost Italian Renaissance: Humanists, Historians, and Latin's Legacy*, Baltimore, London: the Johns Hopkins University Press, 2004, p. 89.

盾。教皇主张那不勒斯是教皇的领地,支持阿拉贡和西西里的国王争夺那不勒斯王位,可是阿尔方索征服了那不勒斯之后,并没有满足教皇的胃口,双方矛盾激化。瓦拉在离开教皇书记职位后受到阿尔方索的起用。在阿尔方索保护下,于1440年写出《君士坦丁的假信和欺捐》。所以才有人说:"其论述的一些激情无疑是由于这一事实:瓦拉写作之时,其保护人阿尔方索正同教皇发生领土争端,阿尔方索想扩充其统治,而尤金要统治王国的一部分。"①也有人说:"他的慧识是针对教皇本人的,结果其历史著作一个世纪都没有得到出版。"②

尽管如此,还是可以发现,在两个领袖人物之间的冲突过去以后,尽管瓦拉给那位教皇写了关于那个著作的说明,但是他并没有放弃自己的主要观点。他要求让阿尔方索拥有他依靠法律和军队赢来的和平,说:

> 让教皇声明放弃他的非法和有害的在那不勒斯王国的极端世俗权利的要求……让教皇成为他声称的那样是"所有人的神父,是教会之父"。③

这些说明瓦拉总体上还是个学者,没有完全为了政治而牺牲学术,下文在谈其史学观念时将有所印证。

3. 科学史学进程中的先驱

瓦拉提出政治与学术的关系、史料与解释的关系、整体与细节的关系、史料的修辞学等一系列历史学中的重大理论问题,并进行探讨。这些探讨对于史学科学化进程具有发乎其先的地位。他在写《斐迪南一世时代的历史》中提出:

第一,"历史学不等于颂词"④。最初瓦拉接受阿拉贡人征服史的写作任务,多少是要为阿拉贡统治者歌功颂德的。但是瓦拉坚持历史学非颂词的原则,并希望阿尔方索能够接受,可惜没有成功。他最后不得不放弃原来

---

① Christopher S. Celenza, *The Lost Italian Renaissance: Humanists, Historians, and Latin's Legacy*, Baltimore, London: the Johns Hopkins University Press, 2004, p. 90.

② John Cannon, *The Blackwell Dictionary of Historians*, New York, Basil Blackwell Ltd., 1988, p. 427.

③④ Eric Cochrane, *Historians and Historiography: in the Italian Renaissance*, Chicago, London: the University of Chicago Press, 1981, p. 148.

的写作计划,而仅仅完成《斐迪南一世时代的历史》。这一观点和做法,遭到他的同事菲西奥的批评。菲西奥说:

> 历史学主要目的就是要建立与所叙述事件的内质相对称的文学丰碑。……假如一个国王的某行为似乎不怎么像国王的,那么史学家就应该谨慎地把它们隐藏到其主要优点的背后去。①

瓦拉则反诘:假如国王行为贪婪或者不公正,那么该怎么办?他说:“我写颂词吗?或者斐迪南的行为不管怎样我都要理解吗?”历史学“每样事情都是带着叙述它发生的目的去写的,并不是要证明什么观点”②。相对而言,瓦拉在学术与政治之间更倾向于学术。

第二,历史学需要实事求是。菲西奥还谴责瓦拉的历史学首先缺乏庄重感,例如写宫廷弄臣这样琐碎的事情,还记载斐迪南在一次外国使节觐见时睡着了,这些都是不庄重的反映。瓦拉的回答是:

> 假如宫廷弄臣在国王的政务委员会和会议厅中有其位置的话,他就有在历史学中被给予些许地方的权利。就像厨师和马僮是王室家务中必需的成员,他们在王室历史中就有其低微但是稳固的位置一样。③

在瓦拉看来,所有真相并不仅仅是使作者和保护人都感到愉快的那部分。既然斐迪南事实上在大使们讲话期间小睡了,既然事实上他使用非常手段去激励选举,就要毫不犹豫这样去记载,“因为只有一个带有所有缺点和优点的真实的历史名人,才是可能被‘模仿’的”④。可见,瓦拉的观点更尊重历史事实。

第三,“历史学和修辞须臾不可分离”⑤。他根据从古代史学家那里产生的修辞原则,不仅要求采纳能够适合于研究性读者的风格,而且要求采纳

---

① Eric Cochrane, *Historians and Historiography: in the Italian Renaissance*, Chicago, London: the University of Chicago Press, 1981, p. 149.

②③ Paul Avis, *Foundations of Modern Historical Thought*, London, Sydney, Dover, New Hampshire: Croom Helm Ltd., 1986, p. 14.

④⑤ Eric Cochrane, *Historians and Historiography: in the Italian Renaissance*, Chicago, London: the University of Chicago Press, 1981, p. 149.

能够明白易懂的词汇。瓦拉认为，既然为现在和将来而不是为过去的人写作，那就毫不犹豫使用现代而不是古代地名，通过从方言中借用更多的合适的字去避免古字所暗示的年代错误。这一观点同样遭到了菲西奥的批评，菲西奥反对瓦拉使用新词汇来代替古典的类似物。瓦拉坚持史料中的修辞学方法，也就是坚持对历史上不同时期的字词的研究。这一做法是所有学术研究的前提，其《拉丁语的优雅》和《君士坦丁的假信和欺捐》，就使用这一方法，它"既可以纠正关于过去的流行错误，也可以在当前传达风俗和习惯"①。

另外需要指出的是，瓦拉主张历史发展是人的作用的结果。他在《君士坦丁的假信和欺捐》和《斐迪南一世时代的历史》中，都把历史发展归结为人的作用。例如，他认为：

> 阿拉贡人对那不勒斯的征服不是命运或者是难以捉摸的非凡力量设计的结果，而是聪明人精心计算的结果。因此它是能够作为一个教训而服务于将来任何一个试图在政治上成功的人：让他被关于过去的真理而不是错误的观念所引导。②

这里不仅突出人的重要，还提出了关于过去的历史总结对于后人的指导作用。

瓦拉还是历史主义与博学派的先驱。他是人文主义学者，但是与一般人文主义者有所不同，关于这个问题有学者就指出过：

> 对于文艺复兴思想的人文主义和个人主义，瓦拉增加了诸多方面例如差异性、相对主义和发展意识。在一个强大的以经验为依据的基础上，对于这个世界上特殊的人类生活，他建立一种认识方法，认识到不同文化成就的差异、历史过程的不可逆转，允许古典史料以自己的语汇解释历史而为它们代言。③

---

①② Eric Cochrane, *Historians and Historiography: in the Italian Renaissance*, Chicago, London: the University of Chicago Press, 1981, p. 148.

③ Paul Avis, *Foundations of Modern Historical Thought*, London, Sydney, Dover, New Hampshire: Croom Helm Ltd., 1986, p. 15.

这里所表明的瓦拉的思想使人联想到后来的历史主义，盖林在《意大利的人文主义》中指出：

> 有人可能会认为，作为一种研究，瓦拉的丰富的语文学概念，增长了在人文主义者范围内对人类整体的关注和教育，预示了历史学之中不得不引进维柯的语言学观念。①

对瓦拉而言，事件价值在其自身，而不在于它们例示道德或者其他普遍真理。这样，他"阐述了一个被马基雅维里和培根所采纳的新的历史学原则：'我没有记载人们应该想什么，而只是他们想了什么。'"②

瓦拉历史文献学成就影响了许多人，例如当时那不勒斯的史学家潘多佛·克伦奇奥和他的同事们以同样的态度研究历史③。瓦拉的《新约》研究还对北方学者发生了重大影响，保罗·阿维斯在谈到这一问题时说："瓦拉在意大利和北方人文主义者之间建立了关联。"④事实的确如此。例如，他对流行本拉丁文《新约》的批判，就直接影响了布德，这方面可以参阅保罗·波特雷的《文艺复兴时期的拉丁文翻译》。其中瓦拉对伊拉斯谟的影响更为显著和重要。伊拉斯谟发现、编辑和首先出版了瓦拉对《新约》的注释，并为之作序。他在其《愚人颂》、关于教育的论文、关于《新约》的学问中都有所反映⑤。特别是瓦拉确立了一种史料认识方法，即对史料的怀疑态度，指出了文献中语言的年代错误。这种方法揭示，一定时期的史料同该时期文化状况存在必然联系。他是对古典史学中史料考证精神最杰出的继承和发展，也是文艺复兴时期史料考证方向的开拓者，成为博学派先驱，奠定了文献校勘学的对象、任务和方法等理论基础，直接启蒙了理性主义史学家的怀疑

---

① 转引自 Paul Avis, *Foundations of Modern Historical Thought*, London, Sydney, Dover, New Hampshire: Croom Helm Ltd., 1986, p. 15。

② Paul Avis, *Foundations of Modern Historical Thought*, London, Sydney, Dover, New Hampshire: Croom Helm Ltd., 1986, p. 14.

③ Eric Cochrane, *Historians and Historiography: in the Italian Renaissance*, Chicago, London: the University of Chicago Press, 1981, pp. 155 - 157.

④ Paul Avis, *Foundations of Modern Historical Thought*, London, Sydney, Dover, New Hampshire: Croom Helm Ltd., 1986, p. 15.

⑤ 至于瓦拉和伊拉斯谟的《圣经》研究的细节、贡献以及两人之间关系的具体论述，本特雷·杰利·哈利尔在他的博士论文《人文主义者和圣经拓展：瓦拉和伊拉斯谟的保罗系学术》中，做了专门细致深入的讨论。另外，这可以参阅保罗·波特雷的《文艺复兴时期的拉丁文翻译》和保罗·艾维斯的《近代史学思想的基础》的相关部分。

精神。

总之，瓦拉史学理论与实践中所揭橥的实事求是精神、历史主义观念、怀疑精神和辨伪方法，都对后世发生了深刻影响，成为科学史学中不可或缺的因素。

第四章 马基雅维里的史学

马基雅维里(Niccolò Machiavelli, 1469—1527年)通常是与"背信弃义"和"为达目的而不择手段"相联系的,他给后人印象最深的是马基雅维里主义。由此他所拥有的学问中,政治学最负盛名,其他领域反被淡化了。其实马基雅维里还是一个杰出的史学家,汤普森就称他为文艺复兴时期"意大利最伟大的历史学家"①。

一、宦海沉浮,矢志治学

马基雅维里出身于佛罗伦萨一贫寒家庭,自幼勤奋好学,进入佛罗伦萨大学受教育,精通拉丁文,成年后曾经宦海沉浮,却一直矢志治学。

马基雅维里早年的政治经历,不得而知,但是以下事实却是明确的。

1494年,法王查理八世入侵意大利,佛罗伦萨不战而降,美第奇家族政权被推翻,共和政治得以恢复。他开始为共和国工作,曾被任命为佛罗伦萨第二厅厅长、自由与和平十人委员会秘书,在执政团领导下负责办理外交与军务。

1512年,在教皇、法国和西班牙联合干预下,美第奇家族在佛罗伦萨推翻共和国,复辟僭主统治。马基雅维里四处请托,希望继续留用。可是,由于涉嫌参与一场反美第奇的阴谋,不仅没得到恩宠反而沦为阶下囚。他托亲友疏通,获得释放,仍通过上书干求,进呈著作,冀求眷顾。

1520年,担任史官,承担起佛罗伦萨史的纂修任务。

1527年,佛罗伦萨再次发生反僭主起义,放逐美第奇家族,重建共和。马基雅维里因为曾受美第奇家族的菲薄恩遇,其效力共和的要求遭到拒绝,

---

① 〔美〕J·W·汤普森:《历史著作史》第二分册,第711页。

不久去世。

马基雅维里对学术情有独钟，著作颇丰。

在其历史著作中，从时间上说，首先值得一提的是在1513—1517年或者1519年间写成的《论李维》[①]。他选择李维《建城以来的罗马史》前10卷进行评论，以表明自己对于一些历史事实的看法。其次是1520年写成并出版的《卡斯特拉卡尼传》，这是为14世纪卢卡的一位君主卡斯特拉卡尼所写的短小传记。最后是1525年写成并出版的《佛罗伦萨史》。他受后来成为教皇克莱门七世的裘里奥·德·美第奇之托，撰写一部从北方人入侵到1492年劳伦佐去世的佛罗伦萨的历史。

其他与历史相关的著作还有，1513年写成的《君主论》[②]，1519—1520年写成的《兵法》[③]。这两种分别是政治学和军事学著作，但是皆含史性。《君主论》尽管从绝对量上，政论占了大部分，可是毕竟在展开其政治学论点时引用了许多用以作为支撑的历史材料，这些历史内容既有古希腊、罗马的，又有古代波斯的，尤其是15、16世纪意大利的历史被频繁引用。《君主论》以现当代史论证其政治理论，用其政治理论解读现当代史。《兵法》同样具有以史证论和以论解史的特征，这里不赘述。

同时，需要指出的是，《论李维》、《兵法》、《君主论》分述古代、近代和当代历史，构成一个连贯的历史写作。

二、古典史学的优秀传承者

马基雅维里在文艺复兴时期的史学家中，就传承古典史学而言，可谓佼佼者。

---

① 关于本书的写作时间，这里采纳了哈维·曼斯菲尔德的说法。具体参见他为《论李维》英文本写的《导论》，〔意〕尼科洛·马基雅维里：《论李维》，冯克利译，上海人民出版社2005年版，第31页。吕建忠译同书为《李维罗马史疏义》，台北左岸文化事业有限公司2003年出版。

② 1934年中国文化学会出版《君》。上海光华大学政治学社出版曾纪蔚译《横霸政治论》，出版时间据潘汉典在其所译《君主论》的《译后记》中回忆，是1930年。其他译本有：潘汉典所译《君主论》由商务印书馆1985年出版。惠泉所译《君王论》由湖南人民出版社1987年出版。徐继光所译《君王论》，光明日报出版社1996年出版。阎克文所译《君主论》，辽宁教育出版社1998年出版。李盈所译《君主论》，天津教育出版社2004年出版。张志伟等所译《君主论》，陕西人民出版社2001年出版。余承所译《君王论》，台北尼罗河书房2001年出版。俞卓立所译《君主论》，中国社会出版社1999年出版。

③ 汉译本有袁坚等人所译《兵法》，解放军出版社2007年出版。

1. 倡导以史为鉴

他绝对不是“以史为鉴”思想的创立者，但继承和发扬了古典史学家们的这一主张。

马基雅维里非常强调历史知识的重要。例如，他主张君主应该阅读历史，以历史为借鉴，即：

> 为着训练脑筋，君主还应该阅读历史，并且研究历史上伟大人物的行动，看看他们在战争中是怎样做的，检查他们胜利与战败的原因，以便避免后者而步武前者。最重要的是他应该像过去那些伟大人物那样做。①

《君主论》中举出许多历史事例，就是要给当代执政者提供一面镜子，他认为：

> 因为人们几乎常在他人走过的道路上走，并且效法他人的事迹，虽然他们并不能够完完全全地沿着别人的道路或者不能够取得他们所效法的人的功效。然而一个明智的人总应该追踪伟大人物所走过的道路的，并且效法那些已经成为最卓越的人们。②

在《论李维》中也强调历史知识的重要，他指出：

> 根据我对古今事物的了解，记下我认为必须给予更好理解的内容，使读过这些陈述的人，更易于让他们所欲掌握的史识发挥功效。此事固然不易，然而既有鼓励我担此重任者的襄助，我以为或能多有所成，俾可给他人达到既定目标提供一条捷径。③

他还说：“聪明人常说：观既往可以知未来。这不是随意说的，也不是全无道理的。无论何时，任何事情都可以在古代看到对应的现象，盖其皆出

① 〔意〕尼科洛·马基雅维里：《君主论》，潘汉典译，商务印书馆 1985 年版，第 71 页。
② 同上书，第 2 页。
③ 〔意〕尼科洛·马基雅维里：《论李维·前言》，冯克利译，上海人民出版社 2005 年版，第 44 页。

自人为，而他们有着相同的感情，肯定也会有着相同的结果。”①特别是对执政者而言，“古人的另一些做法既真实又有益。共和国和君主要是相信了这些事情，他们就会少犯一些错误”②。

他在《佛罗伦萨史》中仍然提出：

> 假如说学习古代史可以激发开明的头脑进行仿效；那么，了解近代这些事情却可以使我们懂得应当避免和反对什么。③

他写佛罗伦萨史就是为了弄清楚，“经过一千多年的辛勤劳苦之后，佛罗伦萨竟然变得这么衰微孱弱，其原因究竟何在”④。

问题是现实中人们并没有这样做。对此，马基雅维里很不以为然。他曾经就人们仰慕古代问题这样说：

> 世人对古代仰慕有加，姑不论众多其他事例，时常有人不惜重金，买回一尊残缺不全的古代雕像，他们希望有此物为伴，他们要用它给自己的居室增光彩，他们赞赏这种艺术，乐于师法于它；他们在自己的所有作品中，为表现这种艺术而殚精竭虑。⑤
>
> 公民对公共事物，或对人民染上的疾患，如果有了歧见，他们总是求助于古人的裁决，或是求助于古人的论断和指定的方剂。⑥

同时他也批评在大事情上或者根本问题上没有效法古人，认为：

> 然而，在整饬共和国、护卫国家、统治王国、举兵征伐、控制战局、审判臣民和扩张帝国时，却不见有哪个君主或共和国求助于古人的先例。我认为，造成这种状况的，主要不是当今的宗教使世界羸弱不堪，或贪婪的惰怠给众多基督教地区或城市带来的罪孽，而是缺少真正的历史

---

① 〔意〕尼科洛·马基雅维里：《论李维》，第432页。
② 同上书，第262页。
③ 〔意〕尼科洛·马基雅维里：《佛罗伦萨史》，李活译，商务印书馆1982年版，第233页。
④ 同上书，第51页。
⑤ 〔意〕尼科洛·马基雅维里：《论李维·前言》，第43页。
⑥ 同上书，第44页。

> 见识，在阅读史书时既无感悟，亦品不出其中的真谛。于是，众人捧读史书，以通历史变故而自娱，却从未想过效法古人。①

他提出历史上有几个方面是可以供人们学习或者模仿的，“审视既往以知未来，用古人之法匡谬纠编”②。例如，他主张政治上以罗马共和国为榜样，基督教要回到原始状态中去。还如，他先根据李维的记载，表明罗马共和国的法律给民众泄愤留有机会——指控权，接着说佛罗伦萨缺少这么一个渠道，遇到民众对君主不满，最终酿成武力冲突③。又如，在军事上，“头脑精明，饱读史书者都会发现，凡是品德过人的将领，很少愿意扼守险关”④。总之，在他看来：

> 罗马成为帝国后，遵守法律的皇帝，与反其道而行之的皇帝相比，备受称赞，成了英明的君主……细读他们的史迹，可资任何君主借鉴，为其昭示荣辱、太平与儆戒之道。⑤

2. 汲取古典史学的营养

克劳佛在谈到马基雅维里史学时认为：“人文主义者把李维、萨鲁斯特作为他们历史写作的楷模，认为自己回到了真正的史学。”⑥凯利在评论马基雅维里史学时说：“在某些方面，马基雅维里以修昔底德的方式写作。”⑦尽管他们所指有所差异，然而都在关注马氏与古典史学的关系。

的确，马基雅维里在许多地方征引了古典作家。

《君主论》第十三章在论述君主的军队问题时引用了塔西佗《编年史》第八卷第十九节中的话：“世界上最弱和最不牢固的东西，莫过于不以自己的力量为基础的权力的声誉了。”⑧第十四章论述君主的军事责任则引用了普

① 〔意〕尼科洛·马基雅维里：《论李维·前言》，冯克利译，上海人民出版社 2005 年版，第 44 页。
② 〔意〕尼科洛·马基雅维里：《论李维》，第 148 页。
③ 同上书，第 65—69 页。
④ 同上书，第 111 页。
⑤ 同上书，第 75 页。
⑥ Cecil H. Clough, “Machiavelli, Niccolò”, Kelly Boyd, *Encyclopedia of Historians and Historical Writing*, Vol. 2, London, Chicago: Fitzroy Dearborn Publishers, 1999, p. 749.
⑦ 〔美〕唐纳德·R·凯利：《多面的历史》，陈恒、宋立宏译，三联书店 2003 年版，第 276 页。
⑧ 〔意〕尼科洛·马基雅维里：《君主论》，潘汉典译，商务印书馆 1985 年版，第 68 页。

鲁塔克《传记集》关于亚历山大的记载和色诺芬《远征记》关于居鲁士的叙述，第十七章引用了维吉尔的诗句，第二十六章引用李维《罗马史》第九卷第一、十节中的句子，“对于必须战争的人们，战争是正义的；当除了拿起武器以外就毫无希望的时候，武器是神圣的”①。

《论李维》在论共和国太平时期问题时，引用了修昔底德的论述②。在论述罗马人捍卫自由精神时，引用色诺芬《论僭政》③。在书中他重申了波里比阿的历史循环说。马氏认为，国家统治类型就是君主制度、贵族制度、民主制度、专制制度这样顺序循环的④。在论忘恩负义的时候，他引塔西佗的《历史》中的话“人们宁肯为伤害而支付补偿，也不愿因受益而给予报答，因为感恩乃为负担，报复则为收益也”⑤。普鲁塔克《传记集》成为马氏引用频繁的著作。他引用并赞同萨鲁斯特的话：“良好的开端，乃一切恶例之母。”⑥他还引萨鲁斯特《朱古达传》说明对当地居民赶尽杀绝的战争类型⑦。为了说明仪表威严的人的重要，引用了维吉尔的话：“众人若是恰好看到一位稳健的人士，虔诚而品行端正，他们就会闭上嘴巴，驻足倾听。”⑧在第三卷第二十章中，引用色诺芬关于居鲁士的记载，说明仁爱比残暴更能震撼人的心灵。引用塔西佗关于居鲁士的事迹，说明行骗对于君主成就大业的重要⑨。引用塔西佗的观点：“尖刻的取笑，即使非常符合事实，也会让人刻骨铭心。”⑩引用并赞同塔西佗《编年史》的观点：接受现状，待之以宽容⑪。

《佛罗伦萨史》在谈佛罗伦萨起源的时候，引用了塔西佗、但丁的说法，具体不再详细加以说明了。

马基雅维里对古典作家的模仿还表现为，著作中插入大段的演说词和大量精辟语句。

《佛罗伦萨史》中经常有大段的演说词，这是模仿古典的表现之一。例

---

① 〔意〕尼科洛·马基雅维里：《君主论》，潘汉典译，商务印书馆 1985 年版，第 122 页。
② 〔意〕尼科洛·马基雅维里：《论李维》，冯克利译，上海人民出版社 2005 年版，第 364 页。
③ 同上书，第 213 页。
④ 同上书，第 50—51 页。
⑤ 同上书，第 122 页。
⑥ 同上书，第 163 页。
⑦ 同上书，第 228 页。
⑧ 同上书，第 183 页。
⑨ 同上书，第 242 页。
⑩ 同上书，第 287 页。
⑪ 同上书，第 322 页。

如,所引梳毛工人起义的话就很有意思,其中说道:

> 不要上当,以为他们祖先的古老血统会使他们比我们高贵;因为所有人类都出于同一祖先,都是同样古老;而大自然也把所有的人都塑造成一个模样。大家把衣服脱光了,就会看到人人都长得差不多。假如我们穿上他们的衣服,他们穿上我们的,我们就显得高贵,他们就显得卑贱了。由于贫富不同才使我们有贵贱之分。①

这使人想到陈涉起义时所说的“王侯将相,宁有种乎!”的话,发出受压迫和剥削的底层人民的呼声。

模仿古典史学家还表现为其著作中有大量的精辟语句,这里略举几例。在《君主论》中有:

> 深深地认识人民的性质的人应该是君主,而深深地认识君主的性质的人应属于人民。②
>
> 一次变革总是为下一次变革留下可以继续进行的条件的。③
>
> 所有武装的先知都获得胜利,而非武装的先知都失败了。④
>
> 命运是我们半个行动的主宰,但是它留下其余一半或者几乎一半归我们支配。⑤
>
> 一位君主如果他的做法符合时代的特性,他就会得心应手;同样地,如果他的行径同时代不协调,他就不顺利。⑥

《论李维》中同样有不少精辟句子,例如:

> 时间驯化不了邪恶,奖赏也无以安抚歹徒。⑦

---

① 〔意〕尼科洛・马基雅维里:《佛罗伦萨史》,李活译,商务印书馆1982年版,第146页。
② 〔意〕尼科洛・马基雅维里:《君主论》,潘汉典译,商务印书馆1985年版,第2页。
③ 同上书,第5页。
④ 同上书,第58页。
⑤ 同上书,第117页。
⑥ 同上书,第118页。
⑦ 〔意〕尼科洛・马基雅维里:《论李维》,第317页。

行善比作恶更易于博得人们的爱戴。①

人民犯罪的根源在于君主。②

《佛罗伦萨史》也是警句迭出，例如：

暴政不可能使好人高兴；而放肆行为则使有头脑的人们憎恶。③

人类天生更喜欢报仇而不是报恩，仿佛报恩只会给自己带来不便，而报仇则既能称心又能得到好处。④

当分歧伴有党派斗争时，它就会危害国家，但当分歧并不夹有党派之争时，则将促使国家繁荣。⑤

三、人文主义史学中的异端

马基雅维里并不是足不出户的书生，而是积极入世的知识分子，因此在其著作中自然流露出浓郁的公民人文主义。

1. 关注公民事务的消极面

戚国淦在论及马基雅维里和他的《佛罗伦萨史》时指出：他“是文艺复兴时期的一位巨人；他的《佛罗伦萨史》是人文主义历史学的巨著”⑥。

汤普森说：

这部《佛罗伦萨史》的分析透彻而尖锐，还常常带有挖苦讥讽之词，反映出来的思想和《君主论》相差无几。他从蛮族入侵，而不是从罗马写起，这种合乎情理的想法是从利奥那多·布鲁尼那里得来的。⑦

凯利也说：

---

① 〔意〕尼科洛·马基雅维里：《论李维》，第 321 页。
② 同上书，第 397 页。
③ 〔意〕尼科洛·马基雅维里：《佛罗伦萨史》，第 179 页。
④ 同上书，第 190 页。
⑤ 同上书，第 348 页。
⑥ 戚国淦：《中译本序言》，〔意〕尼科洛·马基雅维里：《佛罗伦萨史》，第 1 页。
⑦ 〔美〕J·W·汤普森：《历史著作史》第二分册，第 713 页。

> 在考察佛罗伦萨的过去时,马基雅维里既依赖编年史,又依赖维兰尼和布鲁尼的人文主义传统,但他的记录服从于根据其政治前提和意图做出的种种强有力的解释。①

这些学者都关注到马基雅维里的史学与人文主义间的关联。可以肯定地说,马基雅维里受到了其前辈人文主义者的影响。例如,他受到但丁的影响,在《论李维》中引其诗句"人之笃诚,血脉难传,有志向者,始有此德,觅其所踪,唯见彼身",说明敬畏君主和有妥善的制度,对于共和国的安全更有意义②。他还受到彼特拉克的影响,在《君主论》的结尾,引用了彼特拉克的诗句,以呼吁把意大利从蛮族手中解放出来。诗歌说:"反暴虐的力量,将拿起枪,战斗不会很长,因为古人的勇气,在意大利人的心中至今没有消亡。"③

马基雅维里非常在意历史上的公民事务。在《佛罗伦萨史》中,他以道德教诲的方式叙述雅典公爵如何于1342年作为一个暴君统治佛罗伦萨,并在次年被赶下台来结束《佛罗伦萨史》第二卷。第三卷则在对半个世纪的历史作了简明的概略叙述之后,几乎是直接转向一件具有道德启示性的历史事件即1378年革命并以其反响作结束。第四卷则略过此后40年间的事件,直接讨论美第奇如何兴起并夺得权力。

《卡斯特拉卡尼传》也是如此。马基雅维里对卡斯特拉卡尼的生活细节不感兴趣,而是关注如何剪裁和加工史料才能打动读者。开始他把卡斯特拉卡尼描写为一弃儿,为就命运女神在人类事物中的力量问题发表议论提供了机会。当写到接收了牧师教育的卡斯特拉卡尼开始埋头钻研兵器的时候,为比较文学与军事所具魅力的古典论题设置了契机。这个悔恨的暴君临终发表演讲,也是符合古代编年史优良传统的。书的最后编排了卡斯特拉卡尼许多聪明机智的故事,也完全是为了取得修辞上的效果④。

需要特别指出的是,在宣传祖先的功业以鼓励后人模仿方面,马基雅维里做的不仅不够,甚至完全是相反的。他指出:意大利各位君主对内对外所作所为"比不上古人的品德高尚和伟大那样值得景仰","我们还是可以看

---

① 〔美〕唐纳德·R·凯利:《多面的历史》,第278页。

② 〔意〕尼科洛·马基雅维里:《论李维》,第80页。

③ 〔意〕尼科洛·马基雅维里:《君主论》,第125页。

④ 参见 Edition translated by Andrew Brown, *Life of Castruccio Castrani*, London: Hesperus Press Ltd., 2003。

一看这些君主、武士和各共和国的领导者，为了维护他们从来都不配得到的荣誉，如何利用诡计、欺骗和狡黠手段指导他们的行动”①。因此整部《佛罗伦萨史》就是围绕着衰落和崩溃的主题写作的。

他揭示出：在佛罗伦萨城市国家中，除了有平民和贵族的斗争外，还有亲教皇的圭尔夫派和亲皇帝的吉贝林派的斗争，尚有公民内部的家族斗争，先是奔德尔蒙蒂家族和乌贝尔蒂家族的斗争，切尔基家族和多纳蒂家族斗争，后有比安卡派和内拉派之间的斗争，还有里奇家族和阿尔比齐家族的斗争，此外还有公民和庶民的斗争。对此，他认为“由于贵族企图发号施令、平民阶级不愿服从，很自然地引起严重的互相敌对，这就是各城邦大部分纠纷产生的根源。……也可以说是使佛罗伦萨分裂的原因”②。

他叙述佛罗伦萨和比萨为争夺卢卡而发生战争，失利后向那不勒斯求援，雅典公爵沃尔特当上了佛罗伦萨君主，最终因倒行逆施被佛罗伦萨人驱逐。对于雅典公爵，马基雅维里是这样评论的，他“是一个残忍而贪婪的家伙。很难和他对话，他一开口就盛气凌人。他只渴望人人为他效劳，但并不培养人们良好的感情；他不用仁爱激励别人，只知用恐怖进行恫吓”③。关于佛罗伦萨公民间的斗争，他说：“使对抗结束”，“把军事效能消蚀殆尽”，“平民奋斗的目标是要把贵族全部排除出最高职位”，“从而演成流血事件”，“贵族被剥夺了参加政府的一切权利”，结果“只要最高领导者有健全的头脑，就满可以按照他自己的愿望，很容易地把这个城邦捏塑成任何形状”④。

揭露了佛罗伦萨的腐败。他记载贝尔纳尔多叛乱被平定以后，出现了和平：

> 青年人比过去更加放荡，奇装异服，花天酒地，放荡行径不一而足。由于终日无所事事，把时间和金钱都浪费在赌博和女人身上；专心致志于讲究衣着华丽；力求说话诡诈刻薄，谁的话说得最尖酸刻薄，谁就被认为是最聪明的人，因而受到最大的尊敬。⑤

① 〔意〕尼科洛·马基雅维里：《佛罗伦萨史》，第233页。
② 同上书，第121页。
③ 同上书，第113页。
④ 同上书，第121—123页。
⑤ 同上书，第387页。

正如斯金那所言：

> 贯穿《佛罗伦萨史》一书的主题是腐败：马基雅维里描写腐败的邪恶影响如何笼罩整个佛罗伦萨，扼杀它的政治自由，最后终于把它带回专制暴政的统治，并因此而蒙受耻辱。①

马基雅维里这些做法，表面上与公民人文主义的旨趣不符，可是深究下来可以发现，他实际上强调了一般人文主义者所忽略了的历史上的消极一面。因此，可以说他把公民人文主义理解得更为全面了。

2. 不盲从古典史学家

可以肯定的是，马基雅维里是不折不扣的人文主义者，这在上文中已经得到说明。要言之，他不是以上帝的意志而是用人的行动来解释历史的发展变化；他对教会持批判态度，把教皇写成与世俗君主同样贪婪狡猾、穷兵黩武的人物；文艺复兴的嗜古之风在他身上仍旧留有深深的印记；将人分成选民与群氓，分别加以褒贬。这些“正是人文主义者惯用的笔法”②。

问题是，马基雅维里与一般人文主义者是有区别的。曼斯菲尔德说过：“马基雅维里的贡献，是把文艺复兴变成了现代性。”③具体说来，由于马基雅维里家境贫寒，他之精通拉丁文，更多是依靠自学，这使“他发展了独立思考的能力，摆脱了当时流行的刻意仿古，皓首穷经的风气”④。曼氏所言极是。

马基雅维里并没有盲从古典作家。《论李维》第一卷第三十三章中有关于紧急状态下的独裁官问题，哈维·曼斯菲尔德分析了马基雅维里与古人的不同。他认为马基雅维里的前辈萨鲁塔提、布鲁尼建立的人文主义的共和主义，是以亚里士多德为思想后盾的，而马基雅维里不同于亚里士多德的是：“在亚里士多德看来，共和国的专制因素，是其完美性流失的表现。可是在马基雅维里看来，专制的作用恰好相反——它使共和国臻于完美。”⑤关于独裁官，“马基雅维里赞成罗马人既无法协商亦无退路的情况下授权一人

---

① 〔英〕昆廷·斯金那：《马基雅维里》，王锐生、张阳译，工人出版社1985年版，第157页。
② 戚国淦：《中译本序言》，〔意〕尼科洛·马基雅维里：《佛罗伦萨史》，第8页。
③ 〔美〕哈维·曼斯菲尔德：《导论》，〔意〕尼科洛·马基雅维里：《论李维》，第5页。
④ 戚国淦：《中译本序言》，〔意〕尼科洛·马基雅维里：《佛罗伦萨史》，第2页。
⑤ 〔美〕哈维·曼斯菲尔德：《导论》，〔意〕尼科洛·马基雅维里：《论李维》，第14页。

采取行动的做法。他这种态度同古代作家表现出的忧虑形成鲜明对比，后者认为这是削弱罗马共和国的困境（李维）；把它比作君主制（西塞罗）；指责它是元老院用来对付穷人的骗局（狄奥尼休斯）；或干脆对它三缄其口（波里比乌斯）”①。

马基雅维里对塔西佗的一些观点提出商榷。例如塔西佗认为在统治众人的时候惩罚比安抚更为可取，而马氏以为安抚比惩罚更重要②。马氏许多时候引用李维记载的事实并赞成他的评论，但是也有同李维相左的地方。例如，李维批评民众虚妄和前后不一，马基雅维里则说：“依我之见，那些作家责之于民众的缺点，应当针对一切个人，尤其是君主才对”，“我的结论是，他们这种恶行，并不比哪个君主更多。”③他还对李维的观点进行补充，李维突出将领的重要，而马氏强调优秀士兵也不可忽视，指出将领和士兵互相需要④。他不同意普鲁塔克和李维在罗马帝国建立问题上强调运气的做法，而是认为在罗马帝国的建立中德行的作用远大于运气⑤。

所以，哈维·曼斯菲尔德才这样评论道：

> 马基雅维里对待李维的态度，是从尊敬转向赞成，从赞成变为脱离，从脱离转向异议，又从异议改为否定——总之，他的态度其实是以他自己的目的为转移。事实上，《论李维》不是一本评注性的著作，而是一部原创性的著作，人们也确实一直这样看待它。⑥

是的，马基雅维里对古典学者的批判，表明其异端色彩。正是这种异端成分把西方史学推向新的历程。

四、历史学中的两重性

马基雅维里生活在欧洲资本与封建并存、专制与共和交替的历史时期。

---

① 〔美〕哈维·曼斯菲尔德：《导论》，〔意〕尼科洛·马基雅维里：《论李维》，第16页。
② 〔意〕尼科洛·马基雅维里：《论李维》，第373页。
③ 同上书，第193—194页。
④ 同上书，第357页。
⑤ 同上书，第208—210页。
⑥ 〔美〕哈维·曼斯菲尔德：《导论》，〔意〕尼科洛·马基雅维里：《论李维》，第30页。

他的历史写作犹如其生活中的社会，充满着矛盾性。他交替运用如实直书与曲笔回护，倾心共和却又鼓吹专制，批判教廷而又保留神意史观。

1. 如实直书与曲笔回护互见

马基雅维里在接受美第奇家族委派的《佛罗伦萨史》写作任务时，是面临着两难选择的。一方面，他曾是一个推翻美第奇家族统治而建立的民主政府的要员，后来在美第奇家族复辟中成为阶下囚，于是接受这一任务成为他复出的绝好机会，但同时意味着要为其主子歌功颂德；另一方面，这个家族的独裁统治并非没有丑行，何况确实存在黑暗与腐败，若一味回护，则违背了史家的良知。这的确是个棘手问题。他还是接受了这一任务，不过采取了以下技巧。

在以美第奇家族几个重要人物的事迹为主的篇章中，肯定其美德与贡献。例如，他称赞科西莫的父亲乔万尼，“富有同情心”，“不追求名位”，“却享有一切”，“热爱和平，避免战争”，“从未假公济私”，“常常解囊奉公”，“身居高位却谦恭有礼”①。再如，颂扬科西莫，“在所有留名后世的人们当中，除军人外，科斯莫就算是最卓越最著名的一位了”，“他的日常生活从未超过相当好的中等适度的水平；他在言谈、对待仆从、行旅、生活方式、交往等方面，处处表现出公民的谦逊态度”，“他以十分忠实的态度和巧妙的方式不但克服了家族内和国内人们的野心行动，而且还使许多君主的傲慢态度受挫”②。还如，歌颂科西莫的孙子劳伦佐说：“他的灵活的手腕、智虑明达、时运亨通，不只是受到意大利诸君主，而且也受到远方各国的帝王的公认、赞赏。”③这些颂词把当事人的人品与才能说得差不多无可挑剔了。

同时，他还采取种种办法揭露美第奇家族的丑行。

第一，突出同党的贡献以抵消美第奇的正面作用。他先说科西莫精明而有远见，仁慈宽厚，这一派名声大振；然后笔锋一转说：“科斯莫这一派名声大振，与其说是靠科斯莫的名望，毋宁说是靠普乔④的名声起作用。”⑤这里，通过强调普乔的重要从而减弱了科西莫个人的积极作用。

第二，批评同党过错从而间接批评美第奇。科西莫一派掌权后，对政敌

---

① 〔意〕尼科洛·马基雅维里：《佛罗伦萨史》，第 199 页。
② 同上书，第 353—355 页。
③ 同上书，第 455 页。
④ 普乔·普奇(Puccio Pucci)，科斯莫同党，足智多谋，非常有远见。
⑤ 〔意〕尼科洛·马基雅维里：《佛罗伦萨史》，第 215 页。

进行严厉打击。马基雅维里并没有直接批评科西莫，而是批评其同党把4个政敌进行“卑鄙的处决”①。结果使读者从同党的卑鄙中推导出科西莫的卑鄙。

第三，借政敌之口批评美第奇。他为了批评这个家族无原则利用经济实力扩大自己的政治影响，就借科西莫的政敌说出这样的话：“科斯莫企图把自己变成城邦的君主……他贷款不分对象……他依仗和全城人民的利害关系，把他的朋友一个一个地推举到较高的位置上去。”②这样，巧妙批评了科西莫利用金钱换取政治利益的行径。

第四，批评民众舆论以达到批评美第奇目的。劳伦佐统治时期，佛罗伦萨与两个结成联盟的政权那不勒斯和教皇国发生战争，后来因土耳其入侵意大利，才得以分别与教皇和那不勒斯达成和解。为此国内舆论发出一片赞扬之声。马氏说：“公民们又过分地吹捧洛伦佐。”③这样就委婉地降低了劳伦佐在这场和谈中的作用。

第五，寓贬于褒。他先说：公民取得名望和权势有两种途径，一是通过从事公务，对国家有利，一种通过私人关系，对共和国有害。接着说：科西莫用两个办法，“因此他不但有很多朋友，而且还有不少党羽”④。这表面上是赞扬，暗地里表明科西莫采取了对共和国有害的做法。

第六，讥讽人们不懂自由来批评劳伦佐。他谈到反对者发动政变，朱利阿诺被刺杀，劳伦佐逃亡，政变者高喊“人民”“自由”，接着他说：“但因美第奇家族家财万贯，慷慨大方，‘人民’对他们这些吼叫充耳不闻；至于‘自由’，佛罗伦萨人根本不知道为何物。”⑤这是对劳伦佐的尖刻讽刺。

这些正应着昆廷·斯金那的话：“在马基雅维里对历届美第奇政府的感情奔放的叙述后面，隐藏着的厌恶的心情。”⑥

可见，在如何处理上述难题上，马基雅维里交互使用如实直书与曲笔回护手法，煞费苦心。

2. 倾心共和与鼓吹专制同行

同第一个难题相关联，马基雅维里还面临另外一个矛盾，那就是美第奇

---

① 〔意〕尼科洛·马基雅维里：《佛罗伦萨史》，第237页。
② 同上书，第217页。
③ 同上书，第434页。
④ 同上书，第349页。
⑤ 同上书，第411页。
⑥ 〔英〕昆廷·斯金那：《马基雅维里》，第162页。

家族实行独裁统治，而马氏内心倾向共和却要因为颂扬美第奇家族而鼓吹专制。他在《佛罗伦萨史》中没有集中讨论这个问题，而是在《君主论》和《论李维前十卷书》里赋予自己的思考与安排。

就像通常认为的那样，《君主论》的确是专门的政治学著作，但是它却涵有史性。甚至这种历史学与政治哲学的紧密关系在《佛罗伦萨史》中也多少表现出来，正如一位史学家所说：他的《佛罗伦萨史》"与其说是像人们有时认为的那样迈出了佛罗伦萨史学发展中的一个大胆的新步伐，不如说是他出于政治哲学而不是历史学目的，借用布鲁尼的方法和形式而加以改造"①。

马基雅维里的确说过有利于专制的话。他主张君主应该同时具备狐狸和狮子两种素质②；还说过如果没有做那些恶行就难以挽救自己国家的话，那么君主也不必要因为对这些恶行的责备而感到不安③之类的话。君主为达目的可以不择手段，这就是所谓的马基雅维里主义的根本原则。由此，他落下了肮脏的骂名，有人甚至说："马基雅维里是邪恶的人。"④

可是，马基雅维里说了更多有利于共和的话。

这突出表现为他的重民思想。他在《君主论》里说：

> 你最好不过的堡垒就是不要人民憎恨。因为即使你拥有堡垒，如果人民憎恨你，任何堡垒都保护不了你。⑤

这使人们想到唐太宗的肺腑之言"水能载舟亦能覆舟"。类似的话也见于《论李维》：

> 揆之贵族的目的与平民的目的，可知前者支配欲甚强，而后者只有不受人支配的欲望，故较之权贵，他们也有更强烈的意愿过自由的生活，更不愿意伤害这种自由。所以，让平民担当自由的卫士，他们会为它付出更多的关切，既然他们无力侵夺它，他们也不会允许别人侵

---

① Eric Cochrane, *Historians and Historiography: in the Italian Renaissance*, Chicago, London: the University of Chicago Press, 1981, p. 270.

② 见〔意〕尼科洛·马基雅维里：《君主论》第十八章。

③ 〔意〕尼科洛·马基雅维里：《君主论》第十五章。

④ 〔美〕利奥·施特劳斯：《关于马基雅维里的思考》，申彤译，译林出版社2003年版，第2页。

⑤ 同上书，第103页。

夺它。①

关于君主，他指出：

> 上上策，乃是让人民友好地对待他。②
> 人民的过失少于君主，所以也比君主更值得信赖。③

由此可以理解，他对罗马共和国推崇有加，但对于罗马十人执政团的做法却颇有微词，认为它"对共和国有害"④。

当然，马氏并没有无限制强调平民的作用，而是有所限定，对平民也提出过批评。他认为，罗马平民取得保民官建制后，"他们立刻在野心的驱使下投身于争斗，希望分享贵族的荣耀和私产，因为这才是人们最看重的。由此导致的弊病，引发了土地法之争，它最后成了共和国覆灭的原因"⑤。还说："没有首领的民众是无用的。"⑥

因此，在后人判断他是主张专制还是共和的时候，出现了明显的对立。有人说："马基雅维里是赞成独裁制的开先河者，分享他这种观点的，有后来的近代哲学家让·博丹、卡尔·马克思和共和主义者卢梭。"⑦也有人说："像斯宾诺莎和卢梭这些共和派的政治哲学家，就把《君主论》理解为乔装打扮的共和派著作。"⑧

其实，这种矛盾只是表面上的。在马基雅维里看来，共和制与君主制的取舍不可一概而论，而是要把两者结合起来。他认为共和制度，"一人关心，众人维护。为使共和国有良好的制度，需要有个专制者来建立它；专制者需要建立共和制度，方可维护自己的国家和名声"⑨。他主张创业要专制，守成须共和⑩。

---

① 〔意〕尼科洛·马基雅维里：《论李维》，第58页。
② 同上书，第92页。
③ 同上书，第199页。
④ 同上书，第137页。
⑤ 同上书，第141页。
⑥ 同上书，第159页。
⑦ 参见〔美〕哈维·曼斯菲尔德：《导论》，〔意〕尼科洛·马基雅维里：《论李维》，第16页。
⑧ 同上文，第7页。
⑨ 同上文，第9页。
⑩ 〔意〕尼科洛·马基雅维里：《论李维》，第71页。

虽然他在《君主论》中说过，“如果必需的话，他就要懂得怎样走上为非作恶之途”，但是他也说：“如果可能的话，他还是不要背离善良之道。”[①]可见，他并没有把君主独裁奉为不易之论。因此，他在《佛罗伦萨史》中褒扬了战争中的朴素行为。早期的佛罗伦萨，“在部队出城以前的一个月期间，天天敲打，以便让敌人有时间准备他们的防务。当时人们中间存在着极其高尚的道德，他们的心地是这么宽宏大量”[②]。

这里，马基雅维里是把人们行为的道德层面和功能层面分开看的。当然，他非常重视功效，但是并不意味他完全肯定为达到这种功效而采取的行动的道德性。例如，即使在《君主论》中他也说过，“屠杀市民，出卖朋友，缺乏信用，毫无恻隐之心，没有宗教信仰……以这样的方法只是可以赢得统治权，但是不能赢得光荣”，还说：这种行为是“野蛮残忍和不人道”，“恶劣行为”[③]。另外，他主张残暴或者恶劣手段，只能“偶尔使用”，“除非它能为臣民谋利益，其后决不可再使用”。而且偶尔使用的目的，也是为了防止以后的残暴手段“与时俱增”[④]，换言之，为了避免长痛而选择短痛。用他的话说就是：“毕其功于一役，使自己以后不需要每时每日搞下去。”[⑤]同时，在功效和恶名之间，就国家而言，他奉行两害相较取其轻的原则，他在论君主的慷慨与吝啬时说过，“明智之士宁愿承受吝啬之名，因为它虽然带来丑名但是不引起憎恨，追求慷慨之誉，则必然招致贪婪之名，而贪婪之名则使丑名与憎恨两者俱来”[⑥]。他主张君主“应当慎思明辨，人道为怀”[⑦]。

至于如何看待所谓的马基雅维里主义，前人已经给我们提供了答案。文化史家威尔·杜兰描绘了马基雅维里时代人们的信义观念，那时的情况是：

> 每个人只要他认为是适当的，不管传统认为对不对，就去做。人们希望的不再是做个好人而是怎样成为一个强者。许多人早在马基雅弗利之前就奉行了“为了目的可以不择手段”的原则，讲求武力和诈术了。

---

① 〔意〕尼科洛·马基雅维里：《君主论》，第85页。
② 〔意〕尼科洛·马基雅维里：《佛罗伦萨史》，第60页。
③ 〔意〕尼科洛·马基雅维里：《君主论》，第40—41页。
④⑤ 同上书，第43页。
⑥ 同上书，第78页。
⑦ 同上书，第80页。

> 后来马基雅弗利也许看到当时一般人的道德观念，才认为统治的国君应该像狮子一样的勇猛，像狐狸一样的狡猾。①

这样，就可以领会黑格尔对马基雅维里的理解了，黑格尔评价《君主论》道：

> 时常被人认为是满纸胡说，徒然替虐政张目，所以厌弃不读；而不知道这位作者实在深刻地意识到了当时有成立一个“国家”的必要，因此才提出在当时环境下面非得这样就不能够成立国家的各种原则。那些割据一方的首领和他们僭有的权力，非完全削平不可，而且我们虽然不可以照我们自由的观念，去赞同马基弗利所认为唯一有效和完全正当的手段——因为它们包含悍然不顾一切的暴行、应有尽有的欺诈、暗杀等等——但是我们仍然必须承认，如果要征服那些封建贵族，除此就更没有别的方法，因为他们已经根深蒂固地抱着一种蔑视良心的态度和一种完全卑鄙龌龊的道德。②

换言之，马基雅维里的思想完全是他那个时代的产物并代表着那个时代。

3. 神意史观与批判教廷并存

关于马基雅维里和宗教之间的关系，有人说成“马基雅维里的学说是不道德的，也是无视宗教原则的”③。如果说马氏批判基督教会，那是符合历史事实的；若认为他违背一切宗教，这话则过了。

无疑，马基雅维里对基督教廷的批判是毫不留情的。

他批评基督教会之间的斗争造成了信仰的混乱：“假如所有基督教徒有统一的一种信仰，混乱必然会少些。但存在于罗马、希腊和拉丁文纳各个教会之间的争斗，再加上异端教派和天主教会之间的抗争，却从许多方面使世界遭到苦难。”人们“因为他们除了由于人世间的动乱而受到种种祸害外，几乎无法求助于上帝，不幸的人们本来是希望求得他的拯救的；由于他们都不知道向哪位神明哭诉；临死时无助无望，很悲惨”④。这里，明确指出了教会内部的斗争使得人们无信仰，明显流露出其反感情绪。

---

① 〔美〕威尔·杜兰：《世界文明史·文艺复兴》下卷，第724页。
② 〔德〕黑格尔：《历史哲学》，王造时译，上海书店2001年版，第400页。
③ 〔美〕利奥·施特劳斯：《关于马基雅维里的思考》，第4页。
④ 〔意〕尼科洛·马基雅维里：《佛罗伦萨史》，第8—9页。

他把意大利的分裂、混乱归咎于罗马教廷。马氏先在《论李维》中指出，“由于那个教廷的恶劣行径，这个地区的虔诚信仰已经丧失殆尽，故而弊端与骚乱丛生”，“教会无论是过去还是现在，总让这个地域保持四分五裂的状态”①。后在《佛罗伦萨史》中认为：

> 几乎所有由北方蛮族在意大利境内进行的战争，都是教皇们惹起的；在意大利全境泛滥成灾的成群结伙的蛮族，一般也都是由教皇招进来的。这种做法仍然在继续进行，致使意大利软弱无力、动荡不安。②

在他看来，教皇成为意大利内部战乱、外部受侮的罪魁祸首。

他还特别批评教皇的个人丑行，例如说西克斯图斯四世的罪行“真可谓前无古人”③。

可见，这种说法是可以成立的，“马基雅维里所钟爱的世俗功业，与基督教是格格不入的”④。

但是，他批判基督教会这一做法，并不等于反对神性，正如普拉姆那茨所指出的那样，“尽管马基雅维里可能没有宗教信仰，然而他显然不是宗教的敌人，甚至不是教条主义宗教的敌人”⑤。事实上，马氏并不反对一般意义上的宗教，相反主张敬奉神明。马基雅维里说：“敬奉神明是共和国成就大业的原因，亵渎神则是它们覆亡的肇端。”⑥他还说：“欲保自身廉洁的君主或共和国，最要紧的事情就是维护宗教礼仪的纯正，对其须臾不失敬畏。国邦危亡的迹象，无过于蔑视祭神。”⑦他还专门讨论了罗马人如何利用宗教整饬城邦，建功立业，平息骚乱，在这些问题上他流露出推崇之意⑧。

---

① 〔意〕尼科洛·马基雅维里：《论李维》，第 82 页。
② 〔意〕尼科洛·马基雅维里：《佛罗伦萨史》，第 15 页。
③ 同上书，第 380 页。
④ 〔美〕哈维·曼斯菲尔德：《导论》，〔意〕尼科洛·马基雅维里：《论李维》，第 21 页。
⑤ John Plamenatz, *Man and Society: Political and Social Theories from Machiavelli to Marx*, Vol. 1, from the Middle Ages to Locke, New York: Longman Publishing Group, second edition 1992, p. 74.
⑥ 〔意〕尼科洛·马基雅维里：《论李维》，冯克利译，上海人民出版社 2005 年版，第 79 页。
⑦ 同上书，第 81 页。
⑧ 同上书，第 84—85 页。

此外,他对历史的记载与解释时而有神秘色彩。马基雅维里坦言:

> 我虽然不明究竟,然而观览古今之事可知,某城某地每有大的事变发生,不会没有预兆,它或见之于占卜和神启,或来自奇迹和其他严重的征候。不必远离我的家乡,即可证实此点。①

例如,他是这样记载劳伦佐去世后的自然灾异:

> 巨大的灾难接踵而至;老天事先就已显示出许多明显的征兆。其中之一就是:圣雷帕拉塔大教堂最高的尖顶被雷击中,大部分坍塌,使人人感到恐惧。②

他这种神秘的做法几乎到了荒唐的地步。布莱塞赫批评道:马基雅维里“在人类行为和必然(人类屈服于无法控制的情形和力道)之间,发现了一个主导性的机械论。……具有才干的领袖最终被比任何个体都要强大的情形和力道所击败和征服”③。这说明马氏至此对人类历史的解释已经完全乏术,而捡起了神意。

总之,在马基雅维里那里,如实直书,曲笔回护,倾心共和,鼓吹专制,批判教廷,以神意解史,一起纠结在其历史写作之中。

五、需要理解马基雅维里

在学术史上,马基雅维里是一个有争议的学者。这里姑且不说他的成就和贡献,只涉及他所遭到的诟病。

马基雅维里遭后人诟病最为突出的是马基雅维里主义。例如,有人说:“马基雅维里是邪恶的人。”④

马基雅维里历史写作中其他一些方面也遭到过批判。例如,有人说他

---

① 〔意〕尼科洛・马基雅维里:《论李维》,第189页。

② 〔意〕尼科洛・马基雅维里:《佛罗伦萨史》,第456页。

③ Ernst. Breisach, *Historiography: Ancient, Medieval and Modern*, second edition, Chicago, London: the University of Chicago Press, 1994, p. 158.

④ 〔美〕利奥・施特劳斯:《关于马基雅维里的思考》,第2页。

有错误的地方。但丁说过，人们在生活得意时说“死将至矣”，可是在死亡来临时却山呼“万岁”。但丁的话本来出自《飨宴》，马氏却说成出自《论君权》[①]。还有，他在说明将领应该熟悉地形时，引用色诺芬关于居鲁士的记载，文献本来是《居鲁士的教育》，他说成是《居鲁士传》。在谈到“信任被放逐的人有多么危险”中所涉及的大流士的事迹，实际上是薛西斯的[②]。

再如，有人批判马氏有杜撰之举。他说到卡普阿的长官卡拉努斯为了调和贵族和平民的矛盾而要了小把戏后对要求处死贵族的平民说：

> 既然大家认为这座城市没有元老院不成，又不同意更换元老，我想你们还是彻底和解为好。元老们因此而受到的惊吓，已使他们变得谦卑，你们到别处寻找的仁慈，也可以在他们身上找到了。[③]

书中所述卡拉努斯的所为，是依据李维的记载；但是卡拉努斯的那段话却是马基雅维里的杜撰[④]。

学术上人们所列举的马基雅维里的种种不足，大体上可以分为三类：史实错误、杜撰和恶劣影响。

关于史实错误，这无需争执。无论批评者出于何种考虑，可以肯定的是马基雅维里就是错了；无论马基雅维里错误程度如何，文艺复兴时期公民人文主义史学追求的是关注公民事务，并非史学的科学性，因此其错误无伤大雅。

关于杜撰细节，这也无需争执。可以肯定的是，人文主义史学家中这样做是普遍现象。其实这也不是他们所特有的，而是从古典史学那里继承过来的。古典史学家是经常杜撰细节的，即使主张严格考证史料的修昔底德也杜撰演说词。因此以模仿古典为特征的人文主义史学家出现杜撰现象也不足为奇了。

至于后人指斥他宣传罪恶学说，更是非历史的观点。可以肯定的是，马基雅维里关于君主统治术的观点并不是他的与众不同，而是当时人的共识；思想家、理论家在阐述这些观点之前，许多成功的君主就已经那样

---

① 〔意〕尼科洛·马基雅维里：《论李维》，第182页，注释[2]。
② 同上书，第301页，注释[2]。
③ 同上书，第166页。
④ 同上书，第168页，注释[7]。

去做了。这些情况在上文中已经说明。因此，让马基雅维里独担恶名有失公允。

看来，对待马基雅维里的这些“不足”，比较妥当的做法还是像一位史学家所主张的那样：“马氏所需要的不是辩护，而是理解。”①

---

① 张广智：《克丽奥之路——历史长河中的西方史学》，复旦大学出版社 1989 年版，第 78 页。

第五章　圭恰迪尼和瓦萨里的史学

马基雅维里是对布鲁尼的继承，而之后还有其他史学家加以传承，圭恰迪尼和瓦萨里就是杰出的代表。

一、圭恰迪尼史学

圭恰迪尼（Francesco Guicciardini，1483—1540 年）出身于佛罗伦萨显贵家庭，后来的履历和身份与马基雅维里有相似之处，是文艺复兴时期佛罗伦萨著名的政治家，同时也是出色的政治理论家和史学家。布莱塞赫就这些共同点指出：

> 马基雅维里效力于共和政治，直到 1512 年美第奇恢复权力而把他的政治参与限制在写作之内。圭恰迪尼为美弟奇家族的成员工作并充当顾问，直至这个家族不再需要他为止。这俩人都用白话文写作，具有获自当代经历的眼光，放弃理想主义关于绝对公正、公民自由和慈善事业具有秩序性的肯定；除非提出正式声明，否则这些观念在 16 世纪的意大利似乎是严重地不合时宜的。同时，俩人都是为了教会当代人适当的政治教训而写历史。①

当然，他们之间是有区别的，这些区别在下文将有所涉及。总之，在写作文艺复兴史学史时，是不能不给予圭恰迪尼一定篇幅的。

1. 政治与学术兼顾

圭恰迪尼于 1498 年在佛罗伦萨大学学习法律，1501 年转入斐拉拉大

① Ernst Breisach, *Historiography: Ancient, Medieval and Modern*, Second edition, Chicago, London: the University of Chicago Press, 1994, pp. 157 - 158.

学,1505 年在帕都亚大学获得博士学位。

1511 年被佛罗伦萨政府派往西班牙,作为与阿拉贡斐迪南王交往的大使。

他效力美第奇教皇利奥十世和克莱蒙七世,主持莫顿亚、莱杰奥、帕马城市工作,主管罗马格那。1534—1537 年作为佛罗伦萨统治者亚里山大·德·美第奇的顾问,但是亚里山大的继任者科西莫再也没有任用他。

1537 年退休回到姆格罗的菲诺切尔托庄园定居下来,去写他的回忆录。1540 年在佛罗伦萨去世。

至于他的著述须提到如下几种:

1508 年开始写《佛罗伦萨史》,打算从 1378 年西奥莫皮反叛至少到 1509 年,可是翌年就放到一边去了。

从 1527 年开始,圭恰迪尼又不时写作《佛罗伦萨史》。1529 年到卢卡战斗之后他增加几个注释,对部分内容作了修正,并为最终的改写作了 12 个演说词。1534 年他回到佛罗伦萨后,就把这一杰作抛到脑后去了。这一著作上限从佛罗伦萨建立开始,但最后并未完成,而且后面的章节还处在粗糙的草稿或者零碎的笔记状态。它在 1737 年被重新发现但是身份不明,直到 1930 年才被确定下来并被编辑出版①。

1537 年退休回到家乡庄园去写他的回忆录,这些回忆录即为《意大利史》,但是生前并没有完成。大约从 1543 年开始,他的侄子阿格诺罗以个人的名义进行编审,并于 1561 年在佛罗伦萨首批出版 16 卷。后 4 卷,经阿格诺罗编辑在威尼斯首先印出。从 1561 年最初出版,那书题目就是《意大利史》②。

其他著作还有:16 世纪 20 年代早期写出的《关于佛罗伦萨政府的对话》。《对马基雅维里〈论李维前十卷书〉的思考》,此书与马基雅维里《论李维前十卷书》一起收入《强权的甜蜜》一书中。《马基雅维里和他的朋友:私人通信集》收了他和马基雅维里之间的 31 封通信。

2. 从《佛罗伦萨史》到《意大利史》

圭恰迪尼的历史著作既有佛罗伦萨史又有意大利史,其中都包含着人

---

① Eric Cochrane, *Historians and Historiography: in the Italian Renaissance*, Second edition, Chicago, London: the University of Chicago Press, 1981, p. 297.

② Kelly Boyd, *Encyclopedia of Historians and Historical Writing*, London, Chicago: Fitzroy Dearborn Publishers, 1999, pp. 495 - 496.

文主义风格。

第一,《佛罗伦萨史》的写作。圭恰迪尼从1378年教会分裂写到意大利战争期间1509年比萨被围。他和马基雅维里一样,都写政治史,都经受政治挫折,去探索形成困境的原因和摆脱困境的方法。但是他比马基雅维里多了些悲观,他在历史写作中意识到:“苦难的经验会产生悲观情绪;意识到人类性情的变幻无常和突发事件的作用;领悟到命运的力量控制了凡间的事务。”[①]另外,圭恰迪尼也回溯了城市的建立者,但是不同于马基雅维里的是,他是以赞赏的口吻评价这些开创者的品质的[②]。对于这一著作,瓦拉里认为,由于他本来不打算出版,而且写作于美第奇家族被放逐期间,因此他在谈论劳伦佐时比马基雅维里更为无拘无束,也真实得多[③]。

有人甚至这样评价其《佛罗伦萨史》:

> 仅限于佛罗伦萨1378年到1509年这一部分的历史,他对这期间的历史说得不但详细正确,对于来源作鉴定性的检查,对于原因作深入的分析、成熟而公正的批判,而且文笔活泼流畅。凡此种种,可不是11年之后,60岁的马基雅维利所写的《佛罗伦萨史》(*Storie Fiorentine*)所可比拟的。[④]

可见,杜兰把此书说得比马基雅维里的同名著作要好,这一观点还有待商榷;但是至少说明圭恰迪尼《佛罗伦萨史》在西方史学史上的地位不低。

第二,《意大利史》的写作。当他写到16世纪20年代也就是关于他卷入政治最深时期回忆录的时候,他发现如果不回到1492年就不能解释正在发生的事情,在1492年劳伦佐・德・美第奇的去世打破了圭恰迪尼所谓的“权力平衡”,导致两年后法国对佛罗伦萨的入侵。圭恰迪尼还发现,如果不与半岛其他地方的事务进行不断地关联,那么写佛罗伦萨或者教会政权是不可能的。在这方面他被引导到打破意大利个别城市史传统而把意大利看作一个整体,讨论欧洲的其他部分,偶尔还超出欧洲,从奥斯曼帝国到美洲

---

① 〔美〕唐纳德・R・凯利:《多面的历史》,第282页。

② Eric Cochrane, *Historians and Historiography: in the Italian Renaissance*, Second edition, Chicago, London: the University of Chicago Press, 1981, p. 296.

③ 参阅〔美〕J・W・汤普森:《历史著作史》第二分册,第716—717页。

④ 〔美〕威尔・杜兰:《世界文明史・文艺复兴》下卷,第690页。

都纳入其写作视野。

这部《意大利史》把1490年到1534年的意大利历史分成20个时期，即20卷，从1494年查理八世进入意大利开始，叙述了1490年前后意大利的和平与繁荣，劳伦佐·德·美第奇的丰功伟绩，意大利的均势和旨在约束威尼斯人的佛罗伦萨、那不勒斯和米兰之间的联盟。然后按照时间顺序写下来。最后，叙述了教皇在波伦亚为查理五世加冕，佛罗伦萨被迫投降和美第奇重新执政，路德信条的传播和皇帝对信条的坚信，以及克莱蒙教皇的去世和保罗三世的当选①。这本著作在当时影响巨大，以致“在16世纪末以前，其意大利文版已出十版，拉丁文版三版，法文版三版，而且还译成英、德、荷、西等国文字”②。

这部书使他摆脱了地方史写作的局限，成为一个意大利史学家。科兰评论道：“在整个意大利市政史学复苏的那些岁月里，至少有一个史学家得出这样的结论：单个的城市，哪怕形式上独立的城市，不再会为历史的写作提供框架。”③科兰提到的这个史学家就是圭恰迪尼。

但是，圭恰迪尼历史写作局限是存在的，就像有学者所指出的那样：

> 圭恰迪尼不是没有个人偏见，相反偶尔也会成为最具有偏见的人。《意大利史》证实他对波吉亚家族的厌恶，可以确认他实际上是针对教皇亚历山大六世及其家族同时代人的污蔑。著作中还存在着不公正的自吹自擂，过分强调他自己在重大事务中的作用。尽管如此，它仍然不失为意大利文艺复兴晚期写出的最有洞察力的历史著作。④

同时，“在圭恰尔迪尼的著作《意大利历史》中，豪华者洛伦佐的形象被理想化了”⑤。

圭恰迪尼的历史写作具有一般人文主义风格。他在《意大利史》的绪论

---

① 参阅 Francesco Guicciardini, *The History of Italy*, translated by Sidney Alexander, London: the Macmillan Company, New York: Collior-Macmillan Ltd., 1969.

② 〔美〕J·W·汤普森：《历史著作史》第二分册，第716页。

③ Eric Cochrane, *Historians and Historiography: in the Italian Renaissance*, Chicago, London: the University of Chicago Press, 1981, p. 295.

④ Kelly Boyd, *Encyclopedia of Historians and Historical Writing*, Chicago: Fitzroy Dearborn Publishers, 1999, pp. 495-496.

⑤ 〔英〕丹尼斯·哈伊：《意大利文艺复兴的历史背景》，第171页。

中写道：

> 我们认为，对如此巨大如此变化多端的这些事情的了解，可以提供许许多多有益的教训。一般说来对所有的人都是如此，对每一特定的个人说来也是一样。①

这一史学观念是人文主义史学普遍的突出特征。

圭恰迪尼的历史写作受到古典作家和当代人文主义者的影响。他在开始写作的时候重新阅读了李维的书。在《意大利史》中，圭恰迪尼从西塞罗《论演说》中抄录一段，作为历史写作的原则，放置在自己文本的面前作为指导。他读过马基雅维里的《佛罗伦萨史》，他甚至使用了佛鲁萨特的中世纪编年。总之，“他依照已经建立起来的人文主义者的方法，重新阅读佛罗伦萨权威史学家，特别是乔万尼·维兰尼、布鲁尼、波吉奥，重新阅读意大利的权威史学家比昂多。比昂多给他提供了一般意义上的组织方案，也提供了充足的特有信息”②。

他的著作具有古典风格。其编年的叙述方式是对李维和塔西佗的回应。像其他古代史学家及其15世纪意大利的人文主义模仿者例如里奥那多·布鲁尼一样，圭恰迪尼的文本只是偶然地提供日期，把许多篇幅留给了程式化的段落即修辞文字，例如在赞成或者反对一个行动的特别会议上的大约30个演讲等。他像塔西佗那样，把历史人物的理想表现为夙愿、贪婪和其他的自利形式的伪装。圭恰迪尼对命运或者运气的理解，是对希腊悲剧传统手法的怀旧，或许是从修昔底德那里得到的。其著作关注动机和原因达到了波里比阿所达到的程度。他在床上临终之际嘱托销毁其历史著作，这表明无疑他知道其粗糙的反教权主义的论述将肯定是不会被接受的。多伦特会议已经强化了司铎天赋人权说的影响力。可能他的销毁著作的嘱托意义并不重大，又或许是不折不扣的有意识地对维吉尔对待其《亚厄内德》的呼应。

在为现实和将来行动提供行为规范的探求中，一个人文主义者的史学

---

① 〔美〕J·W·汤普森：《历史著作史》第二分册，第718页。

② Eric Cochrane, *Historians and Historiography: in the Italian Renaissance*, Chicago, London: the University of Chicago Press, 1981, pp. 295－296.

观是把修辞和伦理捆绑在一起的。正是在这儿,圭恰迪尼最后完全离开了传统。他认为,个体永远都是被自利所驱动的。对圭恰迪尼来说,事物从不以其完整性重复自己,试图模仿罗马人或者“被榜样所支配”是愚蠢的。他批评马基雅维里的简单化,常常流露出难以发现历史复杂性和真相的意识。关于人事与命运问题,他进而认为,因为“幸运”和上帝在人类事务中扮演着重要的角色,超出了人们的预料,这样就存在着一种不确定性,它使人类行为处于无效状态。

同时,《意大利史》在确切细节方面远远超出了人文主义者历史学的类型。他广泛查阅了在这个探索中的原始和二手资料,付出了艰苦努力去核实事实。以第一手史料为依据,在其生命的最后 4 年,对其中的一部分文字改写了 7 次之多。

3. 人文主义史学家中的佼佼者

圭恰迪尼在史学史上,后人对待他的态度呈现出钟摆现象。有学者指出:

> 关于 1535 年以前意大利史,圭恰迪尼的写作非常细致,是这样影响了佛朗西斯科·德·圣科提斯(1817—1883 年),以至于尽管他贬损圭恰迪尼行为规范,还是把它评价为任何一个意大利人所写著作中最有影响的知识史。圭恰迪尼作为史学家的声誉往往是与知识趋势一道波动。在古典复兴期间,波林布罗克爵士“在各方面”喜欢圭恰迪尼的历史学胜过修昔底德的。75 年后里奥波尔德·冯·兰克,他最关注的是史料的谨慎叙述,压倒性摧毁了圭恰迪尼的历史学,认为它是二手写作的派生物,不可靠。①

应该说圭恰迪尼写《意大利史》是煞费苦心的。为了防止他人责难自己的材料不可信,他提供了关于当时的政治、军事、外交情况的说明,这个说明是当时和后来所能得到的最全面和最详细的。至于对事件进行评价,那是最令他头疼的,为了使著作的观点中肯,他逐章一遍遍修改,并让其朋友帮助审查。在修辞上,他尽可能按照当时人文主义史学的风格,使文风清雅,

① Kelly Boyd, *Encyclopedia of Historians and Historical Writing*, Chicago: Fitzroy Dearborn Publishers, 1999, pp. 495 - 496.

设置悬念,分析因果,安排演讲词等。

威尔·杜兰在其《世界文明史》中写道:

> 这部杰作不如他早期作品所富有那种清新和气势充沛的风格,同时,因为他还研究了人文学,他的文笔就流于了重视形式和修辞。虽然如此,他的风格还是非常堂皇严谨,为吉本(Giobbon)那种不朽的散文风格开先河。这部《意大利历史》的副题叫《战争的历史》(*History of Wars*),因此,这书的主题也就限于讨论军事和政治,但讨论的范围却是涉及整个意大利,并扩及与意大利有关的整个欧洲,这是第一部有系统地介绍整个欧洲政治军事的书。书里面大部分都是他所知道的第一手资料,尤其后面的一部分,更有他自己扮演的角色在内。他搜集资料很勤,要比马基雅弗利的更正确、更可靠。他也模仿与同时代中比他更有名的那些历史家的做法,让书中人物所说的话按古代人们习惯的说法道出。他坦白地承认,书中人物所说的话不是百分之百的真实,他特别强调有些是绝对正确的。对于一个争论的问题的两面,他都顾虑到,对于欧洲各国的政策和外交的动向,他的分析有独到之处。总括的来说,这部杰出的巨著已使他够得上称之为16世纪最伟大的历史家。就如拿破仑急着要见歌德(Goethe)一样,查理五世(Charles Ⅴ)也急着要见圭恰迪尼一面。有一天下午,查理五世在博洛尼亚会见了圭恰迪尼,他竟不顾朝臣和将军们的久等,而与圭恰迪尼长谈。他说:"我可以在一个小时之内,造就出一百位贵族,但是,我在20年之内,也没办法培植出这样的一个历史家。"①

因此,《意大利史》在很长时间里受到后人的高度重视。它在意大利各城市,一版接一版印刷,而且被不同人编辑注释、说明和摘要。它在欧洲其他地方也被作为经典受到高度评价。1568年被翻译成法文出版,德文本出版是在1574年,英文本是1579年,西班牙文本在1581年,甚至最后荷兰文是1599年。它被蒙田和波丹赞扬为近代史学最伟大的著作。把它从16世纪一些法国史学家的攻击中解脱出来是17世纪由贝尔《历史和批判词典》

---

① 〔美〕威尔·杜兰:《世界文明史·文艺复兴》下卷,第690—691页。

中的结论做出的①。

可是，他的著作还是受到过后人的强烈批评。这些批评既有佛罗伦萨人，也有非佛罗伦萨人。他们批评圭恰迪尼对威尼斯人有偏见，忽视了波伦亚人的地位和作用，对佛罗伦萨历史的叙述不公正。还有学者指出了他的事实引证的文本错误②。特别是，兰克在《拉丁与条顿民族史》一书后附有《近代历史学家批判》，其中有对圭恰迪尼的批判，这一批判还可见于罗格·文斯所编兰克的《世界历史奥秘》中的《圭恰迪尼批判》。在这里，兰克认为圭恰迪尼《意大利史》大部分不是他所亲自经历的，而是依据他人的记述编写出来的。甚至，即使圭恰迪尼参与其事，还是依据他人的记载改变了本质内容。还有其书中的演说词既不是他亲身经历的也没有其他印证材料，只是根据一些二手材料写成的，其确定性值得怀疑。有论者指出，"通过对奎昔亚迪尼进行批判，兰克基本上将这位研究近代早期历史的史学大家，从神坛打落到了地下，剥去了他那些名不副实的荣誉"③。

其实，若按照科学史学的观点来看，无疑圭恰迪尼在史料真实性和确切性上的确存在着不足。但是，在文艺复兴时期，历史著作重在世俗性，其主流不是科学性，使用后世科学史学的标准来衡量它们显然是有失公允的。因此，用历史的观点来看待，他能够把历史写作做到那样实属不易了，堪称那时史学家中的佼佼者了。

二、瓦萨里史学

瓦萨里(Giorgio Vasari，1511—1574 年)出生在佛罗伦萨共和国的塔斯坎尼小镇阿莱佐，与彼特拉克、布鲁尼为同乡。在其成长期间，法国和西班牙王室之间发生冲突，佛罗伦萨成为西班牙的马前卒，卷入宗教改革的骚乱之中。他去世之时，基督教世界在进行着内部改革并发生着旨在进攻新教民族的军事行动，美第奇长期统治着佛罗伦萨，而欧洲北部的发展却朝气蓬勃，当时意大利的文化气氛是，"文艺复兴的观念和态度正在被艺术和生

---

① Eric Cochrane, *Historians and Historiography: in the Italian Renaissance*, Chicago, London: the University of Chicago Press, 1981, p. 305.

② 具体情况请参阅 Eric Cochrane, *Historians and Historiography: in the Italian Renaissance*, Chicago, London: the University of Chicago Press, 1981, pp. 302 - 303。

③ 易兰：《兰克史学研究》，复旦大学出版社 2006 年版，第 106 页。

活中的异己精神所缓解或者颠覆”①。他对于历史写作的最大贡献是其《意大利艺苑名人传》及其所创立的艺术史写作模式。

1. 从艺术家到艺术史家

瓦萨里出身于商人家庭，在绘画方面受到堂祖父拉卡·西格诺里的启蒙。其父安东尼奥·瓦萨里有着良好的社会关系，鼓励瓦萨里发展其绘画天才。1524 年他跟随父亲去拜访红衣主教西尔佛·帕萨里尼。这时的帕萨里尼代表新当选的美第奇教皇克莱蒙七世去接管亚里山大鲁和艾坡里托·德·美第奇少数派统治期间的佛罗伦萨政府，路过阿莱佐。这位红衣主教让瓦萨里师从佛罗伦萨的米开朗基罗，而几乎同时米开朗基罗却被召到了罗马，米开朗基罗让他师从安德里·德·萨托学艺，但是保持着自己与瓦萨里之间的友谊。因而，瓦萨里对米开朗基罗极为崇拜，他在《意大利艺苑名人传》第三部分“前言”里说：

> 他无论是生前还是身后都获得莫大的荣誉，超越了其他人并使他们黯然失色。这个人就是天才米开朗基罗。他不仅拥有各种艺术的王者地位，并且把这三种艺术放在一起他仍然君临天下。②

1540 年瓦萨里到佛罗伦萨做建筑，在繁忙之余从一个城镇漫游到另一个城镇，最远到了那不勒斯，为不同的保护人做油画或者壁画。在旅途中他的《意大利艺苑名人传》写作观念成型了，同时把所见到的艺术作品的草图、素描、速写和印刷品搜集起来，为后来的写作奠定了基础。

当时的一些著名人士影响了他的写作。那时最著名的史学家和传记作家保罗·乔维奥获得了艺术实践和艺术评论界的普遍认可，在 1546 年他建议瓦萨里模仿自己以系列传记的形式重新撰写艺术史。同时，瓦萨里所景仰的绘画大师米开朗基罗使瓦萨里认识到写作比绘画更适合自己。而具有良好文学风格的安尼鲍·卡罗则帮助他完善了写作才干。

1550 年《意大利最杰出画家、雕塑家和建筑师传》出版，简称《艺术家传

① George Bull, “Vasari’s Lives”, Giorgio Vasari, *Lives of the Artists*, a selection translated by George Bull, Ringwood, Victoria, Australia: Penguin Books Australia Ltd., 1965, p. 9.

② Giorgio Vasari, “The Author’s Preface to the Third Part”, *Lives of the Painters, Sculptors and Architects*, Vol. 1, trans. by Gaston du C. de Vere, Alfred A. Knopf, New York, Toronto: Everyman’s Library, 1996, p. 621.

记》或者《传记》，汉译为《意大利艺苑名人传》①。文学家安尼鲍·卡罗，是那时候最有成就和最受人尊敬的人之一，在读了瓦萨里创作的一部分后，于1547年12月给瓦萨里写信道："在另一个领域你写出了这样优美和有用的著作。"②

为了对《传记》做修订和补充，瓦萨里继续在意大利城镇中旅游，检验书中的事实，同时搜集新材料，并与朋友进行磋商。1568年修订了的《传记》问世，这时他已经是"罗马和塔斯坎尼艺术界的元老了"③。

2.《传记》的版本、内容和体例

上文已经指出，瓦萨里生前就写过两个本子。在内容方面，它们的总体结构和理论性文字没有什么变化。两种版本的第一部分的序言都是从讨论古代艺术的杰出和受到尊重开始的，然后考察了它的衰落、遗存，进而是关于走向当前完美的艺术再生的论述。在其他方面两者之间的区别是明显的，主要表现为：

第二、三部分的序言在文风上有所变化。新本子有20多个完整的新传记，许多新增传主当时尚健在。新本子中一些片段更细致了，包含了更多的信息，更富有历史意识。例如对于君士坦丁的拱门的讨论变得更充分了，再如杜勒对安德里·德·萨托和彭特茂的影响，这是旧本子中所没有的；特别是在新本子中印刷史的分量增加了，瓦萨里在旧版中提到印刷品大约6次，而1568年的版本增加了《马坎托尼奥·雷蒙第传》。

扩充的结果，使得结构多少有点变化，就像有学者已经指出的那样：

> 1550年的本子里，达·芬奇居于王者之位，米开朗基罗仅仅是个活着的艺术家，但是在1568年的本子里，最后的艺术家却是瓦萨里本人。④

---

① 刘耀春等译为《意大利艺苑名人传》，湖北美术出版社、长江文艺出版社2003年出版。刘明毅译为《著名画家、雕塑家、建筑家传》，中国人民大学出版社2004年出版。

② 转引自 Patricia Lee Rubin, *Giorgio Vasari: Art and History*, New Haven, London: Yale University Press, 1995, p. 148。

③ George Bull, "Vasari's Lives", Giorgio Vasari, *Lives of the Artists*, a selection translated by George Bull, Ringwood, Victoria, Australia: Penguin Books Australia Ltd., 1965, p. 11.

④ David Ekserdjian, "Introduction", Giorgio Vasari, *Lives of the Painters, Sculptors and Architects*, Vol. 1, trans. by Gaston du C. de Vere, Alfred A. Knopf, New York, Toronto: Everyman's Library, 1996, p. xviii.

在形式上,借用前贤的话说就是:

> 在瓦萨里的1550年的第一个版本中,才刚有段落的概念,大部分传记是由单独的不间断的段落组成的,差不多就是意识流。出于改变主题的需要,一个新的艺术家的名字会被大写——一种文字流的里程碑,而不是去使用段落。在1568年的修订版中,《马坎托尼奥传》的出现,使段落断开而被碎化,那些被大写的强调完全消失了。①

《传记》的内容结构是比较复杂的问题,这里提出讨论。

第一,今天所见《传记》的全本除了上述提到的三部分的"序言"外,还有全书的"序言"。把近代艺术分为三阶段,以乔托为代表的童年时期,对中世纪的反叛;以马萨乔为代表的青年时期,辉煌的复兴;以达·芬奇和米开朗基罗为代表的成熟期,巨人的时代。从时间顺序上,大体上与14、15、16世纪相吻合。

不过,传记写作的主线条还是风格的顺序。这一点在第一部分序言中说得非常明了,"在传记中我将尽我所能遵守其风格的顺序而不是年代顺序"②。

于是,风格顺序有可能与时间顺序相冲突,因此就出现看似混乱的现象。例如,西格诺里和卡帕奇奥活跃于1550年之后,却被放入第二部分;而像达·芬奇和布拉门特活跃于15世纪的70和80年代,却被纳入了第三部分。由于按照时间顺序的做法在处理16世纪艺术家彻底碰到障碍后,其他的顺序例如地理顺序和公共机构顺序,则被瓦萨里偶尔采用,甚至没有任何顺序,于是米开朗基罗的学生丹尼尔·达·沃尔特拉就跑到其老师前面去了。

第二,具体对于传主的写作,通常的做法是:一个传记包含一个传主;叙述艺术家孩提和早年所受的训练,接着按照年代顺序写其生平,然后描述

① Robert H. Getscher, *An Annotated and Illustrated Version of Giorgio Vasari's History of Italian and Northern Prints from His Lives of the Artists (1550 & 1568)*, Lewistong, Queenston, Lampeter: the Edwin Mellen Press, 2003, p. 5.

② Giorgio Vasari, "The Author's Preface to the first part", *Lives of the Painters, Sculptors and Architects*, Vol. 1, trans. by Gaston du C. de Vere, Alfred A. Knopf, New York, Toronto: Everyman's Library, 1996, p. 47.

其作品、技法，最后记述死亡和适当的纪念仪式。

变例是存在的，“合传”就很典型。他采取“合传”的方式来处理一组艺术家，那就是使用第一个也是最重要的艺术家的名字来给传记命名，而实际上写了艺术家的群体。

当然还有其他形式的变例。《马坎托尼奥·雷蒙第传》就很独特，既没有采用通常的方式，也不同于合传，而是首先深入关注斯昆奥尔、杜勒、卢卡斯·万·雷顿，然后才是着力叙述比卢卡斯年长大约 15 岁的马坎托尼奥。

对于变例的动机，科兰指出：瓦萨里意识到“一些学生天赋比较差，却继续或者发扬光大了大师的作品，一般说来也是值得考虑的，因而在其大师本人传记的结尾强调了这种关联。甚至，他发现大师们通常受到触动而认识到其潜在的势力，而这种潜在的势力得自于他们的发扬者、评论者和竞争者群体的帮助”①。这不失为一种合理的解释。

第三，新版《传记》包含大量的印刷史内容。实际上《马坎托尼奥·雷蒙第传》就相当于一部印刷史。在这一传记中，瓦萨里关注了六个印刷品制造者，他们是斯昆奥尔、杜勒、卢卡斯·万·雷顿、马坎托尼奥·雷蒙第、艾尼·维柯、海罗里姆斯·库科。对此，盖茨切尔就曾经指出过，“作为那个时代最有学问的专家之一，瓦萨里奉献了一部北方和意大利印刷品创作的第一个百年的历史，这种历史成为其鸿篇巨制艺术史的一部分”②。

3. 史料价值上的得失

《传记》具有难得的史料价值。对此，有学者指出：“他的《传记》对于文艺复兴艺术史的研究是基本史料。”③“他的著作毕竟为我们提供了那个时代有关艺术家的最大量的‘史实’。”④“吉尔吉奥·瓦萨里的《艺术家传记》给我们保存了关于文艺复兴艺术的唯一的最重要的记录和论述。”⑤

---

① Eric Cochrane, *Historians and Historiography: in the Italian Renaissance*, Chicago, London: the University of Chicago Press, 1981, p. 402.

② Robert H. Getscher, "Indroduction", *An Annotated and Illustrated Version of Giorgio Vasari's History of Italian and Northern Prints from His Lives of the Artists (1550 & 1568)*, Lewistong, Queenston, Lampeter: the Edwin Mellen Press, 2003. p. xiii.

③ Patricia Lee Rubin, "Preface", Patricia Lee Rubin, *Giorgio Vasari: Art and History*, New Haven, London: Yale University Press, 1995, p. vii.

④ 〔澳〕保罗·杜罗、迈克尔·格林哈尔希：《西方艺术史学——历史与现状》，〔德〕汉斯·贝尔廷等：《艺术史的终结?》，常宁生译，中国人民大学出版社 2004 年版，第 30 页。

⑤ Robert H. Getscher, *An Annotated and Illustrated Version of Giorgio Vasari's History of Italian and Northern Prints from His Lives of the Artists (1550 & 1568)*, Lewistong, Queenston, Lampeter: the Edwin Mellen Press, 2003. p. 1.

然而,按照实证史学或者科学史学眼光来看的话,瓦萨里的《传记》是存在着种种问题的。塞林尼首先起来攻击瓦萨里。他滥用瓦萨里自传中的材料,把瓦萨里指责为“时代的奴仆、骗子和懦夫,当然还是个有偏见的怪物”[①]。塞林尼的批评是否还有纯粹写作背后的社会原因,不得而知。可以确定的是,后来学术界集中讨论《传记》中哪些是事实,哪些是虚构,哪些是历史,哪些是传奇;还讨论《传记》不同部分的原作者是谁,《传记》中历史事实的准确性如何等问题[②]。

应当承认,《传记》中是存在着不足的。第一,它对于一些事情的记载具有不可靠性。瓦萨里关于方尼斯红衣主教家里著名晚会的记载是否可靠?劳伦佐·德·美第奇事实上是否为年轻的艺术家建立一个学院?他的相关描述都是被人质疑的。奇莫布尔观察年轻的乔托在石头上涂鸦,布伦艾雷奇向佛罗伦萨人展示如何使鸡蛋站起来,这些带有传奇色彩的叙述也成为质疑的对象。第二,艺术家身份错误。瓦萨里关于艺术家和出版者的出错率不到10%。然而,他给雕刻者命名的错误率高达20%[③]。第三,瓦萨里对艺术家首字母的征引有误。例如,斯肯嘉乌尔是德国人,而不是弗雷芒人,但是瓦萨里把斯肯嘉乌尔的首字母“MS”同安特卫普的生活在1527—1581年的马丁·万·克利夫所使用的“MC”混淆了[④]。第四,瓦萨里对印刷品日期的使用不太严谨。他提到130多件印刷品,但是注明日期者不到20次,而且这少有的日期还是有错误的[⑤]。第五,瓦萨里不是印刷方面的行家,他对印刷技术很熟悉,但是不够精湛。因此,当他提到吉乌里奥·卡姆普努拉的《躺着的维纳斯》的时候,则忽视了创作者严整的点刻技术。

书中史料的真实性问题这里还需要加以说明。从实证的角度说,以上的那些不足是研究文艺复兴历史需要加以批判的。同时应该明确,不能因为其真实性的瑕疵而看低了《传记》的学术意义。瓦萨里的本意并不是要故

---

① 参见 George Bull, “Vasari's Lives”, Giorgio Vasari, *Lives of the Artists*, a selection translated by George Bull, Ringwood, Victoria, Australia: Penguin Books Australia Ltd., 1965, p. 12。

② 参阅:1995年 Patricia Lee Rubin 的 *Giorgio Vasari: Art and History*。Philip Jacks 编辑的1998年出版的 *Vasari's Lives*。

③ Robert H. Getscher, *An Annotated and Illustrated Version of Giorgio Vasari's History of Italian and Northern Prints from His Lives of the Artists* (*1550 & 1568*), Lewistong, Queenston, Lampeter: the Edwin Mellen Press, 2003, p. 11.

④ Ibid., p. 10.

⑤ Ibid., p. 13.

意弄出这些错误来,他于1550年写给科西莫·德·美第奇的献词中说:“我努力去做了,带着追求精确的态度,秉持着所写历史和事件的真实是基本的这一美好的信念。”①

问题在于,他的《传记》不是写给研究文艺复兴艺术史的专家看的,换言之,瓦萨里的书里有着明确目的,针对一定的读者,这在上文中已经说明了。因而书中出现想象和虚构成分是非常自然的。于是,有人批评道:

> 瓦萨里是个狡猾的叙述者,他在精巧制作其作品时把事实和虚构巧妙交织在一起,却鼓励读者相信他的历史。②

如果把他的著作当成文艺复兴艺术史的词典,那么不确切等一系列问题就出现了;一旦把它看作一个被精心设计和卓越制作的时代的产物,那么“它有了那个时代其他所有伟大文化现象的同样的正当性。它仍然具有愉悦和指导意义”③。至于《传记》中的不真实问题,这句话说得非常之好,“瓦萨里不是学究,而就是一个人。他希望享有他所能记忆的一切,而不是他能证明的一切”④。或许下面的一句话更精彩,“瓦萨里的荣耀无需辩护。……历史学是个解释的实践,一个时代的评价和标准必然加到另一个时代上去。瓦萨里是一个伟大和很有创造性的解释者”⑤。既如此,那么就不应该抓住他的著作的细枝末节不放了。

下面这段话对于认识瓦萨里很有意义:

> 瓦萨里或好或坏地对后来几个世纪发生了明显的影响,后代对于填补他所留下的历史记录空白的普遍无能为力,只是突出表明他对于

---

① Giorgio Vasari, “Dedication of 1550”, Giorgio Vasari, *Lives of the Painters, Sculptors and Architects*, Vol. 1, trans. by Gaston du C. de Vere, Alfred A. Knopf, New York, Toronto: Everyman's Library, 1996, p. 4.

② Anne B. Barrriault, Andrew Ladis, Norman E. Land, and Jeryldene M. Wood, *Reading Vasari*, London: Philip Wilson Publisher Ltd., 2005, p. 16.

③ Patricia Lee Rubin, *Giorgio Vasari: Art and History*, New Haven and London: Yale University Press, 1995, p. 403.

④ Robert H. Getscher, *An Annotated and Illustrated Version of Giorgio Vasari's History of Italian and Northern prints from His Lives of the Artists (1550 & 1568)*, Lewistong, Queenston, Lampeter: the Edwin Mellen Press, 2003, p. 25.

⑤ Patricia Lee Rubin, “Introduction”, Patricia Lee Rubin, *Giorgio Vasari: Art and History*, New Haven: Yale University Press, 1995, p. 7.

我们关于这个时期的阶段感所作出的贡献是多么的重要啊！同时，瓦萨里的艺术整体进步的概念对于后来的批判发生了颠覆性的影响，这也是真确的。然而，说没有艺术家能够克服瓦萨里的疏忽和漠视，那却是不真实的。①

此言透露出瓦萨里的贡献在于开创性，其局限也是明显的，好在后人克服了其书中的不足。

4. 艺术史写作的开创之功

《意大利艺苑名人传》具有人文主义史学一般特征，具体表现为：

第一，深受古典史学影响。瓦萨里阅读过普林尼的《自然史》，《传记》中古代艺术的许多材料就是来自普林尼的。《传记》中使用的史料还有出于其他古代学者例如狄奥多乌斯、毕克多、卡希乌斯、琉善等人的记载。

瓦萨里还按照普鲁塔克《希腊罗马名人传》的模式来写他的《传记》。不过前者以记载政治家和军事家为主，后者记载的则是艺术家。在传记的结构上，瓦萨里也效仿普鲁塔克在开篇先写上一段有关艺术理论或生活道德的议论，然后开展事实的叙述。

在具体历史观点上，例如关于古代艺术的衰落原因，基本上照搬了古代罗马学者关于罗马衰落原因的观点，同时也是文艺复兴时期学者们的普遍意见，那就是基督教和蛮人入侵造成了古代世界的衰落。这一倾向在第一部分的序言中明显表现出来了②。

第二，关怀社会的思想。瓦萨里强调历史著作对现实的关怀。他明确其写《传记》的目的是"为了建筑、雕刻和绘画这三部分艺术的后继者从中受益，然后尊崇这些已经去世的人们"③。他承认："当我开始从事写作这些《传记》的时候，我没打算做一个艺术家的名录，或者说是他们作品的清单"，

① David Ekserdjian, "Introduction", Giorgio Vasari, *Lives of the Painters, Sculptors and Architects*, Vol. 1, trans. by Gaston du C. de Vere, Alfred A. Knopf, New York, Toronto: Everyman's Library, 1996, p. xvii.

② Giorgio Vasari, "The Author's Preface to the first part", *Lives of the Painters, Sculptors and Architects*, Vol. 1, trans. by Gaston du C. de Vere, Alfred A. Knopf, New York, Toronto: Everyman's Library, 1996, pp. 37 - 38.

③ Giorgio Vasari, "The Author's Preface to the Whole Works", *Lives of the Painters, Sculptors and Architects*, Vol. 1, trans. by Gaston du C. de Vere, Alfred A. Knopf, New York, Toronto: Everyman's Library, 1996, p. 14.

那是因为他认识到“历史的真正的灵魂，是教诲人们去生活，是使他们变得聪明”①。这种主张和表现恰好是人文主义史学的显著特征。

第三，再生的观念在那个时期具有代表性。知识分子持有再生的或者复兴的观念在文艺复兴时期是非常普遍的，正如乔治·拜尔所言：“承认人类事物中的兴衰和美好的艺术在塔斯坎的再生或者复兴在瓦萨里时代的知识界都很流行了。”②瓦萨里正是这样的知识分子。毫无疑问，他非常推崇古典艺术和当前艺术。然而这两者之间有着怎样的关联呢？显然，他把当前艺术的繁荣看成是古典艺术的再生。他在书中使用了“艺术再生”的概念③，使人文主义者关于意大利艺术复兴的传统思想得以概括，明确了当前艺术与古代艺术之间的区别，以及当前艺术与拜占庭艺术、哥特式艺术之间的对照。这一概念经过众多学者梳理和解释，最终在 19 世纪中期形成“文艺复兴”这一历史概念④。

《意大利艺苑名人传》在艺术史写作方面具有开创之功。普林尼在《自然史》中对艺术有所涉猎，但是艺术家是作为配角出现的，甚至到了菲利普·维兰尼或者乔维奥所著的《伟人们》(也译为《名人列传》)，对于享有荣耀的艺术家的作品的特殊性几乎没有涉及。可是，瓦萨里的《传记》则不同，把艺术家推到主角的位置，并从细微处考察了艺术史。他的写作之所以能够顺利实施，一方面跟上文提到的一些人的引导和帮助分不开，另一方面得益于他的艺术家的身份。瓦萨里作为建筑师的作品，如佛罗伦萨市政殿、米开朗基罗的坟墓、美第奇百年史大型壁画等，充分反映了其杰出才能。这样就呈现出一个事实：专家写史。许多专业性很强的领域，一般史家是难以

① Giorgio Vasari, "The Author's Preface to the second part", *Lives of the Painters, Sculptors and Architects*, Vol. 1, trans. by Gaston du C. de Vere, Alfred A. Knopf, New York, Toronto: Everyman's Library, 1996, p. 245.

② George Bull, "Vasari's Lives", Giorgio Vasari, *Lives of the Artists*, a selection translated by George Bull, Ringwood, Victoria, Australia: Penguin Books Australia Ltd. ,1965, p. 15.

③ 参见王挺之发表在《世界历史》2002 年第 3 期上的《乔尔乔·瓦萨里的〈意大利艺苑名人传〉》。文章指出，瓦萨里并不是第一个使用“再生”这样一个具有隐喻性的概念的。在瓦萨里出版《意大利艺苑名人传》的 4 年之前，即 1546 年，他的朋友保罗·乔维奥在《著名文人颂》中就采用了再生的概念，乔维奥在谈到薄伽丘时说，“他生在一个拉丁文学再生的幸福时代里”。但乔维奥的书只是一本收集了当时若干著名文人的肖像，加上简短生平事迹介绍的小册子，其内容根本无法与瓦萨里的著作相比，最重要的是，乔维奥并没有能够像瓦萨里那样将“再生”的概念作为一个主题思想贯穿于全书，通过整部著作的内容来体现和诠释这一思想。

④ 参见〔瑞士〕雅各布·布克哈特：《意大利文艺复兴时期的文化》相关部分，何新译，商务印书馆 1979 年版。

置喙的，而瓦萨里则不同，“他是个卓著的画家和建筑师，尽管不是天才，这样就说明为什么其写作具有技术权威，而且具有很大的专业文人不具有的优势”①。他本来就是个画家和建筑师，而建筑的实施又离不开绘画、雕塑和雕刻，由于这种特殊身份使他能够平静地对待绘画与雕塑在历史上的雌雄之决、高下之争，从而提出“雕塑和绘画事实上是一父所生的姐妹，来自一个构想，是共生的”②。另外，由于他是一位艺术界的专家，因此经他最后认可的全书和三个部分的序言堪称《传记》的灵魂。难怪有人说：“乔吉奥·瓦萨里的《画家、雕塑家和建筑师传》是意大利文艺复兴的《圣经》——尽管不是全部的——然而是艺术史的。”③特别是，他在历史进步与连续中发现了古代艺术再生。其历史进步的观念从他的三个阶段的划分中表现出来，艺术再生概念突出了艺术史是再生而不是复兴。它的特殊意义在于，隐含着历史写作中对特殊因素的强调。

他在写作中积淀出“风格”、“构图”、“尺寸”、“比例”等艺术史概念。“风格”是瓦萨里《传记》中一个核心概念。而支撑起风格需要一些因素。“构图”非常重要，而构图就是给予作品以形状、姿势等以预想；“柱式”可分为陶立克式、爱奥尼亚式、科林斯式、塔斯坎尼式，把建筑物的不同风格区分开来。还有三个技术因素需要考虑，“制图术”是雕塑或者绘画在所有形象方面对自然中最美丽部分的模仿；“尺寸”就是为了建造建筑物而进行的相关测量，而所有作品应该依据尺寸进行制作；“比例”对于建筑、雕塑和绘画都是普遍需要的，保证作品各部分的正确、真实与和谐。对于这样的艺术史写作理念，汉斯·贝尔廷总结道：在瓦萨里那儿，“艺术就变成了一连串拒绝古典理想衰退、不断再生的过程。对再生的夸大必然会减弱复兴的历史意义：它很难掩饰这种历史进程的基本不变的特征。因而，瓦萨利的《大艺术家传记》与其说提供了一种艺术史写作的模型，勿宁说是提供了一整套美学

① David Ekserdjian, “Introduction”, Giorgio Vasari, *Lives of the Painters*, *Sculptors and Architects*, Vol. 1, trans. by Gaston du C. de Vere, Alfred A. Knopf, New York, Toronto: Everyman's Library, 1996, p. xv.

② Giorgio Vasari, “The Author's Preface to the Whole Works”, *Lives of the Painters*, *Sculptors and Architects*, Vol. 1, trans. by Gaston du C. de Vere, Alfred A. Knopf, New York, Toronto: Everyman's Library, 1996, p. 22.

③ David Ekserdjian, “Introduction”, Giorgio Vasari, *Lives of the Painters*, *Sculptors and Architects*, Vol. 1, trans. by Gaston du C. de Vere, Alfred A. Knopf, New York, Toronto: Everyman's Library, 1996, p. xv.

的规范”①。

《意大利艺苑名人传》对后世发生了重大而深远影响。查尔斯·霍普曾说过，它“是一部前所未有的鸿篇巨制，在以后的3个世纪中，凡涉及这一领域的作者均以其为范本”②。这段话道出了瓦萨里《传记》对后世的影响程度。甚至有论者认为：

> 瓦萨利艺术史模式的成功和影响是巨大的，直到今天许多艺术史家仍然把文艺复兴摆在整个艺术研究领域的中心就是一个有力的证明。进步的理念、历史地评价艺术作品和艺术家的观点、影响的观点——根据这点，一个艺术家或流派的风格特性可以追溯到连续几代人的影响关系，所有这些都是瓦萨利艺术史方法论特点保持到今天的标志。③

事实上，在《传记》第二版问世后8年，菲利普·巴尔第努斯的《铜刻艺术的起源与发展》就以瓦萨里为榜样，并从瓦萨里的《传记》中使用了大量的材料。因此，“对印刷和印刷品制造者的最早的研究被直接追溯到16世纪伟大的编纂者瓦萨里”④。后来，卡罗·恺撒·马尔维奇亚的《波伦亚艺术家传记集》，“受到艺术家传中的前辈瓦萨里的引导。马尔维奇亚的传记集许多是直接取自瓦萨里《艺术家传》”⑤。其冗长的叙述性目录的做法也是对瓦萨里的模仿。

---

① 〔德〕汉斯·贝尔廷：《瓦萨利和他的遗产——艺术史是一个发展的进程吗?》，〔德〕汉斯·贝尔廷等：《艺术史的终结?》，第83页。

② Charles Hope, “Can You Trust Vasari”, *New York Review of Books*, Vol. 42, Oct. 1995.

③ 〔澳〕保罗·杜罗、迈克尔·格林哈尔希：《西方艺术史学——历史与现状》，〔德〕汉斯·贝尔廷等：《艺术史的终结?》，第28页。

④ Edward J. Olszewski, “Preface”, Robert H. Getscher, *An Annotated and Illustrated Version of Giorgio Vasari's History of Italian and Northern Prints from His Lives of the Artists (1550 & 1568)*, Lewistong, Queenston, Lampeter: the Edwin Mellen Press, 2003. pp. xv - xvi.

⑤ Ibid., p. xv.

第六章　伊拉斯谟和莫尔的史学

文艺复兴虽然发源于意大利，但是也向其他地方传播，因而意大利以外的欧洲国家同样出现了人文主义历史写作。其中伊拉斯谟从基督教原教旨出发，托马斯·莫尔从基督教理想角度，都提出人文主义思想，他们的历史写作也具有人文主义史学的一般特征。

一、伊拉斯谟史学

伊拉斯谟(Desiderius Erasmus，1466—1536 年)，文艺复兴时期荷兰著名学者和思想家。他在历史上被誉为"16 世纪的伏尔泰"[①]。这是就其思想对于社会的意义而言的。其历史写作虽然无法与伏尔泰相媲美，但是其学术实践对于历史学同样有着不可忽视的贡献。

1. *在隐修、漫游中思索*

伊拉斯谟于 1487 年在斯特恩加入奥古斯丁隐修院，后又进圣格里高利隐修院。1492 年获得牧师职位。在 5 年隐修期间，他充分利用修道院的藏书来阅读古典文献。他曾经担任康布雷主教的拉丁语秘书，1496 年进巴黎大学攻读神学博士学位，但中途放弃。他拒绝大学的聘请，而在一些印刷所做校勘工作，或者担任贵族子弟的家庭教师和旅行伙伴。他四处漫游，到过英国、意大利、德国和瑞士，利用旅行的空闲进行阅读。1499 年受学生之邀到达英国，结交了托马斯·莫尔、约翰·费希尔等。1536 年去世。

伊拉斯谟既是一位诗人、学者，又是一位神学家和教育家。他颇有个性，在宗教改革中不简单依附于任何一方，保持着学者的精神自由。对此，

---

① 〔美〕G·桑迪拉纳：《冒险的时代——文艺复兴时期哲学家》，周建漳等译，光明日报出版社 1989 年版，第 150 页。

有论者指出：

> 他既不拥护天主教，也不支持宗教改革，因为他觉得自己对双方都承担义务：对新教有义务，是因为自己长期以来就一直要求细心读《圣经》，并竭尽全力让大多数人都能读到福音书；对天主教有义务，是因为他觉得只剩下天主教这个能实现精神统一的形式，还挺立在这个濒临崩溃的世界之中。①

结果是，新教派的路德对他厉声诅咒，天主教则将他的著作列为禁书。

其主要著作有《格言集》、《对话集》、《愚人颂》、《基督教斗士手册》、《〈新约〉译注》。

其中，《愚人颂》运用讽刺和象征手法，改头换面对世俗进行抨击，对当时宗教界的弊端劣迹展开了坚定不移的揭露。他以其对人性的独到洞察力将人类愚蠢的方方面面淋漓尽致展现出来。《愚人颂》讽刺教会人士说："他们的职业和教规最可怜，卑鄙……不论偶然碰到他们，还是碰到他从你身边站了起来，都会被看成是整整一天厄运的一个标志。"②这种对教会的批判表现出人文主义者的一贯态度，也是后来理性主义者的追求。总之，"伊拉斯谟的这本书使他的同代人深切认识到在教会内部进行彻底改革的迫切需要"③。

2.《新约》的编辑和译注

天主教钦定的由杰罗姆翻译的拉丁文《圣经》错误百出，段落含糊，之前瓦拉已有所指陈。伊拉斯谟着手重译，并附上自己的评析，阐明原译本中的理解错误及不符之处。其目的非常清楚，那就是"试图获得真正的名副其实的福音"④。对此，他在《自由意志》里写道：

> 《圣经》中明显存在许多采用借喻方法而晦涩难懂的章节，或者甚至乍一看来它本身自我矛盾着，因此不论我们是否打算这样，从字面上

① 〔奥〕斯·茨威格：《一个古老的梦——伊拉斯谟传》，姜瑞璋、廖綵胜译，辽宁教育出版社 1998 年版，第 9 页。

② 转引自〔美〕G·桑迪拉纳：《冒险的时代——文艺复兴时期哲学家》，第 151 页。

③ 〔奥〕斯·茨威格：《一个古老的梦——伊拉斯谟传》，第 49 页。

④ 〔美〕G·桑迪拉纳：《冒险的时代——文艺复兴时期哲学家》，第 152 页。

来说,我们必须稍稍有点违背《圣经》,并且我们必须通过注释来修正其涵意……我肯定不会故意诋毁真理,我发自内心偏爱《福音》里的真正自由,我憎恶反对福音的任何看法。①

1516年8月,他写给教皇利奥十世的信中也说:

我并没有以我的努力推翻古代和普遍接受的文本;但是在一些局部我修正了有讹误的地方,在一些地方我说明含糊不清的东西。②

伊拉斯谟的《圣经》研究是对瓦拉等人的继承。1505年,他在其所编辑瓦拉注释的序言中写道:“没有时间学习完整希腊文的人完全可以从瓦拉的著作中受益匪浅。”③他还在注释性的段落中多次引用瓦拉的观点。

伊拉斯谟相信:

一个新的版本能够消除拉丁读者和最初希腊文本之间的障碍,但是他首先不得不说服这些读者这样的障碍是存在的。简言之,他不得不告诉他们其实他们并不了解《新约》,而他们认为自己了解《新约》。④

于是,这种研究就不能不从《新约》的整理和翻译开始。

伊拉斯谟对《新约》的整理与翻译成果宏富。从1516年到1535年,他见过《新约》的5个版本。他把这5个版本都进行了编辑和加工,使得每一种《新约》的文字都由三部分组成:第一,希腊文本。它的出现很大程度上是受到其《新约》拉丁译本的激励,他认识到要重新翻译《新约》的拉丁文本,就必须编辑作为翻译依据的希腊文本。第二,拉丁译本。在许多具体问题上该译本都明显是对传统翻译的挑战。第三,关于希腊和拉丁文本的讨论或者辩解性的注释。这些文字在判定传统的拉丁文《新约》的错误方面,比马尼提和瓦拉做得都要多,结果“伊拉斯谟在为其《新约》本子辩解中所产生

① 转引自〔美〕G·桑迪拉纳:《冒险的时代——文艺复兴时期哲学家》,第162页。
② Paul Botley, *Latin Translation in the Renaissance*, Cambridge, New York: Cambridge University Press, 2004, p. 128.
③ Ibid., pp. 129-130.
④ Ibid., p. 117.

的辩护性文献的数量，使得马尼提和瓦拉相形见绌”①。

在编排形式上，伊拉斯谟的译文占据书页中央一列，希腊文本在左边、字号更小、占据更窄一列，而杰罗姆的译文放在右边，字号最小，占据的一列也最窄。在1527年的第四个杰罗姆的拉丁文版本中，伊拉斯谟在扉页上说：“这样你就能够用自己的眼睛看到哪里一致哪里不同。”②注释放在卷末。他在其整理和翻译本的第二版前言中写道：“我分别表明了我认为改正什么和为什么要改正，并不在意要改变普遍使用的译文。”③

这体现了一种多文字并列比较的做法。这种做法前人已经有过。1514—1517年，第一部多种文字对照本的《圣经》在艾尔卡拉出版，杰罗姆拉丁文本在中间，两边分别是希伯来文和希腊文《圣经》。这一做法被伊拉斯谟所继承，特别是他的注释的增加，表明作者对于文字的正误判断与取舍。类似于中国学者在文献校勘后所加的按语。

作为一个翻译者，伊拉斯谟试图尽量确切地翻译最初的希腊文本，以再次解决传统拉丁文《圣经》中的晦涩问题，使读者更好理解希腊文本的含义。作为一个基督教徒，他希望纠正对于《圣经》更为普遍的误读。伊拉斯谟不仅重译《新约》，并且提出要原谅传统拉丁文本的翻译者，他说：

> 我认为对他的最好原谅在于，要意识到他那个时代普通人习惯于模仿希腊人说话，他在意这些普通人而不是那些有学问的人。④

不过，伊拉斯谟认为，帝国后期流行拉丁语，在希腊语影响下已经发生了实质性变化，那时的拉丁文《圣经》迁就其读者的希腊习语，这是一种高尚的动机⑤。

他的注释纠正了过去的一些错误说法。例如，在《马可福音》中的洗礼者的形象，原译者说成画家用一张骆驼皮把约翰压倒，非常像希腊人给海格

---

① Paul Botley, *Latin Translation in the Renaissance*, Cambridge, New York: Cambridge University Press, 2004, p. 116.

② Ibid., p. 125.

③ Ibid., p. 128.

④ 转引自 Paul Botley, *Latin Translation in the Renaissance*, Cambridge, New York: Cambridge University Press, 2004, p. 121。

⑤ Paul Botley, *Latin Translation in the Renaissance*, Cambridge, New York: Cambridge University Press, 2004, p. 121.

力斯穿上狮子皮。伊拉斯谟认为，这是个错误的形象，“事实上，他的衣服不是用不列颠的毛织品做的，也不是用中国羊毛做的，也不是荷兰的亚麻做的，而是用骆驼毛发做的”①。

希腊文《圣经》自身就有些文字是含糊不清的；希腊文的一些词汇很难从拉丁文中找到意义对等的词汇；杰罗姆的翻译又过于讲究文字典雅，时有因词害义情况。这样，后世读者在读《圣经》的时候就会层层累加上许多穿凿附会的东西。伊拉斯谟的注释就指出哪些是杰罗姆的过于典雅，哪些是希腊文本身的含糊不清，并提供可能不同的理解。

他的这些做法具有重要的文献学意义。具体而言，它对于维护《圣经》的纯洁性起到重要作用。伊拉斯谟认为：“我本人的这一努力不仅要除去《圣经》中的污点，并且要为将来的出错设置障碍。”②他把其《新约》的编辑工作看作阻止《圣经》不断走向腐朽的措施，他试图纠正多少世纪以来文本中所蔓延的谬误。就方法而言，第一，提供多种文本，具有方法论意义，已经实质上达到了后来所谓的外部考证或者中国校勘法中的对校法。第二，通过剥去后世穿凿附会，恢复文本的最初面目，成了后世史原(或者史源)探索的先行者。第三，也是更为重要的是，在翻译和注释过程中，他表现出对传世文献的怀疑精神。例如，伊拉斯谟在《主祷文》的最后怀疑希腊《荣耀颂》的可靠性，这种怀疑保留在《注释》中，在自己译本中也反映出来。这种怀疑精神是从事历史研究或者文献研究的必备素质，是史学发展中宝贵的精神财富。

3. 人文主义和理性主义之间的桥梁

伊拉斯谟在西方学术史上享有崇高地位。有学者评论道：“伊拉斯谟是第一个自觉的欧洲人，第一个为和平而战的斗士，在人文学科的研究和精神目标的追求中一位出类拔萃的佼佼者。”③梅兰希顿则称他为“博学多才的大学者”、“探索真理的大学问家”、“学术研究之父”、“诚实神学的捍卫者”④。人文主义者卡梅拉里乌斯说：“凡是想涉足文艺和科学的人无不钦

---

① 转引自 Paul Botley, *Latin Translation in the Renaissance*, Cambridge, New York: Cambridge University Press, 2004, p. 120。

② Paul Botley, *Latin Translation in the Renaissance*, Cambridge, New York: Cambridge University Press, 2004, p. 146.

③ 〔奥〕斯・茨威格：《一个古老的梦——伊拉斯谟传》，第 1 页。

④ 转引自〔奥〕斯・茨威格：《一个古老的梦——伊拉斯谟传》，第 56 页。

佩他，崇拜他，赞美他。"[①]

他首先是位人文主义者。伊拉斯谟具有良好的古典修养，他谙熟希腊文和拉丁文，擅长写诗和叙事，揭露教会的黑暗，反对教皇的专制。这些是人文主义学者的普遍特征。

不过，作为一名人文主义者，他虽然批判和抨击教会，但是其内心深处并不是要反叛基督教权力，而是要实现基督教的复兴，是要回归早期基督教派的纯洁性，重树基督教的理想。他"以怀疑的眼光反对形而上学的教条，宁愿通过学术证据相信基督教而不是破坏它，他强调原教旨而不是对教义的修正"[②]。这样，伊拉斯谟成为典型的基督教人文主义者。

就他研究《圣经》而言，无论是其治学的态度和路径，还是其研究的方法，都是对先驱者瓦拉的继承和发扬，那种实事求是的态度、怀疑的精神、文献学的方法，成为理性主义学者的宝贵遗产。

总之，伊拉斯谟是他自己那个时代最伟大的诠释家、评论家、教育家和导师，影响了像蒙田、拉伯雷、斯宾诺莎、狄德罗、莱辛和伏尔泰这样的学者，使得18世纪的许多启蒙思想家都和他一脉相承。因此，可以这样说，伊拉斯谟在时间上和学术传承上，不早也不迟，是连接人文主义和理性主义的桥梁。

二、莫尔史学

莫尔(Thomas More，1478—1535年)出身于伦敦的富裕家庭[③]，孩提时代在圣安东尼学校就熟悉拉丁文。1492年进入牛津大学，与一批人文主义者结成忘年之交。1499年结识伊拉斯谟，并且影响了伊拉斯谟于1509年完成《愚人颂》。从1504年开始，他先后担任议员、伦敦司法官、亨利八世的顾问、副财务大臣、下议院议长、首席大法官等要职。1533年因拒绝宣布查理八世为英国教会首领，也不承认安·菩琳皇后地位和其女儿即后来伊丽莎白女王为合法继承人，被逮捕入狱。1535年被判死刑送上断头台。1886年被天主教会追封为圣徒。

---

① 转引自〔奥〕斯·茨威格：《一个古老的梦——伊拉斯谟传》，第56页。

② G. H. R. Parkinson, *The Renaissance and Seventeenth-Century Rationalism*, London, New York: Routledge, 1993, p. 75.

③ 关于莫尔的生年，一说1477年，也有笼统说从1477年到1478年的。可以参考 Richard Marius 的 *Thomas More* 和 Peter Ackroyd 的 *The Life of Thomas More* 中的相关内容。

莫尔的著作中,最为著名的当为 1516 年写成的《乌托邦》①,其次为《国王理查三世的历史》。

1.《国王理查三世的历史》中的人文主义

根据洛甘的说法,《国王理查三世的历史》可能写于 1510—1520 年②。莫尔虽然使用英文和拉丁文两种语言写作,但不是简单直接的相互翻译,而是展示不同语言的优点。

在两种文本中,故事开始保持着大致的相同。爱德华四世于 1483 年 4 月 9 日去世,之后各种政治势力发生争执,作为保护人的叔叔理查以尽责为借口,把国王儿子们的最亲密者调离,然后是理查的加冕。可是拉丁文本写到此就戛然而止了,英文本则继续描写了根据理查三世命令的那个想象中的对爱德华儿子(王位的合理继承人)的屠杀,然后的几页进入下一个情节——叙述了篡位者的主要支持者贝克汉姆公爵的背叛——突然中断。可见,这是一部没有完成的历史著作,有点像修昔底德的《伯罗奔尼撒战争史》。

这一著作具有突出的人文主义特征。

莫尔对古典作品非常熟悉。伊拉斯谟在 1519 年写给胡滕的信中说:莫尔"年纪很小的时候就饱读古典作品。青年时代,他致力于希腊文学及哲理的研究"③。维·彼·沃尔金在《〈乌托邦〉的历史意义》一文中提到莫尔所受的古典影响主要表现为两个方面:一是古代世界出现过的社会主义因素,二是古希腊后期的游记体小说。这些从内容和形式上滋养了《乌托邦》④。其实,在历史著作方面,莫尔对古典作品也很熟悉,而且许多古典学者诸如琉善、柏拉图、西塞罗、萨鲁斯特、塔西佗等都是其模仿的对象。

这里举几例他在《国王理查三世的历史》中对古典作家的模仿。例如,在结构上,莫尔在写理查篡位之前先写了爱德华四世统治的和谐和安定,显然是模仿塔西佗《编年史》在写暴君提庇留斯之前先写奥古斯都统治后期的繁荣。再如,在对篡位者理查三世的描写上,莫尔显然是对萨鲁斯特在《朱古达战争》中对那米底亚国王米奇普查的侄子朱古达弑王篡位描写的模仿。

---

① 汉文有戴镏龄译本,商务印书馆 1982 年出版。

② 参阅 George M. Logan, "Introduction", *The History of King Richard the Third*, Bloomington, Indianapolis: Indiana University Press, 2005, p. xxi.

③ 〔英〕莫尔:《乌托邦》,戴镏龄译,商务印书馆 1982 年版,第 128 页。

④ 同上书,第 135 页。

还如，在对政治活动的理解上，莫尔把伦敦市民的政治活动比喻为一出戏，显然是模仿琉善《迈尼普斯》中的说法。

他的这种对古典作家的模仿，使得其著作具有人文主义史学的特征。具体说来：

莫尔写《国王理查三世的历史》的原因，根据16世纪的传记作者托马斯·斯泰普莱顿的《托马斯·莫尔的生平和光辉的殉道》的说法，他"贪婪地学习所有他能够得到的历史著作"①。他还希望自己成为欧洲人文主义者团体中的公开的一员。他非常愿意参加国民政治活动，腐败政治成为他最为痛恨的东西，而理查三世和其他的政治活动家则为其政治职业生涯提供了很好的教训。可见其写作目的是古典的。

书中安排了大量演讲词，而且这些演讲词很有煽动性。例如，他在爱德华四世临终前安排了一场托孤讲话，其最后一段是这样说的：

> 因此，最后我要对你们说的是，我告诫并要求你们各位，为了你们所奉献予我的爱，为了我所赋予你们的爱，为了上帝所赐予我们的爱，从今而后要尽弃前嫌，化干戈为玉帛！我非常相信你们会做到的，不管世界风云如何变化，我们的上帝，你们的国王、亲戚、宗族，都会把这个王国视为尔等自己的家园或者避风的港湾。②

书中包含许多精辟的语句。这里举出两例："许多事情弄在一起，部分是机会，部分是目的，最终不仅引起普通人，而且引起高贵的人去注意并思考它。"③"每个人都以为谁也不会去做无价值的事情。"④

因此，可以说："在各方面，莫尔的著作都是文艺复兴时期人文主义史学家从其古典先辈那里复兴的修辞性的历史写作，实在是这一传统的顶尖著作之一。"⑤

---

① Thomas Stapleton, *The Life and Illustrious Martyrdom of Sir Thomas More*, London: Burns & Oates, 1966, p. 14.

② Thomas More, *The History of King Richard the Third*, Bloomington, Indianapolis: Indiana University Press, 2005, p. 17.

③ Ibid., p. 52.

④ Ibid., p. 31.

⑤ George M. Logan, "Introduction", *The History of King Richard the Third*, Bloomington, Indianapolis: Indiana University Press, 2005, p. xxxi.

2.《国王理查三世的历史》中的史料问题

书中充满着错误、省略和混乱。例如,书中第一句说爱德华四世53岁,而实际只有41岁。关于省略,例如,对于爱德华四世的儿子爱德华王子继任为爱德华五世这一事实记述得很简略。至于混乱问题,也举一例。在叙述爱德华四世子嗣后,接着叙述爱德华王子的事迹,给人感觉是在说爱德华四世儿子爱德华王子,而实际上是在说登上王位以前的爱德华四世。

更为突出的是,《国王理查三世的历史》所反映出的史料来源是完全模糊的,难以直接看出他依据了怎样的最初文本。即使所用口碑材料,他甚至几乎没有做任何交代。莫尔写史不大交代史料出处。只有一个例外,那就是在其拉丁文本中说他从父亲那里偶尔听到的一次谈话中涉及理查篡位的内容。这样,莫尔的著作显然不符合近代历史写作的考证标准。

莫尔之所以要这样做,有人认为,一方面是由于他写的相对来说是当前的历史,所牵涉的人物中一些有权势者还活着或者其子孙还很有影响,因此莫尔需要掩盖其史料来源。还有学者认为,莫尔写历史是修辞性的历史写作,具有古希腊和罗马历史学家所建立、经由文艺复兴时期人文主义者复活的传统,那就是避免说出来源,不加引证①。

但是,并不等于他对史料没有任何判断。他书中经常出现类似于"根据我所获悉的信息"、"这很难说"、"我听说"、"应该是真实的"等插入语,以表明自己对于所记事情的真实性的看法。这一点倒非常像希罗多德的做法。

可以肯定,《国王理查三世的历史》中使用了大量的口碑史料。其父亲在理查篡位期间正生活和工作在伦敦,是一位事业有成的律师,把儿子安置在时为爱德华四世的重要顾问约翰·默顿家中做侍者,并成为默顿的门徒。因此,莫尔完全可能从默顿那里获得信息。还有许多其他人在参与理查篡位活动后成为莫尔的朋友,也可能为莫尔讲述事情的经过②。

同时,莫尔还应该有书写文献的依据。以其社会地位而言,莫尔是有机会阅读公共记录的,而且有的文献他可能是读过的。例如,《国王理查三世的历史》中有一些用语,同伦敦高级市政官罗伯特·费边所编早于莫尔著作的《新英法编年史》中的语句非常相似。莫尔还可能参考了约翰·洛斯的

① George M. Logan, "Introduction", *The History of King Richard the Third*, Bloomington, Indianapolis: Indiana University Press, 2005, p. xxiv.

② A. F. Pollard 在《圣托马斯·莫尔的〈理查三世〉的形成》(*The Making of Sir Thomas More's Richard Ⅲ*)中对于这一问题有着详细的论述。

《英王的历史》、波里多尔·维吉尔的《英国史》中关于理查三世的叙述，他还受到过他所崇敬的诗人皮尔特罗·卡米里尔诺和波那德·安德里关于理查三世的观点的影响。但是只能从文字和观点判断，而没有足够的直接证据[①]。

3.《国王理查三世的历史》的后续效应

就莫尔对后世的影响，有论者指出：

> 莫尔和伊拉斯谟所激起的回到柏拉图和前辈们那里去的自由，对于正统观念来说就是一个危险的东西，并且它还蛀蚀了宗教改革的胚芽。[②]

这是就他对人类精神的总体而言的。至于他在历史学上的地位和影响，还须做具体分析。他的史学具有时代的共同性。从王朝主题中抽出有利于读者的道德教训，柏拉图和亚里士多德都曾经思索过这个主题，在莫尔那个时代，马基雅维里、伊拉斯谟和其他一大批次要的理论家，都从这一角度来看待好的或者坏的政府，莫尔处在这个时代晚期，其选择的对象更具有轰动性和吸引力。他对古典史学模仿以及由此而产生的人文主义特征也表明了文艺复兴时期主流的继续。

莫尔很好地认识到人性的弱点，描写了篡位者理查三世的生理有缺陷和精神被扭曲的丑恶形象。他的写作受到莎士比亚的高度尊重，莎氏在自己的《理查三世》中把莫尔的著作当作最基本的史料和历史学样板。在这两个伟大的作家影响之下，理查在后世的心中就是一个肉体和道德被扭曲的人，一个地道的伪君子。另外，肖夫人，爱德华四世的妾，能读书写字，举止优雅，曾经被认为是宫廷里最美和最有影响的女人。莫尔写作的时候，她还活着，已经成为一个形容枯槁的老妇人，变成一个乞丐。她本来是个富商的后代，这种贫穷的命运是最不可能降临在她的身上的。可是事实恰好不是这样。他的这种研究促使了后来几个世纪学术界对她的持续关注。

从16世纪后期开始，理查的许多捍卫者挑战这种对理查的看法，他们保持热情集中揭示《国王理查三世的历史》中的错误和荒唐。而20世纪人

① 参阅 George M. Logan, "Introduction", *The History of King Richard the Third*, Bloomington, Indianapolis: Indiana University Press, 2005, pp. xxviii - xxxi。

② 〔美〕G·桑迪拉纳：《冒险的时代——文艺复兴时期哲学家》，第106页。

们又为莫尔辩护，证明其所记述的基本事实的可靠性。这些都说明《国王理查三世的历史》的永续效应。

学者中有人评价莫尔及其著作说："尽管它没有完成，英文版《历史》却是一部有着巨大声誉和影响的书。"①"它还是关于 1483 年那些事件的有价值的史料，因此莫尔无疑还是有着很好的素养的。"②这一评价是中肯的。

---

① George M. Logan, "Introduction", *The History of King Richard the Third*, Bloomington, Indianapolis: Indiana University Press, 2005, p. xv.

② Ibid., p. xvi.

第七章　让·波丹与弗兰西斯·培根的史学思想

文艺复兴时期，一些学者提出关于历史学的系统思想，尽管还没有像理性主义者那样使用历史哲学的概念加以规范。这些学者中杰出的有让·波丹和弗兰西斯·培根。

一、让·波丹的史学思想

让·波丹(Jean Bodin，1530—1596 年)，文艺复兴时期法国学者、思想家，被西方学者称为"16 世纪的孟德斯鸠"①。

他的历史学贡献主要在于史学思想方面。1566 年发表《理解历史简易法》，又简称《方法》。他写此书目的之一就是要使读者"从历史中挑选鲜花，这样才能采集最甜蜜的果实"②。此书系统阐述了其史学思想。

1. 历史的沉思

波丹认为人是自然的一部分，人的不同生命被看作对普遍的反对，而历史只是宇宙的一种表面运动。他把历史与人相关联，把人和自然相关联，把自然与宇宙力量相关联。正如有学者指出的那样：

> 在波丹的宇宙说中，"普遍"被附加了各种等级的力量，形成暂时和无终点的世界，它还包括着典型；而个体成员则要经历出生、成长、衰老

① Paul Avis, *Foundations of Modern Historical Thought: from Machiavelli to Vico*, London, Sydney, Dover: Croom Helm Ltd., 1986, p. 52.

② Jean Bodin, *Method for the Easy Comprehension of History*, New York: Columbia University Press, 1945, p. 1.

和死亡的圈子。①

他受文艺复兴的熏陶，反对以赫希俄德为代表的今不如昔的历史倒退思想——古代黄金时代的观念；他认为历史发展既不是神圣条例的暗示，又不是像社会契约之类的政治理论所说的那样——所谓的黄金时代实际上是残忍和原始的。他明确提出历史进步的观点，认为人类已经从自然状态中得到改良，在许多方面现代性意味着对旧事物的改进，“这样，波丹为现代人喋喋不休地与古代人进行争论找到了解释”②。

他反对从《但以理书》中引申来的基督教静止的四帝国说，并分析这一历史观之所以在当代为一些史学家所坚持，是因为反映了哈布斯堡帝国德意志支持者的偏见与傲慢。他认为土耳其人以其广袤的征服，更好表明是神圣罗马帝国的继续。波丹的分期说非常著名。在他看来，每 2000 年就是一次三个时代的展开。这三个时代是：第一个是南方人们的时代，天生爱好沉思，发展了宗教和哲学。第二个是气候温和地区人们占优势的时代，他们的优势在于政治和政府。第三个是天才的北方人们，其显著天赋是机器发明，并用于战争。波丹的分期，尽管是人为的，但是作为世俗主题，建立在不同民族对文明发展进程作出贡献的基础上，却是有意义的。它是维柯三个时代——神的时代、英雄的时代和凡人的时代——的先驱，更为显著的是黑格尔把历史划分为东方、希腊罗马、德意志文化，也与之相似。波丹关注地理环境对于人类历史的作用，广泛论述了气候对人类历史的影响。就法国学者而言，孟德斯鸠和伏尔泰的地理环境论受到波丹有关思想的直接影响。保尔·艾维斯指出，波丹的“这一分期不是基于历史拯救的展开，而是由人类的存在所自然而然决定的。将民族特征归因于环境和地理影响而不是神圣条例或者众星的位置，产生了这样的可能——人类特征将被看作朝着有韧性的和开放性的走向发展的”③。需要指出的是，他并没有完全抛弃《圣经》的说法，因为显然他认可上帝创世说和摩西事迹的真实性，但是他关注现实超过关注未来，他是“抱乐观主义的态度看人类在地球上的

① Paul Avis, *Foundations of Modern Historical Thought: from Machiavelli to Vico*, London, Sydney, Dover: Croom Helm Ltd., 1986, p. 55.

② 〔美〕唐纳德·R·凯利：《多面的历史》，第 374 页。

③ Paul Avis, *Foundations of Modern Historical Thought: from Machiavelli to Vico*, London, Sydney, Dover: Croom Helm Ltd., 1986, p. 56.

境遇”[1]。换言之，他的思想并没有被《圣经》所束缚。

2. 历史考证思想

波丹极力推崇历史写作，认为它不仅超越各种艺术，并且位居各种科学之上。他认为历史学可以起到“解释现在和预言未来”、“抑恶扬善”、“引导生活”的作用[2]。

但是，这不意味人们可以随便书写历史，相反“波丹对历史首先关心的是真理和公正”[3]。在他看来，由于“对一个好人而言，当他写反面人物能够抑制住不去诅咒，或者说写英雄人物而拒绝寄予爱戴和感恩，这样是很难的”[4]，从而就产生如何才能做到公正的问题。波丹所提供的答案，下文将会做具体说明。可以肯定的是，他从法律角度来理解历史的编纂。他说历史的形式有三种：人类史、自然史、圣史；而首先关心的应该是人类史。他认为人类的历史学与法律非常相似：第一，像法律一样描述和鉴定人类的意志行动；第二，像万民法一样覆盖整个世界的民族；第三，像法律工作者一样，历史从业者需要具有理解公共事务的能力；第四，历史学家跟法理学家须要法律证据一样，秉持文献证据的观念。

就历史学家的素质而言，他提出怀疑原则。波丹认为，由于人们习惯于热爱自己的祖国，人们隶属于某个宗派，信奉某种宗教，这些都可能导致历史学家在从事历史写作时产生偏见，因此，几乎关于任何话题，历史真相最终都要受到怀疑。他又提出历史学家应该熟悉政治艺术的原则。他认为，历史学家要从实际掌握权力或者参与协商中熟悉政治艺术。这一点倒是与波里比阿相一致。但是，由于波丹是一位法学家和比较史学家，因此他认为史学家还要具备其他素质，那就是要理解不同国家的法律和习惯。他还提出历史学家要诚实发表其知识的原则。他认为一个历史学家叙述历史时既不应该过分赞扬也不要吹毛求疵；假如历史学家的语言是诗歌化的或者夸大其词的，再或者假如他因为有趣的但是不相干的插曲而打断叙述的顺序，那么历史学家也可能因为其风格而不受重视。这一点与波里比阿的主张也

① 李大钊：《鲍丹的历史思想》，《李大钊文集》下册，人民出版社 1984 年版，第 296 页。

② Jean Bodin, *Method for the Easy Comprehension of History*, New York: Columbia University Press, 1945, pp. 1 - 9.

③ 〔美〕唐纳德・R・凯利：《多面的历史》，第 373 页。

④ Jean Bodin, *Method for the Easy Comprehension of History*, New York: Columbia University Press, 1945, p. 43.

是相同的。但是,他主张通过史料进行暗示以消除史学家的价值判断,这却成为兰克主张的先声。他还提出历史学家要有批判精神或者考证观念,下文将做比较具体的说明。

波丹在讨论历史学家优秀品德时,提出了历史考证问题,并就如何实现历史写作的公正赋予了深刻思考。

他认为即使最优秀和公正的史学家,其著作也是不完美的。例如,波里比阿被认为是所有最好的作者中最诚实的,但是在讨论人口稠密的大城市问题上,却是不公正的。再如,费边是一个伟大正直和谨慎的人,可是他关于布匿战争还是倾向于罗马人的。

如何才能做到公正呢?波丹认为:历史学家必须得到可靠的事实。这意味着,好的历史学家必须目击事实或者直接向在场的人提问。但是波丹的思想没有停留在这里,而是继续走向深入。他感到最好的史学家离事实既不能太早也不能太晚,日期靠后的史学家比贴近事实的人更不大受偏见的影响,说话更直率。同时,最好的史学家常常持有外国人的观点,因为外国作者通常比倾向于把事情叙述当作自我证明的本国人更可信。

3. 科学史学的倡导者

要认识波丹的思想在西方史学中的意义与地位,首先应该考虑将其与阿格里帕等人的怀疑主义相关联。

阿格里帕著有《关于艺术和科学的自负和不可靠性》,批评历史学是伪经验主义的,历史写作是缺乏诚信的,历史学家是说谎家,成为16世纪反历史学的代表。波丹承认了历史学家偏见的存在,在某种意义上是对阿格里帕等人的呼应。但是,波丹的进步在于,他认识到这些偏见不能仅仅理解为历史学的腐败和历史写作的唯一动机,并从心理上解释了偏见的产生是正常的。其思维要比阿格里帕等人缜密得多。例如,波丹为塔西佗辩护,他认为既然基督教徒在那个时候一般是被诽谤的少数族群,塔西佗就是在那个时候写作的,既然塔西佗出生为异教徒,在一个异教徒的时代,塔西佗反对基督教不仅是自然的而且是虔诚的,不应该因此而剥夺其优秀历史学家的美名。

从历史的角度说,西方的史学方法论基础是18世纪奠定的,而18世纪的史学方法论思想却可以追溯到16世纪后期的传统。因此,波丹对于西方史学方法论思想的形成功不可没。古奇曾经指出:

> 这位法国政论家,在宗教战争最炽烈的时期把历史看作是一个世

> 俗性的课题，并以科学精神来研究它。博丹在孟德斯鸠之前指出了地理位置、气候和土壤对民族性格和民族命运的影响；另一方面他提醒人们注意，一位作家的个人地位、爱国的和宗教的倾向性以及求知机会对他的见解和成就的影响。在他以前，没有一位思想家对于环境所起的作用有过这样深刻的见解，而且在他以后的二百年中也没有人添加什么新的东西。①

在史学思想中，16 世纪后期是一个重要的变革时代，“后期人文主义者最远大的抱负是把历史学和社会科学联为一体”②。波丹在公共法领域中的写作，反映了存在于后期人文主义者中、建立于通史基础上的法律科学重建的倾向。在波丹的体系中，公法的原则至少在理论上不再是建立在评注罗马法基础上的，而是建立在所有最著名的国家法律史的比较和综合基础上的。这一法学上的革命，进而与 16 世纪的历史考证方法或者一般理论开始密切相关。波丹及其同伴的计划在于最热切表达对于通史的兴趣，还因为在文艺复兴后期，普遍认为阅读历史是政治和伦理教育的理想形式，对于通史的完全熟悉被看成是一个有教养者的基本素质，这样研究历史的重要性凸显出来。于是，“研究过去的方法不仅是从历史兴趣导出的普通教育学的目标，而且是由法学眼光所要求的法律教育的实际需要”③。

但是，在波丹以前，历史学被认为是一种艺术，因而阅读历史也存在着阅读艺术问题，鲍杜安等人关于历史学的论述似乎只是一种历史阅读的指南。后来，一些问题例如历史学信仰的逻辑基础，史料类型及其相对权威性，文献可靠性的检验，作者偏见的说明等，暴露出来了。这样，“由于这一时期普遍法学家，特别是波丹，他不仅为法学和相关的社会原则，而且为历史学的方法论，建立起一个新基础”④。由于这一问题是综合的，卡诺和鲍杜安的成就还不是完整意义上的方法论。其缺失在于，关于内部考证的原理卡诺是极端含糊的，而鲍杜安完全是沉默的。因此，就考证思想而言，波

① 〔英〕乔治·皮博迪·古奇：《十九世纪历史学与历史学家》上册，耿淡如译，商务印书馆 1989 年版，第 74 页。

② Julian H. Franklin, *Jean Bodin and the Sixteenth-Century Revolution in the Methodology of Law and History*, New York, London: Columbia University, 1963, p. 154.

③ Ibid., p. 3.

④ Ibid., p. 4.

丹发展前人的成就,走向了系统和细致化。J·H·富兰克林认为:

> 早期考证的立场是一般读者或者历史学消费者的立场,不像19世纪是专门从事研究者的立场。因此,既然他们的考证需求不太强烈,那么他们基本的着眼点就不是系统地进行考证。①

可是到了波丹就不一样了,史料本质和范围的界定,原始史料和二手史料的区别,建立文献权威的方法,一系列确定史料偏见的心理学上的标准等问题,都得到了论述。而且,波丹的思想成了随后的相关思想的实际源头:

> 这方面最惊人的证据是朗格莱·杜·弗莱斯诺的著作,其《历史研究法》被柏恩汉断定为"那个时代最好的方法论手册",该书的主题和目的就是有教养者的"阅读艺术",受到波丹的《方法》的启发。波丹作为前辈受到了尊敬性的征引。在关于考证原则那些章中,不仅有对卡诺著作的颂扬性的引证,而且有直接从波丹那里借用的显著痕迹。这种依赖是那样的紧密,的确——不仅在说明概念方面,甚至在特别说明方面——常常疏忽到剽窃的程度。②

J·H·富兰克林这番话提供了波丹对于后世影响的非常有说服力的证据。

二、弗兰西斯·培根的史学思想

培根(Francis Bacon,1561—1626年),英国卓越的哲学家,在史学上同样颇有建树,伏尔泰称:"这位哲学先驱也是一位优秀作家、历史学家、才子。"③

1. 在官场与学界双栖

培根于1561年1月22日生于伦敦约克府,其父是掌玺大臣男爵尼古拉·培根。1574年他入剑桥大学三一学院。1576年6月入葛莱律师公会,

---

① Julian H. Franklin, *Jean Bodin and the Sixteenth-Century Revolution in the Methodology of Law and History*, New York, London: Columbia University, 1963, p. 152.

② Ibid., p. 153.

③ 〔法〕伏尔泰:《哲学通信》,高达观等译,上海人民出版社2005年版,第59页。

8 月随驻法大使包莱男爵出使巴黎将近 3 年。1596 年被伊丽莎白女王聘为特别法律顾问。1603 年被詹姆斯一世封为男爵。1607 年 6 月被任命为法部次官。1613 年担任首席检察官。1616 年为枢密会议成员。1617 年为掌玺大臣。1618 年为大法官，并被封为维鲁兰男爵。1621 年被封为圣奥本斯子爵。1626 年 4 月去世。

其著作主要有：1597 年出版《论说文集》，1612 年再版，1625 年最后修订本出版[①]。1605 年出版《学术的进展》，也译为《广学篇》[②]。1609 年出版《古人的智慧》。1620 年出版《新工具》[③]。在伊丽莎白在位时期，他就想写都铎王朝的历史，到詹姆斯一世时又想写大不列颠的历史。后来他从亨利八世写起，但是并没有完成，因此今天能够看到的是这一计划的残片，那就是写于詹姆斯一世统治初期的《亨利八世、爱德华王、玛丽女王在位时期和伊丽莎白在位部分时期的历史》、《大不列颠历史的开端》和《亨利八世在位历史的开端》。1622 年出版《亨利七世在位时的历史》[④]，此书从 1485 年波沃斯战役理查三世战死、亨利称王写起，一直写到 1509 年亨利七世去世，最后写了他的品质，实际是对亨利的全面评价。《亨利七世在位时的历史》所用材料有未公开的手稿。根据 1996 年罗特尔杰或托尔姆斯出版社所出《培根全集》第六卷第 167 页上的边白说明，培根自己承认从罗伯特·科顿爵士那里获得手稿，其中就有威廉·坎顿的《伊丽莎白女王编年史》，他看完后的修正和注释性文字，也收在《培根全集》第六卷中。同时，还使用了官方文献，例如伦敦塔的记录，国玺部的文书等[⑤]。其他还使用了公开出版的材料，例如波里多尔·维吉尔的《英国史》，爱德华·海尔的《卓绝的兰克斯特和约克家族的联合》，罗伯特·费边的《编年史》，托马斯·莫尔的《国王理查三世的历史》，波那德·安德里的关于亨利七世的著作。看来，此书的史料价值不算太高。对此，斯图亚特·克拉克曾经指出，这种文艺复兴历史学新

① 汉译本有水天同所译《培根论说文集》，商务印书馆 1988 年出版。相关的译本有何新译《培根论人生》，上海人民出版社 1983 年出版。

② 关琪桐译为《崇学论》，商务印书馆 1938 年出版。刘运同译为《学术的进展》，上海人民出版社 2007 年出版。

③ 是针对亚里士多德《论工具》而言的。沈因明的译本由辛垦书店 1934 年出版，关琪桐译本由商务印书馆 1935 年出版。许宝骙译本由商务印书馆 1984 年出版。

④ 也有人翻译为《亨利七世本纪》。

⑤ D. R. Woolf, "John Seldon, John Borough and Francis Bacon' *History of Henry Ⅶ, 1621*", *Huntington Library Quarterly*, Vol. 47, 1984, pp. 47 - 53.

的分析学派不大关注确立关于过去的通过研究原始档案得来的新“事实”，而是关注更加切中要害的对于已经确认的事实的解释①。如此说来，史料价值不高不能作为评判培根史学水平高低的唯一尺度。

1626 年出版《新大西岛》②。后来 J·斯派丁等人编辑其著作为《培根集》或者《培根全集》。

2. 传统的历史观与强烈的史学批判意识

培根的历史观与一般人文主义者是一致的，或者说仍然是传统的。他承认事物的永恒变化：“凡物都是在不停的变化之中，永无停歇，这是的的确确的。”③

他有地理环境论的思想，培根曾经说过：

> 世界底北部都是天然好战的区域；不论那是由于北半球的星宿，或者由于北半球底大陆——南部就现在所知差不多全是海洋——或者(这是显而易见的)由于北方气候底寒冷，这种气候就是不假训练而能使人体力顽强，血气旺盛的。④

培根的历史阶段性观点是：

> 在一个国家底少年时代，武事是最盛的；在它底壮年时代，学术是发达的；然后是一个时代武事与学术同时发达；在一个国家衰颓的时代，工艺与商业是发达的。⑤

他论亨利个人品质和运气之间的关系有辩证性：“他的运气在其品质上起作用，而他的品质也在运气上发生作用。”⑥

---

① Stuart Clark, “Bacon' *Henry Ⅶ*: a case-study in the Science of man”, *History and Theory*, Vol. 13, 1974, pp. 97 - 118.

② 汉文本有何新译，商务印书馆 1959 年出版。

③ 〔英〕弗·培根：《论变易兴亡》，〔英〕弗·培根：《培根论说文集》，水天同译，商务印书馆 1988 年版，第 200 页。

④ 〔英〕弗·培根：《论变易兴亡》，〔英〕弗·培根：《培根论说文集》，第 204—205 页。

⑤ 同上书，第 206 页。

⑥ Francis Bacon, *The History of the Reign of King Henry Ⅶ*, *Collected Works of Francis Bacon*, Vol. Ⅵ Part Ⅰ, Routledge/Thoemmes Press, 1998, p. 244.

培根把是否有知识和是否资助知识的发展看成评价历史人物的重要标志。例如，他对罗马皇帝涅瓦尔、图拉真、阿德里安、安东尼、康茂德等评价很高，原因就是他们要么很有学问，要么支持学问的繁荣。他非常推崇亚历山大、恺撒，原因是他们特别重视和学习知识①。培根的这些观点有英雄史观嫌疑，从历史的观点看来是可以理解的，正所谓"培根把国家的进步繁荣都归于帝王将相个人的学识，自然不免有'英雄史观'、'知识万能论'的浓厚气味。然而，在古代、中世纪的奴隶社会、封建社会里，统治的基础一向就是皇权，权力就是一切，知识是无足轻重的，在这种情况下，培根强调了知识、学问在国家治理中的价值，这是有见地的，其历史进步性是不容否定的"②。

他对过去的史学提出了批评。培根认为，关于希腊、罗马的历史，"我们所要求的只是补遗弥缺，而不是额外的工作"③。他说："虽然少数的著作值得一观，大部分都处于低劣之列。"④

他批评基督教史学说：

> 对于殉教者、隐居者、荒漠中的僧侣和其他圣人的奇事，及其遗物、神祠、礼拜堂和肖像，教会常常轻易加以承认和宣布。由于人们的无知、迷信者的愚昧、投机者的宽容，这些东西可能被当作神圣而美好的事物，蒙骗人们一段时间；但是随着时间推移，笼罩在这些事物上的迷雾将会散去，它们被人们看作老妇人的故事、僧侣的欺骗、精神的幻影、反基督的特征，给宗教带来了巨大的耻辱和损害。⑤

他批评过去的自然史著作"充满了许多神话般的内容，其中很大部分既没有检验过，而且明显是不真实的"⑥。他认为"传记的写作是那么稀少"⑦。至于纪事"这方面的著作显得很少"⑧。特别是"对于那些把一切寄托于经验的人们。回溯至千年以上，他们就没有配称为历史的历史，而只有一

① 〔英〕培根：《学术的进展》，刘运同译，上海人民出版社 2007 年版，第 37—48 页。
② 余丽嫦：《培根及其哲学》，人民出版社 1987 年版，第 104 页。
③④ 〔英〕培根：《学术的进展》，第 69 页。
⑤ 同上书，第 24 页。
⑥ 同上书，第 25 页。
⑦ 同上书，第 70 页。
⑧ 同上书，第 71 页。

些古代的寓言和传闻。至于说到世界的方域和地区,他们则仅知道一小部分”①。

因此,培根给人的印象是傲慢的。其实他这种态度并非仅限于史学,在哲学领域也是如此。他以为西方的哲学源头希腊哲学“敏于喋喋多言,不能有所制作;因为他们的智慧是丰足于文字而贫瘠于动作”②。他批判亚里士多德说:“他以他的逻辑败坏了自然哲学。”③他还说毕达哥拉斯和柏拉图的哲学“是用陷阱来约束理解力,而这类哲学,因为是幻想的、浮夸的和半诗意的,则是多以谄媚来把理解力引入迷途”④。

他之所以批判过去的学术,客观上是,以往的学术“采用了某些无稽的谣传,含糊的流言,或者经验的一些假态,并赋予它们以合法证据的重量”⑤。他认为真正的经验应该是,“从适当地整理过和类编过的经验出发,而不是从随心硬凑的经验或者漫无定向的经验出发”⑥。

3. 从史学产生到史学结构的哲学思考

培根从人类智能的角度论述了史学的产生。他说:

> 人类的理解能力是人类知识的来源,人类知识的区分正对应于人类的三种理解能力:历史对应于记忆,诗歌对应于想象,哲学对应于理智。……至于预言,似乎超越了前三类,实际上是一种历史,它超越世俗历史的地方在于除了事后记录,还可以预先叙述事件。⑦

他像人文主义史学家一样相信历史学的重要。“史鉴使人明智”⑧,这句话是人们耳熟能详的。他的这种观念是人文主义史学家的共同信仰,有学者指出,“培根吸纳了马基雅维里和圭恰迪尼的更为新式的史学,把他们同文艺复兴中日益受到尊重的塔西佗结合起来”。他“相信历史是信息和教

---

① 〔英〕培根:《新工具》,许宝骙译,商务印书馆 1984 年版,第 50 页。
② 同上书,第 49 页。
③ 同上书,第 35 页。
④ 同上书,第 38 页。
⑤ 同上书,第 77 页。
⑥ 同上书,第 60 页。
⑦ 〔英〕培根:《学术的进展》,第 64 页。
⑧ 〔英〕弗·培根:《论学问》,〔英〕弗·培根:《培根论说文集》,第 180 页。

诲的重要来源，但是其应有作用是客观描写而不是主观的规范”①。他对于塔西佗的模仿，这里限于篇幅不能展开。布里安·维克斯有详细论述，具体可以参考培根为《亨利七世在位时的历史》所写的《导言》。就在他论诗歌、哲学和史学三者之间的关系时抬高历史学的地位，“诗歌是其想象，哲学是其理性，而历史学是其记忆。这三种能力中，记忆通常被认为是最不例外的。因为想象通常是琐碎的，理性是有争议的，这样所有写作中的历史学则应该得到最少的质疑”②。他还说：“历史学拥有头脑的理解力，这一理解是与行动结合得最密切的。历史学赋予人脑如此强的特性，却不会改变脑筋的状况，既不犹豫也不固执。”③

他思考历史学如何才能公正的问题，其答案是：

第一，不为寓言所诬。他曾经说过：“真正历史的信誉若因其有时曾为寓言所伤、所诬而遭到贬损，那是不公正的。”④

第二，区分史与论。按照他的说法，那就是：“把历史和议论混在一起是一种不合常规的做法。”⑤

第三，三类体裁各有所长。培根说过：

> 根据它们记录或者声称记录的对象可以分为三类：记录时间的，记录人物的，记录事件的。三者之第一种我们称作编年史，第二种称作传记，第三种称作纪事。三者之间第一种是最完美最精致的历史，最受人们推崇和称赞；第二种则在实用方面超过了前者；第三种则以真实可信见长。编年史只记载重大的事件、公众人物的行为举止，对于较不重要的人物和事件则忽略不提。……因此，编年史更适于传达宏伟的壮举，而不是真实隐秘的胜景。好的个人传记的职责在于描述个人的生平，传主的作为无论大小，无论公开隐蔽，都应该穿插糅合，叙述得真实、自然、生动。纪事也是如此……比起编年史来更加彻底而严密地反

---

① Brian Vickers, “Introduction”, Francis Bacon, *The History of the Reign of King Henry Ⅶ and Selected Works*, Cambridge: Cambridge University Press, 1998, p. xv.

② Francis Bacon, *The History of the Reign of King Henry Ⅶ and Selected Works*, edited by Brian Vickers, Cambridge: Cambridge University Press, 1998, p. 209.

③ Ibid., p. 210.

④ 〔英〕培根：《新工具》，第66页。

⑤ 〔英〕培根：《学术的进展》，第72页。

映出事实的真相。①

培根对历史学的结构做过系统的设想。他认为：

第一，历史可以分为自然史、社会史、宗教史、学术史②。

自然历史有三类，一是普通自然历史，二是变异自然历史，三是加工过的自然历史，也就是生物历史、奇异历史、技术历史③。

社会历史也有三种：纪事杂录、完美的历史、古代逸史。纪事杂录是未完成的历史，或初步的、粗略的历史草稿；古代逸史是破损的历史，或者是侥幸逃脱了时间冲刷的历史残余。纪事杂录或称准备性的历史，有两种：一种可以称作回忆录，另一种称作档案。其中古代逸史或称历史的残余，“这些材料对于历史是一种典型的腐蚀和蛀虫，因此应该从历史中排斥出去”④。

教会的历史也可分为三种：普通的教会历史、预言历史、天意历史。对于前者“我只是希望应该在内容的可靠和真实方面更臻完美”⑤。关于预言的历史，“我认为还存在一些缺陷，但要做好非具有高深的智慧、严肃的态度、敬畏的心态不可，否则宁缺毋滥”⑥。第三种，“上帝降临的报应、惩罚、判决和祝福就是体现上帝意旨的明显例证，在天意历史写作方面已经有许多人进行过努力，因此我找不出什么疏漏的地方”⑦。

他看到历史学有衍生物，认为历史学的附属物，例如历史人物的言语，分为三类：演说、书信、格言⑧。

第二，强调几种专门历史的重要。

他看重学术史，而学术史应当包括学术的起源，学术的派别，学术的创新，学术的传统，多样的管理和实施方式，繁荣的盛况，反对者的意见，衰落、缓慢、变迁的缘由和情形，还有所有其他跟学术有关的事件，都要分门别类，按照年代顺序记载清楚⑨。他说：“对我来说，缺少了学术历史，世界的历史就如同波吕斐摩斯的雕像缺少眼睛一样，而这一部分正是显示人的精神和

---

① 〔英〕培根：《学术的进展》，第 68 页。

②⑨ 同上书，第 64 页。

③ 同上书，第 65 页。

④ 同上书，第 67—68 页。

⑤ 同上书，第 73 页。

⑥⑦⑧ 同上书，第 74 页。

活力的地方。”①

他重视地方志。培根说：“这种方志之学在现代的各种学问中算是最先进的。……可算是真正能与古代媲美的一种学问。”②

培根这些思想使得西方学者关于史学的哲学思考变得系统了，特别是关于史学体系的论述，时至今日仍然是有价值的。

① 〔英〕培根：《学术的进展》，第64页。
② 同上书，第72页。

第八章　博学派史学

历史学中的博学派，是指在博学时代（Age of Erudition）①兴起的以整理和考证文献为表现形式的史学派别。其兴起有着复杂的社会原因，其中主要是宗教改革与反改革，双方都拿起历史学作为较量的武器。其兴起的学术条件，既有历史怀疑论的推动，又有人文主义文献学的泽被。

一、社会与学术基础

博学派的兴起，既是现实社会中宗教论战的需要，又具有充分的学术基础，包括历史皮浪主义的催生和历史文献的积累。

1. 宗教论战与皮浪主义

路德依靠描述早期基督教团体的信条和习俗，并把它们作为美德的标准，来衡量当代教皇统治在精神上的缺点。他的做法引起了天主教会的怀疑和反驳，被认为在历史事实上是站不住脚的。可是，新教徒发现天主教的反驳缺乏可信的客观标准，在历史事实方面天主教也处在同样的窘境中。正如有学者所说："在反复的论战过程中，双方都发现他们的教义暴露了逻辑的和历史的缺陷。"②

这样，出于宗教论战的需要，基督教新派和旧派都以历史撰写为武器而参加战斗。例如，路德派以佛劳修斯为首，编纂了《马格德堡世纪》，1559 年开始出版，1574 年全部出齐，向教廷发难。罗马教廷则委托巴洛尼阿斯应战。他出版《教会年代记》进行回敬。新教派又推出以撒・加索

① 博学时代，在通史研究中，一般是指从 16 世纪后半期到 18 世纪早期的历史阶段；在史学史研究领域，汤普森在《历史著作史》中所主张的 1600—1750 年的说法，影响最大。这里遵从通史研究中的一般观点。

② 〔美〕哈多克：《历史思想导论》，王加丰译，华夏出版社 1989 年版，第 59 页。

朋写《巴罗尼阿斯著作中的习作》，对《教会年代记》逐条进行批驳，使得新教徒把巴洛尼阿斯称为"大谎言家"①。无论是新教还是天主教，在向对方发难时都从历史文献中寻求进攻的证据，从而指示历史学的博学之路。这些表明：

> 宗教改革的领导者，都企图靠引证历史实例而提出自己的理由。尽管主要的神学争端在于向信徒解释《圣经》时，教会应当扮演什么角色，这一争论不休的问题。但进行争论的方式包含着求助于一系列"事实"，这些事实描写了罗马天主教会在特定时机采取的种种立场；描写了作为历史教科书的《圣经》的性质；描写了基督教作为一种制度化的宗教建立时的环境。②

皮浪主义对于博学派的出台起到推动作用。极端怀疑主义者阿格里帕斥责了所有领域的知识探索，特别是这位德国学者认为原则上史学家都不可能知道真实的情况。他在 1526 年出版《关于艺术和科学的自负和不可靠性》，其中称："编史者之间的分歧竟有这么大，居然能把同一素材写得那样反复不定或说法不一。这足以显示这种研究是不可能的，它只是证明了许多史家可能是道地的撒谎者。"③

他的怀疑论被法国皮浪主义者蒙田所继承。蒙田于 1580—1587 年出版三卷《随笔集》，使得 17 世纪各种不同的人都从他那里获取营养和快乐，特别是 18 世纪的丰德奈尔、贝尔、孟德斯鸠、伏尔泰等人都给予他很高的关注和赞赏。④ 蒙田说过："人人都可以写历史。"⑤因此，"每当我要阐述一个我们早已接受的权威看法时，我不想墨守陈规地只用规则和事例来证实，而是穷源溯流，寻根究底，我就会发现这个看法根基不牢"⑥。蒙田的怀疑主

---

① 见 Preserved Smith 的 *The Age of the Reformation*，转引自 Harry Elmer Barnes, *A History of Historical Writing*, the second edition, New York: Dover Publications, INC, 1963, p. 127。

② 〔美〕哈多克：《历史思想导论》，第 58 页。

③ 转引自〔美〕哈多克：《历史思想导论》，第 61 页。

④ 参阅〔法〕莫里斯·拉：《原版引言》中关于蒙田影响的部分，见于〔法〕蒙田：《蒙田随笔全集》，潘丽珍等译，译林出版社 1996 年版。

⑤ 〔法〕蒙田：《几位大使的一个特征》，〔法〕蒙田：《蒙田随笔全集》上卷，第 77 页。

⑥ 〔法〕蒙田：《论习惯及不要轻易改变一种根深蒂固的习俗》，〔法〕蒙田：《蒙田随笔全集》上卷，第 129 页。

义，一方面意味着不存在正确的东西，另一方面又意味着不存在错误的东西。在他看来，任何真理都是矛盾的，对一个真理的否定就是产生另一个真理。而且，自我意识是蒙田身上恒定不变的部分，是他衡量一切学说的尺度。文德尔斑指出：

> 在蒙台涅的《论文集》中无论透露的是什么哲学思想都来源于皮浪主义。因此，中断已久的传统线索又连接起来了。理论见解和伦理观点的相对性，感官的错觉，主观和客观之间的鸿沟，主观和客观的不断变化，一切理智活动均依赖于非常不可靠的论据——所有这些古代怀疑主义的论点，在这里我们都碰到了，只不过不是以系统阐述的形式，而是在具体问题的讨论中乘兴结合；也因为如此，反而感人更深。①

笛卡儿对阿格里帕的怀疑主义提出驳斥，可是在历史知识问题上，却走上了与阿格里帕相同的道路，他“不仅否认历史知识逻辑的正确性，他还鄙视缓慢地发展、逐渐地成长这一历史过程的特征”②。在贬斥历史知识问题上，笛卡儿与阿格里帕殊途同归。笛卡儿的怀疑主义与博学者相呼应，促进了这场学术运动。汤普森注意到这一点，他说：

> 笛卡儿和马比昂既是同时代人，又是同乡，尽管一位是怀疑论者，另一位是正统教士，但探索真理，坚决服从真理方面，他们二人的思想于无意中连在一起了。③

有意思的是，对历史学皮浪主义的最初反应竟然来自基督教史学家。随着宗教改革争论的进行，新教派和天主教派都发现自己不由自主地与怀疑论哲学家处于联盟之中，这种情况使得“教会史家以彻底批判的方法重新估价自己的资料，这种批判没有给那些神圣的无法确定文献依据的传说留下自己的机会”④。

---

① 〔德〕文德尔斑：《哲学史教程》下卷，罗任达译，商务印书馆 1993 年版，第 492 页。
② 〔美〕哈多克：《历史思想导论》，第 64 页。
③ 〔美〕J·W·汤普森：《历史著作史》第三分册，第 27 页。
④ 〔美〕哈多克：《历史思想导论》，第 64 页。

2. 文献学传统与尘封文献的面世

意大利人文主义史学中就有博学的倾向，例如，比昂多的博学为后世所认可，代表着关注和研究古代的风气。特别是，瓦拉对于《君士坦丁赠与》的辨伪和对拉丁文《新约》的注释，使关注和研究古代有了方法论，特别是暗示着无论看上去如何权威的文献都可能是不真实的。他的这一态度和方法被伊拉斯谟、斯宾诺莎等人所继承，形成对基督教经典《圣经》的怀疑和研究。这种怀疑权威文献的态度和追求真实证据的方法，恰好是博学派史学家所遵守的家法。

中世纪的教界纷纷编纂圣徒记和修道院年代记，形成持续的写作传统，给予后世博学者以学术熏陶，同时也为他们的考证提供了文献基础。从这个意义上说，博学派是在新的历史条件下基督教历史编纂的继续和发展，不过中世纪利用历史编纂来印证《圣经》的权威性，而博学派则转向证明宗教传播和教会发展中历史事件的真实性。

在新旧教冲突的名义下，欧洲接连发生的德国农民战争(1524—1525年)、施马尔卡登战争(1531—1552年)、三十年战争(1618—1648年)、胡格诺战争(1562—1598年)，还有亨利八世解散寺院的诏令，对于寺院的冲击不可估量，大量尘封已久的文献公之于世，许多学者和收藏者纷纷搜求之。这为博学派史学兴起提供了资料条件。开风气之先者是法国的皮埃尔·匹陶。他整理了包括副主祭保罗、弗莱辛主教鄂图在内多人的著作。他还写信给好友得·图建议整理中世纪的法国史料，这一梦想由他身后的博学者来实现了。例如，法国皇家史官安德烈·度申，在胡格诺战争中，收购许多寺院保存的文献，成为当时法国最大收藏家。在这些文献中，以度申之名保存在国家图书馆的就有59卷之巨。再如，英国博学者马太·帕克，利用一些寺院解散的机会，搜集从这些寺院散佚出的文献，成为当时英国最大的收藏家之一。这些文献的搜集与整理为博学派兴起提供了条件。

对此，有论者精辟地指出：

> 16世纪许多新办的抗议教大学的图书馆藏书，法国许多著名藏书家的收藏，差不多全是从寺院抛售出来的。大量的文献资料从寺院转入学者们手中，对于史学的发展起了极大的推动作用。①

① 孙秉莹：《欧洲近代史学史》，湖南人民出版社1984年版，第61页。

二、博学派学者们的业绩

博学派史家群星璀璨，其著作汗牛充栋。这里无法全面论述，只能择其要者加以介绍。

1. 玻兰达斯派的成就

玻兰达斯学派(the Bollandists)是属于耶稣会的比利时学术团体，因其成员玻兰达斯(John Bollandus，1596—1665 年)起到重要组织作用，并为文献的编辑事业作出重大贡献，故这个学术团体以之命名。

首先是路斯威德的开创。中世纪的历史编纂中，遗留宏富的圣徒行传。这些行传中掺杂着大量神迹之类的荒诞内容，曾经引起人文主义者和新教者的嘲弄。玻兰达斯学派出于拯救这些行传资料和确定其历史价值的目的，就以搜集、整理和出版圣徒传为职志。赫伯特·路斯威德就是这一计划的开创者。

按照他的计划，圣徒传要写 18 卷之多。第一卷写耶稣生平和纪念耶稣的节日，第二卷写圣母，第三卷写圣徒的隆重节日，然后依照年历中圣徒节的顺序写 12 卷圣徒传。最后，再辅以三卷考证、注释和索引性的文字。对于这一编纂方式，有学者说："这一安排是混淆历史的，它比严格编年更不妥帖。"①由于圣徒的材料太多了，因而这一计划非常庞大，再加上打乱年代顺序而只以日期为准选择材料，无形之中增加许多工作量，因此那不是路斯威德穷尽个人一生所能完成的。事实上赫伯特·路斯威德生前并没有完成这一工作，而是把事业传给了玻兰达斯。

玻兰达斯意识到如此庞大事业非个人之功所能完成，于是打算组织一个集体开展工作。他网罗一批学识渊博、工作勤奋的学者，其中就有他的学生杰弗里·亨斯琴，另外还有但以理·丕皮布洛奇。他同欧洲各地的耶稣会进行联系，搜集范围包括西班牙、葡萄牙、意大利、德国、波兰、波西米亚、英国和法国等，使得所搜集到的圣徒传手稿达到路斯威德所搜集的 4 倍。玻兰达斯还亲自编纂圣徒传，负责西班牙、英国和德国部分，直到去世，"玻兰达斯及其同事，剔除了许多传统奇迹，而保留那些合格的具有教育意义的

① Harry Elmer Barnes, *A History of Historical Writing*, the second edition, New York: Dover Publications, INC, 1963, pp. 132 - 133.

东西"①。

杰弗里·亨斯琴(Geoffrey Henschen, 1600—1681 年)从 1635 年起开始编写《圣徒行传》,1658 年出版了包括 1 月份的所有圣徒传。后来,在他领导下逐次完成到了 6 月份的圣徒传,不过在其去世后的 1688 年这些成果才得以出版。亨斯琴去世后,这一事业的领导工作历史地落到但以理·丕皮布洛奇的肩上。他于 1660 年加入这个团队,并为之捐献了丰厚的财产,继续未竟事业。丕皮布洛奇不仅编辑圣徒传记,还为每卷写序,这些序表达出该派历史写作的基本信念。丕皮布洛奇去世后,这一工作因欧洲政治局势的影响时做时停。直到 19 世纪末,通过出版 65 卷圣徒传,这一耗时近 3 个世纪的伟大工程才大体告终。那些重要但又不符合传记体例的文章,也被他们整理出来,通过创刊于 1882 年的《玻兰达斯文选》刊布于世。

玻兰达斯派尽量把荒诞不经的成分从传记中剔除出去,体现出对于材料的审慎和对于学术的忠诚。他们在文献上为后人研究中世纪基督教历史做了铺路工作。

2. 圣摩尔学派的伟业

圣摩尔派是由属于本笃会的法国圣摩尔修道院学者所组成,其创始人是路克·达希里(Luc D' Achery, 1609—1685 年)。他影响和带领一大批学者,借助古文字学、古文书学和年代学等辅助学科,整理和出版大量的中世纪时期的文献。根据汤普森的说法,在 17 世纪该派成员中著名者就有 105 位②。在整个 17、18 世纪,这一派的学术都处于繁荣期。在众多成员中,最有成就者为马比荣(Jean Mabillon, 1632—1707 年)和蒙福孔(Bernard De Montfaucon, 1655—1741 年)。

达希里对该学派有开创之功。路克·达希里被称为"摩尔博学派之父"。他以整理中世纪未刊文献为职志,从 1655 年到 1667 年,共计出版 13 卷《中世纪未刊文献集成》,因而名垂千古。达希里在整理文献过程中,有一得力助手,那就是让·马比荣。

哈多克指出:"与其修会的成员们一样,马比荣通过马勒伯朗士的教育而十分熟悉笛卡儿的思想,足以意识到盛行于 17 世纪哲学体系中的历史不

---

① Harry Elmer Barnes, *A History of Historical Writing*, the second edition, New York: Dover Publications, INC, 1963, p. 133.

② 〔美〕J·W·汤普森:《历史著作史》第三分册,第 17 页。

稳定因素,而不是靠潜心构筑另一种知识理论。"①马比荣的研究领域非常广泛,他不仅在文献整理方面,而且在中世纪教会史、古文书学、古文字学、考古学等领域,都卓有建树。他编有《圣本笃住持全集》,并于1667年出版。此书先按照内容分类,然后再按照时间顺序进行排列,并写了序言和评注。他在达希里所搜集的材料基础上,与同仁一起编《本笃会圣徒传》,到1701年9卷全部出版。他在序言中对传中涉及的主要事件进行说明,讨论有关寺院制度,澄清一些神话传说。他还与同事一起编《圣本笃会年代记》,到1707年他去世时出版了4卷。出于批驳玻兰达斯派的丕皮布洛奇对本笃会的攻击而作《古文书学》,这在下文还会有比较详细的论述。宗教史研究势必涉及圣骨问题,于是他到各地游历,回避豪华的迎接仪式,而研究许多地下陵寝,最后写出《德国博物馆》和《意大利博物馆》,为考古学作出了重要贡献。他在编纂这些文献中,能够利用不同国家和不同地方的文献相比勘,尽管有不重源头和缺乏内证的不足,然而他仍旧是"17世纪最伟大的历史学家"②。

蒙福孔幼年对普鲁塔克《希腊罗马名人传》和奥左里厄的《葡萄牙人在东印度的航海与征服》非常入迷,并在日后阅读历史地理书籍过程中养成良好的史学素养。其代表作有:1708年出版的《希腊古文字学》。蒙福孔参考上万份手稿,清楚说明希腊字体的演变,提出根据字体来断定手稿产生年代的法则,达到马比荣对中世纪拉丁古文字研究所达到的水平,成为希腊古文字学的奠基人之一。1719—1724年出版15卷《古代遗物说明》,附有1120张巨大铜版画和成千幅小的插图,按照宗教、习惯、物质生活、军事制度和丧礼等内容精细分类,将古典古代遗物系统呈现在世人面前。1739年撰成《图书目录》两卷,这部书汇集他40多年搜集的欧洲所有图书馆的全部书目,成为西欧目录学的经典著作。他的这些著作使他享有圣摩尔派伟大学者殿军的称号③。

圣摩尔派致力于历史学辅助学科例如文书学、目录学、考古学等的研究与写作,为近代史学体系的发展与完善作出了重大贡献,功不可没。总体而言,马比荣和蒙福孔代表了圣摩尔派的最高水平,而圣摩尔派则代表了博学

---

① 〔美〕哈多克:《历史思想导论》,第67页。
② 〔美〕J·W·汤普森:《历史著作史》第三分册,第18页。
③ 同上书,第31页。

时代学术的最高水平。博学时代的西方史学及其对后世的深远影响，应当引起学术界的进一步关注，从而作出更深入的研究①。

3. 其他博学者的贡献

除了以上两个群体之外，还有一些学者需要提到，他们是：

法国耶稣会学者杜克·塞芒德，巴洛尼阿斯的门客，曾在巴黎大学教授修辞学。1609—1612年出版三卷《宗教会议史》，成为记载中世纪教会历史大部头文献的先驱。1629年，他还出版三卷本《古代高卢宗教会议》。

英国学者中，亨利·萨维尔于1598年出版《彼得之后著作家著作汇编》，亨利·斯拜尔曼于1640年出版《英国教会的宗教会议、法律和规章》，约翰·塞尔顿于1652年出版《英国十大史学家著作汇编》。

在意大利博学者中，穆拉托里（Ludovico Antonio Muratori，1672—1751年）非常卓越。他费时15年编成《意大利作家汇览》，后又作补编《意大利古事记》。此外，他还搜集碑铭编成《古铭文新文库》，晚年编有《意大利年代记》。他的这些著作都代表博学者的突出成就。

三、学术性与社会性的离合

博学史学作为一种在特定历史条件下产生的史学，其学术性与社会性对立并统一着，在其特有的表征、贡献与局限中体现出来。

1. 突出的学术性与强烈的宗教性

关于博学派史学的特征，可以概括为：

第一，"述而不作"是博学派的共同特征之一。博学派学者重视史料的搜集、整理与出版，胜过对历史的撰写。根据上述情况就可以清楚看出这一点。需要说明的是，说他们"述而不作"并不等于说他们没有任何的作史迹象。事实上，也有个别学者在写作历史。例如，英国学者罗伯顿·科顿，他首先是一位文献搜集与整理方面的学者，可是他还写了《国王亨利三世传》。在这本书里，他借13世纪亨利三世统治下的国情来讽喻詹姆斯一世时期之国情，显然是作史的行为。

① 国内现有研究成果中，重要论文有：谭英华：《十六至十七世纪西方历史思想的更新》，《历史研究》1987年第4期；米辰峰：《马比荣与西方古文献学的发展》，《历史研究》2004年第5期；徐波：《博学好古研究与西方史学》，《四川大学学报》（哲学社会科学版）2005年第1期；张井梅：《浅论西方史学史上的"博学时代"》，《史学史研究》2008年第3期。

第二,博学风气弥漫整个欧洲,但是以法国开始最早,成就也最大。汤普森在总结博学派史学时非常经典地指出:

> 法国学术无论就数量或质量上说都大大超过欧洲任何其他国家。德国有三位著名学者,意大利有两位,西班牙有一位;比利时玻兰达斯派里也有一些学者,人数虽少,却很卓越。英国史学界就质量较高的作家的人数论,可以说仅次于法国。但是英国史学界缺少遍及法国学术界的那种广泛而深入的精神。①

第三,宗教人士在数量上占优势,他们结成团体,成就超过世俗人士。上述玻兰达斯派和圣摩尔派就是显例。但是,这不等于说世俗人士就毫无作为。事实上,非教会人士中也有成就突出者。例如,法国学者杜·孔日就是世俗人士。他撰有《中世纪拉丁文辞典》、《中世纪希腊文辞典》,到1688年又出版《中世纪和近代希腊作家词汇》,关于他对学术的贡献,汤普森说得非常清楚,"古文字学、古文书学和中世纪拉丁语言学都是17世纪法国学术的产物。杜·孔日是最后一门学术的创建人",同时"可以说拜占庭史学就是他创建的"②。

第四,他们打着学术旗号,实际是有着宗教目的,为宗教团体政治利益服务。这一点可从新教与旧教之间的论战中得到证实。需要指出的是,这些学术活动更多时候,尽管是宗教界的争论,然而依然具有强烈的学术意义。例如,丕皮布洛奇在《古文书真伪辨异序》中,攻击了本笃会圣登尼修道院重要特许状的真实性,引起本笃会的愤怒。1681年马比荣出版《古文书学》,从一般历史考证、古文字和古文书学角度回击了丕皮布洛奇,并使丕皮布洛奇叹服。丕皮布洛奇说:

> 的确,在初读你这篇极其难得的文章的效用和妙美很快就征服了我的弱点。而且,在看到如此清晰地阐明的真理之后,我欣喜万分,于是就把我的同伴邀来共享我内心充满的欣慰。因此,一有机会,我便毫不犹豫地公开声明,我已完全放弃了我自己的主张,完全接受你的思想

① 〔美〕J·W·汤普森:《历史著作史》第三分册,第77页。
② 同上书,第36—37页。

了。我向你恳求友谊。我并不是有学问的人,而是想学习的人。①

可见,丕皮布洛奇还是具有学者的坦诚精神的。

2. 成也基督教,败也基督教

博学派史学家对于西方史学特别是为西方史学科学化作出了重大贡献。

第一,博学派史学家一方面回应了历史皮浪主义的挑战,另一方面又延续了皮浪主义者的怀疑态度,使怀疑态度成为近代史学的基本特征之一。有学者就玻兰达斯派和圣摩尔派与怀疑主义之间的关系认为:

> 历史皮浪主义正冲击着传统的历史教育和宗教信仰。宗教会众(玻兰达斯派、摩尔派),对于区别历史中的理性和非理性怀疑,应该作最大贡献,这是自然而然的。但是探索可靠的历史法则并不局限于他们。关于皮浪主义的讨论在德国新教大学中盛行,而这些大学那时恰好对于历史学方法首先作出了自觉的贡献。②

这一论述是十分精到的。

第二,博学派重视史料特别是大量希腊文和拉丁文史料的搜集、整理和出版,为以后史学家深入研究提供了可能;它推动了历史辅助学科如年代学、古文字学、考古学、碑铭学等的发展。

第三,教会的分裂导致法国、德国、英国等民族教会的出现。民族教会在探索教会史过程中,修正了过去基督教主流史学中占据主导地位的天主教倾向;同时把各自民族观点强加于教会史,从这个意义上说,促进了欧洲国家史学的民族化进程。

第四,博学派史学家提出了鉴定史料真实性的方法,为史学科学化进程作出贡献。例如,玻兰达斯在1643年出版的《圣徒行传》第一卷序言中叙述了其断定历史著作可信性的方法是:史学家要考证它们是否由事件目击者所写,或者他们本身没有看到自己所叙述的事件,但采纳了亲眼所见者的说

---

① 转引自〔美〕J·W·汤普森:《历史著作史》第三分册,第13页。

② Arnaldo Momigliano, *Studies in Historiography*, New York and London: Garland Publishing, Inc., 1985, p. 11.

法的人所写，或者不是由那些采纳目击者本人的说法的人所写，但由那些根据目击者对其讲述过的人们的说法的人所写，或根据可信的遗物、遗嘱、协议所写等等[①]。这些考证方法已经类似于后世所谓的内部考证的方法了。

第五，就从重视文献搜集与考证这一点来看，它是文艺复兴文献学的继续，是后来客观主义的先声。对此，有学者指出：

> 这些学者生活在一个仍由抽象的笛卡儿哲学占据主导地位的时代，国家对历史不闻不问，公众对历史也还不感兴趣，因此，在整个学术史中没有一页能比记载着这些伟大学者辛勤劳动的篇章更为辉煌的了。所以，我们不能指责那个从巴罗尼开始，以马比荣达到高峰的一世纪为停滞不前的时期。[②]

当然，不容忽视的是，博学派的局限是明显的。

第一，无论是新教还是旧教，他们都是出于宗教论争目的，古奇指出：

> 新教教徒力图证明美第奇族教皇的教会已不是早期的基督教教会，并设法说明教会是怎样地日趋堕落。另一方面，天主教徒则企图用揭示新教徒所不知道的事实，使他们惊慌失措。在这场激烈的斗争中，双方追求的目的都是胜利，而不是真理。[③]

第二，大部分成员是教界人士，其历史观仍然是中世纪的，其著作中还充满着神迹、天意、四大君主国等。凯利曾一针见血地指出："在其前提，而非在其运用上，新教和天主教的史学都停留在中世纪的道路上。"[④]博学派史学的这些不足正是之后启蒙运动所要清算的。

---

① 〔美〕哈多克：《历史思想导论》，第 65 页。

② 〔英〕乔治·皮博迪·古奇：《十九世纪历史学与历史学家》上册，耿淡如译，商务印书馆 1989 年版，第 72 页。

③ 同上书，第 70 页。

④ 〔美〕唐纳德·R·凯利：《多面的历史》，第 307 页。

第九章　文艺复兴时期史学总结

西方史学在文艺复兴时期发生第三次转折，“复兴了古典史学的传统模式，并在新时期中发展了这种传统，史学思想又一次把人置于历史发展的中心地位，人文主义史学的出现，揭开了西方资产阶级史学发展的序幕”①。

最初起自意大利的人文主义史学很快传播到了其他国家，“欧洲其他各地最初的人本主义历史家都是意大利人。维罗纳人保罗·埃米利奥替高卢人写历史，他在其《论法兰克人的功勋》中替法国人写出了法国的人本主义史，波利多尔·弗吉尔同样替英国写了英国的人本主义史；柳西奥·玛里尼奥替西班牙写了西班牙的人本主义史，其他许多人替其他许多国家写了这样的著作，直到出现了本国的专家，不再需要意大利人的帮助为止”②。这种人文主义史学，一方面呈现出发展的态势，表现为比较广义上的人文主义，另一方面存在着不容忽视的局限。这些情况大体可以概括如下，并以此权作关于文艺复兴史学的一个总结。

一、新问题和新任务

15、16世纪的西方史学与中世纪早期相比，具有“新方法、新任务和新观点”③。

1. 人物传记写作风行

文艺复兴时期，人们特别看重个人的声誉，而人文主义者也重视对他人进行荣誉评价，“历史和新地志学这时很注意不忽略每一个当地的有名

---

① 张广智主著：《西方史学史·导论》，复旦大学出版社2010年第3版，第5页。

② 〔意〕贝奈戴托·克罗齐：《历史学的理论和实际》，傅任敢译，商务印书馆1982年版，第181页。

③ 〔苏〕叶·阿·科斯敏斯基：《中世纪史学史》（上），东北师范大学历史系译，内部使用，第56页。

人物”①,人物传记的写作盛极一时。

彼特拉克在威尼斯写了其最伟大的散文《名人传》,包括从拉姆鲁斯到恺撒31名罗马名人传记。薄伽丘作《但丁传》,这在上文论述薄伽丘和布鲁尼史学时已经涉及。菲利普·维兰尼在14世纪末写的《佛罗伦萨名人传》,记载了佛罗伦萨诗人、法学家、医生、学者、艺术家、政治家和军人的事迹。

米凯尔·萨沃那罗拉从1440年起写《帕多瓦颂》,其中被颂扬的人物有,带领特洛伊的逃亡者建立帕多瓦的安特诺尔,学院、教堂的建立者,还有一些如神学家阿尔伯托、哲学家帕多万诺、诗人彼特拉克、历史学家李维等。特别值得指出的是,这里缺乏军事家,那是作者特别的安排,他认为军人的荣誉名随身灭,只能凭借学者之笔而彰显,可是博学者凭自己的成就而能名垂千古。

法奇奥的《名人录》,作于1455年,到1456年完成。从内容上看,这些名人,在时间段上为14世纪后期到15世纪中期,即基本是其同时代或稍前的名人;在地域上主要是意大利人,艺术家和君主则有所例外。他把人物分为九类:诗人、演说家、法学家、医生(附加九个哲学家和神学家)、画家、雕刻家、有名望的公民、将领、君主等。在具体的人物排序上,不按时序,不论名声高低,而是随遇而记。他对人物的记载具有“述而不作”的特点。他的笔触侧重于学者,内容三分之一是关于他们的,这倒是体现了当时人文主义特征。其局限也非常明显,由于述而不作,导致他没有把相关人物及其社会环境联系起来进行考察,对学者们的著作缺乏内容介绍和价值判断。正如布克哈特在《意大利文艺复兴时期的文化》中所说:“该书的体裁朴实而不尚修饰,其内容虽然简短,但充满了教训。遗憾的是法奇奥没有更全面地深入到他所描述的人物的个人关系和环境中去,也没有给他们的一系列作品附加一些有关内容和作品价值的介绍。”②跟法奇奥的风格有点相对的科尔蒂斯,在15世纪末写成《学者对话录》,以对话体记录了以往的历史人物,而且轻事实重评论,以人文主义者的重修辞学的传统对历史人物进行评论。它的缺点也是非常明显的,那就是事实过于简略,有时评论也不够透彻。

其他著名的传记著作还有,曾担任教皇尼古拉五世的秘书的米兰人德

① 〔瑞士〕布克哈特:《意大利文艺复兴时期的文化》,何新译,商务印书馆1979年版,第141页。
② 同上书,第145页注释。

森布里奥，模仿斯韦托尼阿写过《佛朗西斯科·斯福查传》①，1475 年出版的普拉提那的《历任教皇本纪》，韦斯巴西安诺·达·比斯提西所著的《15 世纪名人传》，上文已经详细论述过的瓦萨里的《意大利艺苑名人传》。

总之，“文艺复兴时代的传记与其说是古典写作的反映，远远不如说它是那个时代自然而然的表现。文艺复兴是个奔放的时代。……写出自己的传记或画出自己的肖像成了那个时代许多意大利人至高无上的抱负”②。

2. 殖民地历史受到关注

文艺复兴时期也是资本主义大肆进行海外扩张时期，记述西欧人征服活动的历史成为一时风气，研究殖民地的历史著作纷纷问世。其中比较著名者举之如下。

关于葡萄牙征服的写作，有不少著作问世。葡萄牙史学家佐拉拉描绘了葡萄牙人从摩尔人手中夺取休达的激荡场面，后人将其著作收在《斐尼奥·罗佩斯和哥麦司·美尼斯·得·佐拉拉的编年史》之中。卡斯坦希达留下《葡萄牙人发现和征服印度的历史》。葡萄牙另一史学家谷斯著有《葡属印度史》。一直为葡萄牙殖民事业效力，曾参与征服第乌岛和摩鹿加群岛战役的加斯佩·科雷阿写有《印度史》。另一位葡萄牙史学家巴洛斯写有《亚细亚》，记述征服东印度群岛的历史。

关于西班牙征服的著作也有许多。拉斯·卡萨斯，青年时代曾以传教士身份前往安的列斯群岛，后在墨西哥恰帕斯当主教，为西班牙人对印第安人的暴行所震惊，著作《西印度灭亡简史》和《西印度史》，尖锐批评了美洲的教会和殖民政府。哥马拉是墨西哥征服者亚南多科多斯的牧师和秘书，著有《西印度群岛通史》，对征服者多有谀词；而卡斯蒂罗曾作为总督亚维拉的随员到美洲，后又投科德斯，参加征服墨西哥之役，晚年做了危地马拉总督，著《历史》，在许多细节上与哥马拉相左。瓦尔多曾任南美卡塔赫纳和大里安省总督、矿务总监兼圣多明各港口要塞总督，撰有《西印度群岛通史》，该书是一部内容详尽而准确的鸿篇巨制。

相关题材的历史在空想社会主义著作例如康帕内拉《太阳城》、莫尔《乌托邦》、培根《新大西岛》中也得到反映。航海阵势、装备、路线、西欧图

① 〔美〕J·W·汤普森：《历史著作史》第二分册，谢德风译，商务印书馆 1988 年版，第 690 页。
② 同上书，第 701 页。

书在海外的流传、基督教在欧洲以外的传播情况等，是其不可或缺的内容。

二、突出的人文主义特征

文艺复兴时期，人文主义是社会思潮的主流，与之相对应，它也是史学中占据主导地位的观念。

1．模仿古典作家

汤普森指出："李维已变成历史作家的偶像和典范，直到1500年左右，他的名声才部分地被波里比阿盖过，马基雅维利对后者是极其崇拜的。"① 关于古典史学对近代史学的影响，有学者专门论述过，认为这些古典史学家中突出者有希罗多德、修昔底德、毕克托、塔西佗等②。

关于模仿古典作家的具体表现，可以概括为：

第一，强调历史为现实服务。像古典史学家一样，人文主义史学家强调历史为当前政治斗争提供借鉴，弘扬爱国主义，培养优秀公民和政治家。因此，公民事务成为其著作的主要内容，之前在布鲁尼、马基雅维里、圭恰迪尼等人史学部分时已有详细论述，这里不再赘述。

第二，模仿古典著作风格。用纯正的拉丁文写作，注重文笔的优美和辞藻的华丽，着力描写人物的性格和大规模的战争场面。无疑，这一做法否定了中世纪寺院编年史的枯燥单一，而且开创了历史编纂中的修辞学派。但是其副作用是明显的，它把拉丁文视为标准语言使史学贵族化而脱离了广大中下层人民，刻意描写那些高贵的与政治、军事有关的人和事，对人们日常生活和经济现象则视为下流的而不屑一顾。

过分的修辞助长了历史研究中重形式、轻内容的风气，甚至为了满足形式的需要而不惜编造史料。布克哈特把对古代作家特别是李维的模仿称为历史学家的"普洛克鲁斯特斯之床"③。布克哈特在这里比喻模仿的牵强。

---

① 〔美〕J·W·汤普森：《历史著作史》第二分册，第685页。

② 参阅 Arnaldo Momigliano, *The Classical Foundations of Modern Historiography*, Berkeley, Los Angeles, Oxford: University of California Press, 1990。

③ 〔瑞士〕布克哈特：《意大利文艺复兴时期的文化》，第242页。"普洛克鲁斯特斯之床"，源于古希腊传说。传说中的古希腊强盗普洛克鲁斯特斯，把抓到的人放到一张床上，如果人比床长就把人削短，如果人比床短则把人拉长。

克罗齐也认为，人文主义虽然恢复了历史的尊严，但是剥夺了历史的生动逼真的因素①。难怪16世纪欧洲史学界开始发出反对学究气和模仿的呼声。

应该看到，用方言写的具有浓厚的地方色彩的城市和民族史也得到了迅速的发展，反映了史学的世俗化。

2. 向神学史观挑战

在历史发展阶段上，人文主义学者把中世纪看成一个不同于古代的单独的历史发展时期，指出了古代与中世纪的界限，暗示了中世纪向近代的转移。他们用"黑暗"与"光明"以及"复兴"、"再生"等字眼来表达近代早期的历史，现在看来未免幼稚肤浅，但是他们敏锐的时代自觉以及由此而来的全新的历史分期，给西方历史学注入了活力，孕育了波丹、培根等人历史进步论和历史分期的观点。克罗齐在论述这个问题时就说得很好：

> 像博丹那样严肃的历史理论家的批判就是反对四大帝国体系的。他的目的是要攻击关于四大帝国的积习难除的错误，证明这种观点是随意从但以理的梦中摭取来的，证明它和事件的真正进程完全不符。马基雅弗利和圭奇阿尔狄尼嘲弄神学和奇迹，在这里记下他们的警句是多余的。圭奇阿尔狄尼看出了一切宗教都以奇迹自夸，因此，奇迹并不是任何一种宗教的证明，它们或许不过是"自然的秘密"而已。②

在克罗齐看来，包括波丹、马基雅维里等人在内的人文主义学者关于人类历史总体的看法是与基督教神学史观相背离的。

历史观上关于普遍性问题的思考，以法国人波丹的观点最具代表性。他肯定历史发展具有规律性，在《理解历史简易法》一书中，波丹认为历史首先服从的是上帝法，其次是数学规律。这种规律表现为人们所熟知的波丹的三段论，即东南方民族占优势时期、希腊和罗马居统治地位时期和北方诸民族领先时期。虽然这一划分在地域上是有限的，但在世俗意义上导致了历史阶段性的认识。他进一步探讨了历史发展的决定因素问题，注重分析了地理环境对人类历史的影响，这在其《论国家》中有反映。其中，他认为环境因素不仅有纬度的，而且有经度的和人种的因素；有意思的是，波丹的理

① 〔意〕贝奈戴托·克罗齐：《历史学的理论和实际》，第181页。
② 同上书，第180页。

论并不是宿命的，因为他还指出了法规、人的意志和教育在某种程度上都对自然条件起反作用。难怪后来哲学史家在探讨唯物史观的源头时把波丹的思想也包罗进去。

人文主义学者首先清算荒诞的古代故事，继而对文献和史料进行辨伪。但是，总体上他们有一个疏忽，即把古典史学家已经记述过的古代历史给放弃了。从史学发展上看，他们的努力还是促进了博学派的出现。对此，还是克罗齐说得好：

> 人们赋予历史的新的重要性在下列方面引人注目的，就是，当时到处惹人注目的史学工作增加了，一种真正的和正当的语文学派形成了，这个学派不仅研究古代，而且也研究中世纪（瓦拉，比翁多，卡尔基，西戈尼奥，比阿托·雷纳诺等人），它出版和校订原本，批判资料的真伪和价值，它从事建立一种考查见证的技术，它编写学问渊博的历史。①

克罗齐在这里指出文艺复兴时期史学家批判神迹的工作对于历史学的重要意义。

三、历史学辅助学科的发展

人文主义史学发展的同时，其辅助学科例如文献学、考古学、钱币学、碑铭学和年代学等也随着成长起来。

1. 成长于古文献搜求中的文献学

彼特拉克、萨鲁塔提、薄伽丘、布鲁尼、布拉奇奥里尼等人，正如之前相关章节中所说明的那样，都是古典作家著作或者手稿的热情搜集者，他们的工作为后人考订史料真伪，鉴别其中错误提供了经验，其研究文献的精神也开辟了后人回归文献的治学方向。总之，这些古典书稿搜集家为文献学的成立和发展作出了重要贡献。

土耳其人占领君士坦丁堡以后，斐勒佛到希腊带回希罗多德、修昔底德、波里比阿等人的著作。在教皇尼古拉五世的赞助下，瓦拉翻译了希罗多德、修昔底德的作品，而佩罗蒂则翻译了波里比阿的作品。这些古典著作的

---

① 〔意〕贝奈戴托·克罗齐：《历史学的理论和实际》，第 181 页。

翻译为日后的文献校勘提供了参考。

文献学就在人文主义学者们的古典文献搜集和整理中成长起来。瓦拉关于《君士坦丁的赠与》的辨伪，伊拉斯谟关于拉丁文《新约》的译注，分别是辨伪和校勘学方面的突出成果。

如果说上述学者是从事文献学实践的话，那么马比荣的《古文书学》则是文艺复兴时期文献学理论与实践有效结合的典型。

年代学是历史学或者历史文献学中的重要分支。法国史学家斯卡利格，在审查和改编攸西比乌斯《编年史》过程中，撰写《论年代的订正》，于1583年出版，开辟了历史学中年代学分支。

2. 产生于古物搜寻中的考古学

在寻找古典著作的同时，人文主义者还对古典时期的铭文和物质文化古迹产生浓厚的兴趣。

基里阿科对古典铭文和艺术品的研究成果最多，其《古物评述》曾是后世考古学和史料学的标准读物。他的继承者莱图斯，在自己家里开办了一个钱币收藏馆，并在古罗马政治、宗教研究中运用铭文史料。在莱奥十世期间，马若基与阿尔贝蒂尼两人获得他的资助，写成《罗马城之古隽语》一书，“这是古典考古学上的一件大事”①。

1430年前后，尼科罗·尼科利在佛罗伦萨收集古物成为这方面的先驱。劳伦佐·德·美第奇在他的宫殿中建有博物馆，教皇保罗二世在1457年最早收集碑铭，他的后继者息克斯塔斯四世创建了卡彼托博物馆。

1516年，莱奥任命拉斐尔总理古物。拉斐尔在马若基、富尔维奥、卡尔沃等人帮助下，建议教皇运用教会的权威来保存所有古典遗迹，还建议组成专家团，按照从前奥古斯丁所定的14个区，对所有的古迹进行仔细的勘察与记录②。

比昂多作有《著名的罗马》、《复兴的罗马》、《胜利的罗马》，这在前面相关章节中已经论述。他对于考古学的贡献在于，不仅变以往的古物收集为考古学，而且把考古学应用于历史研究之中，对于文艺复兴时期的史学作出重大贡献，汤普森指出：“新兴的考古学不但对古典文艺的复兴提供了有价

---

① 〔美〕威尔·杜兰：《世界文明史·文艺复兴》下卷，第628页。
② 同上书，第629页。

值的诠释，而且对批判的方法和历史的解释也作了很大的贡献。”①

这些对于古典时期文物的搜集与收藏、解读与运用，促进了考古学的形成。

钱币学、碑铭学是考古学的重要门类，文艺复兴时期也有显著成就。布德，在巴黎大学开设古希腊语和拉丁语讲座，研究、考证、校勘古典文献，并在古钱币研究方面卓有建树，将其研究心得集中为一篇论文《论阿司》，开辟了钱币学研究方向。德国的货币收藏家、奥格斯堡的历史学家康拉德·倍亭革，热心搜集铭文和古钱币。他在搜集的同时还进行整理，于 1521 年出版了《奥格斯堡地区的罗马古代断简残篇》，是文艺复兴时期钱币学和碑铭学的重要成果。

意大利博学者穆拉托里所编成的《古铭文新文库》，是意大利学者研究碑铭的代表作，这在论述博学派那章里已经提及。

① 〔美〕J·W·汤普森：《历史著作史》第二分册，谢德风译，商务印书馆 1988 年版，第 708 页。

下编　启蒙运动时期的史学

第十章　笛卡儿的理性主义史学思想

通常情况下，人们把从17世纪后半期或者18世纪初到法国大革命爆发的欧洲历史时期，称之为启蒙运动。法文中，启蒙（Lumière）就是光明或者照亮的意思。在启蒙学者心中，引导人们走向光明的则是“理性”。启蒙运动前后，欧洲历史发展出现新气象，其思想、学术领域发生一次伟大变革，直接影响了西方史学进入新的发展时期。

勒内·笛卡儿（René Descartes，1596—1650年），西方近代哲学创始人之一，他关于历史知识的思想对西方史学的发展产生过重大影响，正如格莱灵所云：

> 勒内·笛卡儿是个傲慢、喜欢独处，有时孤僻而常常敏感的人，他对西方世界的智识史有着巨大影响。影响之大可以从这一事实得到判断，那就是将近四个世纪他的著作一直在印刷着，直到今天还保留在世界上差不多每一所大学的阅读书目中。①

其史学思想在西方史学史上有如此重大影响和崇高地位，因此是必须加以论述的。

一、历经尘世喧嚣后而沉思

1596年笛卡儿生于都兰的拉黑耶，出身贵族，次年丧母，童年与外祖母生活在一起。1607年进拉·弗莱施公学接受耶稣会士的正规和传统教育

---

① A. C. Grayling, “Preface”, *Descartes: the Life of René Descartes and Its Place in His Time*, London: the Free Press, 2005, p. xiii.

直到 1615 年,其间攻读古典语文、历史学、修辞、神学、哲学等。离开公学后学习法律,于 1616 年获得波提厄斯大学硕士学位。

他游历过很多地方,并把它作为学习的过程,用他自己的话说就是:"访问各国的宫廷和军队,与气质不同的人交往,搜集各种经验,在碰到的各种局面里面考验自己,随时随地用心思考面前的事物,以便从中取得教益。"①他曾参加日耳曼三十年战争,到过尼德兰、德国等许多地方。结束军人职业生涯后,1621 年到巴黎,为从事科学研究他把从父亲那里得到的采地卖掉,到意大利游历。1628 年再次到荷兰,直到 1649 年受瑞典女王克里斯汀娜之邀去斯德哥尔摩讲学。1650 年去世。

笛卡儿的主要著作有:1637 年发表《谈谈正确运用自己的理性在各门学问里寻求真理的方法》,简称《谈谈方法》②。1641 年发表《第一哲学沉思录》③。1644 年发表《哲学原理》④。1649 年发表《论灵魂的感情》⑤。早年的《指导心灵的原则》⑥,晚年的《自然之光照耀下的真理之后的探讨》,另有三卷《书信集》。

笛卡儿在积累了丰富的社会经验后倾心于新科学。他看到宗教迷信和经院哲学对人生有百害而无一利,认为只有科学才能给人类带来幸福。他和培根都反对经院哲学,认为经院哲学的认识方法出了错误。经院哲学有信仰主义、先验主义和形式主义的特点,它的认识方法以某些宗教信条为根据,依照三段论,推出有利于宗教的结论。培根提出经验主义,反对先验主义;而笛卡儿则提出理性主义,反对信仰主义。从这个意义上说,他无疑是西方思想解放的健将。但是他有关历史知识的思想却给西方学术界带来了不安。

---

① 〔法〕笛卡尔:《谈谈方法》,王太庆译,商务印书馆 2000 年版,第 9 页。

② 汉译本中,彭相基译为《方法论》,收入 1933 年商务印书馆《万有文库》第一集;1935 年出版关琪桐译为《笛卡尔方法论》,商务印书馆;北京大学哲学系外国哲学史教研室译为《谈方法》,收入 1975 年商务印书馆《十六—十八世纪西欧各国哲学》,但有删节;钱志纯译为《方法导论》,台湾志文出版社出版;2000 年商务印书馆又出版王太庆译的《谈谈方法》。

③ 关琪桐译为《沉思录》,商务印书馆 1935 年出版。庞景仁译为《第一哲学沉思录》,商务印书馆 1986 年出版。黎惟东译为《沉思录》,台湾志文出版社 1986 年出版。也被译为《形而上学的沉思》,收入 2004 年九州出版社出版的尚新建等译的《笛卡尔思辨哲学》中。

④ 关琪桐译本商务印书馆 1935 年出版,关文运译本商务印书馆 1958 年出版。1999 年中国社会科学出版社出版的西学基本经典哲学类所影印的丛书中收入《哲学原理》的英文版。

⑤ 汉译本为《灵魂的激情》,收入尚新建等译《笛卡尔思辨哲学》,九州出版社 2004 年出版。

⑥ 管震湖译为《探求真理的指导原则》,商务印书馆 1991 年出版,译者所依据的本子为 *Regles utiles et claires pour la direction de I'esprit en la recherche de la verite*,具体情况不详。

笛卡儿对历史学进行了沉思。《谈谈方法》对史学的社会价值称颂不菲，他说：

> 史传上的丰功伟业，可以激励人心；精研史册，可以有助于英明善断；遍读好书，有如走访著书的前代高贤，同他们促膝谈心，古人向我们谈出的只是他们最精粹的思想。①

他还说：

> 同古人交谈有如旅行异域，知道一点殊方异俗是有好处的，可以帮助我们比较恰当地评价本乡的风俗，不至于像没有见过世面的人一样，总是以为违反本乡习惯的事情统统是可笑的、不合理的。②

不过，他又反对过分阅读历史著作，说："可是旅行过久就会对乡土生疏，对古代的事情过分好奇每每会对现代的事情茫然无知。"③

他考察许多风俗，发现不同民族对待风俗的态度不一样，于是大开眼界，对成规惯例发生怀疑，甚至怀疑到"凡是我没有明确地认识到的东西，我决不把他当成真的接受"④。而且是，"任何一种看法，只要我能够想象到有一点可疑之处，就应该把它当成绝对虚假的抛掉"⑤。他的这种怀疑态度使其对历史知识产生怀疑，严厉指陈了历史知识的非科学性，笛卡儿说：

> 就连最忠实的史书，如果不歪曲、不夸张史实以求动听，至少总要略去细微末节，因而不能尽如原貌；如果以此为榜样亦步亦趋，每每会同传奇里的侠客一样陷于浮夸，想出来的计划每每会无法实现。⑥

他对史学科学性的否定最严重者是在 1647 年为自己《哲学原理》法译本写

---

① 〔法〕笛卡尔：《谈谈方法》，王太庆译，商务印书馆 2000 年版，第 6 页。
② 同上书，第 7 页。
③ 同上书，第 6 页。
④ 同上书，第 16 页。
⑤ 同上书，第 26 页。
⑥ 同上书，第 7 页。

的代序,其中说到如果求真理的学问是棵树的话,那么哲学就是根,物理学是干,而医学、机械学和道德学则是树枝①。显然在这里笛卡儿彻底在思想上把历史学逐出了科学殿堂。

按照笛卡儿的说法,历史学完全失去追求真理或者成为科学的资格。因为历史知识只能进行归纳,而不能像哲学那样进行演绎、发现普遍的东西;更因为历史学完全与数学的运用无缘。无论是天文学、物理学还是医学和机械学(解析几何自不待言),都是建立在数学的基础之上的,数学成为衡量知识是否科学的权舆,于是人们认为,同样的工具在人的研究中会得到类似的成功。可是事实上完全不是这样。哈多克对此感叹道:

> 不可能用近似于数学思想的方法表达出来的知识受到了排斥,要么把它们看成无害但却是混乱的,与知识毫不相干的概念,要么把它们看作真理道路上危险的错误。这些机械论的方法在本质上并不受时间限制。历史,恰恰是历史发展的思想,对这些方法完全是陌生的。②

历史研究对于数学的疏远和陌生,哈多克可谓一语中的。

二、历史学中的笛卡儿学派

笛卡儿的思想在产生过程中就有一定影响,在他死后更是在欧洲思想界产生了重要作用,“支配了近代早期的知识生活,不仅在他的祖国,而且在其他地方,包括在大陆,甚至穿越英吉利海峡”③。这些发生重要影响的思想包括:对于各种知识秉持怀疑的观点;真实知识的对象是可以被清楚认识和理解的;以哲学指导人们的认识。

1. 博学者和《圣经》研究者的追随

在笛卡儿影响下,许多史学家和哲学家都对历史学抱有类似的看法,以

---

① 〔法〕笛卡尔:《谈谈方法》,第61页。

② 〔美〕哈多克:《历史思想导论》,第57页。

③ Tad M. Schmaltz, “Introduction”, *Receptions of Descartes: Cartesianism and anti Cartesianism in Early Modern Europe*, edited by Tad M. Schmaltz, London, New York: Routledge Taylor & Francis Group, 2005, p. xi.

至于产生了笛卡儿派的历史编纂学[①]。按照柯林武德的说法，这一派的代表有史学家提累蒙特和玻兰达斯学派，他们以考证的手法来写教会的历史。同时，哲学家中像莱布尼茨努力使哲学和史学接近，而斯宾诺莎[②]则在《圣经》考据方面作出了重要贡献[③]，他们也是该学派的重要成员。

提累蒙特是法国史学家和牧师，天性喜欢历史。他在阅读巴罗尼厄斯时接受"回到史料去"的观念，18 岁时就开始给古代著作写按语和摘录，终生乐此不疲。他是当时研究基督教早期历史的权威，与前面已经论述过的玻兰达斯学派很接近。这里对他们都不再详述。至于莱布尼茨和斯宾诺莎所受笛卡儿的影响则需要稍微加以说明。

伏尔泰在评价莱布尼茨时说："他是一个刻苦钻研的史学家和博大精深的法学家。"[④]柯林武德说莱布尼茨努力使哲学和史学接近，不知道依据什么材料。可是要说莱布尼茨根据笛卡儿的观念而努力弄清事实则是有根据的。1686 年莱布尼茨接受出自格威尔夫家族的布伦瑞克的汉诺威公爵恩斯特・奥古斯特的建议，开始写格威尔夫家族的历史。他为了弄清事实而研究了当地的档案，并获准到巴伐利亚、奥地利和意大利旅行，辑录了大量材料，1698—1700 年出版 6 卷，1707—1711 年又出版了 3 卷与格威尔夫家族有密切关系的《布伦瑞克史料集》。非常可惜的是，他除了写出作为这一家族活动舞台的自然环境和欧洲各部落迁徙的情况外，其余都付诸阙如。当然其中原因之一是他没有把全部时间和精力用在历史写作上，另外博学严谨的治学态度也使他在有限时间里不能完成任务，这不能不说是一件憾事。英国学者麦克唐纳・罗斯感叹道："尽管他的良心长期感到极度痛苦，但是，他始终没有写历史本身。"[⑤]

说到斯宾诺莎和笛卡儿之间的关系，伏尔泰就说："他读了笛卡尔的著作，从中汲取了后者的全部方法论，甚至文笔方面也是模仿笛卡尔的。"[⑥]其《圣经》考据成就，集中体现在他的《神学政治论》。这本书的写作，是反对封

---

① 参阅〔英〕柯林武德：《历史的观念》，何兆武、张文杰译，中国社会科学出版社 1986 年版，第 70—72 页。

② 其西班牙文名为 Bento de Spinoza，希伯来名为 Baruch de Spinoza，拉丁文名为 Benedict de Spinoza。

③ 〔英〕柯林武德：《历史的观念》，第 70—72 页。

④ 〔法〕伏尔泰：《路易十四时代》，吴模信等译，商务印书馆 1982 年版，第 499 页。

⑤ 〔英〕麦克唐纳・罗斯：《莱布尼茨》，张传友译，中国社会科学出版社 1987 年版，第 29 页。

⑥ 〔法〕伏尔泰：《哲学辞典》下册，王燕生译，商务印书馆 1991 年版，第 435 页。

建教会迷信,为其天赋人权思想张目,因此它是以匿名方式出版的。

可以肯定,在《圣经》研究方面,斯宾诺莎在具体贯彻着笛卡儿的思想。

他批评人们反理智的迷信做法。他认为迷信就是:"舍人类的智慧而不用,以为是无益的。他们倒以为幻想、梦和一些别的幼稚可笑的事是上天的启示。"结果"使人没有用清醒的头脑来考量的余地,连怀疑都是不可能的"①,"完全把判断真伪的能力闷死"②。

他把上帝理解成自然,主张以自然观点解释《圣经》中的奇迹。他说:"上帝的存在是不自明的"③,"说万物遵从自然规律而发生,和说万物被上帝的天命所规定是一件事情"④,而"奇迹就是一件不能用自然的原因来解释,不能确指其与何种自然界的运行有关的事"⑤。

他主张真理的确实性,提倡怀疑精神。他说:"每一明晰的概念都含有真理的确实性。"⑥他主张"要谨慎地,公正地,以无拘无束的精神来把《圣经》重新研究一番。若无充分的证据,不设假定,不立臆说"⑦。他提出,法赛利人说有人从预言家那里接受可靠的传说,"我们对这种传说要存极端怀疑的态度"⑧,"凡不存偏见以解释《圣经》的人,都应该取存疑的态度"⑨。

斯宾诺莎主张不轻信以往的历史认识。他认识到:

> 在历史记载中,人是叙述自己的意见,而不是叙述实在的事物。因此,两个意见不同的人叙述同一事物就大有不同,好像截然是两件事。而且,在史书的记载中,很容易推察出史家个人的意见来。⑩

因此,他主张,"据《圣经》的历史以研究《圣经》的时候,凡我们没有十分看清的,就不认为是很可信的"⑪。

---

① 〔荷〕斯宾诺莎:《神学政治论·序》,温锡增译,商务印书馆1982年版,第10—11页。
② 同上书,第12—13页。
③ 同上书,第93页。
④ 同上书,第52页。
⑤ 同上书,第92页。
⑥ 同上书,第35页。
⑦ 同上书,第14页。
⑧ 同上书,第115页。
⑨ 同上书,第119页。
⑩ 同上书,第101页。
⑪ 同上书,第109页。

这些思想明显是与笛卡儿关于知识的理论相一致的。

他在这些观念引导下，对《圣经》进行了具体研究，取得了突出的成就，这里择其要者举出几点。

使用一套严谨的研究方法。他研究《圣经》的方法是：第一，了解《圣经》各卷写作时所用的以及著者常说的语言的性质与特质。由于希伯来的语言问题，人们把有的字母误认为与之相似的另一个字母；连词与副词有多重意思，容易误解；只有现在时，没有其他语言最常用的其他时态。加之，最初的文本没有标点，这样就生出许多混乱。例如，撒加利亚提起将来的战争说道："在那一天主会知道，不在白天，也不在黑夜；到了晚上才有光明。"对此，斯宾诺莎指出：其本意是说，战争整天胜负不明，战事的结果只有上帝知道，但是在晚上他们就要打胜。第二，把每编加以分析，把每编的内容列为条目。这样，讲某一问题的若干原文，一览即得。然后，把模棱两可和晦涩不明或看来互相矛盾的段落记下来。例如，摩西有时说："上帝是火"，又说："上帝嫉妒"，还说上帝不像任何有形之物。斯宾诺莎指出：那么这个"火"是否为有形之火呢？显然不是，这火字就是嫉妒的意思。第三，《圣经》中各书的来历无法求得，作者也不大说得清，原因与时代也不甚明了，版本及其流传情况的知识缺乏。对此，斯宾诺莎写道：

> 《圣经》一句话的历史必须与现存的预言书的背景相关联，那就是说，每编作者的生平、行为与学历，他是何许人，他著作的原因，写在什么时代，为什么人写的，用的什么语言。此外，还要考求每编所经历的遭遇。最初是否受到欢迎，落到什么人的手里，多少不同的原文，是谁的主意把它归到《圣经》里的。最后，现在公认为是神圣的各编是怎样合而为一的。①

他依据《圣经》中各处相关叙述研究了预言和预言家，其中的问题包括如何理解上帝对预言者的启示，为什么上帝看中了这些人，这些预言家都是些什么人等。他认为预言是一种超出普通知识的界限，并且是单用自然律解释不了的知识，而预言家就是这样的人：他们借想象力以知上帝的启示，并把那些为智力所不能及的上帝启示解说给那些以单纯的信心来理解预言

---

① 〔荷〕斯宾诺莎：《神学政治论·序》，温锡增译，商务印书馆 1982 年版，第 109—111 页。

中的事物的人。他在研究中发现了一些通则，它们是：

> 凡《圣经》中真实记述的事情，像别的事情一样，都是循自然规律必然发生的。若是《圣经》中以明确的话叙述某事，确与自然界的规律相反，或不能由自然界的规律推知的，我们必信其为无宗教心的人蒙混插入到圣书里面的。因为凡与自然相背的也就与理智相背，凡与理智相背的就是荒谬的，事实上是要加以弃绝摈斥的。①
>
> 虽然与奇迹相伴随的情形不用也叙述出来，或叙述得不详细，可是无此伴随的情形，奇迹是不会成的。②
>
> 《圣经》不用次要的原因解释事情，而只是用最能感人的方法把事情加以叙述，特别是对没有教育的人，使之信奉上帝。③
>
> 为解释《圣经》中的奇迹，从奇迹的叙述里懂得奇迹发生的实况，必须知道最初叙说奇迹的人的意见，他们把奇迹为我们笔之于书。④
>
> 为的了解实际上发生的情形，我们必须熟悉犹太的成语和比喻。无此准备的人在《圣经》中就要常常读到奇迹，而作者原来并无此意。他不但不知道事情的真相，也不知道圣书作者的本意。⑤
>
> 一般人并不认真在生活上按《圣经》去做。我们看见大多数人把自己的解释沿街叫卖，说是上帝的话，并且借宗教之名，尽力强迫别人和他们有一样的想法。⑥

依据《圣经》上下文对《旧约》各书中的疑难问题进行辨析，其中典型的是关于《摩西五书》的论述。《旧约》中的《摩西五书》，法利赛人认为他们知道是摩西所作，凡是持不同说法的就被视为异端。斯宾诺莎依据 12 世纪西班牙学者阿本·伊斯拉注释《旧约·申命记》所隐约提出的关于《摩西五书》作者及其时代的疑问，进一步说明《摩西五书》不是出自摩西之手，而是远在摩西之后某人所写，并且摩西所写的书与现存的不同。其依据是：第一类是书中叙述不能自圆其说。例如，依据《申命记》的序文，作者到过“约旦河

① 〔荷〕斯宾诺莎：《神学政治论·序》，第 101 页。
②③　同上书，第 100 页。
④　同上书，第 102 页。
⑤　同上书，第 103 页。
⑥　同上书，第 106 页。

那边”,但是事实上摩西没有渡过约旦河,可见序文不是摩西所作。根据《申命记》第二十七章和《约书亚记》第八章,摩西所作之书详细写在一个祭坛的十二块石头上,可见摩西的书要比《摩西五书》短得多。第二类是使用第三人称叙述摩西的事迹。《申命记》第三十一章有“摩西将这律法写出来”一句,显然是摩西之后的人记述摩西的功业而写的。《民数记》中有“摩西和上帝讲话”、“主和摩西面对面讲话”、“摩西是最柔和的人”等,无疑也是后人记述摩西事迹的语言。第三类是写了摩西死后才有的事情和地名等。《创世记》第十二章在写到亚伯拉罕走过迦南国土后有一句“迦南人那时住在那个地方”,而摩西的时候迦南人仍然占有那块土地,可见写此句话的人是在摩西之后。《创世记》第二十二章中把摩利亚山叫做上帝之山,而摩西只说上帝要选个地方并以自己的名字命名,但是并没有说具体什么地方,可见把摩利亚山称上帝之山不是摩西时候选定的①。斯宾诺莎分析《摩西五书》这种圆凿方枘、疏滞通塞的做法,既是辨伪方法的经典体现,又是校勘中本校法的典范。

2. 贝尔的历史批判思想

皮埃尔·贝尔(Pierre Bayle,1647—1706年),法国哲学家,启蒙运动先驱者之一。尽管他“不是严格意义上的史学家,然而贝尔对于像伏尔泰、休谟和吉本这样的作者有着显著影响……对整个18世纪有着直接持续的影响”②。尽管柯林武德的《历史的观念》所述笛卡儿历史编纂学派中没有贝尔,但是鉴于其学术与笛卡儿学派的一致性,这里把他纳入该学派。

贝尔从法国皇家图书馆获得有关宋儒理学思想的文本和《中庸》法译本,阅读了关于中国礼仪之争的著作和文章,受到很大启发。他对教会进行了尖锐批评,呼吁政教分离,结果被逐出法国。在荷兰定居期间,他先改信新教,继而与宗教决裂,在历史、宗教、道德伦理、政治等问题上发表激烈的反传统言论。1690年构思《历史和批判词典》③。此书出版于1695—1697年,是当时法国最风行的书,几乎成为狄德罗等人所著《百科全书》的原型。

《历史和批判词典》研究从古代一直延续到当时的文献中之历史真相甚至错误记录,“努力清除世俗学问传统中那些累积的错误,它们是无知、迷信

① 〔荷〕斯宾诺莎:《神学政治论·序》,第129—142页。

② John Cannon, R. H. C. Davis, William Doyle, Jack P. Greene, *The Blackwell Dictionary of Historians*, New York: Basil Blackwell Ltd., 1988, p. 33.

③ 也有译为《历史批判词典》的。英译为 *Historical and Critical Dictionary*。

或错误的方法所导致的"[1]。特别是，他集中火力反对天主教对《圣经》的解释，"因而可以说他是'圣经'的'高级批判'的先驱，但他在几乎翻遍了全部有文字记载的情况之后，得到的结果却是毁灭性的。他是怀疑主义的化身，在他的笔下没有任何东西是神圣的"[2]。这样，他不仅给后人留下了怀疑和反传统的精神遗产；更重要的是他把基督教经典《圣经》视为历史文献而不是神授的文本，对于批判教会起到了飓风般的作用。

他在书中要求历史学家做一个世界公民，只为真理服务。这一观点并不新鲜，古希腊、罗马史学家例如修昔底德、波里比阿、塔西佗、琉善等早就提出了。但是在17世纪和18世纪之交重新提出则有不同意义，"它表达了法国启蒙运动的一个基本思想，就是对过去所学所讲所信的一切的怀疑，理性的法庭只相信精确证明的真实"[3]。

他继承了笛卡儿怀疑精神，不过笛卡儿把分类怀疑方法用于感性知识和传统，而贝尔则对理性也进行怀疑。他不属于主流，既不是一个博学者，也不是个纯粹的哲学家，但是站在新教徒、政治和自由思想的传统立场思考问题。他一丝不苟地还原历史记载中的客观性，因此实际上他是在同整个历史学进行争论；这对于知识的发展具有重要意义，正如有学者所言：

> 贝尔使用批判方法所进行的研究，使他成为批判历史哲学和历史认识论的先驱。……其《圣经》解释学建立在追寻证据的科学技术基础上，也建立在解释其起源过程的怀疑眼光基础上。[4]

总之，贝尔在西方史学史上的地位和对后世的影响，可以这样来看：与其说他是史学家，毋宁说是史学家的批判者、具有强烈批判意识的历史哲学家，他"是历史学中的伽利略……他把历史研究从权威那里解放出来，使之成为独立的科学"[5]。

---

① 〔美〕唐纳德·R·凯利：《多面的历史》，第386—387页。
② 〔美〕J·W·汤普森：《历史著作史》第三分册，第82页。
③ 郭小凌：《西方史学史》，北京师范大学出版社1995年版，第218页。
④ Paul Avis, *Foundations of Modern Historical Thought*, London: Croom Helm Ltd., 1986, p. 128.
⑤ Ibid., p. 131.

三、反笛卡儿者的史学思想

笛卡儿的思想促使后来的史学家和思想家按照他的标准来为史学的科学性进行辩护和写作。笛卡儿对于历史学的影响是毁灭性的，因为按照他的逻辑，历史学不可能有机会成为一门受人尊重的学问。因此，这就促使一批学者起来反笛卡儿，其中就有维柯、洛克和休谟等人。

1. 维柯的反省

关于维柯史学观念的整体论述，后面有专章承担。这里主要论其反笛卡儿问题。笼统说维柯反对笛卡儿是不确切的。因为维柯的思想也是在变化的，正如利昂・庞帕所言：

> 长期以来，他的思想一直处于不断发展的状态，所以他的早期著作与晚期著作中所表达的理论之间存在着重大差别。①

按照利昂・庞帕的说法，1720—1722 年间出版的《论普遍法的唯一原理和唯一目的》和《论法学的融贯一致性》标志着维柯由早期向晚期转变。维柯早期是笛卡儿主义的信奉者，晚期是笛卡儿主义的反对者。

是的，维柯在早期的《谈我们时代的研究方法》中首肯一切科学和艺术的共同工具是笛卡儿的方法及其给予的第一真理“我思”。同时对笛卡儿忽略涉及人的心灵、激情、公民生活和雄辩术的伦理学、政治学表示不满，但是又说：

> 既然研究的唯一目标今天是真理，那么我们所以要研究事物的本性，是因为这本性似乎是确定的，而人的本性则不然，还因为自由意志使它变得极为不确定。②

维柯在稍微不满笛卡儿后，又回到笛卡儿那里去——对人类事物的认识无法达到真理。在这里，维柯也有不同于笛卡儿的。据维柯的说法，只有

① 〔英〕利昂・庞帕：《维柯著作选・英译者序》，陆晓禾译，商务印书馆 1997 年版。
② 〔英〕利昂・庞帕编：《维柯著作选》，陆晓禾译，商务印书馆 1997 年版，第 74 页。

对自己创造物的认识才能成为真理,因为自然物是神创造的,所以关于自然的真理完全是神意决定的;而在笛卡儿那里,自然科学完全是人的理性的结果。

《论意大利人最古老的智慧》也是维柯的早期著作,从语源角度论述了知识问题。他仍然认为,“形而上学探讨的是确凿无疑的真理”①,现代物理学的工具为“人类增添了许多新真理”②,“最确定的知识分支是几何学和算术”,但是几何学的方法不能用于生活③,“有作为的历史学家也并不提供关于事实的不精确说明和一般原因,而是探究基本事实情况,揭示具体原因”④。这些同笛卡儿的思想没有什么本质区别。然而,维柯在关键问题上同笛卡儿唱起了对台戏。维柯首先反驳了笛卡儿派的第一真理“我思故我在”,认为怀疑论者并不怀疑他思和他的存在,因而“我思”不是“我在”的原因,而是“我在”的标志;指出许多肉体并不会思,其中暗含的推论是没有思不能说明不在⑤。在真理的认识问题上维柯也同笛卡儿发生了严重的分歧。在笛卡儿那里,真理是清晰而明确的认识;而维柯眼中的真理,是能够证成的知识⑥。尤其是维柯说过:

> 神的真理是事物的立体表示,如同一座塑像;人的真理是一张素描即平面表示,犹如一幅绘画。另外,正如神的真理是上帝按他所知加以安排的产物,人的真理也是人按他所知安排事物的产物。⑦

这里维柯对真理的理解犹如在《谈我们时代的研究方法》中,把真理作为神的产物,走上与笛卡儿完全不同的道路。而且在这里为历史学直达上帝成为科学提供了理论依据,因为历史学也是人认识事物的一张素描,取得与其他人类知识同等的地位。而且在维柯看来,笛卡儿派的所谓真理即是清晰明白的观念,实际上是一种主观的或者是心理的标准,人们认为的清晰和明白的东西,并不能证明自身是真实的,而只能

---

① 〔英〕利昂・庞帕编:《维柯著作选》,陆晓禾译,商务印书馆1997年版,第105页。
② 同上书,第97页。
③ 同上书,第110—111页。
④ 同上书,第97—98页。
⑤ 同上书,第92—93页。
⑥ 同上书,第89—90、94、113页。
⑦ 同上书,第84页。

证明人们相信它。

总之，如柯林武德所言：

> 维柯做了两件事。第一，他充分使用了17世纪晚期历史学家在批判方法上所做的进步，并且把这一进程推向一个更远的阶段；指出了史学思想怎样能够既是建设性的而又是批判性的，割断了它对权威著作的依赖而使它成为真正有创造性的或依赖于其自身的，并能够对数据进行科学分析来恢复那些已全然被忘记的真实。第二，他发挥了一些哲学原则——它们隐含在他的历史著作里——达到能够对笛卡尔主义的科学的和形而上学的哲学发动反攻的程度，要求给知识论以一种更为广阔的基础并批判了当时流行的哲学信条的狭隘性和抽象性。①

柯林武德说得一针见血。

2. 洛克和休谟的反驳

至于洛克对笛卡儿消极影响的反驳，可以借助柯林武德的认识表述如下：洛克在《人类悟性论》中提出的"历史的平易方法"类似于维柯，涉及历史学中的观念和事实之间的问题，而这一点是笛卡儿派所没有考虑到的。洛克的反笛卡儿表现为：第一，"否定天赋观念而坚持知识来自经验"，其《人类悟性论》第一卷里就已经隐含了一种关于知识的历史观点。第二，"否定了有意沟通所谓的观念和事物之间的鸿沟的任何论证"，而主张知识涉及人们观念之间的一致与否，这一观点适合了认识人类的历史知识特性。第三，"否定抽象观念并坚持一切观念都是具体的"，这一点也是思考历史的自然方式。第四，"人类知识的概念尽管必然缺乏绝对的真理的确实性，却能够达到我们（用洛克的话来说）的情况所需要的那种确实性"，这一观点给予历史知识以坚固的基础②。

关于休谟的史学贡献后面也有专门论述，这里的文字也是限于反笛卡儿部分。休谟在其早年的《人性论》中指出，历史知识不需要任何的形而上学的假说，历史能够被认识就在于其中贯穿人性，人性使历史在特殊中蕴涵

① 〔英〕柯林武德：《历史的观念》，第80页。
② 同上书，第81—83页。

着普遍的东西。

在休谟那里历史知识是一种合理信念的体系。他说：人们相信某一事实，“是根据历史家都一致给那个事件指定这个确切的时间和地点。这里有若干符号和文字呈现于我们的记忆或感官之前；我们也记得这些文字符号曾被用作某些观念的记号；这些观念或者是存在于行刺时亲自在场、并由这件事的存在直接得到这些观念的那些人的心中；或者是这些观念是由别人的证据得来，而那个证据又从另一个证据得来，这样清楚可见地层层推进，直至最后我们达到那些目击此事发生的人们为止。显然，全部这个论证连锁或因果联系最初是建立在所见过或所记忆的那些符号或文字上的，而且如果没有记忆或感官的根据，我们的全部推理就将成为虚妄而没有基础”①。

在休谟看来，由符号所传载的、由记忆所验证的事实，是与人们的观念结合在一起的，而且这种结合是经常的，当初写在纸上所指的就是人们所理解的，也就被相信是真实的。

在休谟那里，历史证据不会因为时间久远而消失。通常看来，历史相关事实的知识在到达第一个史学家手中之前，一定经过百口相传，而且在史学家写作之后又变成新的本子，这样随着时间的推移，关于历史事实知识的翻新必然越来越多、越来越大、越来越长，历史证据似乎完全消失了。但是，休谟指出：

> 联系任何原始事实和作为信念的基础的先前印象的那些环节虽然是无数的，可是它们都是种类相同，都依靠于印刷者和抄写者的忠实的。一版之后继之以第二版，跟着又印了第三版，这样一直下去，直到我们现在所阅读的这一册。在各个步骤之间并没有变化。我们知道了一个步骤，就知道了一切步骤。我们经历了一个步骤，对其余的步骤就不再怀疑。②

这样依据人性，依据人们辗转理解历史知识的习惯这些共性，仍然可以将历史的证据辨别出来。

---

① 〔英〕休谟：《人性论》，关文运译，商务印书馆1980年版，第100页。

② 同上书，第168—169页。

休谟的观点对于反笛卡儿意义非常大，它“把历史学置于一个和任何其他科学至少是同样坚实的立足点之上的……证明了历史学是一种合法的而有效的知识”①。

① 〔英〕柯林武德：《历史的观念》，第86页。

第十一章　维柯的史学思想[①]

詹巴蒂斯塔·维柯(Giambattista Vico,1668—1744年),意大利著名学者,杰出的历史哲学家和社会学家。尽管他的思想在他活着的时候没有得到人们充分重视,然而却对后来历史上许多重要学者发生过影响。特别是他的历史哲学,是叙述西方史学发展时不可或缺的内容。

一、从家庭教师到哲学家

维柯从1686年开始担任长达9年的罗卡家族的家庭教师,其间掌握了古典哲学、文学和法律,同时熟悉但丁、彼特拉克、薄伽丘、马基雅维里等人的著作。

担任家庭教师研习哲学,其思想很大程度上受到柏拉图、塔西佗、培根影响。维柯自己承认:

> 在一切渊博的学者之中只钦佩两个人:柏拉图和塔西佗。因为这两个人都凭借一种高明无比的形而上学的智慧,塔西佗按人实在的样子去看人,柏拉图则按人应该有的样子去看人。[②]

他对培根也有很高评价,说:

> 维柯敬仰柏拉图作为玄奥智慧的代表,塔西佗作为普通智慧的代

---

① 本章参考了安徽大学2008届硕士研究生黄蕾的学位论文《维柯史学思想研究》。

② Vico, *The Autobiography of Giambattista Vico*, translated by Max Harold Fisch and Thomas Goddard Bergin, Ithaca, New York: Cornell University Press, 1944, p. 138.

表，培根则兼有两者之长。

培根以一人而兼备无人可比得上的普通智慧和玄奥智慧，在理论和实践方面都是一个全人。

培根单独一个人竟能通盘看到在学术领域里哪些学科还待发明和发展，以及已有的那些学科里还有哪些缺点和什么性质的缺点有待改正。而且他对各种科学都一律公平对待，丝毫没有行业的或派别的偏见。①

朱光潜认为："在近代哲学家中对维柯影响最大的无疑是培根。《新科学》是从培根的《新工具》来的。"②维柯的《论意大利最古老的智慧》一书，就是在培根的《古代人的智慧》一书的启发下写成的。1609 年培根出版《古代人的智慧》，"维柯阅读了培根《古代人的智慧》，就起了念头要去寻找比诗人们的神话故事更早的关于古人智慧的一些起源"③。

维柯还受过其他人的影响，或者从其他人那里获得过启发。古斯塔沃·科斯塔曾经就这个问题做过说明，认为："维柯并未同当时最重要的思潮相隔绝。"④确实，维柯的思想是他那个时代的产物。他从洛克和斯宾诺莎那里获得启示。维柯尽管表现为依照自己的哲学观点同洛克和斯宾诺莎进行论战，然而事实上他使用培根的经验主义来观照洛克，用柏拉图和新柏拉图主义来观照斯宾诺莎。维柯由于赞同培根的经验主义，因此自然丢不下洛克。正如有学者指出的那样："我们能够把维柯看作是在各门社会科学和人类科学领域里发展洛克思想的一个独创性哲学家。"⑤维柯用洛克在《人类悟性论》中的理智工具去审视斯宾诺莎的幼稚的泛神论。但是，斯宾诺莎影响了维柯，克罗齐在《詹巴蒂斯塔·维柯的哲学》和 J·C·莫里森在《维柯与斯宾诺莎》中，都肯定了斯宾诺莎的《神学政治论》对维柯《新科学》的影响，例如维柯研究荷马就是受到斯宾诺莎研究《圣经》的影响。E·加林在《维柯与文艺复兴的思想遗产》中指出，《新科学》是沙夫茨伯里的乐观主

① Vico, *The Autobiography of Giambattista Vico*, translated by Max Harold Fisch and Thomas Goddard Bergin, Ithaca, New York: Cornell University Press, 1944, p. 139.

② 〔意〕维柯：《新科学》下册，朱光潜译，商务印书馆 1989 年版，第 669 页，译者注。

③ Vico, *The Autobiography of Giambattista Vico*, translated by Max Harold Fisch and Thomas Goddard Bergin, Ithaca, New York: Cornell University Press, 1944, p. 148.

④⑤ 〔意〕古斯塔沃·科斯塔：《中译本序》，〔英〕利昂·庞帕编：《维柯著作选》，陆晓禾译，商务印书馆 1997 年版，第 11 页。

义观点与贝尔和曼德维尔的悲观主义观点的综合。其实，在本章中的后面要谈到的格劳修斯和霍布斯促使他的思想发生转向，也足以说明维柯受过一群人的影响。

担任大学教师成为哲学家。1699 年，他受聘为那不勒斯大学修辞学教授。由于 8 个子女需要抚养，因此他不得不接受委托，去撰写典礼演讲稿和官方史稿。

其主要著作有：

1699—1707 年，发表六篇《大学开学典礼演说》[①]，表现出融合新柏拉图主义和笛卡儿主义的哲学倾向。

1709 年发表《论我们时代的研究方法》[②]。这篇文献的学术背景，是 17 和 18 世纪围绕古代世界的人文主义价值和现代世界的科学价值的争论。在这里他认为把物理学真理的本性等同于数学是不正确的，他倾向于根据实验来研究自然界。他还认为，由于人类事务的纷繁和复杂，因此不能使用几何学的方法，而只能使用实践判断的艺术。在这些实践艺术中，他特别重视想象力。同时对于人们忽视伦理学表现得忧心忡忡。

1710 年发表《论意大利最古老的智慧》[③]。他集中研究在此之前提出的许多问题，认为在这里提出的许多哲学命题全部见于古典拉丁文。因此他在阐述自己哲学见解的同时，又做某些术语在拉丁文中的意义的说明。他提出了认识论中的核心命题：真理——创造物理论。

1720 年发表《论普遍法的唯一原理和唯一目的》；1721 年著《论法学的融贯一致性》。这两种和后来写的《注释》合称为《普遍法》，是维柯阐述其法哲学的代表作。

1725—1728 年，《关于各民族共同性的新科学原则》[④]（简称《新科学》）和《维柯自传》[⑤]等。《新科学》有三个版本，是维柯最为集中阐述其历史哲学

---

① 汉译有：张小勇译《维柯论人文教育——大学开学典礼演讲集》，广西师范大学出版社 2005 年出版；王楠译为《论人文主义教育》，上海三联书店 2007 年出版。

② 汉文有陆晓禾译本，收入《维柯著作选》，商务印书馆 1997 年出版。

③ 此书有两个汉文译本。一个是陆晓禾翻译了英国人利昂·庞帕编译的英文本《维柯著作选》，商务印书馆 1997 年出版，其中收有该书，名为《论从拉丁语源发掘的意大利人的古代智慧》。另一个是张小勇依据拉丁文本，参考帕尔默英译本，翻译的单行本，上海三联书店 2006 年出版，名为《论意大利最古老的智慧——从拉丁语源发掘而来》。

④ 第一版收入商务印书馆 1997 年出版的陆晓禾翻译的利昂·庞帕编译的《维柯著作选》中。第三版由朱光潜译为《新科学》，商务印书馆 1989 年出版。

⑤ 汉译作为附录，收入商务印书馆 1989 年出版的朱光潜翻译的《新科学》中。

的著作，后人对他的诠释大部分就是以之为依据的。其《自传》是后人了解他的学术、理解其哲学的主要文献依据之一。

二、理性思考历史和历史学

维柯思想中受人关注最为普遍的是其关于历史发展过程的思考。他在这方面有着系统的思想。

1. 理性思考历史

维柯主张历史发展具有规律性。他追求永恒和普遍的历史，在《新科学》中指出："每个民族在时间上都要经历过这种理想的永恒历史，从兴起、发展、成熟以至衰败和灭亡。"[①]后来，"这种永恒的历史是由各民族的国别史在时间上都经历过的，都经历了兴起，发展，鼎盛以至于衰亡"[②]。换言之，在维柯看来，历史既具有永恒性，又具有普遍性。

维柯以为这种普遍性可以分解为：各民族历史表现的三种形式。他在《新科学》中认为人类各民族的发展都不外三个阶段：神祇时代、英雄时代和凡人时代。相应就有三种自然本性（诗性和创造性，高贵性，理智、谦恭、善良心和责任感）、三种习俗（宗教虔诚的，暴躁、拘泥细节的，有责任感的）、三种自然法（神的法，由宗教支配的凭强力的法，受人类理智左右人道的法）、三种政府或政体（神的政府，英雄或贵族专政政府，人道的政府）、三种语言（神的心头语言表现于无声的宗教动作或神圣的礼仪，英雄们的徽纹，发音的语言）、三种字母或者文字（神的字母"象形文字"，英雄的字母、想象的共相，土俗字母）、三种法学（秘奥的神学，关于神的语言的科学或对占卜秘奥教仪的知识；英雄的法学，讲究辞令、文字的妥帖，严格按照法律条文裁决；人道的法学，审核事实本身真实与否，宽厚的使用法律条文）、三种权威（财产所有权的权威，依据法律正式条文的权威，在智慧方面享受信任和名誉的权威）、三种理性（神的理性，国家政权的理性，自然理性）、三种裁判（神的裁判，常规裁判，人道的裁判）[③]。

---

① 〔意〕维柯：《新科学》上册，朱光潜译，商务印书馆 1989 年版，第 128 页。

② Vico, *The Autobiography of Giambattista Vico*, translated by Max Harold Fisch and Thomas Goddard Bergin, Ithaca, New York: Cornell University Press, 1944, p. 169.

③ 见〔意〕维柯：《新科学》下册，第四卷《诸民族所经历的历史过程》，朱光潜译，商务印书馆 1989 年版。

这三个时代所对应的历史发展是，古代希腊是神的时期；荷马史诗的时代为英雄时期；梭伦则是民众政体的开始。最后是罗马君主专制的帝国时代，蛮族入侵，罗马帝国衰亡，历史第二次循环开始。中古前期是神的时代，后期是英雄时代，而维柯生活的时代，早已经是人的时代了。

需要指出的是，维柯看到了各民族发展具有差异性，还就特殊性的原因进行过探求，他说：

> 因为各族人民确实由于地区气候的差异而获得了不同的特性，因此就产生了许多不同的习俗，所以他们有多少不同的本性和习俗，就产生出多少不同的语言。①

这就使得他避免陷入机械论的深渊而不能自拔。

维柯把历史发展的动力归结为上帝。他在《论意大利最古老的智慧》中说："上帝以其无限德性创造了一切事物哪怕是最微小的事物。"②他还在《自传》中说："永恒的历史，建立在天神或神旨这种思想的基础上。"③《新科学》中更是说："是天神意旨制定了各种政体，同时也制定了部落自然法。"④

同时，他又认为人创造了自己的历史。维柯指出："这个民族世界确实是由人类创造出来的。"⑤"这个包括所有各民族的人类世界确实是由人类自己创造出来的。"⑥甚至，维柯认为人不仅创造了人类历史，连天神也是人类创造出来的，他说："世界诸天神是由恐惧创造出来的，这种恐惧不是由他在自己心中引起的，而是由人们自己引起的。"⑦

维柯进一步探讨的是，支撑各民族历史具有共同性的基础是什么。《新科学》归纳出宗教、婚姻仪式、埋葬制度等。它们"承认天意安排"，"主张人类情欲应受到节制，变成优美品质"，"承认人类灵魂的不朽"⑧。这样，凭借

---

① 〔意〕维柯：《新科学》下册，第 227 页。

② 〔意〕维柯：《论意大利最古老的智慧——从拉丁语源发掘而来》，张小勇译，上海三联书店 2006 年版，第 84 页。

③ Vico, *The Autobiography of Giambattista Vico*, translated by Max Harold Fisch and Thomas Goddard Bergin, Ithaca, New York: Cornell University Press, 1944, p. 169.

④ 〔意〕维柯：《新科学》上册，第 347 页。

⑤ 同上书，第 164—165 页。

⑥ 同上书，第 609 页。

⑦ 同上书，第 187 页。

⑧ 同上书，第 101 页。

着这一基础,人类得以创建。用他的话说就是:

> 在天神意旨这第一个原则,隆重的婚姻典礼这第二个原则之后,还有埋葬制度所依据的灵魂不朽的普遍信仰这第三个原则。我们这门学科就根据这三个原则来讨论它所研究的全部众多而复杂的制度的起源。①

2. 理性思考历史学

维柯提出了系统的关于历史学的性质和方法的观念,以下就其要者加以论述。

历史写作的科学追求。17世纪西方学术界盛行历史怀疑主义,历史学在笛卡儿的真理标准下被逐出科学家族。而维柯正相反,主张历史学是科学,其《新科学》就是要把历史学“引入近代历史科学的殿堂,使之发展成一种专门的学问”②。

《论意大利最古老的智慧》明确提出,既然人类是上帝按照自己的形象创造出来的,也一定具有某种程度的创造性,而人类社会和历史确实是由人类自己创造的,那么,正像上帝能了解他所创造的自然界一样,人类也能认识自己创造的社会和历史。《新科学》将这一观点作为一个重要的原则。这就是在奥古斯丁“上帝知道他所创造的一切”观点影响下的、为后人所推崇有加的“真理—创造”理论。

这一观念提出,无疑是同笛卡儿主义唱对台戏,说明历史学可以成为科学的机制所在,为历史学在人类知识体系中争得一席之地。

他还批判古代黄金说和民族“虚骄讹见”,这一问题在本书后来论述历史主义问题时会有比较详细的说明。这里暂时略去。

历史研究方法也是维柯思想中不容忽视的内容。卡希尔认为,维柯的著作是运用于历史的《谈谈方法》③。他的历史研究方法方面的主张可以概括为:

第一,主张“从开始时开始”研究。他说过,“凡是学说(或教义)都必须

---

① 〔意〕维柯:《新科学》上册,第13页。

② 张广智:《“天才的闪光”——维柯史学思想述论》,《史学史研究》1987年第4期。

③ 〔德〕卡希尔:《历史观念的演变——笛卡儿、莱布尼茨、维科》,张永清译,《现代外国哲学社会科学》1987年第7期。

从它所处理的题材开始时开始”①。因而历史研究也相应地应该置于“这些动物开始以人的方式来思维的时候”,相反当时自然法学家的三大领袖格劳修斯、赛尔敦和普芬道夫在研究自然法体系时“犯了同样的错误,都从中途开始……从已开化的各民族的最近时期开始”②。正是基于此,维柯探讨了语言、神话、诗歌、宗教和国家的起源。可以说,文明起源的学说是维柯历史研究中最富有创造性的成果之一,而这也成为在他“从开始时开始”的原则指导下的成功实践。

第二,提出语言学和哲学相结合。维柯认为,“哲学默察理性或道理,从而达到对真理的认识;语言学观察来自人类选择的东西,从而达到对确凿可凭的事物的认识”③。在他看来,此前的学者不是忽略了语言学就是忽略了哲学,导致没有发现人类历史发展的规律。正如朱光潜所说,“一方面根据语言学来研究历史发展的凭证,另一方面又根据哲学来提出历史发展的真理,这就是史与论的结合”④。语言学提供的是历史发展的已然事实,而哲学解释出历史发展所以然的道理。只有如此,才能发现各民族历史在不同时期都要经历的一种永恒。

第三,重视比较方法。《新科学》一开始就在时历表中对希伯来、迦勒底、西徐亚、腓尼基、埃及、希腊、罗马历史上的重大事件及各种重要文化创造进行系统对照。通过比较,即发现差异;更重要的是,发现隐藏其中的一致性。正如学者指出的那样“比较方法对于维科是一种探寻历史规律的工具”⑤。正是基于此,维柯发现了历史发展的规律性,即各民族都必须经历的“理想的永恒的历史”。他还将早期人类的行为和儿童相比,希望以此获得关于早期人类生活的感性画面。

第四,注重史料考证。关于荷马史诗的考证,是维柯史学实践的集大成之作。维柯提出荷马其人并不存在,《荷马史诗》并非成于一人一时。维柯通过考证,提出了民间集体创作的概念,指出荷马史诗《伊利亚特》和《奥德赛》不是个人创造的作品,而是许多片断的集合,这些片断产生在希腊早期历史的不同阶段,实际上是以诗的方式记述了早期希腊文明的历史。荷马

① 〔意〕维柯:《新科学》上册,第148页。
② 同上书,第193页。
③ 同上书,第103页。
④ 同上书,第103页,译者注。
⑤ 严建强:《论维柯的历史科学观》,《杭州大学学报》1992年第9期。

并非实有其人，而是一个神话人物，是古希腊吟颂神和英雄业绩的众多民间歌手的象征，“希腊各族人民自己就是荷马”①。

维柯还扩大了史料的范围。他研究以往历史学家所忽视的人类史前时期即原始人类的各种事件的源头与开端，涉及制度、文字、宗教、语言、神话等等。例如他把神话的传说当作可以利用的史料，维柯认为希腊和拉丁神话中的十二个神，表面上是神谱，实则蕴含了民政制度的产生和发展。天帝约夫代表了宗教的产生；善妒的天后朱诺则代表隆重的婚礼的约束等。又如他从语言学角度考察再现一个民族在其语言开始时所形成的生活状况，根据拉丁语 pecunia（祖业、家财）可以推断出古罗马人和日耳曼人曾经是游牧民族这一历史事实，因为这个词是从 pecus（牛羊）派生出来的。

三、维柯史学思想的二重性

维柯的思想生前不为人知，直至其去世百余年才得到人们的重视，各派思想家都从维柯思想中挖掘与自己学派有关的内涵，然后人们惊奇地发现，维柯的思想包罗万象，孕育着很多现代思想的萌芽。维柯被看成是革命者、反动者、浪漫主义者、实证主义者、反实证主义者等②。于是有人说：维柯之所以不被同时代的学者理解和接受，是因为他的思想是超越他那个时代的，“维柯的思想比他同辈人前进太多，其立论观点无法被同时代人领会欣赏”③。

1. 脱胎与蜕变于笛卡儿

维柯早年是个忠实的笛卡儿主义信徒，推崇笛卡儿将数学方法引入其他科学研究，他在担任那不勒斯大学修辞学教授时期，所作论人文教育的演讲，显然就是对笛卡儿的“我思故我在”的注解。在 1702 年的演讲中他呼吁其学生们向笛卡儿学习：

> 还应聆听笛卡尔，聆听他关于物体运动、精神情感和视觉感知方面的新颖而令人惊叹的研究，聆听他关于第一真理的沉思；聆听他如何将

① 〔意〕维柯：《新科学》上册，朱光潜译，商务印书馆 1989 年版，第 472 页。

② Peter Burke, *Vico*, Oxford, New York: Oxford University Press, 1985, p. 8.

③ 蔡石山：《西洋史学史》，台湾环球书社 1982 年版，第 117—118 页。

几何学方法引入物理学研究中;你会说他是一位前无古人的哲学家。①

后来,维柯逐渐靠近培根,走向了反笛卡儿主义的道路。在1708年《论我们时代的研究方法》中,他指出:

> 我们能证明几何[真理],因为我们创造了它们;而如果说我们能够证明物理[真理],那就是我们曾创造了它们。②

这里将真理和创造联系起来,反对笛卡儿有关真理就是清晰明白的概念。在1710年《论意大利最古老的智慧》中,维柯更是发挥了这一"真理—创造"的观点,明确提出"真理即创造"。而到了1725年《新科学》阶段,维柯进一步认为"认识和创造就是一回事"③。人可以认识他所创造的事物,"民政社会的世界确实是由人类创造出来的,所有它的原则必然要从我们自己的人类心灵各种变化中就可以找到。……民政世界既然是由人类创造的,人类就应该希望能认识它"④,明确指出历史是人创造的,因而可以被人所认识和了解。他对笛卡儿的态度也发生了明显的变化。他认为笛卡儿片面强调哲学和数学,降低其他学科的地位:"我们不想学笛卡儿那样狡猾地吹嘘他的研究方法论,那只是为着抬高他自己的哲学和数学,来降低神和人的学问中其他一切科目。"⑤

维柯对笛卡儿的批判达到了顶峰。对于他的这种转变,利昂·庞帕做过论述,说他受到了格劳修斯和霍布斯的影响。具体见于他的《维柯著作选》英译引言《詹巴蒂斯塔·维柯的生平和著作》。

2. 进步与循环、神与人

维柯认为人类历史经历上述三阶段后,将进入新一轮的神、英雄和人的阶段。

维柯据罗马帝国后期北方蛮族入侵欧洲,推翻罗马帝国,建立了一些近

---

① 〔意〕维柯:《维柯论人文教育——大学开学典礼演讲集》,张小勇译,广西师范大学出版社2005年版,第47页。

② 同上书,第131页。

③ 〔意〕维柯:《新科学》上册,第165页。

④ 同上书,第154页。

⑤ Vico, *The Autobiography of Giambattista Vico*, translated by Max Harold Fisch and Thomas Goddard Bergin, Ithaca, New York: Cornell University Press, 1944, p. 113.

代国家，如英、法、德、西等，认为这是野蛮时代的“复归”或“复演”。例如在各国政体中，教会首领同时兼任政府首领，恢复第一次野蛮时代司祭兼国王的旧规；被征服民族变成了家奴去替地主种田服役，恢复了第一次野蛮时代收容所的制度，过去的东佃制发展成为系统化和等级化的封建制度。政体变更在第二次野蛮时代大致也和第一次野蛮时代一样，由君主统治，经过贵族统治逐渐过渡到平民统治，经过动乱，又回到维柯认为最理想的君主专政。这里涉及维柯的历史观是否为循环论的问题。有人把它看成循环论。例如，伯林就说：“他相信历史变化是循环的。”①

但是，也有学者如柯林武德所说：

> 这种周期性运动并不是历史通过若干固定阶段周而复始的一种单纯的循环，它不是一个圆而是一个螺旋；因为历史决不重演它自身，而是以一种有别于已成为过去事情的形式而出现于每个新阶段。②

还如米勒所认为：

> 维柯的循环并不是圆圈，而是螺旋式的、开放的。③

其实，这是一个很难给予确切界定的问题。他既看到历史的进步性，又发现了历史上的循环性。没有必要一定要在循环和进步中将维柯的思想特征加以取舍，这样恰好表明他的思想具有二重性。

维柯思想中的这种特性在神与人的问题中也暴露出来。维柯致力于“研究人和神这两类制度”④。这里问题出现了：维柯思想中的关于历史发展的神、人是否矛盾？外国学者中，有人认为维柯的思想是“历史和自然的二元论”⑤。也有人认为维柯的天神意旨观是模棱两可的⑥。国内学者中，

---

① 〔伊朗〕拉明·贾汉贝格鲁编：《伯林谈话录》，杨祯钦译，译林出版社 2002 年版，第 73 页。
② 〔英〕R·G·柯林武德：《历史的观念》，第 77 页。
③ Cecilia Miller, *Giambattista Vico: Imagination and Historical Knowledge*, New York: St. Martin's Press, 1993, p. 33.
④ 〔意〕维柯：《新科学》上册，第 173 页。
⑤ 〔意〕克罗齐：《作为思想和行动的历史》，田时纲译，中国社会科学出版社 2005 年版，第 53 页。
⑥ 〔美〕卢森特：《维柯的“天神意旨”观与人类知识、自由及意志的限度》，刘小枫、陈少明主编：《维柯与古今之争》，华夏出版社 2008 年版，第 3 页。

有人以为:“维柯的全部实践哲学部门都是在神学基础上构建起来的,而神学又是整个理论哲学发展的顶峰。也就是说,维柯整个学说的根本基础与最高原则都是神。”[①]更有学者对维柯心中的神做了它解,例如朱光潜则认为“天神意旨”是指“自然”,张广智也认为“维柯虽笃信宗教,但他不是有神论者,他的《新科学》毕竟是一部‘人学’,而非‘神学’,不是神创造人,而是人按照自己的形象创造了神,他在费尔巴哈之前就看出神是人的本质的对象化,这是他的一个伟大的贡献”[②]。还有人调和这两种观点,认为“他对于历史本身的根本思想,是介乎基督教义与新获得的历史知识之间的”[③]。

维柯是虔诚的基督教徒,认为神创造了人。不过在涉及人是否可以认识社会历史这一问题,又提出人创造历史的观点。这恰好表明其思想的二重性,也是许多学者发生争论的原因所在。

3. 现代性中的反现代性

维柯的思想是现代的产物,是对笛卡儿的突破和发展,是后世许多思想的源泉。从这个意义上说,其思想具有现代性。

可是,他是虔诚的基督教徒,甚至他的关于人类历史规律学说也是从神学中引申出来的。他的哲学思想中弥漫着天主教的气息。维柯之所以作《新科学》,其原因:第一是对法律、民政问题有兴趣;第二是为竞选民法讲座之用;第三是为了挽救信仰。前两点是为人们普遍接受的,后一点是有道理而并非被一般人所赞同的。黄文斐在专门研究中分析道:那时的那不勒斯陷入一片笛卡儿学说的风潮之中,人们强调理性、追求真理,为此必须对一切尽可能地怀疑,甚至像“上帝存在”这样的教条也可质疑。维柯对这样的怀疑主义感到不安,他认为现今欧洲社会的乱象实起因于此。他指出:《新科学》“实质上是一种神学,维柯要以此来抨击笛卡尔式的怀疑主义、证明神意的存在与重要。维柯问的与要解决的是基督教信仰的问题”[④]。因此,《新科学》表面上以罗马为例子,批评“人的时代”,但是实际上,他是在批判当时如笛卡儿之流的欧洲知识分子,说他们陷入到怀疑主义里去,开始毁谤信仰了。

---

① 丁耘:《导言》,〔意〕维柯:《维柯论人文教育——大学开学典礼演讲集》,张小勇译,广西师范大学出版社2005年版。

② 张广智:《“天才的闪光”——维柯史学思想述论》,《史学史研究》1987年第4期。

③ 张贵永:《历史主义的先驱》,蒋大椿主编:《史学探渊》,吉林教育出版社1991年版,第1230页。

④ 黄文斐:《维柯〈新科学〉之中古性》,台大出版委员会2000年版,第114页。

维柯在《新科学》的开始放置一幅画，表明天意的神圣光线是通过形而上学而与荷马，即与异教的历史世界联系起来的，但它却略过了自然世界。维柯的解说指出，形而上学是在自然事物的秩序之上观望上帝的；而哲学家迄今为止都是以自然事物为中介观望上帝的。维柯的意思是，"真正的哲学在上帝里面观望的是人类精神的世界，为的是在人的世界中，即在各民族的民政世界中证实上帝的天意"①。可见，维柯的视角依然是神学的。

维柯采用传统基督教说法，即因为人的原罪，乃至于理性时代仍不免堕落。故他欲以民政神学来启发人类、挽救失序的社会。维柯提出了其认识论上的一大发明"创造和真理的可对换性"。维柯至少在中年以后为虔诚的教徒，浸润于天主教教育中，他相信上帝创造了万物。人虽然可以了解部分的事物，但是，对于万物的终极原因却无法完全掌握，这是非创造者所难以理解的。以此类推，人类创造了民族世界，故人可以完整了解其真理所在。如此说来，"此一创新概念，其实也包含旧有神学思想之因子"②。

维柯也重视对终极原因的探求，他会问：为何人类可以长存？有没有终极性的原因可以解释？维柯将这些问题的解答归因于上帝，认为历史中有神意的运作，"此点也充满了中古神学的色彩"③。

维柯关于终止历史一再循环的思想也有基督教因子。他以为，人类的自由选择与其说是要决定人类命运，毋宁说是让原罪或信仰基督教产生意义；在茫茫人世中，人类的一举一动与其说是随行其个人需求，不如说在完成更大范围的神意。人类的理性与意志都必须服从于上帝，靠着主动信仰、蒙受基督的恩惠，在现世才会终止于君主专制下，死后亦能进入天堂。因此，在维柯那里，"是神意终止了人类的循环、找寻到了真正的理想国"④。

因此，伯克的《维柯》认为维柯完全没有超越自己的时代；里拉在《维柯：一个反现代的形成》⑤中，认为维柯的思想是反现代性的；黄文斐在《维柯〈新科学〉之中古性》中称之为"中古性"。不管怎样，这些都说明维柯思想中的现代性与反现代性是并存的。

---

① 〔德〕卡尔·洛维特：《世界历史与救赎历史》，李秋零、田薇译，三联书店2002年版，第143页。
②③ 黄文斐：《维柯〈新科学〉之中古性》，第116页。
④ 同上书，第120页。
⑤ Cambridge, London: Harvard University Press, 1993。张小勇译为里拉《维柯·反现代创生》，新星出版社2008年出版。

四、历史影响与现代价值

维柯的史学观念在西方史学中享有重要地位，在西方学术尤其是哲学史上起到承前启后的作用，其中许多因素至今仍然具有积极意义。克罗齐在《维柯的哲学》中视维柯为对抗笛卡儿的健将，是浪漫主义的开启者。伯林《维柯与赫尔德》则肯定维柯思想中的“想象性的了解”，能够同情各个时代。维柯的哲学被认为是卢梭思想的先驱。

维柯的思想具有经久不灭的“天才闪光”。1766 年意大利法学家贝卡里亚曾向法国启蒙思想家介绍《新科学》。1799 年以后古奥科把维柯的思想传到外国，特别是其《那不勒斯革命史》使用维柯的理论，使得米什莱于 1827 年摘译《新科学》成法文。维柯的思想影响米什莱、迈斯特和索莱尔对历史特别是法国大革命的研究①。

1822 年，韦伯把《新科学》译为德文，马克思称赞《新科学》中有“天才闪光”。许多德国学者与维柯结下不解之缘。例如赫尔德与维柯之间的关系，具体可见 I·伯林著《维柯与赫尔德》②。再如，马克思与维柯之间的关系，其具体信息可以从塔格里奥科索所编辑的《维柯与马克思：亲和与反差》③中得到。

1948 年伯吉和菲希又把《新科学》译为英文。在苏格兰，马里歇尔学院的古典学者托马斯·布莱克维尔的荷马研究受其影响；在西班牙，洛伦佐·博图里尼用《新科学》来解释古代墨西哥文明。因此，科斯塔说：“我们可以有把握地说，18 世纪文化有三个区域受到维柯思想影响：苏格兰、西班牙和法国。”④

这样，就不难理解，时至今日，意大利那不勒斯有维柯研究中心，出版《维柯研究中心学报》，美国亦有维柯研究会。

维柯的思想在当代具有重要价值，有学者已经注意到了。

---

① 参阅〔美〕哈顿：《维柯的历史理论与法国革命传统》，刘小枫、陈少明主编：《维柯与古今之争》，华夏出版社 2008 年版。

② Isaiah Berlin: *Vico and Herder*, New York: the Viking Press, 1976.

③ Giorgio Tagliacozzo: *Vico and Marx: Affinites and Contrasts*, New Jersey: Humannities Press Inc, 1983.

④ 〔意〕古斯塔沃·科斯塔：《中译本序》，〔英〕利昂·庞帕编：《维柯著作选》，陆晓禾译，商务印书馆 1989 年版，第 13 页。

他为今天学术界防止史学碎化提供了思想工具。当代历史学随着分析哲学的兴起而走向碎化，也随着跨学科趋势的强劲而有被肢解的危险。有学者提出维柯的思想意义在于启发人们再次发现关于人类的新科学，就历史学而言现在是从分析转向综合的时候了①。

他为后人解构前人的学说提供了思想因子。维柯在《新科学》第 119 节中指出："一些哲学的和语言学的自明公理，其中包括少数合理的正当的假设和一些经过阐明的定义。"②对此，有学者认为：在维柯看来，哲学和语言学没有组成任何体系而是通常感觉的自明之理组成了一个体系；哲学和语言学没有掩盖使我们的解释得到证实的法则；哲学和语言学只是认识到我们都把通常的假设带进历史学，这种假设伴随着一种意识——我们的假设并非是早期文明那样的，"观念有其历史和暂时的流行。如果认为我们自己是可以免除这种情况的，那么将会重复社会契约理论的愚蠢；而如果承认这是一种情况，那么则将洞悉哲学是关于实际预设的间接反映"③。这里涉及对维柯思想的后现代因素的解读问题，拉福特的《维柯之怪诞的人文主义》④则从一个侧面反映了这一倾向，恕不赘述。可见，维柯思想中存在着后现代主义因素。

① Max H. Fisch, "What has Vico to Say to Philosophers of Today", *Vico and Contemporary Thought*, edited by Giorgio Tagliacozzo, Michael Mooney, Donald Phillip Verene, London, Basingstoke: the Macmillan Press Ltd., 1980, p. 19.

② 〔意〕维柯：《新科学》上册，第 173 页。

③ B. A. Haddock, "Vico and the Problem of Historical Reconstruction", *Vico and Contemporary Thought*, edited by Giorgio Tagliacozzo, Michael Mooney, Donald Phillip Verene, London, Basingstoke: the Macmillan Press Ltd., 1980, p. 129.

④ S. R. Luft: *Vico's Uncanny Humanism*, Ithaca, London: Cornell University Press, 2003.

第十二章　从丰德奈尔到赫尔德的历史哲学

在启蒙运动时期，丰德奈尔及其影响下的法国学者和以狄德罗为首的百科全书派所宣传的史学观念，都有着重要的地位和影响。

一、丰德奈尔等人的历史哲学

在丰德奈尔、狄德罗引导下，杜尔阁、孔狄拉克和孔多塞等人，都致力于"人类精神史"这一问题的哲学思考，并相信历史的进步。

1. 丰德奈尔和狄德罗的思考

丰德奈尔（Benard le Bovier de Fontenelle，1657—1757年），法国作家、启蒙思想家，担任法兰西学院秘书，长达40年之久。其历史著作有《神谕史》和《神话的起源》。其历史学观念是他对"人类精神历史的思考"，相关论述主要表现为他所著《古代人与近代人》、为法兰西学院科学年鉴所写的序言和为法国学者所写的颂词中。

就历史学而言，他对莱布尼茨、牛顿的历史学贡献持赞赏态度；可是对于一般意义上的史学价值，其观点颇类似于笛卡儿。他认为：历史学"不过是一个奇观，其中人类事物永远循环着，一个个帝国诞生又灭亡，诸种风格、习俗和观点不停地轮番出现"，它与其他科学不一样，因为"如果你历史地追溯它们走过的道路，你会惊异于其前进之迅捷"①。丰德奈尔反对历史学为事实而累积事实，主张把哲学引入历史写作之中，特别是赋予史学以道德使命，他曾经说："历史不与道德相结合的话，就不是什么好东西。"②

---

① 转引自〔美〕唐纳德・R・凯利：《多面的历史》，第448页。
② 转引自〔美〕卡尔・贝克：《18世纪哲学家的天城》，何兆武译，三联书店2001年版，第99页。

他赋予神话和理性以历史的形式。他相信各种科学开始于人类童年的种种虚构，这些虚构就是历史，也是神话、宗教、科学和哲学，并进步成为现代的理性思想；这一点也与笛卡儿学派相类似。他认为，除了人类精神谬误史之外，不要在这些虚构中寻找什么，然而这却是迈向启蒙的第一步①。

他认为，艺术与诗歌是有赖于感情和想象的，近代人可以和古人媲美但是很难超越，而科学和学术有赖于知识的正确推理，就不可避免超越古人。而且他还认为，在科学学术方面，未来人可以超越近代人，因为知识的积累和进步是无止境的。

狄德罗(Denis Diderot，1713—1784 年)，法国哲学家、文学家，启蒙运动领导人之一。他除了主编《百科全书》并撰写一些词条外，其他主要著作还有：1746 年匿名发表《哲学思想录》。1747 年写成《怀疑论者的漫步》，也称《关于宗教、哲学和社交生活的谈话》，1830 年正式出版。1749 年匿名出版《供明眼人参考的谈盲人的信》，也称《论盲人书简》。1754 年出版《论解释自然的思想》。1779 年完成《拉摩的侄儿》，1805 年德文发表。1769 年写成《达兰贝和狄德罗的谈话》、《达兰贝的梦》。1770 年发表《哲学思想录增补》。其著作多译有汉文本②。

在狄德罗思想中，对于历史学具有重要意义的是关于怀疑观点和物质运动的思想。

关于怀疑的观点。他在《哲学思想录》中，抨击人们对于宗教奇迹的信仰，狄德罗指出：

> 他是他所记述的那些事情亲眼目睹的证人，而对于这些事他是能够毫无私见毫无利害关系地加以判断的，他的证据还有千百个旁人一

① 转引自〔美〕唐纳德·R·凯利：《多面的历史》，第 448 页。

② 江天骥、陈修斋、王太庆译《狄德罗哲学选集》，商务印书馆 1959 年出版，收有《哲学思想录》、《哲学思想录增补》、《对自然的解释》、《关于物质和运动的哲学原理》、《达朗贝和狄德罗的谈话》、《达朗贝的梦》、《谈话的继续》、《拉摩的侄儿》(江天骥、陈修斋所译单行本，由商务印书馆于 1981 年出版)等。张冠尧等译《狄德罗美学论文集》，人民文学出版社 1984 年出版，收有《关于美的根源及其本质的哲学探讨》、《关于私生子的谈话》、《论戏剧诗》、《画论》、《沙龙随笔》(选译)以及其他论著 8 种。后王雨、陈基发又依据以上主要著作编译为《狄德罗文集》，中国社会出版社 1997 年出版。单行本有：陈修斋、张冠尧译《怀疑论者的漫步》，上海三联书店 1989 年出版。此书还从汉译《狄德罗哲学选集》中选收《哲学思想录》、《哲学思想录增补》、《对自然的解释》(节选)，从张冠尧等人译的《狄德罗美学论文选》中选收《美之探讨》和《天才》。郑兆璜译《修女》，上海文艺出版社 1957 年出版。匡明译《定命论者雅克和他的主人》，人民文学出版社 1958 年出版。

起可以作证。所有的人都说他们是看见了,而且他们的见证是要多可靠就有多可靠的:原始的证明书都保存在公共的档案里。……只要关于他的想法问题没有解决,这些奇迹就是丝毫不能有所证明的。①

虽然这段话是针对奇迹而言的,但是一旦上升到方法论,则对于历史研究有所启发。事实上,他秉持怀疑态度,认为"怀疑论是走向真理的第一步"②。他认识到,"一个历史学家欺骗了我们,或者是整个民族都错了,这并不是什么奇怪的事"③。因此,在他看来,即使整整一个民族都认可的,也不能轻信,用他的话说就是:"整整一个民族都是这事实的证人,你敢否定它吗?是的。"④

关于物质运动的思想。狄德罗没有就历史运动作专门论述,但是他对于自然运动的论述同样具有方法论意义,因而对于人类历史"却是先知般的预见"⑤。根据亨利·勒费弗尔的研究,狄德罗在《论解释自然的思想》中,表达了普遍变异的观点并接近了辩证法和历史唯物主义。狄德罗提供了重要的发现,那就是进化论。他提出了变异的普遍规律,并论述了事物变异、生成、消灭的普遍特性。亨利·勒费弗尔指出,在狄德罗那里,人类是自然的一部分,也有自己的历史,是自然历史的一部分,历史的规律和变异的普遍规律是互相不可分割的。因此,狄德罗的进化设想不仅适用于自然史,而且适用于人类史。

2. 孔狄拉克、杜尔阁的追随

孔狄拉克(Étienne Bonnot de Condillac, 1715—1780年)出身官宦之家,是法国一位颇有影响的启蒙主义者。他少年时期就学习希腊文,接受古典文学、哲学和科学训练。他研究过伏尔泰《哲学通讯》,牛顿《自然科学的数学原理》,洛克《人类悟性论》,丰德奈尔《神谕史》、《神话的起源》,培根《新工具》等,与达兰贝、卢梭、狄德罗、霍尔巴赫、杜尔阁相友善,参加《百

① 〔法〕狄德罗:《狄德罗哲学选集·哲学思想录·五十四节》,江天骥等译,商务印书馆1959年版,第29—30页。
② 〔法〕狄德罗:《狄德罗哲学选集·哲学思想录·三十一节》,第17页。
③ 〔法〕狄德罗:《狄德罗哲学选集·哲学思想录·四十六节》,第24页。
④ 同上节,第23页。
⑤ 〔法〕亨利·勒费弗尔:《狄德罗的思想和著作》,张本译,商务印书馆1985年版,第107页。

科全书》的撰写工作。1746年出版《人类知识起源论》①。1775年出版《历史概要》。

孔狄拉克是一位具有强烈批判意识的思想家。他对形而上学和数学的推崇是笛卡儿那一套,可是又主张把形而上学分为狂妄的和谦虚谨慎的两种;指责笛卡儿学派没有意识到观念的起源和派衍问题,认为笛卡儿强烈反对感觉、过分怀疑态度和主张天赋观念的荒谬,还指出笛卡儿方法上存在着欠缺。他赞赏培根一切知识来源于感觉原理的阐释,但是对于培根没有把这一原理作为主要论述目标表示不满。他肯定洛克对于人类精神的研究,但是批评他的论述不够深入。他接受孟德斯鸠的气候和政府有助于民族性格形成的观点,但是又认为气候只是必不可少的条件而已。可以肯定的是,他试图把对人类精神的研究纳入科学的范畴,因而有学者指出:

> 他的著作试图把数学方法和物理方法所具有的准确性运用到人类的研究上来。如果说,他的著作所涉及的题材过于繁复,而难于做到这一点的话,那么,无论怎么说,孔狄亚克还是维护了摄政时代和丰德奈尔时代的科学和历史的传统,并把这种传统传给了19世纪的某些很不满足于折衷主义的思想家。②

他的一些观点,对于人们理解历史是有启发的。例如,在谈到音乐时说:

> 诗歌和音乐之所以得到培育,仅仅是为了教人认识宗教,知晓法律,以及用来纪念伟人们及其对社会所建树的功绩而已。③

再如,他在论想象的时候说:

> 想象把最适宜于美化真实的观念跟真实结合起来;而且,由于这一

① 杨伯恺译为恭第纳克《认识起源》,上海辛垦书店1934年出版。洪洁求、洪丕柱译为《人类知识起源论》,商务印书馆1989年出版。

② 〔法〕雷蒙·勒努瓦:《关于孔狄亚克生平和著作的简述》,收入〔法〕孔狄亚克:《人类知识起源论》,洪洁求、洪丕柱译,商务印书馆1989年版,第8页。

③ 〔法〕孔狄亚克:《人类知识起源论》,洪洁求、洪丕柱译,商务印书馆1989年版,第181页。

结合,想象便形成了一个整体,我们既可以在这个整体中找到想象的可靠性,又可以找到美妙的情趣。①

在理性主义盛行时期,这种观点显得清新,犹如卢梭的浪漫主义因素,他承认理性的作用但是反对夸大其词:

理性会按照我们的处境所要求的那样,恰如其分地降于我们的各个方面;而且,倘若我们对我们的一切控制得有分寸,对理性活动的优惠不任意挥霍,那就会知道如何审慎明智地使用它的优点了。②

他认识到社会因素对产生大人物所发生的作用。孔狄拉克以牛顿和卢梭为例,认为他们两人之所以被人崇敬仰慕,那是有前人的成就做基础,并恰逢适当的机会;如果他们都早一个世纪出生,那么一定不会享有像他们所生活时代那样的盛名。因此,他说:"那些才华出众的伟大人物,不管他们专攻哪一门学科,也只有言语已经作出了可观的进步之后,才能使自己脱颖而出。"③这一说法同后来人们所谓的时势造英雄是一致的。

他对于人类精神研究方法的论述,很有价值。孔狄拉克提出,不要使流行的观点成为先入之见;强调要避免两种错误:一是相信感觉存在于客体之中,二是同样的客体对于不同的个人产生同样的感觉。这一提法显然具有怀疑精神。他主张要分析一种观念的源头和派衍,明确自己研究所处的阶段和位置。这似乎就是中国人所谓的"辨彰学术,考镜源流"。他接着认为,要对客体进行反省,对观念进行分析比较④。其中,他特别推崇分析方法,认为"分析法乃是可以给我们的推理以明晰性的唯一方法;因此,也是我们在探求真理的过程中所应遵循的独一无二的方法"⑤。至于什么是分析方法,他说:

获得知识的唯一途径,就是追溯到我们观念的本源上去,并循着观

① 〔法〕孔狄亚克:《人类知识起源论》,洪洁求、洪丕柱译,商务印书馆1989年版,第70页。
② 同上书,第71页。
③ 同上书,第228—229页。
④ 同上书,第236—262页。
⑤ 同上书,第55页。

念的派衍过程，通过各种可能的关系对它们进行比较；这就是我称之为分析的东西。①

他的这一套方法正是今天人们研究历史的常规方法。他关于写作方法的论述值得一提。他说：科学写作要“避免冗长拖沓”，“避免离题万里”，“避免过于频繁出现分目和细目”，“避免一些重复累赘的叙述”。同时，“必须从最容易的直接来自感官的观念入手”，“随后必须逐渐把它们提高到比较简单或者比较复杂的概念”。他还说：“不光要说服读者，而且还要启发读者，并使他学会由他自己来作出一些发现，要在最能令他感兴趣的启导之下，向他显示真理。”②这种对于文字表达研究的思考体现了他对于人类精神研究方法的延展。

杜尔阁（Anne-Robert-Jacques Turgot，1727—1781 年），法国“重农学派”经济学家、哲学家和历史学家。

1751 年，他放弃神职，投身政界，1774 年担任路易十六的财政大臣。其间进行经济改革，废除徭役，减少捐税，取消行会等，1776 年被免职。

杜尔阁深受自由主义和历史进步思想的影响，其与历史学有关的重要著作有：1750 年的《关于人类心灵的不断前进》③和《论基督教的创立为人类带来的好处》两篇演讲。这两次演讲的主题是“援引基督教的贡献来证明人类和人类精神的进步。历史的进程虽然有时被偶尔的倒退所打断，但却是由简单的进步原则支配的”④。特别是在《关于人类心灵的不断前进》中，提出人类思想发展的三个阶段：早期阶段，人类心灵处于蒙昧状态，萌发诸神崇拜；第二阶段，思维进步，人类用抽象的术语解释现象；最后阶段，掌握物理机械原理，使用数理分析现象，用实验证实结论，是为科学时代。与此相对应，人类社会经历狩猎游牧时期、农业时期和商业时期。引人注目的是，“杜尔哥已经基本上完整地提出了孔德在《实证哲学教程》中阐述的人类智力乃至人类社会发展的三阶段规律：(1) 神学阶段，又名虚构阶段；(2) 形而上学阶段，又名抽象阶段；(3) 科学阶段又名实证阶段”⑤。

① 〔法〕孔狄亚克：《人类知识起源论》，第 56 页。
② 同上书，第 265—266 页。
③ 也有译为《人类理性的不断胜利》或《人类精神之连续前进的哲学评论》。
④ 〔德〕卡尔·洛维特：《世界历史与救赎历史》，第 116 页。
⑤ 李秋零、田薇：《启蒙主义的历史进步论》，《中国青年政治学院学报》1994 年第 2 期。

他还指出这一历史进步是缓慢的，进步过程中存在着罪恶、破坏、暴虐和不幸，但是每一次变乱后都走向完美。他看到了总体进步中的局部退步，使得其历史进步思想具有辩证特点。在杜尔阁看来，“历史运动并不是一种单维的进步，而是热烈的意图和出乎意料的事件之间的一种辩证关系”①。这些是后来的孔多塞、康德、黑格尔和马克思等人的相关思想的先声。

他在历史发展动因的探究方面超过了其前辈，因为他接触过洛克的学说，从研究人类的心智出发，进而提出：决定历史前进的首先是人类的品性，然后才是地理环境和气候。同时，他又承认伟人的自由意志和行为对于历史的影响。

1766年，杜尔阁发表《关于财富的形成和分配的考察》②。

他肯定人类历史进步性，认为人类总的发展趋势是：

> 人们的生活方式变得越来越高雅，人们的头脑变得越来越精明，原先孤立的各民族越来越互相接近，贸易和政治终于把地球上所有的部分都联结在一起，而整个人类通过安定和动荡、幸福和苦难的交替，虽然步子慢些，却始终在向更大的完美前进。③

杜尔阁记录人类的一些谬见，并认为这些谬见正是人类精神的最初步伐。他认为，书写出现后才有真正的历史，历史发展依据文化发展情况，可以分为采集阶段、渔猎阶段、农业阶段和商业阶段④。他揭示了环境特别是教育对于社会进步的重要作用，这是当时启蒙学者的通识。他说：“任何一次改变，都不会不在最后提供某种好处而结束；因为每一次变革都变成经验，因为每一次改变都在普及和改进教育，或者作好教育的准备。”⑤

需要指出的是，他在解释人类社会进步的原因时，提出正是人的激情和野心推动了人类进步，而激情和野心势必引起战争，战争的结果使得整个人

---

① 〔德〕卡尔·洛维特：《世界历史与救赎历史》，第119页。

② 南开大学经济系经济学说史教研室译为：杜阁《关于财富的形成和分配的考察》，商务印书馆1961年出版。

③ *Turgot on Progress, Sociology, and Economics*, edited by R. L. Meek, Cambridge, 1973, p. 41.

④ 参阅R. L. Meek ed., *Turgot on Progress, Sociology, and Economics*, Cambridge, 1973。

⑤ 转引自〔苏〕维·彼·沃特金：《十八世纪法国社会思想的发展》，杨穆、金颖译，商务印书馆1983年版，第96页。

类“经历着安定和动乱、幸福时期和灾难时代，尽管步履滞缓，但永远向着愈来愈完美的境地进军”①。可见，他在这里把人的激情和野心视为历史发展的动力。这不由得使人想到后来康德、黑格尔等人的类似观点。

3. 孔多塞的阐释

孔多塞(Condorcet，1743—1794 年)，法国数学家和哲学家，曾参与《百科全书》编纂，与达兰贝、伏尔泰、杜尔阁等人关系友善。

他于 1785 年发表《论依据众多意见作出判断概率应用的分析》；1793 年发表《概率演算教程及其在赌博和审判中的应用》；1793—1794 年逃亡期间写成《人类精神进步史表纲要》，1795 年出版。

孔多塞受到卢梭和杜尔阁的影响较大，其法学和政治学思想继承了卢梭的自然、自由、平等的观念，而他关于人类历史规律的思想显然是杜尔阁的理念。

他对史学的贡献表现为三个方面：一是提出一些掷地有声的史学思想，二是尝试把数学方法引入社会研究，三是阐述了人类精神进步观念。

孔多塞肯定历史知识对于精神进步的重要性。他说：

> 假如能有一门预见人类进步、能指导进步、促进进步的科学，那么人类所已经做出了的进步的历史就应该成为这门科学的主要基础。②

他相信可以在历史中发现行为准则，在研究古人的见解中发现真理，反对摒弃经验教训的偏见。不过，他批评现存历史学只关注大人物的做法，孔多塞说：

> 迄今为止，政治史也像哲学史和科学史一样，只不过是某些少数人物的历史；真正构成其为人类的那些人、即几乎全然依持自己的劳动而生活的广大的家庭却被人遗忘了，甚至于还有从事于公共职业的那类人(他们的活动不是为了他们自己而是为了社会，他们的任务是教学，是管理，是保卫，是安慰别人)，而唯有领袖们才吸引了历史学家的

---

① 转引自〔苏〕И·С·加尔金：《欧美近代现代史学史》上卷，董进泉译，安徽教育出版社 1986 年版，第 21 页。

② 〔法〕孔多塞：《人类精神进步史表纲要》，何兆武、何冰译，三联书店 1998 年版，绪论第 9 页。

关注。①

他分析了影响历史学健康发展的几个因素。一是依据旅行家所搜集的材料,带有外国人的偏见;二是利害关系、党派精神、民族骄傲或情调;三是专制君主御用史学家的奴颜婢膝②。

孔多塞认识到,虽然关于社会现象的分析不可能精确,但是对这些现象的概率进行估值是可以精确的。他认为社会现象研究要成为科学,必须引入数理分析的方法,而概率则是建立这门科学的有效途径,因为只有这样,任意的预言才能转化为理性的预言,用人的预见取代神明天意。他的这一主张和努力是非常有意义的,有论者评价道:"这种以数学方法处理人事问题的努力,使他和维柯并列,成为18世纪建立'有效的'社会科学的努力中最有贡献的两个人。"③看来,可以把孔多塞的相关观点视为现当代计量史学的先声。

他主张人类精神服从"普遍的规律",不可阻挡走向进步,更不会倒退。他分10个时代依次考察和思考了人类精神的进步。这10个时代是:人类组合成部落、游牧民族、农业民族的进步、人类精神在希腊的进步、科学的进步、知识的衰落、科学在西方的复兴、从印刷术发明到科学与哲学挣脱权威的束缚、从笛卡儿下迄法兰西共和国的成立、人类精神未来的进步。孔多塞对于人类精神进步的分析遵循着从经济生活出发,考察社会组织,分析政治形式和精神状态这样的路径,这显然是唯物主义的做法。他指出给进步造成障碍的是哲学家的偏见、不开明阶级的偏见和某些有权势者的职业偏见这三种因素,而把中世纪列为知识衰落阶段,这些又使得孔多塞的思想带有辩证性。

孔多塞的《人类精神进步史表纲要》被后人视为18世纪思想家笃信理性进步学说的代表作。然而,有论者认为:

> 恰恰是这种对人类完善能力的夸张的世俗信仰,把孔多塞与宗教神学中关于未来完善的希望紧密联系起来,使他的历史哲学与历史神

① 〔法〕孔多塞:《人类精神进步史表纲要》,第173页。

② 同上书,第174页。

③ 同上书,译序第1页。

学有着某种内在的关联。①

像其他启蒙思想家一样，表面上孔多塞的历史进步论与中世纪神学历史观一刀两断，否定了上帝在人类历史中的主导作用，可是实际上它有着深远的神学根源。

其历史进步论有一个终极性的目标，可是这个目标并不是内在于人类历史过程之中的，换言之，它并不是和某个具体的时代相联系的，而是超越于一切时代的。犹太教有关于弥赛亚即将来临的古老观念，其实就是基督教关于至善王国、真理与正义之国迟早会实现的古老观念。这种弥赛亚与天国的观念在孔多塞那里被世俗化，从上帝之手转入人类之手，从救世主弥赛亚转到人类理性，从天国转到人类未来的完美时代，"其内在根源却又与宗教神学有着某种内在的关联……因此，进步说依靠某种被信仰化了的东西对未来加以论证，这一点与宗教神学有着同工异曲之处"②。

根据孔多塞的说法，在实现人类命运的时间流程中，一代更替一代都只是手段、工具，而不是目的本身。过去和现在世世代代的人们生活在充满矛盾的苦难之中，只有到了未来某个顶峰才出现一代幸运者，他们将获得最充实的生活、最高的幸福和完善；而过去的人们只是实现这种幸福的一种手段，他们也只会在经过后世的评判之后，以存在于后世记忆之中的方式而获得补赎。基督教宣扬人类的历史是充满了罪恶和痛苦的，但是尘世间那些坚忍谦卑、服从上帝的人们经过末世审判后升入天堂，并由此抵偿其先前在人间所受的苦难。因此，在末世审判之前的一切时代都是虚幻不实的，都是为了最后划分上帝之城和地上之城做准备的。可见，孔多塞的观点实质上"与基督教神学有着很大的相似之处"③。

在理性主义史学观念中，这一时期德国的历史哲学特别是康德和赫尔德的历史哲学也是其重要内容。

二、康德的集大成

伊曼努尔·康德（Immanuel Kant，1724—1804 年）出生于科尼斯堡一个信仰新教的马鞍匠家庭。1770 年，他获得科尼斯堡大学逻辑学与形而上

①②③　欧阳萍：《历史进步观中的神学阴影》，《湖南社会主义学院学报》2004 年第 6 期。

学教授一职,1786年担任校长,并被选为柏林科学院院士。1794年被选为彼得堡科学院院士。1798年被选为意大利西恩科学院院士。他享有德国古典哲学开创者的盛誉,就历史学而言,他"对历史学思想作出了伟大的贡献"[①]。

1."第四批判"

康德著作宏富,以"三大批判"最负盛名。它们是:1781年《纯粹理性批判》[②]、1788年《实践理性批判》[③]、1790年《判断力批判》[④]。特别是,康德晚年转向研究社会与人,写了一系列关于历史的文章,着眼于历史理性批判。这些文章被新康德主义者马尔堡学派代表人物卡西尔整理为《康德的第四批判》。何兆武据之译为《历史理性批判文集》[⑤],其中有:《世界公民观点之下的普遍历史观念》、《答复这个问题:"什么是启蒙运动?"》、《评赫德尔〈人类历史哲学观念〉》、《人类历史起源臆测》、《万物的终结》、《永久和平》、《重提这个问题:人类是在不断朝着改善前进吗?》、《论通常的说法:这在理论上可能是正确的,但在实践上是行不通的》等文。

康德的成就是综合前人学术的结果。康德与伏尔泰、卢梭、狄德罗、休谟等人处于同一时代。他对启蒙运动颇为赞赏,认为"启蒙运动就是人类脱离自己所加之于自己的不成熟状态"[⑥]。他还说:

> 这种启蒙运动以及随之而来的启蒙了的人们对于自己已经充分理解到的好处所不可避免地要采取的一种衷心的同情,就必定会一步步地上升到王座上来,并且甚至会对他们的政体原则发生影响的。[⑦]

他钻研过莱布尼茨—沃尔夫哲学,阅读过洛克和休谟的著作,深入思考过卢梭的思想。康德说:

---

① 〔英〕柯林武德:《历史的观念》,第117页。

② 汉译本较多,例如,民国时期就有胡仁源译本,商务印书馆1931年出版;当代有邓晓芒译本,人民出版社2004年出版。还有其他本子,不一一列举。

③ 汉译本较多,例如,民国时期就有张铭鼎译本,商务印书馆1936年出版;当代有韩水法译本,商务印书馆1999年出版。还有其他本子,不一一列举。

④ 汉译本较多,例如,当代有邓晓芒译本,人民出版社2002年出版;刘秋零译本,中国人民大学出版社2007年出版。还有其他本子,不一一列举。

⑤ 〔德〕康德:《历史理性批判文集》,何兆武译,商务印书馆1990年版。

⑥ 〔德〕康德:《答复这个问题:"什么是启蒙运动?"》,〔德〕康德:《历史理性批判文集》,第22页。

⑦ 〔德〕康德:《世界公民观点之下的普遍历史观念》,〔德〕康德:《历史理性批判文集》,第17页。

> 哲学不是靠示意而是靠确切的概念，不是靠臆想的而是靠观察到的法则，不是凭一种无论是由于形而上学还是由感情而来的高飞远举的想象力，而是要凭一种在纲领上是广泛铺开的而且在运用上却是小心翼翼的理性，从而能够引导他的事业得以完成。①

可见，其哲学理念中能反映大陆和英国的双重影响。其中，牛顿和卢梭给予他的影响最为深刻。

康德深受牛顿的影响。康德哲学是以牛顿古典体系的自然构图为依据的。牛顿所总结的自然界的根本大法是，大自然绝不做徒劳无功的事。这条根本大法被康德引入了人类社会，从而成为历史哲学的一条主要理论线索：大自然绝不做徒劳无功的事，并且决不会浪费自己的手段以达到自己的目的。对此，何兆武恰当地指出："康德就这样把牛顿的原则以一种半生物、半神学的目的论的论证方式，辩护了启蒙时代的进步观。"②

康德深受卢梭的影响。康德把卢梭当成道德世界的牛顿。在历史哲学方面，康德所得之于卢梭的在于，把人类历史看成是大自然的一幕隐蔽计划的实现。卢梭曾提出：一切出乎造物主之手的都是好的；一经人手就变坏了。康德继承了卢梭的观点，认为上帝创造了善，而人类历史却是从恶开始的。崇德于上位的观点，康德也得自卢梭。康德从卢梭那里学到尊重人性，所谓研究历史，也就是研究人性，在这一根本之点上，两人是相同的。在政治哲学方面，康德受到卢梭的启发，把自由视为最基本的天赋人权。这些说明：卢梭"在道德观上所影响于康德的，不亚于牛顿之在自然观方面"③。

因此，康德的历史哲学具有理性主义特征。例如，他与孟德斯鸠和伏尔泰等人一样，认为人类历史的发展就是人类理性与自由的进步历程；不管经历多少曲折，理性最终会将人类带入地上的天堂。

需要说明的是，康德思想具有强烈的辩证色彩。例如，贯穿着康德历史理性批判的中轴线乃是历史的两重性，即历史的合目的性与历史的合规律性。还如，康德以为个人的历史是毫无意义的偶然事件，但是人类全体则由理性的智慧所引导的、朝着一个由理性的智慧所规定的目的前进。再如，在

---

① 〔德〕康德：《评赫德尔〈人类历史哲学观念〉》，〔德〕康德：《历史理性批判文集》，第45页。

②③　何兆武：《"普遍的历史观念"如何可能？》，何兆武：《历史理性的重建》，北京大学出版社2005年版，第5页。

他看来,每一场灾难都是人类为了进步所付出的代价。这与杜尔阁非常相像。

2. *历史普遍规律与史学方法*

康德历史哲学的一大突出贡献,在于赋予历史规律论以系统的含义。

他明确指出历史是有规律的。康德在《世界公民观点之下的普遍历史观念》中说:人类的行为"正如任何别的自然事件一样,总是为普遍的自然规律所决定的"①。这一规律表明,人类"是从单纯动物的野蛮过渡到人道状态,从本能的摇篮过渡到理性的指导而已","从大自然的保护制过渡到自由状态"②。

他指示人类历史发展方向是朝着至善而进步的。在他看来,不仅具体的事务,例如欧洲大陆上的国家宪法,"有着一个合规律的进步历程的"③。而且,人间事务全体的总进程,"并不是由善开始而走向恶,而是从坏逐步地发展到好"④。

康德认为,人类历史的至善目标是所有民族的共和体联盟,实现永久和平。他说:

> 尽管这一国家共同体目前还只是处于很粗糙的轮廓里,可是每个成员却好像都已经受到一种感觉的震动,即他们每一个都依存于整体的保全;这就使人可以希望,在经过许多次改造性的革命之后,大自然以之为最高目标的东西——那就是作为一个基地而使人类物种的全部原始禀赋都将在它那里面得到发展的一种普遍的世界公民状态——终将有朝一日会成为现实。⑤

至于历史前进的动力,康德把它归结于人自身。他在《世界公民观点之下的普遍历史观念》中说:

> 人类并不是由本能所引导着的,或者是由天生的知识所哺育、所教

① 〔德〕康德:《世界公民观点之下的普遍历史观念》,〔德〕康德:《历史理性批判文集》,第1页。
② 〔德〕康德:《人类历史起源臆测》,〔德〕康德:《历史理性批判文集》,第67页。
③ 〔德〕康德:《世界公民观点之下的普遍历史观念》,〔德〕康德:《历史理性批判文集》,第19页。
④ 〔德〕康德:《人类历史起源臆测》,〔德〕康德:《历史理性批判文集》,第78页。
⑤ 〔德〕康德:《世界公民观点之下的普遍历史观念》,〔德〕康德:《历史理性批判文集》,第18页。

诲着的；人类倒不如说是要由自己本身来创造一切的。①

他还在《人类历史起源臆测》中坚持这一观点：

> 我们自身也许是这一切灾难的唯一原因——使我们能着眼于自己本身，而不放过自我改进以求克服它们。②

康德进一步思考的问题是人类是怎样创造历史的。他认为人类社会中的对抗推进了历史：

> 大自然使人类的全部禀赋得以发展所采用的手段就是人类在社会中的对抗性，但仅以这种对抗性终将成为人类合法性秩序的原因为限。③

问题是，人类为什么会对抗呢？他归于人的恶劣欲望，康德说：

> 让我们感谢大自然之有这种不合群性，有这种竞相猜忌的虚荣心，有这种贪得无厌的占有欲和统治欲吧！没有这些东西，人道之中的全部优越的自然禀赋就会永远沉睡而得不到发展。④

需要特别说明的是，康德历史动力说中包含着合力成分。他先是说：

> 当每一个人都根据自己的心意并且往往是彼此互相冲突地在追求着自己的目标时，他们却不知不觉地是朝着他们自己所不认识的自然目标作为一个引导而在前进着，是为了推进它而在努力着；而且这个自然的目标即使是为他们所认识，也对他们会是无足轻重的。⑤

---

① 〔德〕康德：《世界公民观点之下的普遍历史观念》，〔德〕康德：《历史理性批判文集》，第5页。
② 〔德〕康德：《人类历史起源臆测》，〔德〕康德：《历史理性批判文集》，第75页。
③ 〔德〕康德：《世界公民观点之下的普遍历史观念》，〔德〕康德：《历史理性批判文集》，第6页。
④ 同上文，第7—8页。
⑤ 同上文，第2页。

后来他又说：

> 对于这一进步，每一个人都受到大自然本身的召唤来尽自己最大的努力作出自己的一份贡献。①

这使人联想到恩格斯的合力说，恩格斯认为：

> 历史是这样创造的：最终的结果总是从许多单个人的意志的相互冲突中产生出来的，而其中每一个意志又是由于许多特殊的生活条件，才成为它所成为的那样。这样就有无数互相交错的力量，有无数个力的平行四边形，而由此就产生一个总的结果，即历史事变。这个结果又可以看作一个作为整体的不自觉地和不自由地起着作用的力量的产物。
>
> (社会上各种人)虽然都达不到自己的愿望，而是融合为一个总的平均数，一个总的合力。然而从这一事实中决不应作出结论说，这些意志等于零。相反地，每个意志都对合力有所贡献，因而是包括在这个合力里面的。②

康德认为，既然大自然在人类自由的演出过程之中是有规划和目标的，那么这一观念就要在历史写作中变得非常有用，那就是"可以为我们提供一条指导线索，把一堆否则便只是毫无计划的人类行动的汇合体至少在整体上勾画出一个体系"③。因此，从事于叙述这些表现的历史学，"当它考察人类意志自由的作用的整体时，它可以揭示出它们合乎规律的进程，并且就以这种方式而把从个别主体上看来显得杂乱无章的东西，在全体的物种上却能够认为是人类原始的禀赋之不断前进的、虽则是漫长的发展"④。

接下来的问题是，这是否意味着康德就是主张在历史写作中以这一规律性作线索来代替具体的历史编纂。他的回答非常明确：

---

① 〔德〕康德：《人类历史起源臆测》，〔德〕康德：《历史理性批判文集》，第78页。

② 恩格斯：《致约·布洛赫(1890年9月21—22日)》，《马克思恩格斯选集》第4卷，人民出版社1972年版，第478—479页。

③ 〔德〕康德：《世界公民观点之下的普遍历史观念》，〔德〕康德：《历史理性批判文集》，第19页。

④ 同上文，第1页。

说我是要以这种在一定程度上具有一条先天线索的世界历史观念来代替对于具体的、纯粹由经验而构成的历史的编撰工作，那就误解我的观点了。①

在他看来，这仅仅是从哲学的立脚点出发所能够探讨的关于历史的一种想法而已，它必须建立在十分熟悉历史的基础之上。他之所以赋予历史写作以一条规律性的线索，除了其理性批判的思维习惯外，还有历史写作中的历史遗留问题：人们所编纂自己当代的历史是非常详尽的，可是他们的后代在对待这些历史资料上却有着完全不同的境况。一是，关于最古老时代的资料早就佚失了，二是，晚近时期的材料即使丰富，但是他们也只是关注他们感兴趣的部分并进行评价。所以，康德说：

让我们就把视线放到这上面来吧，同时也让各个国家的首脑以及他们手下人员的荣誉心把他们自己摆到唯一能够给他们带来最遥远的后世的崇敬与怀念的那种办法上面来吧。此外，这也可能就是要做出这样一番哲学的历史探讨工作的一个小小的动机了。②

康德发现在历史写作中会碰到已有的许多矛盾说法，对此他认为历史学家要具备考证的头脑，要从不可胜数的大量民族志和游记以及它们全部有关人性的臆测报道中，能摘出那些互相矛盾的东西，把它们排列出来，附以关于其可信程度的评论，“这样一来，就不会有任何人那么鲁莽地立足于片面的报导之上，而不预先去衡量一下别人的报告了”③。

康德还发现人们在历史叙述的过程之中往往因缺乏文献而进行各种臆测，他认为这是完全可以允许的，因为作为远因的前奏与作为影响的后果，对人们之发掘的中间环节可以提供一条相当可靠的线索，使历史的过渡得以为人理解。但是他不主张完全靠臆测来进行历史写作，康德说：

---

① 〔德〕康德：《世界公民观点之下的普遍历史观念》，〔德〕康德：《历史理性批判文集》，第20—21页。

② 同上文，第21页。

③ 〔德〕康德：《评赫德尔〈人类历史哲学观念〉》，〔德〕康德：《历史理性批判文集》，何兆武译，商务印书馆1990年版，第53页。

单单要凭臆测而整个建立起一部历史来,那看来就比撰写一部传奇好不了多少了。它可以说不能叫作一部臆测的历史,而只能叫作一部单纯的虚构。①

3. 在突破中暴露新问题

康德显然具备启蒙学者的一些共同特征,对此,何兆武指出:

他的历史哲学富有与封建的权威原理和等级制度相对抗的时代意义。……它以抽象的概念表达了法国革命的原则,即:(一)自然权利的观念,(二)理性的(即非宗教的)千年福王国的观念,(三)自由平等的世界公民的观念。②

当然,康德在某些方面确有所突破。例如,他继承卢梭而又超越了卢梭。人性何以不能满足于自然状态而非进入公民状态不可?对于这一问题,卢梭的答案是含糊其辞的,而康德回答得颇为明确:人性中的善与恶表现为一幕理性的辩证,恰好是人性中的恶乃是把人类从自然状态推入公民状态的动力。还有,卢梭以为要替一个共和国立法是非常困难的,除非其成员都是一群天使,康德则提出相反的观点,他认为:并不需要一群天使而后可,即使是一群魔鬼,只要他们有足够智慧也照样可以建立一个共和国。再如,康德也超越了孔多塞。就历史哲学而言,孔多塞的重点在于务实,全就史实加以论述;康德则把重点放在务虚上,专就思辨立论而抽空其具体的内容。孔多塞提供了具体的"大纲",纳入10个阶段,而康德则赋予"观念",把历史归结为9条命题。孔多塞开启了孔德以降的实证主义,康德则开启了黑格尔以后的精神科学。总之,正如何兆武所指出的那样:

康德的历史哲学既代表着启蒙运动哲学化的最高峰,又开启了以后几个世代的(特别是德国)的思维的新方向。对法国革命的原则:自由、平等和博爱,是康德给出了哲学化的诠释;对启蒙运动的向往:理

① 〔德〕康德:《人类历史起源臆测》,〔德〕康德:《历史理性批判文集》,何兆武译,商务印书馆1990年版,第59页。

② 何兆武:《"普遍的历史观念"如何可能?》,何兆武:《历史理性的重建》,北京大学出版社2005年版,第17页。

性、和平与幸福，是康德做出了纯概念的论证。①

康德的历史哲学，特别是他的关于历史发展的哲学思想，对后人产生了重大影响。赫尔德的基本倾向和康德一脉相通，这是不消说的。即使像费希特和谢林这样的哲学家，其思考的出发点也是康德的思想，即人的意志是自由的，但它所体现的人类历史又仍然是有规律的、有目的的。甚至，席勒在其历史哲学论文《什么是普遍历史，为什么要研究普遍历史》中，也以康德式的命题作为人类历史的中轴线。康德还大大影响了黑格尔，例如他的一部世界历史就是人类自由的发展史这一观点，就为黑格尔所继承并加以发展。

最后，需要指出的是，康德的历史哲学有两个根本性缺陷。第一，他不能正确理解历史的物质基础，从而也就不可能揭示历史发展的客观规律性及其与物质生产发展的联系。第二，他不能正确认识只有人民群众的实践活动才是历史的创造力，于是他把历史的发展单纯归结为理性原则自我实现的过程。当然，这两个缺陷不是他所特有的，而是他那个时代思想家的普遍特征。

然而，无论如何，J·W·汤普森评价康德思想对于历史学的意义是中肯的，他说：

> 不但康德的哲学思想的含义对理解历史有很大意义，而且他那直接的研究方法基本上也是历史性的。他那几部《批判》自始至终也都贯穿着历史发展的基本线索。……是康德把缺乏有机联系的历史变成有机联系的历史的。②

三、作为殿军的赫尔德

赫尔德(Johann Gottfried von Herder，1744—1803 年)，出生于东普鲁士莫伦根。1762 年，进入科尼斯堡大学研读哲学、文学和神学。他曾担任中学教师、德国信义会牧师、魏玛宫廷牧师及掌管教育宗教事务的总监。

---

① 何兆武：《“普遍的历史观念”是怎样成为可能的?》，何兆武：《历史理性的重建》，第 39 页。

② 〔美〕J·W·汤普森：《历史著作史》第三分册，第 150 页。

他著述甚丰,涉及文学、史学、哲学、社会学、人类学和民俗学等领域。其中重要者有:1767年出版的《德国近代文学片论》,1772年发表的《论语言的起源》①,1774年发表的《另一种历史哲学:关于人类教育》,1784年出版的《人类历史哲学观念》。

1. 深受大师的学术恩泽

启蒙时期许多学者都对赫尔德发生了影响。在德国,康德、哈曼、莱辛、温克尔曼和黑塞尔是影响赫尔德的重要学者。在德国以外,维柯与卢梭从不同方面对赫尔德史学思想的形成发生了作用②。当然,他并不是同时受他们影响,而是有一个选择过程。例如,赫尔德在科尼斯堡大学期间,曾受康德影响,后来由于种种原因两人关系逐渐冷淡,开始转而倾向于哈曼。可是哈曼与康德有着完全不同的学术倾向。康德是强调理性的、推理严密的,而哈曼则注重情感和经验,排斥德国人所钟爱的思辨。因此,赫尔德也就从理性主义转向浪漫主义。以下择其重要者加以说明。

维柯对赫尔德的影响。赫尔德受之于维柯的是历史发展三阶段说和历史的观点。在《人类历史哲学观念》中,赫尔德拟订了人类成长的三个阶段,即:诗歌、散文和哲学阶段。在诗歌时代人们歌唱,并通过史诗保留他们的历史记忆;散文阶段标志着人类发展进入一个更成熟的时期;最后出现的是成熟阶段,即深沉的哲理时期。这几乎是维柯神祇时代、英雄时代和凡人时代的翻版。

至于他们的历史观点之间的关联,西方学者曾经注意过,例如克罗齐的《史学研究:历史主义产生》、罗伯逊的《18世纪浪漫主义理论起源研究》,都充分肯定维柯对于赫尔德历史主义形成的重要意义,认为如果没有维柯,那么赫尔德的历史主义观点是无法理解的。就赫尔德对于历史主义的贡献,伊格尔斯的话说得很好:

> 18世纪历史主义观点的头两部重要著作,很可能是1725年首次出版的吉安巴蒂斯塔·维柯的《新科学》,以及约翰·戈特弗里德·赫尔德1774年发表的《另一种历史哲学》。……只有在赫尔德1774年的早期著作中,我们才发现了激进形式的历史主义主张:每一个时代都

---

① 汉译本有姚小平所译《论语言的起源》,商务印书馆1998年出版。

② 参阅王利红:《试论赫尔德浪漫主义历史哲学思想》,《史学理论研究》2008年第4期。

> 必须通过它自己当时的价值来考察的观点；历史中没有进步或者衰落，有的只是充满价值的多样性。①

卢梭对赫尔德的影响。赫尔德受之于卢梭的是同情历史上各阶段的观点，认为中世纪是历史发展链条中的必然和重要环节。赫尔德是一位进化论者，但是他的进化论受之于卢梭。他把较晚的文化成就的起源追溯到和原始文化开端同样古老的一些冲动的时候，他不是像近代进化论者那样强调人类发展较晚诸阶段比较早诸阶段优越，而是强调这些早期冲动的纯朴性和自发性，而且，他认为既然这些冲动是人类最古老的，当然就是最真实、最可贵的了。这些思想显然是卢梭早先就提出了的。

康德对赫尔德的影响。赫尔德受之于康德的是历史发展曲折前进的观点，他说：

> 人道的问题是多重性的，而无论在哪里，人类所追求的结果都是："我们种族的本质、它的目的和它的命运，全都有悖于理性和正直。"……理性和善良就是在其中与各种混乱的势力进行斗争的，然而又永远是按照它们的本性在创造着秩序并朝着胜利的途径前进。②

赫尔德在其历史哲学著作中，把人类生命看作是与其自然世界的背景密切相联系着的。他所设想的这个世界的普遍性质，是一个有机体的性质，这个有机体被设计成要在其自身之内发展出更高的有机体来。在赫尔德看来，人在其理性和道德的生活中，证明了自身的存在就是正当的。既然自然创造人的目的就是要创造一种理性的生命，人性就作为一种力量的体系而在不断发展着其自身，而它的充分发展则有待于未来。

因此，有学者指出："赫尔得从他的老师康德那里得到下述思想：历史学家的作用就是在变化多端的大量事实中发现统一，并通过一切变化看出不断发展的原则。"③

---

① 〔美〕格奥尔格・G・伊格尔斯：《德国的历史观》，彭刚、顾杭译，译林出版社2006年版，第36页。
② 转引自〔美〕卡尔・贝克尔：《18世纪哲学家的天城》，何兆武译，三联书店2001年版，第135页。
③ 〔美〕J・W・汤普森：《历史著作史》第三分册，第181页。

2. 崭露新倾向的历史哲学

赫尔德在《另一种历史哲学：关于人类教育》中，反对启蒙学者的历史乐观主义，不认为历史始终是向前发展的，人在其中会变得更加有德行和获得更多幸福。赫尔德要在表面纷繁复杂、混乱不堪的人的活动中寻找伟大的规律，几千年来作为历史的人本质上就是根据这些规律在发生着变化。但是，他并没有把上帝的过程、天命的过程和命运的过程从这些规律中排除出去。他认为，在实现天命过程的目标中，善与恶紧密交织，伟大的和新生的东西以暴力方式取得成功。赫尔德对法国革命表示理解和赞扬。特别是，他认为每个民族都代表了人类的一个生命阶段，都是其他民族向前发展的阶梯。他指出，不能把中世纪看作纯粹的野蛮时代，它也是一个必然的发展阶段。他提出不应该用本时代的标准，例如启蒙的标准，去衡量较前的时代。在他看来，有些表面上纯粹是要被否定的东西恰好是继续向前发展的动力，甚至中世纪也有积极的因素，例如哥特式精神和北欧的骑士荣誉。

其《人类历史哲学观念》，前两部分从人的本性、人的自然器官和人的真正规定性来谈历史，从上帝创世到人的活动，他的历史哲学有强烈的人类学色彩，历史图像变成了一幅世界整体的图像。第三部分系统表达其历史哲学。赫尔德的论述从古老的东方开始，叙述了从中国、印度、日本、韩国、巴比伦等直到埃及，包括这些国家和民族得以发展的地理和气候条件、风俗习惯、语言、经济和文化生活。在论述中，他表现出对希伯来的国家法的厌恶，对埃及了解的缺乏和不准确；可是他对希腊人的智慧、音乐和文学十分推崇，认为他们的诗的艺术是其中最完善的艺术，欧洲的全部科学基础都应归功于希腊人；他对斯拉夫民族和东欧民族表示极大同情，批评普鲁士在东欧的扩张。

赫尔德历史哲学带有进步论与历史主义相混合的特征。他总体上是主张进步论的。他接受了法国人的进步观念。而且，在赫尔德的眼中，历史进步是建立在自然界生物进化的基础上的。在自然界，各种东西都是有机地联系在一起的，一种状态引出另一种状态，直至人类，即进化锁链上最高一级和最后的表现。因此，他认为人类的理性，即人类经验的总和，经历着同样的演进。

但是，赫尔德在相信历史进步的同时，又秉持历史主义观点。其《另一种历史哲学》第一次在德国提出有关历史主义原则的全面且极端的表述，当然，之后他的著作则从这种极端立场退却了。有学者指出："赫德尔是第一个思想家，以系统的方式承认在不同人种之间存在着差别，而且承认人性并不是一致的而是分歧的。”还说：“在历史中起决定作用的事实，并不是一般人的特点，而是这种人或那种人的特点。”[①]例如，赫尔德主张，每一种语言有其民族特色，该特色反过来又是当地的种种状况和经验的反映。这就很能说明他的历史观念中的历史主义特征。

在赫尔德的历史哲学中，还存在着值得进一步深入讨论的问题。例如，赫尔德是否为民族主义者。柯林武德认为：

> 对他整个观点最为根本的是，不同种族的社会政治制度之间的差异并不是来自每个种族的历史经验，而是来自它的天生的心理特点；而这一点对于真正理解历史却是关键性的。[②]

其中暗含着赫尔德是民族主义者的主张。

伊格尔斯则提出：

> 赫尔德的民族观假设促进人类精神丰富多样的各个民族之间存在基本的价值平等。从这个意义上说，他与歌德一样是精神上的世界主义者。[③]

国内有学者与伊格尔斯看法是一致的：

> 在赫尔德那里，我们既不可能找到民族主义的意图，也不可能找到沙文主义的傲慢自负。[④]

那么，赫尔德究竟是怎样处理本国与他国、民族与世界的关系问题的，这一问题容另行专门讨论。

3. 脱胎于并挑战启蒙运动精神

的确，“与同时代的伏尔泰和吉本的贡献一样，赫尔德的贡献要比任何

---

① 〔英〕柯林武德：《历史的观念》，第103—104页。
② 同上书，第105页。
③ 〔美〕格奥尔格·G·伊格尔斯：《德国的历史观》，第45页。
④ 张广智主著：《西方史学史(第三版)》，第162页。

学究的贡献更丰富,影响也更深远”①。赫尔德著作出版后,被翻译成斯拉夫语、法语和英语,被人们广泛阅读。他对许多人都有直接影响。格林兄弟的民俗研究源自其《苦难中的人民的声音》,卡尔·立特以赫尔德的进化观为基础,建立起自己科学的地理学,萨棼宜和革勒斯的政治学也是从他那里学来的,黑格尔和兰克在他们的“形成中的宗教”方面的成就也是赫尔德派的。在法国,赫尔德是基内、基佐和米细勒的启发者②。还有学者说:“在歌德、席勒、费希特、谢林、诺瓦利斯、施勒格尔和后来的狄尔泰、马克思和尼采身上,都能看到赫尔德历史哲学思想印记。”③

赫尔德的思想是在启蒙运动沐浴下发育起来的;没有启蒙运动精神,就没有赫尔德的学术成就。他所受到影响的那些学者例如卢梭、康德和莱辛等人,都是启蒙运动精神的体现者。他受其影响,相信历史进步,阐释历史进步的观念,而历史进步观念恰好是启蒙运动精神的一个方面。问题是,赫尔德在相信人类历史发展的一致性的同时,还在强调差异性,在关注理性的同时,还在突出人的经验与感情。他发挥了维柯的反笛卡儿的做法,弘扬了卢梭的对于历史进步的批判精神,这无疑与启蒙运动的精神是不和谐的。因此,其历史哲学同当时及以后的浪漫主义哲学大潮融合到一起,对启蒙运动学说提出了挑战。

赫尔德认为理性不可能理解生命,反对将启蒙运动的标准应用于其他文明或者时代。他在《另一种历史哲学》中不断重复对启蒙运动政治理想的谴责,攻击自由和平等这种启蒙运动的哲学精神。对此,康德是这样评价赫尔德的:

> 他所称之为人类历史哲学的东西,就很可能是与人们通常所理解的那种名称全然不同的某种东西;它并不是某种观念上的逻辑准确性或者是对原理的绵密分辨和验证,而是一种转瞬即逝的、包罗万象的观点,一种在类比的发掘方面的丰富智慧;在这方面的运用上,大胆的想象力与巧妙的结合就通过感觉和感受而在支配着他那经常被保持在朦胧深处的对象。④

康德所言中肯,为今天认识赫尔德提供了指南。

---

① 〔美〕唐纳德·R·凯利:《多面的历史》,第458页。

② 参阅〔美〕J·W·汤普森:《历史著作史》第三分册,第187页。

③ 王利红:《试论赫尔德浪漫主义历史哲学思想》,《史学理论研究》2008年第4期。

④ 〔德〕康德:《评赫尔德〈人类历史哲学观念〉》,〔德〕康德:《历史理性批判文集》,第33页。

第十三章　伏尔泰的史学[①]

伏尔泰(Voltaire，1694—1778 年)，原名弗朗索瓦·马利·阿鲁埃(Francois Marie Arouet)，笔名伏尔泰，法国杰出诗人和剧作家，同时还是卓有成就的史学家。他之于史学，正如有论者所指出的那样："无论伏尔泰是否像其推崇者所说的那样，为近代史学之父；然而他是启蒙运动最为典型的史学家，则当毋庸置疑。"[②]

一、作为社会活动家的史学家

伏尔泰不仅是法国启蒙运动的领袖，甚至可以说是整个欧洲启蒙运动的领袖。他不仅是出色的社会活动家，而且是成就卓著的史学家。

在社会活动中著史。伏尔泰出生于巴黎新桥附近。少年学习拉丁语和法语戏剧表演，并接受自由主义影响。他曾作为随员出使海牙，也当过书记员，为《百科全书》撰过稿；还曾受普鲁士国王之邀进行社会改革，担任过法兰西科学院院士、俄国科学院名誉院士等。伏尔泰因讽刺现实，反对当权者而两度进巴士底狱，多次被流放，甚至被驱逐出境，避难英国、荷兰、瑞士等国。

1726 年至 1728 年间开始撰写《英国通信》，即《哲学通信》[③]，1733 年出版英文本，1734 年出版法文本。

---

① 目前国内最为系统而深入的研究成果，一是林芊《历史理性与史学理性》，贵州人民出版社 2005 年出版；另一是黄冬敏《理性主义史学研究——以十八世纪的法国为中心》，岳麓书社 2010 年出版。其他学者研究成果也比较多，具体情况可以参考林芊著作《绪言》、黄冬敏著作《导言》中的相关部分。

② J. H. Brumfitt, *Voltaire: Historian*, Glasgow, New York: Oxford University Press, 1958, p. 1.

③ 高达观等译，上海人民出版社 1961 年出版，2005 年再版。

1727 年发表《论法国内战》。这是用英文散文体写出的《亨利亚特》[①]姐妹篇。

1727 年计划写《查理十二的历史》,1731 年写成并出版。

1732 年开始写作《路易十四时代》[②],1751 年完成并出版,1768 年定本出版。

1738 年发表《论人类》全部七篇,1750—1751 年陆续发表《世界史简编》,也就是后来《风俗论》的蓝本。

1753 年出版《查理大帝帝国编年史》。

1756 年出版《风俗论》,全称为《论通史和各民族的风俗与精神》[③],1759 年修订后作为定本出版。

1763 年发表《彼得大帝时代的俄国史》。

1764 年出版由他为《百科全书》所写文章改写的《哲学辞典》。

1765 年写《历史哲学》[④],此文后作为《风俗论》的导言出版。

1769 年出版《巴黎议会史》、《路易十五时代》。

此外,他还写有历史悲剧《恺撒之死》、《穆罕默德》和关于法王亨利四世的史诗《亨利亚特》。

在这些与历史有关的著作中,《查理十二的历史》、《路易十四时代》和《风俗论》,可视为伏尔泰代表作。

《查理十二的历史》,总体上是人文主义著作,但是他抛弃了习惯上安排演讲词和进行描绘的手法,还不是讨论他后来历史著作中人类心灵进步的主题,因此它基本上是从人文主义向理性主义"过渡性的著作"[⑤]。需要指出的是,在伏尔泰眼中,查理十二与彼得一世之间的斗争,不仅仅是个人之间的冲突。作为个人而言,伏尔泰对彼得一世非人性行为是有微词的,因而可能更喜欢查理;伏尔泰把他们之间的斗争理解为两种行为方式和两种哲学的冲突,有论者就指出:"彼得是个创造性和建设性的君主,而查理

---

① 丁世忠译为《亨利亚特及其他》,收入他编选的《伏尔泰精选集》,北京燕山出版社 2005 年出版。

② 吴模信等译,商务印书馆 1983 年出版。丁世忠译,收入丁世忠编选《伏尔泰精选集》,北京燕山出版社 2005 年出版。

③ 蒋守锵等译,商务印书馆,上册 1994 年出版,中、下册 1997 年出版。

④ 此书部分被翻译成汉文,收入北京大学哲学系外国哲学教研室编译《十八世纪法国哲学》,商务印书馆 1963 年出版。全译本由王燕生译,商务印书馆 1991 年出版。

⑤ J. B. Black, *The Art of History: a Study of Four Great Historians of the Eighteenth Century*, London: Methuen & Co. Ltd., 1926, p. 65.

除了征服和破坏外什么也没做，最后把自己和国家卷进毁灭。由于伏尔泰评价两人依据的是其成就而不是其个性，他完全显露出对彼得的明显偏爱。”①

《路易十四时代》正如有学者所说：“开始这书就打算写成新型历史，同样也是真正的整体史，像《风俗论》一样有名。”②之所以这样说，主要在于《路易十四时代》表现出整体性：第一章是《导言》，总论全书写作。第二章是《路易十四以前的欧洲各国》，给写作路易十四提供了广阔的欧洲背景。第三章到第二十三章写了路易十四时代法国外事活动，显然具有全欧洲意义。第二十四章《从乌得勒支和约缔结到路易十四去世这段时期欧洲的景象》，又回到欧洲全景。第二十五章到二十八章写了路易十四的轶事。第二十九、三十章写内政、法律、军事和财政。第三十一章到三十三章写了法国的科学、文学、艺术。第三十四章《路易十四时期欧洲的艺术和科学》，再一次拉到欧洲全景中去。接下来的第三十五到三十九章，写了欧洲的宗教情况。需要说明的是：他的路易十四轶事写作，继承了古典作家的做法。虽然他对令其受益的人进行过批评，说：

> 普鲁塔克的著作之一《伟人传》，是一部令人乐于阅读但不尽可靠的轶事汇编。……道德价值多于历史真实。普罗科斯所著《查士丁尼秘史》一书……与普罗科斯自己写的公开的历史著作相矛盾，因此显得并非全是事实。今天，模仿普鲁塔克是不行的，仿效普罗科斯就更不行。只有证据确凿的事实，我们才承认是史实。③

但是，他认为：“如果伟大的君主在他们遗留的秘密著作中表露出纯真坦率的心灵，这些著作便成为最有用、最宝贵的轶事。”④因此，他还是写了路易十四的许多轶事。

《风俗论》的写作，是建立在他对波舒埃《世界通史》的不满基础上的。在他看来：

---

① J. H. Brumfitt, *Voltaire: Historian*, Glasgow, New York: Oxford University Press, 1958, p. 12.

② Ibid., p. 24.

③ 〔法〕伏尔泰：《路易十四时代》，吴模信等译，商务印书馆 1982 年版，第 334 页。

④ 同上书，第 335 页。

> 首先,波舒埃的《世界通史》不是世界性的;其次,天意并没有出现在历史的进程中。他据此指出,波舒埃的历史只讨论了古代的四个帝国,并且主要是就其与犹太人的命运相联系来描述它们的,就好像犹太人的命运是所有历史旨趣和历史感的中心似的。①

在形式上效法世界史陈旧体例,以对地理和各民族起源的考察为开篇;但又有所变通,因为伏尔泰运用了与来自新大陆的“野蛮人”有关的现代民族学知识。同时,他不太相信希罗多德及其他古典作家述说的有关史前的较次要的虚构,或中世纪基督教作家笔下的神迹故事。他通过这一著作,“要表明世界上各种伟大事件的历史几乎都不外是种种罪恶的历史,人类所经历的黑暗时代就是人们最受基督教教会统治的时代”②。卡尔·洛维特论述伏尔泰在《风俗论》中的贡献说:

> 不仅把理性认识与启示区别开来,而且还对《圣经》的记载做出了历史批判。他的方法是素朴的,他搜集到尽可能多的重要文化事实,用普遍的人类理性来权衡它们。对他来说,“文明”意味着科学和技艺、道德和法律、商业和工业的进步发展。……就本质而言,伏尔泰《论各民族的风俗和精神》的巨大成就,要归功于下述事实:通过全部历史在18世纪达到巅峰这一假定,他为蒸蒸日上的资产阶级特有的理想,提供了历史的辩护。在伏尔泰的《论各民族的风俗和精神》中,上帝退出了对历史的支配;即使上帝依然支配历史,也不再以统治的方式干预历史了。历史的意义和目的在于凭藉自己的理性改善人类的关系,使人少一点无知,“更为善良和更为幸福”。③

因此,如果卡尔·洛维特所言不虚的话,那么可以这样说:《风俗论》“标志着作为一个史学家伏尔泰成就的最高峰,是他对于既作为科学又作为

① 转引自〔德〕卡尔·洛维特:《世界历史与救赎历史》,李秋零、田薇译,三联书店2002年版,第129页。

② 〔美〕卡尔·贝克尔:《18世纪哲学家的天城》,第105页。

③ 〔德〕卡尔·洛维特:《世界历史与救赎历史》,第125—126页。

艺术的历史学发展最重要和永恒的贡献”①。

学术上多方受益并与许多知名学者有着深厚的交谊。伏尔泰是勤奋的人，给予他影响的学者颇多；他与许多同辈学者保持密切关系。这些对于其历史写作产生了不容忽视的作用。

皮埃尔·贝尔对伏尔泰的影响。伏尔泰为写《亨利亚特》去阅读17世纪人文主义史学家例如米什莱，早期编年史家例如德·图和贝尔的著作。伏尔泰读过贝尔全集，尤其是《历史和批判词典》，其反抗精神就是贝尔先进思想影响所致，而且“通过贝尔，伏尔泰首先同历史问题发生了关联”②。伏尔泰在描写自由主义基本主题的时候，由于热爱自由主义而走向批评不宽容的基督教徒例如圣波纳德，为非基督教徒穆罕默德辩护，“伏尔泰借用了其新教徒同胞皮埃尔·贝尔的东西”③。伏尔泰深受历史学皮浪主义影响，正是贝尔《历史和批判词典》中《大卫》一文之功，它首先把《圣经》中的内容严格区分为历史的和教条的，主张历史学家享有对于前人的批判权利，“伏尔泰在《历史哲学》中重复了同样的事情，在物理学不可能的背景下批判奇迹则走得更远”④。伏尔泰批评以往史学家不能将真相和传说加以区分。这一不加区分的现象贝尔已经指出过，但是“没有一个人能像伏尔泰那样有如此之大的勇气致力于此”⑤。

波林布鲁克对于伏尔泰文学创作、政治素质培养、宗教观念形成起到了重要作用。伏尔泰的传记作者A·O·艾尔德里捷有比较详细的说明⑥。波林布鲁克是英国的政治家、哲学家和艺术爱好者。他有句格言，那就是“历史学是通过事例进行教育的哲学”，伏尔泰作为学生进行了回应。有学者对二人进行过比较，认为：

---

① J. B. Black, *The Art of History: a Study of Four Great Historians of the Eighteenth Century*, London: Methuen & Co. Ltd., 1926, p. 71.

② J. H. Brumfitt, *Voltaire: Historian*, Glasgow, New York: Oxford University Press, 1958, p. 6.

③ A. Owen. Aldridge, *Voltaire and the Century of Light*, Princeton, New Jersey: Princeton University Press, 1975, p. 51.

④ J. H. Brumfitt, *Voltaire: Historian*, Glasgow, New York: Oxford University Press, 1958, p. 33.

⑤ J. B. Black, *The Art of History: a Study of Four Great Historians of the Eighteenth Century*, London: Methuen & Co. Ltd., 1926, p. 51.

⑥ A. Owen. Aldridge, *Voltaire and the Century of Light*, Princeton, New Jersey: Princeton University Press, 1975, pp. 42-45.

> 两人都同样轻视古物收藏家的"无用学问";都认为历史方面的学问(的确是各种学问)自身不是目标,而是通向目的之途径;都主张历史被恰当理解为训练美德和公民品行的学校。①

孟德斯鸠影响了伏尔泰。孟德斯鸠具有自然主义观点;他在解释社会发展中,找出多种因素,尤其是物理与道德两大因素决定社会发展;他面临个人在历史中的作用问题,最后走向社会。孟德斯鸠在这些问题上的观点都影响了伏尔泰②。此外,伏尔泰还同其前辈丰德奈尔、费龙、波伦菲利尔斯有着渊源关系③,不再详述。

参与百科全书编纂活动,成就了其史学思想。伏尔泰应狄德罗之邀,参加百科全书派学术活动,成为这一学派的灵魂。狄德罗曾经称伏尔泰为"亲爱的导师",达兰贝称伏尔泰为"敬爱的领导文学的导师"④。卢梭也向伏尔泰表示:"为了成为一个不愧是您的观点的人我已经努力了十五年。"⑤伏尔泰为《百科全书》写了"理性"、"历史"和其他一些条目。正是在《历史》中,伏尔泰"在把思想史作为'只不过是人类一大堆谬误'而一脚踢开,并把教会史耻笑为'一度叫上帝高兴得拿来指导犹太民族的一连串神奇奥妙的把戏'之后,伏尔泰就进而说明应该如何写历史了"⑥。换言之,《历史》集中而系统表达了伏尔泰关于历史学的观点,而他的其他历史著作只是这些观点的具体表现而已。

17 世纪大部分史学家继续了文艺复兴人文主义传统,试图追随西塞罗的戒律,以李维和萨鲁斯特为楷模,其目的在于道德教诲和使艺术具有高水准。特别是,17 世纪的史学是:

> 常常导致对传统确定性的毁坏,而不仅仅是异乎寻常的新成就。年代学家的发现,使得逐字解释《旧约》成为不可能了,从而开始怀疑它是一种所谓有历史确定性的文献。类似的不确定性,在希腊和罗马史

---

① J. B. Black, *The Art of History: a Study of Four Great Historians of the Eighteenth Century*, London: Methuen & Co. Ltd., 1926, p. 31.

② J. H. Brumfitt, *Voltaire: Historian*, Glasgow, New York: Oxford University Press, 1958, pp. 111-119.

③ Ibid., pp. 35-45.

④⑤ 〔苏〕C·阿尔塔莫诺夫:《伏尔泰传》,张锦霞等译,商务印书馆 1989 年版,第 20 页。

⑥ 〔美〕J·W·汤普森:《历史著作史》第三分册,第 90 页。

学中也被发现了。它们如此大量出现在关于 16 世纪宗教战争的书写中，以至于贝尔声言他读这一时期历史学家，不是为了发现发生了什么（无望的企图），而仅仅是为了发现关于发生的东西每一方都说了些什么。①

最为重要的是：

许多尝试，演化为关于历史学家目的之新理念，演化为关于那种应该构成客观历史事物的材料的新理念。贝尔和丰德奈尔都鼓励历史学家去研究“人类精神史”，费龙则要求对于社会制度发展和社会形式进行更为透彻的研究。②

伏尔泰曾批判前辈学者。伏尔泰最早在法国宣传牛顿和洛克，他接过培根依靠经验的号召，尖锐批判了笛卡儿、莱布尼茨、斯宾诺莎和马勒伯朗士。他是怀疑主义的拥护者，怀疑封建主义合理性，怀疑宗教信条。他批判人文主义史学家，特别是 17 世纪到 18 世纪早期最著名史学家米什莱和丹尼尔成为他抨击的对象：

他攻诃他们可信和考证意识的缺乏，他们的民族偏见，他们的毫无意义和作用的细节，他们对于战斗和世系的优先考虑，他们的篡改和中伤。他同样也贬损其演讲、描写和其他老式的修辞工作。③

他批评波舒埃，因为在他看来，波舒埃的著作“完全基于对《圣经》的文献解读和希腊罗马史学家所提供的东西；而关于其余的古代世界，则什么也没说”④。

这样，以启蒙运动观点整体上解释历史的任务，便降临到伏尔泰身上了。

---

① J. H. Brumfitt, *Voltaire: Historian*, Glasgow, New York: Oxford University Press, 1958, p. 3.
② Ibid., p. 4.
③ Ibid., p. 26.
④ Ibid., p. 31.

伏尔泰从人文主义走向理性主义。他从《查理十二的历史》到《风俗论》,实现了这样一个历程,那就是:

> 从一个纯粹的政治人物传记、外加浪漫模式的写作,走向对一个时代的分析,并且从此又走向人类整体的研究——类似于一项病理记录,即走向广阔的眼界、深刻的洞悉和广泛的领会。①

其历史写作保留人文主义遗风。他对史学价值的期望仍然是人文主义者的。这方面他的言论有:历史学的任务是,“从史实中总结出行为准则来”②。或者说是,“叙述值得各个时代注意,能描绘人类天才和风尚,能起教育作用,能劝人热爱道德,文化技艺和祖国的事件”③。其目的是从“剧烈变革中获得教益”④。

他讲求史学的艺术性也是人文主义史学的习惯。伏尔泰欣赏带有艺术性的历史写作,他在谈到史诗时说:

> 为什么我厚爱此类诗体的描绘,而史家对战役的叙述却往往令人烦腻。我觉得,真正的原因在于史家不如诗人刻画得好。一些著作时常叙述有的团队在前进、有的后备队在待命、有的哨所被占领、有的沟壑被逾越,而这一切几乎经常是一团乱麻。但在历史著作中,确切已属少见,更欠缺的是生动、热情、惊恐和情趣。⑤

他的这种对艺术的追求,甚至在《风俗论》中还有明显的体现,那就是随处可见精辟的格言,这里举几例:“在这世界上,实力决定一切。”⑥“有不同的利益就有不同的打算。”⑦“从来宗教都比帝国存在的时间更为

---

① J. B. Black, *The Art of History: a Study of Four Great Historians of the Eighteenth Century*, London: Methuen & Co. Ltd., 1926, p. 71.

② 〔法〕伏尔泰:《哲学辞典》下册,王燕生译,商务印书馆 1991 年版,第 510 页。

③ 〔法〕伏尔泰:《路易十四时代》,第 10 页。

④ 〔法〕伏尔泰:《风俗论》中册,梁守锵等译,商务印书馆 1997 年版,第 339 页。

⑤ 〔法〕伏尔泰:《亨利亚特及其他》,丁世忠译,收入丁世忠编选:《伏尔泰精选集》,北京燕山出版社 2005 年版,第 639—640 页。

⑥ 〔法〕伏尔泰:《风俗论》上册,梁守锵译,商务印书馆 1994 年版,第 490 页。

⑦ 同上书,第 379—380 页。

长久。”[①]“迷信产生了可笑的习俗，而浪漫精神则编造出荒谬的理由。”[②]“风俗习惯从来都是按照每个人的选择而建立起来的。”[③]“凡是真正的伟人无不具有卓越的思想。”[④]

当然，他抛弃了人文主义史学安排大段演说词和进行描绘的做法。这一倾向使他与前辈人文主义史学家区别开来。

同时，其历史写作中注入了理性主义，突出表现为：

第一，重视社会文化史写作。关于历史写作的内容，他说风俗和精神是其关注的两大中心内容[⑤]。莱蒙·那芙为《哲学通信》写的序中说：

> 这里有一种新史学原则，对于有益的事物、经久的作品、文明，要比战役、朝代争论和宫廷事变更重视，这就是《路易十四的时代》，特别是《风俗论》的公式。[⑥]

是的，伏尔泰把社会史和文化史看得比政治史重要。《哲学通信》收了他25封信，除了《谈政府》和《谈议会》两篇外，其余23篇是关于宗教、科学、艺术和哲学的。他的这种倾向不仅表现在数量上，而且还表现为对知识文化成果的赞赏上。《风俗论》中，他同样更多写了各主要民族的精神、风尚、习俗、法律、艺术，以及一些为说明这一切而必须了解的事实。

第二，用哲学来写历史。伏尔泰说：“想从哲学家的角度阅读历史”，“寻求有用的真理”[⑦]。他以为哲学可以纠正偏见，“各民族的历史都曾为传说所歪曲，直到最终由哲学来启迪人们的思想为止……它发现某些仪式、某些事实和某些纪念性建筑都是为了证实谎言而建立的”[⑧]。

至于伏尔泰在具体研究中对哲学的运用，下文相关部分还将有所涉及。

---

① 〔法〕伏尔泰：《风俗论》中册，第1页。
② 〔法〕伏尔泰：《风俗论》上册，第61页。
③ 同上书，第531页。
④ 同上书，第452页。
⑤ 同上书，第2页。
⑥ 〔法〕莱蒙·那芙：《序》，伏尔泰：《哲学通信》，高达观等译，上海世纪出版集团上海人民出版社2005年版，第7页。
⑦ 〔法〕伏尔泰：《风俗论》上册，第15页。
⑧ 〔法〕伏尔泰：《风俗论》下册，谢戊申等译，商务印书馆1997年版，第523页。

二、丰富而复杂的历史观

伏尔泰历史观的内涵很丰富，可以概括为：

1. 秉持历史进步观总体否定中世纪

他相信历史的变化，指出：

> 一切都在变化。在许多国家，尤其是法国，风俗、法律、特权的历史，都只不过是一幅活动的图画而已。①

他相信人类会趋于完善，那就是“人是可以臻于完善的”②。

在伏尔泰看来，历史的进步是善与恶相互较量，理性与启蒙同迷信长期斗争的结果，是人类精神逐步摆脱宗教的桎梏和愚昧的过程。

其进步论是建立在研究古代民族和西方世界的历史的基础上的。他考察了欧洲、中近东以及亚洲各国的中世纪史，特别是路易十四统治时期社会和生活的各个方面及其成就之后才得出来的。

但是，伏尔泰的历史进步观念中有复杂的因素，用有的学者话说就是：

> 他不会过分夸大进步理念的。他信仰的是一种温和的进步，只要理性没有实现完全的统治，这种进步就会为周期性的倒退所打断，并屈从于偶然性。这种清醒的理解把伏尔泰与孔多塞及其狂热的期待区别开来的；但它还是与基督教对最后完成的希望划清了界线。③

这表现在古与今问题上，他主张古人与今人各有千秋，伏尔泰说：例如埃及的金字塔和中国的长城一方面表明当时的建筑水平，但是到了现代，“无论是中国人也好，埃及人也好，都不会塑成一件现今我们的雕塑家所塑造的人像”④。在文学体裁方面，“现代作家远远高出古代作家，而在为数极

---

① 〔法〕伏尔泰：《风俗论》中册，第 273 页。
② 〔法〕伏尔泰：《风俗论》上册，第 39 页。
③ 〔德〕卡尔·洛维特：《世界历史与救赎历史》，第 130 页。
④ 〔法〕伏尔泰：《哲学辞典》上册，第 100 页。

微的文学体裁方面，我们却不如古人”[①]。他的结论是：

> 凡是摆脱一切成见，体会到古人和今人的才德，鉴赏他们的美，认识到他们的缺点，并能加以原谅的人都是幸福的。[②]

另外，在历史进步论上伏尔泰还有一点，那就是“没有具体指出这一进步的终极原因，即科学技术的发展对人们生活的重大影响”[③]。

伏尔泰总体上是否定中世纪的。他曾经说过：

> 总的说来，整个这段时间的历史就是罪行累累、荒唐蠢事和连绵灾祸的历史，虽然其中宛如在荒凉的沙漠里有时能发现一些零星的居民一样，我们也能看到某些美德和某些可喜的时期。[④]

他否定十字军东征，认为“十字军东征是不幸的，是疯狂的行为”[⑤]。他批评教皇，认为：

> 上帝的这些人间代理人不是暗杀别人，就是被别人暗害；不是放毒，就是被人毒死，如此轮流不息；他们使自己的私生子发了横财，却颁布法令禁止私通；他们禁止骑士比武，却经常发动战争；他们对国王处以绝罚，把国王赶下王座，却向民众出售赎罪券；他们是基督教欧洲的神，同时又是基督教欧洲的最可耻和最丑恶的人。[⑥]

但是，他没有否定中世纪的一切。他认为：“也不应认为一切都是野蛮的。在所有国家，在王位上，在修院内，在骑士、教士之间，都有伟大的善行。”[⑦]他肯定了骑士精神，说：“弥补了当时普遍盛行的凶残的风尚。”[⑧]

---

① 〔法〕伏尔泰：《哲学辞典》上册，第107页。
② 同上书，第118页。
③ 王晴佳：《西方的历史观念——从古希腊到现代》，华东师范大学出版社2002年版，第93页。
④ 〔法〕伏尔泰：《风俗论》下册，第526页。
⑤ 同上书，第523页。
⑥ 同上书，第525页。
⑦ 〔法〕伏尔泰：《风俗论》中册，第255页。
⑧ 同上书，第204页。

他对教皇亚历山大三世还是推崇的,认为:

> 他在12世纪的一次主教会议上竭尽全力地废除了奴隶制。是这位教皇在威尼斯用他的智慧战胜了德皇红胡子弗里德里希一世的暴力,是他迫使英国国王亨利二世为杀害托马斯·贝克向上帝和众人公开请罪。他恢复了民众的权利,惩治了国王们的罪行。①

2. 复杂的历史原因论和辩证看待历史中的英雄

伏尔泰是自然神论者,相信自然法则在历史中起作用,但又不是地道的历史决定论者,因为他注意到偶然因素的不可忽视。他把历史事件区分为有起源的和没有起源的。人们之所以把历史上的一切都看成是由神决定的,这跟以往历史编年有关,许多自然现象、神奇现象被记录下来,在形式上同人事发生关联,从时间顺序上似乎有着因果关系。他在论述人的自由问题时,看到消极和积极两种倾向,结果把伟人推到了前台。他从环境、政府和宗教三个方面对历史进行解释。他不否认环境的重要,更看重政府的作用,但是他最为重视的还是宗教②。

具体到伏尔泰用以解释历史的因素,"有三样东西不断影响着人们的思想,那就是:气候、政治和宗教。这个世界的奥秘,只能这样去解释"③。

伏尔泰在谈到气候影响社会时认为不可一概而论。他认为气候影响了印度,而风俗影响了土耳其、宗教影响了波斯④。他分别从波斯、巴黎、埃及、雅典、罗马等地举出一些反例,证明气候左右一切的观点是错误的。他认为:"气候是有些威力的,然而政府的治理却比气候影响大百倍;宗教加上政府的治理,力量就更大了。"⑤他承认气候对礼俗和宗教都有影响,但是又说:"戒律大部分牵涉到气候;而信仰却根本不在于气候如何。"⑥特别是信仰的变迁,"气候根本没起什么作用,政府的治理决定了一切",而"在有些民

---

① 〔法〕伏尔泰:《风俗论》下册,第526页。
② J. B. Black, *The Art of History: a Study of Four Great Historians of the Eighteenth Century*, London: Methuen & Co. Ltd., 1926, pp. 38 - 49.
③ 〔法〕伏尔泰:《风俗论》下册,第528页。
④ 同上书,第494—504页。
⑤ 〔法〕伏尔泰:《哲学辞典》下册,第374页。
⑥ 同上书,第375页。

族那里，地方的气候和国家的治理都没能促进宗教的形成”①。

他有时还强调天性的重要，“因为天性和习惯几乎总是胜过法律，特别是当人民还没有普遍了解这一法律的时候”②。

他还看到命运对于人的重要。他认为相信医生能起死回生的人是傻子，谨慎的人能创造自己命运的人是笨货。伏尔泰说：“小心翼翼的人远不能创造他的命运，却反被命运整倒了；倒是命运创造了小心翼翼的人。”③不过，命运在伏尔泰那里就是自然规律。他意识到，如果命运创造了一切的话，那么必然的推论之一是相信宿命，而相信宿命的结果人们必然什么都不做了。他的观点是，“丝毫不必担心，反正我们总归有欲望和成见。因为我们命定地要受成见和欲望的支配”④。他相信命运，曾认为“国家的兴亡受命运的主宰”⑤。因此，在伏尔泰那里命运和欲望似乎决定了人和事的发展。

伏尔泰能够辩证看待历史中的英雄。伏尔泰特别赞扬英雄们的业绩，说他有英雄史观当不为过。他认为，“人类要是没有这些出类拔萃的人物，那就可能一直都如野兽一般了”⑥。

他对法王亨利四世称赞道：

> 亨利四世是历代国王的楷范，他给民众带来慰藉，关于这方面，最好是读一读另外的一些著作，如梅泽雷的历史巨著、佩雷菲斯克的著作，以及絮利的《回忆录》中所叙述的这位贤明君主的统治情况。⑦

他推崇撒拉丁，认为他讲信用，赈济贫苦人，对伊斯兰教徒、犹太教徒和基督教徒一视同仁。伏尔泰说：“我们的基督教王公贵族很少有人如此慷慨，而充斥欧洲的历史学家则很少有人会为他讲公道话。”⑧

---

① 〔法〕伏尔泰：《哲学辞典》下册，第 377 页。
② 〔法〕伏尔泰：《风俗论》上册，第 29 页。
③ 〔法〕伏尔泰：《哲学辞典》下册，第 422 页。
④ 同上书，第 423 页。
⑤ 〔法〕伏尔泰：《风俗论》上册，第 219 页。
⑥ 同上书，第 453 页。
⑦ 〔法〕伏尔泰：《风俗论》下册，第 244 页。
⑧ 〔法〕伏尔泰：《风俗论》中册，第 32 页。

但是,在叙述中他似乎又走向英雄史观的反面。例如,在《路易十四时代》里,他为了突出路易十四,把其他人淡化了,甚至淡化了为法国文艺复兴作出重要贡献的人,这导致了其英雄史观的悖论。

需要指出的是,他对历史人物的评价并不是随意的,而是有原则的。这些原则是:第一,同情大多数。他在叙述 14 世纪末那不勒斯的内乱时说:"我们应当同情的是人民,他们成为这种内乱的牺牲品。"①第二,从总体上看待国王。他说:"这些个人的末节不应掺杂到总的世界画幅中。只要在这位君主的治下国泰民安就够了,我们应当从总的方面来观察和评价国君。"②第三,从利益角度看待历史人物。对于君士坦丁这样一个历史人物,他认为,"这一派认为罪大恶极,而另一派则称他德高望重,究竟应当怎样辨识呢?如果我们考虑到他的一切所作所为都服务于与他的利益攸关之事,那他们的判断就不会错了"③。

三、强烈的批判精神与宽广的史学胸襟

伏尔泰的批判精神非常强烈。它首先是从怀疑开始的,并在批判前人过程中凝练出一些取信原则。

1. 强烈的批判精神

批评偏见,反对轻信。伏尔泰明确指出:

> 人的道德风尚,派别偏见,在写历史的态度中,也体现出来。④
> 同代人物的秘密回忆录有偏袒不公之嫌。⑤
> 每个民族都会出于自尊心而编造自己的故事。⑥

可见,他承认史学中的偏见与虚假性。

他揭示出目击者具有复杂性:

---

① 〔法〕伏尔泰:《风俗论》中册,第 145 页。
② 〔法〕伏尔泰:《风俗论》下册,第 514 页。
③ 〔法〕伏尔泰:《风俗论》上册,第 341 页。
④ 〔法〕伏尔泰:《风俗论》下册,第 206 页。
⑤ 〔法〕伏尔泰:《路易十四时代》,第 335 页。
⑥ 〔法〕伏尔泰:《风俗论》下册,第 168 页。

"目击者"的复杂性制造出分歧，甚至12 000个证词也只能说明一种可能。①

他还怀疑实物作伪：

大多数的纪念性建筑物如果是在事件发生后很久才建立的，就只能用来证明经世人认可的谬误。甚至在事件发生的当时铸造的勋章，有时也是靠不住的。②

伏尔泰批评人们长期轻信关于亨利四世被刺的荒谬记载。他说：

亨利四世被刺，只是由于长期以来蒙蔽人们的思想、使世界生灵涂炭的偏见作用的结果。有人居然把这个罪行加到奥地利家族头上，加到国王的妻子玛丽·德·美第奇、国王的情妇巴尔扎克·德·昂特拉格和埃佩农公爵头上；而梅泽雷和另外一些作者不作任何调查，把这种互相矛盾、人们嗤之以鼻的无端猜测搜集于他们的历史著作之中，这只能令人看到狡猾恶毒的人们是何等轻信。③

他在《贞德》中说：

我们的大多数史学家们都是互相抄袭的，因而都以为这位童女说过一些预言并且这些预言都实现了。他们认为她曾经说过她会把英国人逐出法兰西王国，而英国人在她死后五年却依然呆在那里；他们又说她给英国国王写过一封长长的信，而她却实实在在既不会读也不会写。④

他对以往的历史写作提出严厉的批评。他批评犹太史学家约瑟夫斯给

---

① J. B. Black, *The Art of History: a Study of Four Great Historians of the Eighteenth Century*, London: Methuen & Co. Ltd., 1926, p. 52.

② 〔法〕伏尔泰：《风俗论》下册，第524页。

③ 同上书，第271页。

④ 同上书，第584页。

《圣经》增添许多荒唐内容,关于亚历山大和犹太人历史的叙述多不实之词①。他批评基督教史学,认为:

> 尤西比乌对罗马人竭尽诬蔑之能事,因为他是亚洲人。……在这个宗教信仰的改变而使罗马帝国面目一新的时代,人们就是这样撰写历史的。图尔的格里戈里丝毫没有背离这种方法,而且我们可以说,直至圭契阿迪尼和马基雅维里之前,我们还没有一部写得好的历史。但即使这些著作是粗制滥造的,也仍然可以使我们看出写作这些著作当时的时代精神;即使是一些传说,也可以使我们对各民族的风尚有所了解。②

他批评欧洲历史写作,说:

> 欧洲的历史成了有关婚约、家谱、有争议的头衔的连篇累牍的记载,处处令人感到模糊不清,枯燥乏味,埋没了重大的事件,阻碍了对法律和风俗的了解,而这些法律和风俗才是更值得注意的对象。③

他怀疑古史记载,认为:“土耳其并不像历史学家向我们介绍的那样,是绝对的君主政体。”④

他在批判基督教史学中的《圣徒传记》和《殉道者真传》后指出:

> 1700年以来,我们的历史中有多少骗人的东西、错误的记载和令人作呕的蠢话。⑤
>
> 必须承认,只是在大约16世纪末叶,历史学跟物理学一样,才开始廓清,理性才刚刚诞生。⑥
>
> 历史正是由那么一些虔敬有余而见识不足的人写出来的。⑦

① 〔法〕伏尔泰:《风俗论》上册,第191—211页。
② 同上书,第340页。
③ 〔法〕伏尔泰:《风俗论》中册,第180页。
④ 〔法〕伏尔泰:《风俗论》下册,第476页。
⑤ 〔法〕伏尔泰:《风俗论》上册,第337页。
⑥ 同上书,第322页。
⑦ 同上书,第323页。

他几乎把东罗马史学说得一无是处，指出：

> 直至穆罕默德二世占领该城之前，史家辈出，这些写历史的人或者是皇帝，或者是王公贵族，或者是政治家。他们写得并不好，只谈宗教信仰。他们粉饰一切事实，只追求无聊的舞文弄墨。他们从古希腊学到的只是摇唇鼓舌，争论的则是宫廷琐事。①

他批评现有的世界史，认为：

> 我们的所谓世界史却以这个犹太小民族作为描述的对象和立论的根据。在这些世界史著作中，有那么一类作者彼此互相抄袭，而把世界上 3/4 的地方置诸脑后。②

例如波舒埃《关于世界史的演讲集》，“把古代东方民族完全抛诸脑后”③。

他提出系统的判断不可信的方法。伏尔泰从来没有在任何地方细致阐释过历史考证原则，但是通过其具体历史叙述和观点的选择，则可以看到他的相关主张。

虚构的细节不可信。他说：居鲁士的故事“内容非常真实，但细节则是虚构的。任何故事都是如此”④。

描写未见过的事物不可信。他认为，“要描绘一个未曾一道生活过的人物，那简直是十足的江湖骗术”⑤。

妄谈是骗术，不可信。他说：“江湖骗术式的妄谈，根本不配称历史。我们不能把穿凿附会跟确凿之事搅在一起，把想入非非与真实可靠混为一谈。”⑥例如，有人说红胡子弗里德里希的儿子施瓦本公爵之所以死掉，是因为他不近女色。伏尔泰说：“说这种话的人既是大胆的吹牛家，又是对自然科学的一窍不通者。”⑦

---

① 〔法〕伏尔泰：《风俗论》中册，第 34 页。
② 〔法〕伏尔泰：《风俗论》上册，第 73 页。
③ 同上书，第 231 页。
④ 同上书，第 55 页。
⑤ 同上书，第 9 页。
⑥ 同上书，第 17 页。
⑦ 〔法〕伏尔泰：《风俗论》中册，第 30 页。

不合常理者不可信。希罗多德在《历史》第一卷中说所有巴比伦女人按照法律规定，一生中必须在米利塔庙或者维纳斯庙跟外地人苟合一次。伏尔泰“怀疑该书的希腊文本已被窜改。最不开化的人也不会在众目睽睽之下做此等事。即使当着自己最不尊重的人的面，人们从来也不会想到去抚摸自己的妻子或情妇的”①。因此，他认为这是无稽之谈。他提出：“读任何史书，都要提防无稽之谈。”②有人责备英王威廉一世毁坏15法里的村庄以营造森林，供他狩猎享用。伏尔泰驳斥道：

> 这样的行动过于荒唐，不可能是真实的。史学家们没有注意到，一大片新的树苗至少需要20年方能成长为可供狩猎的森林。人们说他在1080年种植了这片森林，那时他63岁。一个有理性的人，这样的年纪，还把村庄毁坏掉，种上方圆15法里的树木，指望有朝一日能够在这里打猎，这是可能的吗？③

传说的东西不可信。法王路易九世攻打埃及被俘，根据与他一道被俘的儒安维尔的叙述，穆斯林要选他为埃及苏丹。伏尔泰指出，作为一个被俘者不可能知道邻近兵营中的事；穆斯林不了解路易的语言，厌恶其宗教，把他视为强盗，怎么会选他为国王呢？他认为，儒安维尔只是记载了听说的一些事情而已，值得怀疑④。

夸大其词者不可信。历史学家说1200年摩洛哥国王米拉莫兰穆罕默德·本·约瑟夫率领10万士兵渡海攻打西班牙。伏尔泰说：“这些历史学家几乎全都喜欢夸大其词：对他们的兵力、死伤人数、耗费钱财、奇迹异闻，都应大打折扣才行。”⑤

自相矛盾者不可信。伏尔泰在《风俗论》的《导论》中指出：《创世记》在叙述了他拉之死后，说他拉的儿子亚伯拉罕离开亚兰时已75岁，而亚伯拉罕是在父亲去世之后才离开家园的。《创世记》又说他拉70岁生亚伯拉罕，一直活到205岁，而亚伯拉罕到迦勒底时应为135岁。伏尔泰认为，亚伯拉

① 〔法〕伏尔泰：《风俗论》上册，第144页。
② 同上书，第59页。
③ 同上书，第544—545页。
④ 〔法〕伏尔泰：《风俗论》中册，第50页。
⑤ 同上书，第104—105页。

罕在这个年龄离开膏腴之地而到贫瘠地区，实在奇怪。其实他还暗示着《创世记》说法不一，同时活那么大年龄也不可信。所以他的结论是：《摩西五经》“难以自圆其说”①。

他总结出一些取信、存疑的原则。伏尔泰不是绝对怀疑主义者。有些皮浪主义者怀疑摩西及其事迹的存在，伏尔泰就认为：“我们根本不会接受这种轻率的意见，否则就要把犹太民族古代史的一切根据都推翻了。”②在伏尔泰那里存在着取信原则。

已证明为可信者是可信的。他主张：“我们只接受业已证明的东西；而在历史学中，则只接受人们所承认的、可能性最大之事。”③

疑信相见时，怀疑细节，取信大事。在《风俗论》中，他写道：1307年瑞士乌里的总督格里斯勒把他的软帽用竹竿挂在广场上，命令人们致礼，否则处死。一个名纪尧姆·退尔的谋反者不愿这样做，总督要吊死他，除非他射中儿子头上的苹果。结果父亲射中了苹果，还准备了第二支用来对付总督。对此，伏尔泰说：

> 必须承认，苹果的故事是很可疑的。似乎人们认为应当用一个神话来装饰瑞士自由的摇篮。退尔还是被抓了起来，后来他一箭射死了总督，这是造反者的信号，于是人民起来捣毁了堡垒，此事我认为是确实的。④

说法不一，则存疑或者兼收并蓄。伏尔泰指出，罗马历史中，史学家们例如李维和波里比阿就说法不一，“我们相信谁？……至少我们可以存疑”⑤。在写到穆罕默德四世的下场时，伏尔泰采取不同说法并存的办法，“我们的大多数历史学家说，穆罕默德四世是被近卫军勒死的，但是土耳其编年史却认为他被幽禁在宫廷中活了5年”⑥。

秘密问题没有目击则存疑。例如，关于土耳其国王易卜拉欣被杀，

---

① 〔法〕伏尔泰：《风俗论》上册，第75页。
② 同上书，第168页。
③ 同上书，第237页。
④ 〔法〕伏尔泰：《风俗论》中册，第129页。
⑤ 〔法〕伏尔泰：《风俗论》上册，第223页。
⑥ 〔法〕伏尔泰：《风俗论》下册，第493页。

他说：

我们的历史学家们告诉我们说易卜拉欣最后被4名哑巴勒死，他们有一个错误的假设，认为哑巴是被派来执行宫廷的血腥命令的，但这些人只是小丑和庸人，不能用他们来干重要的事。这个君主被4名哑巴勒死的传说只能看作是小说。土耳其的编年史没有提到他是怎么死的，这是土耳其宫廷的一个秘密。所有有关与我们如此邻近的土耳其人的政府的谬说，都只能使我们加倍地怀疑古史。……一切都向我们表明，我们应当注意各民族历史的公开事件，有些秘密的细节，如果不是可靠的目击者提供的，要深入探讨，那是浪费时间。①

对于法国国王秃头查理被一名犹太医生毒死之说，伏尔泰认为：

从来没有一个人说明这个医生为什么要犯这一罪行。他毒死主人能得到什么？他可以从谁那里得到更优越的地位？没有一个作者谈到这个医生所受的刑罚。因此，毒杀一说，应当存疑。②

2. 宽广的史学胸襟

伏尔泰突破欧洲地域，不以欧洲为圭臬。他认为："各国的风俗、习惯、法律、变革虽然有相同的根源和目的，但却是千差万别的，它们构成了描绘世界的画卷。"③他不主张以西方的标准衡量东方，"世界的画卷是如何的五彩缤纷，我们应当特别注意，勿用我们的习惯来衡量一切"④。

他能够看到各民族的一致与差异。例如，他认为各民族道德观念一致，而仪式有区别：

我们看得清楚，所有文明的民族，其道德观念均相同，而一个民族最通行的习俗，在别的民族看来，不是怪诞，便是可憎。制订出来的教

① 〔法〕伏尔泰：《风俗论》下册，第480页。
② 〔法〕伏尔泰：《风俗论》上册，第440—441页。
③ 〔法〕伏尔泰：《风俗论》下册，第502页。
④ 〔法〕伏尔泰：《风俗论》上册，第296页。

仪今天使人类陷于分裂；而道德观念则把大家联合在一起。①

在其他方面：

我们和东方人最大的差别在于对待妇女的态度。在东方，从来没有一个女人执政……另一个差别来源于对待妇女的习俗，即把去势的男子安排在妇女身边。……他们和我们，一切都不同，宗教、法律、政体、风俗、饮食、衣着以及书写、表达和思想的方法都大相径庭。②

东西方共同点是：

都是通过法律，或通过风俗习惯对弄权专断加以制约。……宗教无例外地向各民族传播同样的道德观念。③

他总结说：

一切与人性紧密相连的事物在世界各地都是相似的；而一切可能取决于习俗的事物则各不相同，如果相似，那是某种巧合。习俗的影响要比人性的影响更广泛，它涉及一切风尚，一切习惯，它使世界舞台呈现出多样性；而人性则在世界舞台上表现出一致性，它到处建立了为数不多的不变的基本原则：土地到处都一样，但是种植出来的果实不同。④

他采取了气度恢弘的文化比较。伏尔泰认为：

尽管阿拉伯人是伊斯兰教徒，我们必须给他们以公正评价。同时，必须承认，我们西方民族虽然对某些重要事物的真理有所领悟，但在艺

---

① 〔法〕伏尔泰：《风俗论》上册，第 83 页。
② 〔法〕伏尔泰：《风俗论》下册，第 529 页。
③ 同上书，第 531 页。
④ 同上书，第 532 页。

术、科学和国家管理方面却很缺乏知识。①

他还推崇印度，指出：

印度的古代宗教和中国士大夫的古代宗教，是唯一没有使人沦为野蛮人的宗教。②

特别是，他对中国是景仰的，发表了许多相关言论。例如，他说：

如果说有些历史具有确实可靠性，那就是中国人的历史。……其他民族虚构寓意神话，而中国人则手中拿着毛笔和测天仪撰写他们的历史，其朴实无华，在亚洲其他地方尚无先例。③

由于它是世界上最古老的民族，它在伦理道德和治国理政方面，堪称首屈一指。④

中国人在道德和政治经济学、农业、生活必需的技艺等方面已臻于完美境地，其余方面的知识，倒是我们传授给了他们的；但是在道德、政治经济、农业、技艺这方面，我们却应该做他们的学生了。⑤

中国的儒教是令人钦佩的。毫无迷信，毫无荒诞不经的传说，能更没有那种蔑视理性和自然的教条。⑥

似乎所有民族都有迷信，只有中国的文人学士例外。⑦

需要指出的是，他看到了中国科技的落后，“中国人因为两千年来故步自封、停滞不前，所以在科学方面碌碌无为”⑧。

还要指出的是，他对中国认识还是有误解的，例如在《风俗论》中指出：

---

① 〔法〕伏尔泰：《风俗论》上册，第3页。
② 同上书，第80页。
③ 同上书，第85页。
④ 〔法〕伏尔泰：《路易十四时代》，第594页。
⑤ 〔法〕伏尔泰：《风俗论》上册，第323页。
⑥ 〔法〕伏尔泰：《哲学辞典》上册，第331页。
⑦ 〔法〕伏尔泰：《风俗论》上册，第36页。
⑧ 〔法〕伏尔泰：《路易十四时代》，第594页。

波斯与中国、土耳其始终相同的地方就是不存在贵族。在这几个疆土辽阔的国度里，只有尊贵的官职，此外没有其他的贵族身份。什么官职也没有的人不能从他们的父辈担任过的官职中得到好处。①

这一认识显然不符合中国历史实际。

四、伏尔泰史学：欧美学界关注的热点

伏尔泰在西方知识界有着巨大影响，“欧洲美洲知识分子都阅读、模仿、颂扬、憎恨、谈论他的著作，从民主主义者如杰斐逊到专制君主如腓特烈大王都是这样”②。其史学在西方史学史上占有重要地位，同时也必须认识到它是有张力和局限的。具体说来是：

1. 历史认识中的经典之论

这里只能略举几例。关于罗马衰落的原因，伏尔泰总结为：

历朝皇帝软弱无能，大臣官宦党同伐异，旧宗教对新宗教的仇恨，基督教的血腥内讧，神学论争取代了军事操练，颓唐怠惰取代了勇猛精神，成群僧侣代替了农夫和兵士；所以这一切，招致了蛮族入侵。这些蛮族无法战胜久经征战的共和国，却制服了残暴、懦弱而虔诚敬神的皇帝统治下萎靡不振的罗马。③

这里他除了像一般学者强调宗教和蛮族两大原因外，还从罗马政治上找原因。现在的史学家在论述这一问题时不能绕过他。

他对十字军的活动分析入理。伏尔泰批评十字军给斯拉夫人和欧洲带来的灾难：

10万十字军破坏了他们的家园，杀死了很多人，但没能使任何人改皈。我们可以在160万人伤亡的数字上再加上这10万人，这便是当

① 〔法〕伏尔泰：《风俗论》下册，第117页。
② 〔美〕J·W·汤普森：《历史著作史》第三分册，第89页。
③ 〔法〕伏尔泰：《风俗论》上册，第217页。

时的宗教狂热使欧洲付出的代价。①

对十字军的军事弱点的分析也十分在理。例如，他认为：

在十字军的军事训练中有一个根本的缺点，这个缺点必然地使他们的英勇气概无所作为：那就是封建政体在欧洲树立起来的各自为政的思想。一些没有经验又没有本领的头目带领着一群没有纪律的乌合之众，来到一些人地生疏的地方。②

后人在谈论十字军问题时必须以此为出发点。

他有反殖民的主张：

所谓美洲野人是他们土地的主人。他们接见我们殖民地的使者，这些殖民地是我们出于贪婪而轻率地建立在他们领土附近的。他们知道什么是荣誉，而我们欧洲的野人则从来没有听说过。③

伏尔泰还具有女性主义的眼光，他说：

如果像许多作者那样说“法国王冠高贵无比，不能容许由女人来戴”，这是极其幼稚的说法。如果像梅泽雷那样，说“女性是低能的，不能进行统治”，这是双倍的不公平。④

可见，在这两个问题上，伏尔泰的观点也十分经典。

2. 创立史学新范式

创立了新型社会史写作，并采取多种解释体系以取代基督教神学史观。伏尔泰及其影响下的史学家，钟情于法律和制度、经济进步、艺术与科学等，“致力于把历史从想象中区分开来，使过去像当前那样是合理的。他们并不在意把自己限定在民族传统，或者欧洲基督教传统中，而是在意真正普遍，

① 〔法〕伏尔泰：《风俗论》中册，第29页。
② 同上书，第24页。
③ 〔法〕伏尔泰：《风俗论》上册，第37页。
④ 〔法〕伏尔泰：《风俗论》中册，第186页。

显示所有民族是如何对于人类进步作出贡献的"①。在解释过程中，他有时把历史看成伟人的作品，有时视为多变的不可避免的命运的产物，有时当作气候、宗教和政府的带有深层的决定性影响的结果。尽管他的观点是非持久的；然而就具体问题而言却是深刻的，意义更在于它取代了基督教神学观点。不能否认，"通过把事务发展方向从神秘晦涩的造物主那里转移到人类自己肩上，伏尔泰为更为勇敢和科学探讨人类进步法则，开辟了道路。他所揭橥和施用的自然原因的理论，是近代历史研究的基础"②。

他把哲学引进历史学。他创造"历史哲学"这一术语，在史学实践中对历史的理解和解读，都有浓郁的哲学意味，这在上文论述中都可以看得到。因此，普希金说："伏尔泰是第一个沿着新的道路前进的人，因而给模糊不清的历史档案带来了哲学明灯。"③

突显整体历史观念。对此，汤普森说得好，权引之如下：

> 首先，他是一位把历史作为一个整体进行观察的学者，把全世界各大文化中心的大事联系起来，而且包括人类生活各个重要方面。其次，他把历史理解为人类一切活动表现诸如艺术、学术、科学、风俗、习惯、食物、技术、娱乐和日常生活等方面的记录。④

显然，伏尔泰的整体历史观念有两重含义：第一，是他把宗教发展与社会的、政治的和经济的发展联系起来，"在试图体会历史发展实际中把历史当作一个整体"⑤。第二，正是在伏尔泰著作里，第一次清晰呈现世界全史观念。之前欧洲史学家世界史写作是被对于《圣经》的文献解释所支配的，而且仅仅局限于中东和欧洲。而伏尔泰则"把世界描绘成伟大的古代，其中社会最终存在并腐败，他强调非欧洲文明例如印度和中国文明的重要性。正是他比其他人更多带来了历史学上的哥白尼革命，把基督教欧洲从宇宙

---

① J. H. Brumfitt, *Voltaire: Historian*, Glasgow, New York: Oxford University Press, 1958, p. 1.

② J. B. Black, *The Art of History: a Study of Four Great Historians of the Eighteenth Century*, London: Methuen & Co. Ltd., 1926, pp. 44 - 45.

③ 〔苏〕C·阿尔塔莫诺夫：《伏尔泰传》，第61—62页。

④ 〔美〕J·W·汤普森：《历史著作史》第三分册，第90页。

⑤ J. H. Brumfitt, *Voltaire: Historian*, Glasgow, New York: Oxford University Press, 1958, p. 108.

中心的舒适位置上拉了下来"①。

他与其影响下同时代的休谟、罗伯逊、吉本等人，形成了伏尔泰学派，也称为"文学哲学派"。他们"相信其著作的道德属性。认为他们为了人类而拥有真理，不仅令人信服地刻画出过去发生了什么，而且在当前的天平上衡量它，评价其价值，在文化意义上区分什么才是值得记忆的。在履行这一信仰期间，他们毫无拘束地用其标准和尺度衡量一切时代、一切人物和一切事情，产生了对其读者有感染力的历史学，因为实际上它像小说或者戏剧一样，是活生生的当前的一部分"②。

他的一些思想具有承前启后作用。例如，"关于经济原因，他似乎有助于连接马基雅维里现实主义和19世纪经济决定论。他对英雄的推崇也许预示了卡莱尔。他始终重申怀疑主义，倾向于阻止孟德斯鸠、杜尔阁或者马布利的读者不加批判就接受并不总是植根于事实的理论"③。

在向科学史学转变中起到重要作用。在19世纪，历史学被看成等同于自然科学，它不仅关注大人物或者杰出人物个体作为，而且试图描述过去人类经历的总体，社会和所有不同方面文明的历史。这一转变，"不是哪一个人的著作，但是伏尔泰在其中发挥重要作用。他不仅是'人类精神历史'最杰出提倡者之一，而且在著作中他给予社会、经济和文化发展比其大多数先辈所分派的远为重要的地位"④。

3. 不容忽视的方枘圆凿

关于伏尔泰史学的局限性，前人有过批评。例如，克罗齐认为，伏尔泰对以往历史学的否定有消极影响，那就是"整个过去丧失了价值，或者说，只保存了恶的消极价值"⑤。再如，布伦斐特指出：在伏尔泰的所有著作中"那种解释愿望，与挥之不去的关于历史阐释可能性的怀疑主义相对抗；那种探索的热切努力，与狡黠地蔑视那些严肃的历史学者相冲突；这位法国的世界历史学家有时屈服于那些法国在世界上具有重要性的捍卫者"⑥。他还说：

---

① J. H. Brumfitt, *Voltaire: Historian*, Glasgow, New York: Oxford University Press, 1958, p. 165.

② J. B. Black, *The Art of History: a Study of Four Great Historians of the Eighteenth Century*, London: Methuen & Co. Ltd., 1926, p. 3.

③ J. H. Brumfitt, *Voltaire: Historian*, Glasgow, New York: Oxford University Press, 1958, p. 167.

④ Ibid., p. 166.

⑤ 〔意〕贝奈戴托·克罗齐:《历史学的理论和实际》,第206页。

⑥ Karen O'Brien, *Narratives of Enlightenment: Cosmopolitan History from Voltaire to Gibbon*, Cambridge: Cambridge University Press, 1997, p. 22.

“伏尔泰的宇宙是稳定的，没有进化或者发展。就像其自然史观被反对进化观念所歪曲一样，他关于人类历史的观点也被他探索不变的理性和行为原则所歪曲。”①

无论这些人的批评是否过分，关于伏尔泰的史学确实可以归纳出其两重性，具体说来：

第一，反对写作历史的奇迹做法，但又是自然神论者；他厌恶教士，但是又是一位理性的信徒。伏尔泰无疑是崇高理想的保卫者，写过70卷著作以传播使人们得以自由的真理。从服务于人类的意义上说，他的精神就是基督教的救世精神，他“是一个怀有信念的人，是一个好好地打过仗的使徒，至死也不疲倦”②。可是，伏尔泰与神学家圣托马斯有着大量的共同之处，特别是坚信“他们的信仰是可以合理地加以证明的”③。

第二，他是一位历史进步论者，但是又否定中世纪，甚至讽刺宗教改革只不过是天主教徒的一个让人恶心的闹剧。对此，汤普森已经有过批评：“他轻视整个‘黑暗’的过去，理由是当时的人们只是狂热盲从的奴隶。在他看来，宗教改革时期只不过是天主教徒闹的一个恶心人的大笑话。”④

第三，试图摆脱但是实际依赖于基督教神学史观。以一个唯一的目标为鹄的，至少潜在地把各种事件的全部进程富有意义地联结起来的世界通史，是出自犹太教的一神论和基督教的末世论。唯有《圣经》中的上帝，才能世界性地为历史指明方向，把历史置于中心位置。一旦这种信仰站稳了脚跟，并且流行了数百年之久，即使人摆脱了创世和天意、末日审判和拯救这些说法，也很难返回到关于历史进程的一种无目标的、循环论的观点。伏尔泰“通过把基督教对拯救的希望，世俗化为对一个更好的世界的期待，来试图取代天意，但仍是在预定的视野中进行的。对神明天意的信仰成为对人能够为自己的尘世幸福预先筹谋的能力的信仰”⑤。

第四，他既是具有世界眼光的人，又摆脱不了欧洲中心论，这在下文总结启蒙运动时期史学时会有进一步的论述。

---

① J. H. Brumfitt, *Voltaire: Historian*, Glasgow, New York: Oxford University Press, 1958, p. 103.

② 〔美〕卡尔·贝克尔：《18世纪哲学家的天城》，何兆武译，三联书店2001年版，第42页。

③ 同上书，第17—18页。

④ 〔美〕J·W·汤普森：《历史著作史》第三分册，第92页。

⑤ 〔德〕卡尔·洛维特：《世界历史与救赎历史》，第130页。

第十四章　孟德斯鸠和卢梭的史学贡献

孟德斯鸠和卢梭是启蒙时期重要学者，以法学家、政治学家或者社会学家著称于世，其实他们同样为史学作出了杰出贡献。

一、孟德斯鸠的史学成就

夏尔路易斯·德·塞孔达·孟德斯鸠（Charles-Louis de Secondat Montesquieu，1689—1755年），法国思想家。起初以法学家、政治学家在学术上获得崇高地位，后又被涂尔干誉为社会学的创始人。他在史学上也颇有建树，只不过没有引起人们足够的注意，但是毕竟有学者认为："在废除仅仅是编年而接受考证分析的历史写作中，孟德斯鸠是先于伏尔泰的。"[①]其对于史学的贡献可想而知。

1. 好学深思的贵族

罗大冈在汉译本序言中指出：孟德斯鸠"是个好学深思的青年，同时又是沙龙中的熟客，人情事态的冷眼观察者"[②]。这表明他不同于一般法国贵族。

他出生于法国波尔多附近的拉勒烈德庄园一个贵族家庭。他自幼受过良好教育，1708年获法学学士学位，出任律师。1714年开始担任波尔多法院顾问。1716年，从其伯父那里继承了波尔多议院院长职务，并获男爵封号。1721年孟德斯鸠化名"彼尔·马多"，发表了名著《波斯人信札》[③]，抨击

① Jr. Peter V. Conroy, *Montesquieu Revisited*, New York: Twayne Publishers, 1992, p. 56.

② 罗大冈：《译者序》，〔法〕孟德斯鸠：《波斯人信札》，罗大冈译，人民文学出版社1958年版，第4页。

③ 此书除了有罗大冈译本外，还有商务印书馆出版的梁守锵译本，人民文学出版社和译林出版社出版的罗国林译本。

法国社会，路易十五曾一度拒绝批准他为法国科学院的院士进行报复。1726年，他出卖了世袭的波尔多议会议长职务，迁居巴黎，潜心学术。

他曾漫游欧洲许多国家，特别是在英国呆了两年多，考察了英国的政治制度，认真学习了早期启蒙思想家的著作，当选为英国皇家学会会员。1734年发表《罗马盛衰原因论》[①]，一般认为它是《论法的精神》[②]的前奏。《论法的精神》于1748年发表。

孟德斯鸠作为法学家、政治学家、社会学家，其理论并不是玄想，而是建立在他的历史研究和史料运用基础之上的。

《罗马盛衰原因论》是一部篇幅不大的史论著作，它不注重一般史实叙述，而是致力于原因的探讨。书中大量引用了希罗多德、亚里士多德、波里比阿、奥鲁修斯、撒尔维安、老普林尼、维吉尔、恺撒、西塞罗、李维、普鲁塔克、萨鲁斯特、阿庇安、普罗科比厄、圣奥古斯丁等人的著作。他所引许多是历史材料。孟德斯鸠正是依据这些材料分析了罗马盛衰原因的。他分析罗马变得伟大的原因是：第一，罗慕路斯和他的继承人，从被征服民族那里得到战利品，给城市居民带来巨大欢乐，这就是凯旋，“凯旋在后来也正是这座城市所以变得伟大的主要原因”[③]。第二，罗马人“只要是看到比自己更好的习惯，他们立刻就放弃了自己原有的习惯”[④]。第三，“它的国王都是伟大的人物”[⑤]。第四，“罗马把国王赶跑之后，就建立了每年选举政官的制度。这一点也是使它变得极其强大的原因”[⑥]。第五，“古代共和国的缔造者是把土地平均分配的：只有这一点才能使人民强大起来，这就是说，造成一个个井井有条的社会。这一点还能造成一支精良的军队，他们每个人都能同样充分地关心保卫自己的祖国”[⑦]。他认为罗马灭亡的两个原因是：第一，帝国的伟大毁掉了共和国，城市的伟大毁掉了共和国[⑧]。第二，“罗马之遭到毁灭是因为所有的民族一齐向它进攻，并且从四面八方侵入了它的土地”[⑨]。

---

① 商务印书馆有婉玲的译本，1962年出版，1984年再版。

② 严复译为《法意》，商务印书馆1913年出版。1961年商务印书馆又出版了张雁深译的《论法的精神》。〔日〕何礼之、程炳熙、张相文译为《万法精理》，收入《南园丛书》第二辑。

③ 〔法〕孟德斯鸠：《罗马盛衰原因论》，婉玲译，商务印书馆1984年版，第1页。

④⑤ 同上书，第2页。

⑥ 同上书，第4页。

⑦ 同上书，第13页。

⑧ 同上书，第49页。

⑨ 同上书，第110页。

他还分析东罗马帝国持久的原因是：阿拉伯人的内部混乱；掌握使用火药的武器；君士坦丁堡掌握世界上最大规模的几乎唯一的商业；皇帝对大官们不正当行为和勒索行为的限定；多瑙河一带蛮族人的稳定[①]。

《论法的精神》主题是法哲学与政治学，但主题的证明离不开历史。事实上，由于它以历史事实和世界古今各国的政治社会制度为根据，这样该书便具有鲜明的史意。这部著作参考了大量文献，根据汉译者的统计就有366种之多，而有关中国的就有杜亚尔德的《中华帝国志》、《台湾岛的现状》、《远东的宣教事业》，刘应的《鞑靼史》、《北方旅行记》、《耶稣会书简集》等[②]。他依据这些材料，得出许多重要结论。例如，他关于中国对待基督教态度变化的解释是有道理的。他说起初中国人并不排斥欧洲的宗教，相反因为传教士的某种知识而受到欢迎。但是后来中国人开始厌恶了，那是因为：传教士成功后与中国人发生了利益纠纷；传教士内部意见也不一致；中国是专制国家，特别需要安宁，害怕哪怕是最微小的纷扰[③]。这些观点是颇有见地的。

2. 历史规律说与史学方法论

孟德斯鸠是否像其他理性主义者一样相信和探索历史规律，是理解其史学的重要问题。

孟德斯鸠是否主张历史有规律？一般说来，答案是肯定的。就连对他批评比较多的伯林都承认：

> 有关孟德斯鸠读过《新科学》的故事似乎纯属虚构。他说话的口气，很像是人类历史上他第一次发现了支配人类社会行为的基本规律，非常像上个世纪的自然科学家发现了非生物界的规律。他谈到法律制度的起源，但其含义显然广泛得多：是指特定的人类社会的全部制度结构；不仅是它们的法律制度，还有它们的发展模式和规律，它们的政治、宗教、道德和美学行为的模式和规律。一旦掌握了这些规律，就有

① 〔法〕孟德斯鸠：《罗马盛衰原因论》，第130—132页。

② 〔法〕孟德斯鸠：《论法的精神》下册卷尾《本书引证书籍目录》，张雁深译，商务印书馆1963年版，第422—439页。

③ 〔法〕孟德斯鸠：《论法的精神·第五卷·第二十六章·第十五节宗教的传布》下册，张雁深译，商务印书馆1963年版，第172—173页。

可能建立一门人的科学。①

孟德斯鸠本人确实说过："法是由事物的性质产生出来的必然关系"，"必有固定不易的规律"②。

可是，具体到他向世人揭示了怎样的规律问题时，答案就有差异了。伯林说：

> 虽然表面上看，孟德斯鸠是想寻找这种规律，他却让自己沉迷于细节之中。在他看来，这才是真实的东西：他对人物和环境的描述无一定之规，不符合他那个世纪不是丑化就是理想化的时尚。……作者太乐于谈论具体的事实或事件的本来面目，使它们变得难以服务于它们本来要予以支持的假说。③

可见在伯林看来，孟德斯鸠并没有实现自己的目标。而翰普森意识到，孟德斯鸠虽然关注过意志与命运、因果转换等抽象问题，但是没有展开阐述，他说：孟德斯鸠的"长篇大论中一以贯之的是，他痛苦意识到意志和命运之间、因果转换之间的张力。这给他带来许多困难，但是他从未打算因为一贯的原理而实行特别的洞察"④。这个问题还值得进一步探讨，不过这里只能略去了。

孟德斯鸠重视地理环境，他考察法律的产生、发展与环境问题之间的关联。他预设人的精神气质、内心感情因不同气候而有极端差异，那么法律就应该与这些感情差异和气候差异有一定关系。他认为寒冷气候下，人有比较充沛的精力，自信而有勇气，比较少有猜疑和诡计；闷热地区心神非常萎靡，懦弱而害怕，有敏锐的感觉。当然他也发现某些地方人民性格上的矛盾，印度人的怯弱与其修行中的残暴、野蛮是非常不协调的。身体上的懒惰与精神上的懒散使得人们不作为，从而法律、风俗、习惯没有什么变化，印度

---

① 〔英〕伯林：《反潮流：观念史论文集》，冯克利译，译林出版社 2002 年版，第 160 页。

② 〔法〕孟德斯鸠：《论法的精神·第一卷·第一章·第一节法和一切存在物的关系》上册，张雁深译，商务印书馆 1961 年版，第 1 页。

③ 〔英〕伯林：《反潮流：观念史论文集》，冯克利译，译林出版社 2002 年版，第 164 页。

④ Norman Hampson, *Will & Circumstance: Montesquieu, Rousseau and the French Revolution*, London: Gerald Duckworth & Co. Ltd., 1983, p. 24.

就是这样的。例如，印度法律把土地判给君主，加之僧侣制度，结果增加了印度人的懒惰成分。而好的立法者就是要同气候的弱点进行抗争，中国人的宗教、哲学和法律则从生活实际去考虑问题，是比较明智的。穆罕默德禁酒法和迦太基禁酒法都是符合本地气候干燥这一实际的。气候不同，法律对人民信任程度也不同。日本人性格残酷，立法者和官吏只能对他们进行审判、恐吓和惩罚，而印度人温和，立法者很少有惩罚，即使有惩罚也不严厉执行。难能可贵的是，他没有把黑人受奴役看成是自然的结果。相反认为："一切人生来是平等的，所以应该说奴隶制是违反自然的。"①

他还认为，法律与土壤性质有密切关系。土壤肥沃国家多为平原，常常是单人统治的政体，人民生活宽裕而懒惰、贪生怕死，军法里就要有严峻的纪律来弥补缺陷；土地不肥沃的国家，多为山地，常常是数人统治的政体，人民生活简朴而勤劳、勇敢，比较容易保持自己的法律。

这一考察问题的视角是有意义的，具体说来有：

第一，孟德斯鸠的主张揭示了其历史哲学的一个核心观念：每个国家或人类共同体，存在于内在结构之中，都有自己独一无二的发展道路，人们要理解这种结构，并以特定规则来保护和加强这种结构。这样，孟德斯鸠就否定了笛卡儿的唯自然科学的历史怀疑精神，与维柯的观点不谋而合：人类社会同样有规律可循，而且人类能够认识自身运动的规律。他超越维柯的是，认为人类社会和社会斗争不是从来就有的，规律至少是人为法，是历史发展的产物。

第二，孟德斯鸠从法的自然形态说起，自然就推论出对环境的强调，因而其逻辑起点就奠定在物的层面。有学者指出其贡献是："这一课题的研究，不仅揭示气候如何因法而与其他所有因素互相影响，在某种意义上阐述了这些因素的微观体现，并且表达了孟德斯鸠所思考的问题总是与唯物主义相关。"②

第三，把法界定在历史运动之中。关于法的起源，他追溯到自然法：和平、觅食、爱慕和社会生活；然后才谈到人为法，他认为社会产生后需要维

---

① 〔法〕孟德斯鸠：《论法的精神·第三卷·第十五章·第七节奴役权的另一个起源》上册，第247页。

② John C. O'Neal, *Changing Minds: the Shifting Perception of Culture in Eighteenth-Century France*, Newark: University of Delaware Press, London: Associated University Press, 2002, p. 102.

持，这才有政治法、民法和国际法。孟德斯鸠指出气候与人类的体质、社会、道德、经济和政治世界相关联，预示了民族文化中可能的变化，这样“孟德斯鸠强调了一种在气候影响下的从开始就被置于运动中的变化”①。

第四，历史具有特殊性。孟德斯鸠在思想中流露出历史具有特殊性的意识。对此，伯林指出：“他的全部目的是证明法律并非凭空产生，它们不是上帝、教士或者国王的实际命令的产物；它们就像社会中的一切事物一样，反映着某个特定的时代、地球上某个特定地区的某个特定社会的不断变化的道德习惯、信念和一般态度，它们通过物质和精神的影响而表现出来，使处在自身的地区和时代中的人类暴露在这种影响之下。”②

需要说明的一点是，他有些观点自相矛盾，无法自圆其说。他说南方印度人天生没有勇气，但又残暴，野蛮修行，显然这种说法是矛盾的。他只好说：“大自然赋予这些人民一种软弱的性格……同时又赋予他们很活泼的一种想象力，所有这一切东西都很强烈地触动着他们。”③

这里还要进一步讨论的是孟德斯鸠是否为环境决定论者。可以肯定孟德斯鸠绝非环境决定论者，没有把环境作为历史发展的唯一或者最终的决定因素。他说：就法律而言，“法律应该和国家的自然状态有关系；和寒、热、温的气候有关系；和土地的质量、形势与面积有关系；和农、猎、牧各种人民的生活方式有关系。法律应该和政治所能容忍的自由程度有关系；和居民的宗教、性癖、财富、人口、贸易、风俗、习惯相适应。最后，法律和法律之间也有关系，法律和它们的渊源，和立法者的目的，以及和作为法律建立的基础的事物的秩序也有关系”④。就整个人类事务而言，“人类受多种事物的支配，就是：气候、宗教、法律、施政的准则、先例、风俗、习惯。结果就在这里形成了一种一般的精神。在每一个国家里，这些因素中如果有一种起了强烈的作用，则其他因素的作用便将在同一程度上被削弱。大自然和气候几乎是野蛮人的唯一统治者；中国人受风俗的支配；而日本则受法律的压

---

① John C. O'Neal, *Changing Minds: the Shifting Perception of Culture in Eighteenth-Century France*, Newark: University of Delaware Press, London: Associated University Press, 2002, p. 124.

② 〔英〕伯林：《反潮流：观念史论文集》，冯克利译，译林出版社2002年版，第183页。

③ 〔法〕孟德斯鸠：《论法的精神·第三卷·第十四章·第三节某些南方人民性格上的矛盾》上册，第231页。

④ 〔法〕孟德斯鸠：《论法的精神·第一卷·第一章·第三节人为法》上册，第7页。

制”①。而且改变一个社会也不能使用单一的方式，他说：“要改变这些风俗和习惯，就不应当用法律去改变。用法律去改变的话，便将显得过于横暴。如果用别人的风俗和习惯去改变自己的风俗和习惯，就要好些。”②

特别是，他能够从经济上解释社会状况。他指出：腐败贪婪使土地转移到少数人手里后，手工业产生，使得公民和士兵不再存在，过去维持士兵的土地被用来维持奴隶和手工业者，而奴隶和手工业者又成为土地新占有者的工具。这些土地占有者因城市生活而被腐蚀，胆子小，不适合作战③。

孟德斯鸠的思想中包含着丰富的史学方法论。他发现历史学意义的哲学基础。孟德斯鸠说：“不论任何时代，人们的感情总是相同的，引起巨大变革的诱因虽然不同，但原因却永远是一样的。”④他批评轻视历史学的做法。例如，孟德斯鸠批评鞑靼人：

> 所缺少的就是历史学家，没有人歌颂对于神奇事迹的回忆。多少不朽的功勋，被埋没在遗忘之中！多少帝国被他们建立了起来，而我们连根源都不知道！……毫不想到如何以过去勋业的记载，使后世知道他们曾经存在。⑤

他反对堆积历史材料的做法：

> 在所有作家之中，最令我看不起的，无过于编纂家。他们四面八方搜辑别人著作中的破布碎片，拿来贴在自己的书中，好比庭院中的零碎草坪。他们毫不比印刷工人高明，工人们排列活字，配合在一起，造成一本书，贡献的只是手工。我愿大家尊敬原书；从那些书中摘引若干片段，把它们从原来的神坛上搬下来，使他们遭受不应得到的蔑视，我觉得这是一种亵渎的行为。⑥

① 〔法〕孟德斯鸠：《论法的精神·第三卷·第十九章·第四节一般的精神》上册，第305页。
② 〔法〕孟德斯鸠：《论法的精神·第三卷·第十九章·第十四节改变一个国家的风俗和习惯有什么自然的方法》上册，第310页。
③ 〔法〕孟德斯鸠：《罗马盛衰原因论》，第13页。
④ 同上书，第3页。
⑤ 〔法〕孟德斯鸠：《波斯人信札·信八十一》，罗大冈译，人民文学出版社1958年版，第143页。
⑥ 〔法〕孟德斯鸠：《波斯人信札·信六十六》，第111页。

他发现历史人物的评价在不同的历史阶段具有不同的意义。他说：后人对历史人物、历史事件的评价“好或者是坏都会受到命运的任意摆布。任何一个国王如果他为后来占了统治地位的党派所战胜，或者他想消除掉留在他身上的偏见的话，那他的名誉总是要遭受损害的！”①

有人这样批评孟德斯鸠：“他在事实方面犯了太多的错误，他的社会史只是一堆奇闻轶事，他的概括太不靠谱，他的观念太形而上学。”②

不可否认，他对各国历史的记述不完全准确甚至是误解，例如他提到中国的“子罪坐父”问题，把这一现象作为中国专制政体下人们没有“荣誉”或者没有羞辱感的证据③，显然把复杂问题给简单化了。需要看到的是：第一，他的史料多为间接的，即使史料有错误也是从前人那里继承过来的，因为孟德斯鸠著作重点在于论而不在于史，所以在史料考证上就有所欠缺。第二，有的史实过于简略，那是有特殊背景的。孟德斯鸠在18世纪的读者，对于罗马历史比今天的人们要熟悉得多。研习塔西佗、李维和萨鲁斯特的原始文本，是其学校课程的一个重要部分，他们在阅读《罗马盛衰原因论》时，已经完全具有拉丁历史和文献的背景知识。因此，他省略今天认为是重要的，而他却认为是普通的知识。第三，人们今天关于罗马的概念是在孟德斯鸠之后，又经过200多年的研究才形成的。孟德斯鸠是开拓者，只是被后人超越，爱德华·吉本《罗马帝国衰亡史》就是很典型的例子，但是孟德斯鸠的开启之功不可忽视。

孟德斯鸠对历史特别是历史人物的评价有自己的价值尺度，他研究历史突出表现为比较方法的使用。

他把是否有好的立法作为评价统治者的主要依据。例如，他之所以抨击庞培、克拉苏和恺撒，就是因为他们所进行的立法破坏了罗马共和国，孟德斯鸠说：

> 他们规定一切叛国罪都不受惩罚。他们取消了一切可以防止风俗败坏的东西，取消了一切可以建立良好的社会秩序的东西；就好像好的立法者总是设法使他们的公民变成最好的公民一样，这些人却拼命要

① 〔法〕孟德斯鸠：《罗马盛衰原因论》，第4页。

② 〔英〕伯林：《反潮流：观念史论文集》，第158页。

③ 〔法〕孟德斯鸠：《论法的精神·第一卷·第六章·第二十节子罪坐父》上册，第94—95页。

把他们的公民变得尽可能地坏。①

他对查理曼评价非常高:“作为君主他是伟大的,但是他的为人更伟大。”他这样说的理由是:“他制定了美妙的法令;但是更美妙的,却是他使这些法令得到实行”,“这位君主的法律里存在着一种包罗一切的高瞻远瞩的精神;又存在着一种牵引一切的力量”,“他的计划是庞大的,执行却是简单的。”②他对查理曼的儿子“柔弱路易”颇有微词,原因是他“违背他的誓言”引起王室内部的混乱③,他制定了不利于主教们的法律,提拔微贱的人来取代贵族的职位,这样“他便同僧侣、贵族两个集团分离,并为他们所抛弃”④。

能否根据实际情况进行决策也是他衡量历史人物的尺度。他分析瑞典王查理十二之所以失败的原因是,进行长期战争的计划不是其王国可以支撑的,而且其敌人俄国不是衰微的国家,相反是一个新兴的帝国;查理十二遵循的不是适应当前的情势,而是对亚历山大的效果很差的模仿。而亚历山大之所以能够成功是他的“计划不但是理智的,而且执行的方式也是理智的。他在迅疾的行动中,甚至在情绪激动的时候,都受到‘理智的光辉’的引导”⑤。具体说来,亚历山大成功的原因是,他在巩固马其顿并制服希腊之后才去远征的;他能根据具体情势而合理决定是否采取行动;他能够把希腊和波斯两个民族联合起来;他保留了被征服地区的风俗和民事法规⑥。这些使他能够既没有后顾之忧,又减少新的抵抗,并能够抓住机会。

他使用比较方法认识历史。例如,在总结罗马之所以能够打败迦太基时,孟德斯鸠认为:罗马靠美德获取公职,且不给报酬,而迦太基人靠购买,且获取公家的报酬;罗马人之间的贫富悬殊不大,但是迦太基私人财富却富埒国王;罗马战争把全体利益结合在一起,而迦太基则扩大个人之间的冲突;罗马在法律统治下容许元老院领导国家大事,而迦太基则是营私舞弊,人民愿意自己做才放心;罗马人凭借德行、坚忍和力量去作战,用之不竭,迦

---

① 〔法〕孟德斯鸠:《罗马盛衰原因论》,第70—71页。
② 〔法〕孟德斯鸠:《论法的精神·第六卷·第三十一章·第十八节查理曼》下册,第387—388页。
③ 〔法〕孟德斯鸠:《论法的精神·第六卷·第三十一章·第二十节柔弱路易》下册,第390页。
④ 〔法〕孟德斯鸠:《论法的精神·第六卷·第三十一章·第二十一节续前》下册,第392—393页。
⑤ 〔法〕孟德斯鸠:《论法的精神·第二卷·第十章·第十三节查理十二》上册,第146—147页。
⑥ 〔法〕孟德斯鸠:《论法的精神·第二卷·第十章·第十三节亚历山大》上册,第147—151页。

太基靠金银是可以用完的；罗马人要统治别人，迦太基则企图获利；媾和时迦太基考虑经济发展情况，而罗马人则考虑其荣誉感；罗马用自己的军队，而迦太基用雇佣军；罗马在意大利的地位巩固，而迦太基在非洲地位不牢固①。涂尔干指出：

> 他从各个民族的历史中搜集大量材料，其目的就是比较它们，从中得到法则。实际上，他的整部著作无疑都在将复杂多样的民族所遵循的法则进行比较，我们可以确切无疑地说，在《论法的精神》中，孟德斯鸠开创了新的研究领域，即我们现在所说的比较法。②

涂尔干所言极是。

3. 经典意义与承上启下

孟德斯鸠的历史写作具有经典意义。第一，《罗马盛衰原因论》具有经典意义。他对于发现人类事务中的上帝之手并不感兴趣，没有把历史展望成其中不大有或者没有因果联系的大量的事实汇编。他不相信单个人不管多么不同寻常，能够决定历史发展潮流。他相信历史不只是国王和有地位的人的传记。相反，他探讨看不见的原则和读者很了解的事件背后的深层原因。他试图提供一个不同的历史学，一个过去不存在，而因此他今后不得不研究的历史学。这样《罗马盛衰原因论》，在分析性历史写作方面，是一个比较早的和勇敢的尝试。它是对罗马帝国的准确分析，所有后来的关于罗马的史学家都从中受惠，“尽管有其缺陷，然而《罗马盛衰原因论》还是一部对我们近代有许多教益的文本”③。

第二，《论法的精神》也有经典意义。这是一本法学著作，考察了法的本质、起源、发展、部类和效能。需要指出的是，孟德斯鸠“研究了人”、“建立了一些原则”、“回顾古代”④。这样，《论法的精神》并不是孟德斯鸠玄想的结果，而是依据许多历史经验事实总结的产物；他把法放在一个结构中加以考察，这里涉及法与政体、法与攻防力量、法与政治自由、法与赋税收入、法与气候、法与土壤、法与民族风俗习惯、法与贸易、法与货币、法与人口、法与宗

---

① 〔法〕孟德斯鸠：《罗马盛衰原因论》，第 16—19 页。
② 〔法〕爱弥尔·涂尔干：《孟德斯鸠与卢梭》，李鲁宁等译，上海人民出版社 2006 年版，第 37 页。
③ Jr. Peter V. Conroy, *Montesquieu Revisited*, New York: Twayne Publishers, 1992, pp. 67 - 68.
④ 〔法〕孟德斯鸠：《论法的精神·著者原序》上册，第 37 页。

教的关系问题；他回顾了罗马继承法和法兰克人封建法的历史；他主张法的起源与发展是有规律的。这些显然赋予《论法的精神》以历史的思维与意义。他在论述法律和政体关系时，其实就是研究希腊、罗马、日本和中国的法律史。他在论述时有大量关于英国和罗马法律历史的内容。他在论述贸易与法律关系时，给读者呈现了从古代亚洲到希腊、罗马和亚历山大及其以后的希腊贸易，从绕行非洲到阿拉伯、印度的贸易，从东罗马到美洲的贸易，这些其实就是一部世界贸易简史。他论述法律与金融、人口关系时勾勒出世界货币和人口的历史。

孟德斯鸠在著作中，提出一些具体观点颇有见地。例如，他从环境的角度考察中国，认为中国幅员辽阔，会发生各种恐怖，因此中国人缺乏诚实，商人有三种秤：买进用重秤，卖出用轻秤，一种是准确秤。因此欺骗在中国是允许的。再如，他从法律与奢俭关系，政体原则角度，来解释中国的改朝换代，不仅在当时，就是在现在也是非常有道理的。再如，他说："斯多葛学派虽然把财富、人间的显赫、痛苦、忧伤、快乐都看作是一种空虚的东西，但他们埋头苦干，为人类谋幸福，履行社会的义务。"[①]这种对斯多葛学派的评价颇为中肯。

孟德斯鸠的历史写作具有承上启下的地位。其前辈波舒埃于1681年出版《论普遍的历史》，把神学带进历史写作中。该书分为三个部分，第三部分就是《帝国》，包括希腊和罗马。孟德斯鸠在许多方面与他相似，那就是：两人都看到罗马人品质的重要，都强调军事规则的重要性，都有大段的迦太基和罗马之间的比较，都试图揭示隐藏在背后的人们和国家的动机。从这个意义上说，孟德斯鸠是对波舒埃事业的继续。孟德斯鸠的另一个前辈贝尔，希望论述人类理性的力量，同时揭露宗教所激励的错误。贝尔不屈不挠地以怀疑的不偏不倚态度去追踪历史错误。他揭示了历史上关于《圣经》中大卫这样的大人物的虚构。在某种意义上，他写了消极的历史，论述错误是怎样能够被设想为关于"事实"的真实记载的。尽管贝尔很渊博，然而他只是编写一些不相干的历史碎片，整体上没有成为连续的历史。孟德斯鸠对待理性和宗教的态度与做法，与贝尔是相同的，他超越贝尔的是写出整体的历史。与他同时代的伏尔泰，出版《查理十二的历史》时，孟德斯鸠正在写《罗马盛衰原因论》；孟德斯鸠出版《论法的精神》之后，伏尔泰出版了《路易

---

① 〔法〕孟德斯鸠：《论法的精神·第五卷·第二十四章·第十节斯多葛派》下册，第145页。

十四时代》和《风俗论》。他们都表现出对社会、群体、文化和风俗问题的热情。把孟德斯鸠与他这三个同胞联系起来看，他的史学在法国处于承前启后的地位。

孟德斯鸠在最根本的观点方面与当时的理性主义者是一致的。他从现实问题出发回顾历史问题。他用那个时候的英国、法国政治情况来观照罗马，利用英王亨利七世加强下院权力、低贬上院来说明罗马王政时期塞尔维乌斯·图留斯扩大人民权利来削弱元老院。他赞美理性说："理性是我们知觉中最完全、最高尚、最精致的知觉。"①他对教会的批判也相当激烈。在宗教启示的可信性、教会的权威、王室权力的性质、独裁统治的不合理性等问题上，他是启蒙运动的同盟；他痛恨专横的压迫、对思想或者言论自由的压制、王室愚蠢的经济政策；他信仰知识、科学和宽容。他讨厌军队、侵略者、暴君和僧侣，这在《波斯人信札》、《罗马盛衰原因论》和《论法的精神》中都有反映。他抨击教会史学的虚妄，认为用教会和教皇的历史家所写的著作来教育自己，"往往适得其反"②。他揭露在教会势力仍然压制言论的情况下"如果他写了一部历史，而他的思想中有高尚的成分，他的感情上有正直的成分，人们就千方百计来迫害他"③。

他试图从具体历史中发现共性与个性，这倒是启蒙运动中颇有特色的。孟德斯鸠是个力求以自然主义方法解释一切的经验主义者，他的旅行札记，他的历史概述，他有关形形色色的题目的杂记，都细致、生动而深入。他观察到一些历史或自然的常规，这在他看来十分重要，而且他也做了可靠的记录。同样，他试图估计人类行为在某些类型的制度中的力量大小，"孟德斯鸠的历史学标志着试图发现不可见的原因和把历史的原动力放置在作为群体的人民和作为整体的国家的精神和态度中"④。而且，"他并没有根据先验的原则推导出他的三种类型，而是从他的历史研究，从旅行家的记载或他自己的旅行中，认识到了这些类型的不同之处"⑤。但是，其局限是明显的，那就是"没有看到社会之间的连续性和亲缘关系，他完全忽视了这一方面的原因。……当他试图解释一个社会的历史时，并没有将它放在一个社会序

① 〔法〕孟德斯鸠：《论法的精神·第四卷·第二十章·向缪斯女诗神们祈祷》下册，第 14 页。
② 〔法〕孟德斯鸠：《波斯人信札·信一百三十六》，第 235 页。
③ 〔法〕孟德斯鸠：《波斯人信札·附录一》，第 279 页。
④ Jr. Peter V. Conroy, *Montesquieu Revisited*, New York: Twayne Publishers, 1992, p. 56.
⑤ 〔法〕爱弥尔·涂尔干：《孟德斯鸠与卢梭》，李鲁宁等译，上海人民出版社 2006 年版，第 20 页。

列之中,而仅仅去关注它的地形学上的性质、公民的数量等等”①。

这些对于孟德斯鸠史学的认识是可取的。

二、卢梭思想中的史学意蕴

让·雅各·卢梭(Jean-Jacques Rousseau, 1712—1778年),瑞士裔法国思想家和作家,就其学术地位而言,“研究哲学、政治学、法学、教育学、美学和艺术学都不能回避他”②。其实他对西方史学也有着不可磨灭的贡献。

1. 孤独的思想者

卢梭,1712年6月28日出生于日内瓦,一生颠沛流离,做过学徒、寄宿者、流浪儿、家庭教师、抄写者、税务征收秘书、法国驻威尼斯公使秘书、剧作者等。他自学成材,自我奋斗,借异性善缘得以结交社会上层。他与狄德罗、达兰贝、伏尔泰、休谟等人建立过友谊。例如,狄德罗曾经邀请卢梭为《百科全书》写有关音乐的词条和关于政治经济学的文章,鼓励和指点卢梭写作《论科学与艺术》。伏尔泰在戏剧方面与卢梭合作过,还曾为卢梭著作做过注释③。但是,卢梭在根本上是下层人的代表,与贵族学者、作家们在人生观、世界观方面格格不入,加之卢梭心理上具有多疑症,而前列腺病更加剧其精神苦恼,1758年发表《致达兰贝论戏剧的信》标志着他与百科全书派公开决裂,后来与休谟的友谊也告结束。他在信仰上游移于新教和旧教之间,特别是《爱弥尔》中的《萨瓦副主教的信仰自白》,把无神论和教会人士都得罪了,遭到普遍的围攻。总体上说,他是个孤独的人,也是萌发许多思想的人。

卢梭著作宏富,代表性的就有:

“五论”:《论科学与艺术》④,也简称《第一论》,1749年发表,否定科学与艺术对于社会进步的作用,第二年获得第戎科学院颁发的首奖,卢梭由此博得盛名。《论人类不平等的起源》⑤,也简称《第二论》,1753年第戎科学院

---

① 〔法〕爱弥尔·涂尔干:《孟德斯鸠与卢梭》,李鲁宁等译,上海人民出版社2006年版,第42—43页。

② 黄云明:《罗曼蒂克的歌者——让·雅克·卢梭》,河北大学出版社2005年版,第2页。

③ 参考 George Remington Havens, *Voltaire's Marginalia on the Pages of Rousseau*, New York: B. Franklin, 1971。

④ 汉文本有何兆武译《论科学和艺术》,商务印书馆1959年出版,上海人民出版社2007年出版。

⑤ 汉文本有李常山译,商务印书馆1962年出版的《论人类不平等的起源和基础》。高煜译为同名,由广西师范大学出版社2002年出版。吕卓译本同名,九州出版社2007年出版。

举行以"人类的不平等"为题的征文比赛，卢梭应征，于1755年出版。《论政治经济学》，1755年完成《百科全书·政治经济学》，1758年出版单行本。《爱弥儿——论教育》①，它虽是一部小说，但是书中所表达的教育理念，对主流思想提出挑战，被视为近代教育理论的经典，1762年出版。《社会契约论》②，1743—1744年酝酿《政治机构论》，后写成《社会契约论》，或者翻译成《民约论》、《政治权利的原理》，1762年出版。

"三录"：《忏悔录》③，1770年完稿，1782年出版前六卷，1789年出版后六卷。《对话录：让-雅克评论卢梭》④，1772—1776年写成，1782年出版删节本，1789年全文出版。《一个孤独的散游者的梦》⑤，1778年写成，1782年出版。这些是自传性著作。

---

① 汉文本有李平沤译，商务印书馆1978年出版的《爱弥尔——论教育》，人民教育出版社2005年版。彭正梅译为《爱弥尔》，上海人民出版社2007年出版。方卿译为《爱弥儿》，北京出版社2008年出版。

② 由于卢梭的《社会契约论》在近代以来的中国影响巨大，因此该书的汉译本繁多。1898年，上海同文书局刻印中江笃介的《民约译解》第一卷，题目为《民约通义》。1900年，留日学生杨廷栋又根据日译本转译此书，在留日学生刊物《译书汇编》第一、二、四、九期(1900年12月6日—1901年12月15日)连载。1902年又以《路索民约论》为书名由上海文明书局出版单行本。《社会契约论》的译本还有：1918年马君武根据法文原著与H. J. Tozer的英译本翻译的《足本卢骚民约论》，中华书局1919年出版；1935年徐百齐、邱瑾璋译述的《社约论》，编入商务印书馆《万有文库》第二集；1944年卫惠林的《民约论》译本重庆作家书屋出版。何兆武重新翻译了《社会契约论》，先以《民约论》为书名由法律出版社1958年出版，商务印书馆1980年出版。现名本有：杨国政译《社会契约论》，陕西人民出版社2004年出版。施新州译《社会契约论》，北京出版社2007年出版。罗平玉、李丽译《社会契约论》，人民日报社2007年出版。

③ 汉译本有黎星译《忏悔录》，人民文学出版社1980年出版。陈筱卿译本，北京燕山出版社2005年出版，译林出版社1995年出版，华夏出版社2007年出版，重庆出版社2008年出版，中国书籍出版社2005年出版，中国戏剧出版社2005年出版。赵富春译本，中国戏剧出版社2005年出版。李斯蕾、高莉敏译本，长江文艺出版社2007年出版。管筱明译本，漓江出版社2003年出版。王金、朱春发译英汉对照本，陕西人民出版社2005年出版。成惠译本，内蒙古人民出版社2008年出版。唐祥勇等译本，长江文艺出版社2008年出版。单燕红等译本，重庆出版社2006年出版。盛华东译本，华文出版社2003年出版。张秀章等译本，吉林人民出版社2003年出版。

④ 袁树仁译为《卢梭评判让-雅克：对话录》，上海人民出版社2007年出版。

⑤ 钱培鑫译为《孤独漫步者的遐想》，译林出版社2006年出版。徐继曾译为《漫步遐想录》，人民文学出版社1987年出版，北京出版社出版集团2005年出版。廖灯明译为《漫步遐想录》，中国社会科学出版社2003年出版。巫静译为《一个孤独散步者的遐想》，湖南文艺出版社2005年出版，中国国际广播出版社2008年出版。邹琰译为《一个孤独漫步者的遐想》，花城出版社2005年出版。张驰译为《一个孤独的散步者的遐想》，湖南人民出版社1985年出版，湖南文艺出版社1995年出版。熊希伟译为《孤独散步者的遐思》，华龄出版社2002年出版。李菁译为《孤独散步者的遐思》，光明日报出版社2007年出版，李菁译为《遐思录》，北京出版社2004年出版。袁筱一译为《一个孤独漫步者的遐想》，漓江出版社2003年出版，上海人民出版社2007年出版。李平沤译为《一个孤独的散步者的梦》，商务印书馆2008年出版。

其他还有,1752年创作歌剧《乡村巫师》,1758年完成小说《新爱洛绮丝》[①],又称《朱丽》[②]或者《阿尔卑斯山脚下小城情侣的鸿雁传书》,1761年正式发表而轰动巴黎。1749年完成《百科全书》中的音乐条目,1758年发表《致达兰贝论戏剧的信》,1764年出版《山中书简》等。

1778年7月2日,卢梭病逝于巴黎东北的阿蒙农维拉。1791年12月21日,国民公会投票通过决议,给他树立雕像,以金字题词"自由的奠基人",1794年迁葬于巴黎先贤祠。

卢梭学纳百家而后成。他阅读和研究过亚里士多德《政治学》、柏拉图《共和国》,熟知洛克、笛卡儿、霍布斯、马勒伯朗士、莱布尼茨、丰德奈尔等人的著作。他还结识法国历史学家、百科全书左派人物马布利神甫,结识著有《自然体系》的无神论者霍尔巴赫,结识著有《风俗论》的法国伦理学家和文学家杜洛克。他熟悉法国百科全书派学者、著《人类知识起源论》和《逻辑学》的孔狄拉克。卢梭在《忏悔录》中说:

> 我起先看一些哲学书籍,如波尔-洛雅勒出版的《逻辑学》,洛克的论文,马勒伯朗士、莱布尼茨、笛卡儿的著作等等。不久我就发现这些作者的学说差不多总是互相冲突的,于是我就拟订一个要把它们统一起来的空想的计划,我耗费了不少精力,浪费了不少时间,弄得头昏脑胀,结果毫无所获。

后来他采取另一种办法:

> 完全接受并遵从作者本人的思想,既不掺入我自己的或他人的见解,也不和作者争论。……我知道这种方法并不是没有缺点的,但拿灌输知识的目的来说,这个方法倒是很成功的。……在我旅行或办事而不阅读书籍的时候,我就在脑子里复习和比较我所读过的东西,用理智的天平来判断每一个问题,有时也对我的老师们的见解做一些批判。……因此,在我发表自己的见解时,别人并未说我是一个盲从的门

① 伍蠡甫译为《新爱洛绮丝》,华岳文艺出版社1988年出版。韩中一译为《两情人:新爱洛绮丝》,南海出版公司1991年出版。

② 也译为《居丽》或者《尤丽》、《茱莉》。

徒，也没有说我只会附和先辈的言论。[①]

他在《忏悔录》第一部中还表明他读过的历史著作有：法国勒苏厄尔《教会与帝国历史》、法国波舒埃《论普遍的历史》、古希腊普鲁塔克《名人传》、威尼斯人那尼《威尼斯史》等。他又在《忏悔录》第二部里说在去英国之前就读过休谟《斯图亚特家族史》。根据于凤梧的研究，狄戴尔特《法兰西人居住的安的列斯群岛纪事》、拉·洪坦《北美回忆录》、拉·宫达明《南美旅行谈》和《奉王命至厄瓜多尔旅行日志》、普勒佛斯特《旅行纪事汇编》等都成为卢梭知识和精神的来源[②]。这些人当中，他最心仪的是普鲁塔克，卢梭说：

> 我一遍又一遍，手不释卷地读他的作品……每逢读到一个英雄的传记，我就变成传记中的那个人物。读到那些使我深受感动的忠贞不贰、威武不屈的形象，就使我两眼闪光，声高气壮。[③]

至于他的思想体系中，对前人有所继承的是：洛克是西方近代哲学史上天赋观念论的批判者和唯物主义经验论的集大成者，在政治思想上提出了契约理论和分权理论，这些体现在他的《人类悟性论》和《政府论》中。卢梭继承了洛克《人类悟性论》中唯物主义感觉经验论，并吸收了《政府论》中"自然法"、"自然状态"、"自然权利"和"社会契约"学说中的一些论点。卢梭的"自然状态"、"自然权利"和"社会契约"学说也受荷兰自然法学派创始人格劳修斯和德国自然法理论奠基者普芬道夫的影响。卢梭还接受笛卡儿的动物是机器的断言，接受了孔狄拉克的《人类知识起源论》中的感觉经验论原则和论证方法，《爱弥尔》受孔狄拉克的教育理论与方法启迪而写。伏尔泰反封建专制、封建等级制度和贵族特权的思想，孟德斯鸠的立法要根据自身情况不可千篇一律、地理环境论等思想都影响了卢梭[④]。

2. 个性突出的史学思想

卢梭没有专门论述过史学问题，但是从其著作中可以发现他这方面想法的一鳞半爪，主要表现为他对当时历史知识的批判和对自传写作的要求。

---

① 〔法〕卢梭：《忏悔录》第一部，黎星译，人民文学出版1980年版，第298—299页。

② 于凤梧：《卢梭思想概论》，北京师范大学出版1986年版，第38页。

③ 〔法〕卢梭：《忏悔录》第一部，第8—9页。

④ 于凤梧：《卢梭思想概论》，第26—37页。

第一,历史知识批判。表面上看,就像卡西勒所说:“他既不是历史学家,也不是人类文化学者,对他来说,希望人类依靠历史或者人类文化知识而发生改变或者靠近他的‘自然状态’,似乎是奇怪的、自欺欺人的。”[①]实际上恐怕问题没有他说的这么简单。

可以肯定的是,卢梭对他那个时代的历史写作是颇有微词的。他在《论人类不平等的起源》中言辞激烈:

> 我相信我曾在大自然中阅读过你们的历史;这些历史并不在你们同胞的著作中,因为他们都是骗子,但是大自然是永远不会欺骗我们的。[②]

在《一个孤独的散步者的梦》中语气有所缓和,但是仍认为:

> 历史学家对君主们的描绘,差不多都是千篇一律的,其原因,正如人们所说的,不是因为君主们的地位很突出,容易被人们看出来,而是因为第一个历史学家对他们怎样描绘的,其他的历史学家就照着抄。[③]

需要指出的是,他对历史学的批判,是与批判整个科学与艺术相联系的。他虽然否定科学与艺术的价值是有特殊背景和具体指向的,但是毕竟对科学和艺术说了一些消极的话:

> 我们的灵魂正是随着我们的科学和我们的艺术之臻于完美而越发腐败。……随着科学与艺术的光芒在我们的地平线上升起,德行也就消逝了;而且这一现象是在各时代和各地方都可以观察到的。[④]

具体说来,他认为:“辩论术诞生于野心、仇恨、谄媚和撒谎;几何学诞生

---

① Ernst Cassirer, *The Question of Jean — Jacques Rousseau*, second edition, edited and translated with an introduction and a new postscript by Peter Gay, New Haven, London: Yale University Press, 1989, p. 49.

② 〔法〕让·雅克·卢梭:《论人类不平等的起源》(英汉对照),吕卓译,九州出版社 2007 年版,第 45 页。

③ 〔法〕卢梭:《一个孤独的散步者的梦·我的画像》,李平沤译,商务印书馆 2008 年版,第 171 页。

④ 〔法〕让-雅克·卢梭:《论科学与艺术》,何兆武译,上海人民出版社 2007 年版,第 25—26 页。

于贪婪；物理学诞生于虚荣的好奇心”，“如果既没有暴君，又没有战争，也没有阴谋家，历史学还成个什么东西呢？”①但是，并不能因此而认为卢梭彻底否定历史学的价值，恰恰相反，他肯定了历史知识的重要。他说：

有一个现代的学者以自己的区区成就而藐视古人；而我，我则要因自己的学识不足而向古人学习。②

他还说：

我所推测的各国政体的历史，对于人们来说，无论从哪方面看都是有益的借鉴。③

他认为：

经验对我们的教育始终是有用的，但它发挥效用的时间是在我们往后的日子里。④

所有的科学中最为有用但发展最少的就是有关“人”的知识。⑤

这样看来，卢梭不是自相矛盾吗？其实不然。他反对的是当时历史学中的一些做法。他所反对的有这么几种情况：

反对无用的历史知识。他主张，“如果没有用处的事物也称为真理，那简直是在亵渎真理的神圣的名称，因为，它们的存在与谁都没有关系，即使掌握了有关它们的知识，那也是没有用的”。看上去，他的真理观颇类似后来的实用主义，但是卢梭用公正来加以限定，“只有合乎公正的原理的真理，才是有价值的真理”⑥。

反对只顾个人利益的历史知识。他承认“有多少人就有多少种看

① 〔法〕让-雅克·卢梭：《论科学与艺术》，何兆武译，上海人民出版社2007年版，第39—40页。
② 〔法〕卢梭：《一个孤独的散步者的梦·梦的草稿》，第136页。
③ 〔法〕让·雅克·卢梭：《论人类不平等的起源》(英汉对照)，第37页。
④ 〔法〕卢梭：《一个孤独的散步者的梦·第三次散步》，第22页。
⑤ 〔法〕让·雅克·卢梭：《论人类不平等的起源》(英汉对照)，第27页。
⑥ 〔法〕卢梭：《一个孤独的散步者的梦·第四次散步》，第42—43页。

法”①。但还是不满于历史学中的自私因素，他说：

> 他们在列举地方、朝代和人物的时候，的确是很忠实的：他们不瞎编任何事，不胡乱渲染任何情景，也不说什么夸张的言辞。在一切与他们的利益无关的事情上，他们谈起话来的确是百分之百的忠实。然而，一谈到与他们有关的事，一提起与他们有牵连的问题，那就什么花招都用上了，一切都拣好的说，从对他们最有利的方面说。②

反对用权威理论来衡量历史人物。他说：“至于如何看待古人，我似乎觉得在我的评论里，立论要公正，不能欺骗我的读者，不能像往昔我们的学者们那样偷偷用亚里士多德或者西塞罗的话来代替他们以为我要发表的看法。”③

这样，卢梭眼中的历史学就成为：“扫尽人们所说的种种谎言，放胆把他们的自然本性赤裸裸地揭露出来，把时代的推移和歪曲人的本性的诸事物的进展都原原本本地叙述出来。”④他对历史学家提出了要求：“公正无私的判断，善于写作，掌握自己的语言；在我看来，这三样才是必要的知识。”⑤

第二，关于自传的写作。卢梭承认：

> 在我现今还偶尔阅读的少数几本书中，普鲁塔克的作品是我最喜欢的和受益最多的书。它是我童年时候阅读的第一本书，也是我晚年阅读的最后一本书；可以说只有这位作者的书，我没有一次阅读是没有收获的。⑥

他不仅从普鲁塔克著作那里学到许多东西，而且受其影响写传记，不过所写传记为自传而已。

他主张写自传，但是又认为靠不住，卢梭说：

---

① 〔法〕卢梭：《一个孤独的散步者的梦·嘲笑者》，第153页。
② 〔法〕卢梭：《一个孤独的散步者的梦·第四次散步》，第48页。
③ 〔法〕卢梭：《一个孤独的散步者的梦·嘲笑者》，第148页。
④ 〔法〕卢梭：《忏悔录》第二部，范希衡译，人民文学出版社1982年版，第484页。
⑤ 〔法〕卢梭：《一个孤独的散步者的梦·嘲笑者》，第150页。
⑥ 〔法〕卢梭：《一个孤独的散步者的梦·第四次散步》，第38—39页。

一个人的传记，除他本人外，其他任何人都写不好。他的内心，他真正的为人，只有他自己知道；在撰写他一生的经历时，他将给自己披上伪装，名义上在写传记，实际上是在为自己唱赞歌。①

例如，蒙田的自传，他就怀疑道：

蒙台涅对自己的描绘好像很逼真，但实际上画的只是一个侧面，谁知道他是不是对我们隐瞒了他脸上的某一处有个伤疤，或者有一只眼睛是斜视，谁知道他是不是原封不动地画的是他的真面貌。②

他的自传性著作有三种，那就是：《忏悔录》、《对话录》和《遐想录》。李平沤认为：《遐想录》“是研究卢梭一生行事和思想发展轨迹的不可不读的著作”③。其实，这三部自传对于后人认识卢梭、卢梭与同时代人之间的关系和他所处时代的法国社会都是具有重要的学术价值的。

卢梭自传写作的意义更为重要的还在于，为自传写作树立了标准。首先，不仅仅写传主的宗教经历，还要写其他内容，至少要写传主的心路历程。对此有学者就指出：“卢梭的《忏悔录》为撰写自传设立了一种新的标准。自传不再表现那种为他人谋福利的宗教经历。”④卢梭自己也说：“我向读者许诺的正是我心灵的历史，为了忠实地写这部历史，我不需要其他记录，我只要像我迄今为止所做的那样，诉诸我的内心就成了。”⑤其次，揭露自己，不隐恶扬善。用他的话说就是“把一个人赤裸裸地揭露在世人面前”⑥。他在自传中暴露自己偷窃、嫖娼行为，揭露自己的自恋和对他人的冤枉等。这样的自传就是，“不论善和恶，我都同样坦率地写了出来。我既没有隐瞒丝毫坏事，也没有增添任何好事；假如在某些地方作了一些无关紧要的修饰，那也只是用来填补我记性不好而留下的空白。其中可能把自己以为是真的东西当成真的说了，但决没有把明知是假的硬说成真的。当时我是什么样的人，我就写成什么样的人：当时我是龌龊的，就写我的卑鄙龌龊；当时我是

---

①② 〔法〕卢梭：《一个孤独的散步者的梦·忏悔录草稿》，第 210 页。

③ 〔法〕卢梭：《一个孤独的散步者的梦》，第 249 页。

④ 〔美〕萨利·肖尔茨：《卢梭》，李中泽等译，中华书局 2005 年版，第 9 页。

⑤ 〔法〕卢梭：《忏悔录》第二部，第 349 页。

⑥ 〔法〕卢梭：《忏悔录》第一部，第 3 页。

善良忠厚、道德高尚的,就写我的善良忠厚和道德高尚”①。

3. 影响重大和备受争议的先贤

卢梭虽然并未自觉地研究历史,但是其思想对于西方史学发生了重大影响。

卢梭的浪漫主义泽被后世史学,下文在总论启蒙运动史学时将有具体阐述。以下就其历史进步观念展开讨论。

卢梭历史进步观念承上启下。他对于早期启蒙运动由于科学而造成的进步主义的反叛,被普遍误解为关于倒退的、崇尚原始的哲学表述,被看成科学进步主义和社会进步的对立面。这种观点确有依据,卢梭在《忏悔录》中谈到《论人类不平等的起源》:“我拿人为的人和自然的人对比,向他们指出,人的苦难的真正根源就在于人的所谓进化。”②

其实,启蒙运动时期,进步主义的内容并不是单一的,而是丰富的并有多种表现形式。丰德奈尔和百科全书派的科学进步主义相信科学和艺术所带来的社会进步的可能性;杜尔阁所表述的千年盛世进步主义相信历史事件进步中的固有性,坚持道德和社会进步的必要性。而卢梭的进步观念是古典乌托邦进步主义。

卢梭不同意其同时代人的原因是基于他的这一认识:知识和科学中的进步,并不必然导致道德和社会的进步,只有改进社会行为的原则先行建立后,才能允许增进非人类本质的物理世界知识,去改进人类存在的质量。对卢梭而言,政治和道德是人类存在的一组连接关系,而科学一定是次要的。卢梭开启未来进步的方法,要求对教育、道德、社会和政治观念的理性构建,而这些观念则是建立在新的前社会人类知识的基础之上的。依据《第一论》所涉及近代科学来看,很显然卢梭本身并不反对科学,而是反对离开重组道德社会的语境把科学和技术知识加以崇拜和普及化。这样,卢梭的进步观念潜在地补充和增进了科学的进步观念,而这种科学的进步观念形成了哲学家对于道德和社会进步的一般信仰的基础。故有人说:“卢梭的思想中暗含着一种不同的进步观念,是对启蒙运动主流进步主义的一种潜在补充。”③

---

① 〔法〕卢梭:《忏悔录》第一部,第3—4页。

② 〔法〕卢梭:《忏悔录》第二部,第484页。

③ 1976年吉尔伯特·弗兰西斯·拉弗莱尼尔(Gilbert Francis LaFreniere)申请加利福尼亚大学历史学博士学位的论文《让-雅克·卢梭和进步观念·摘要》(Jean-Jacques Rousseau and the Idea of Progress · Abstract),Xerox University Microfilms, Ann Arbor, Michigan 48106, p. v。

卢梭在《第一论》中对百科全书派乐观的批评，认识到一条“补偿法则”，那就是艺术与科学的进步产生社会变化，导致道德和幸福的衰落。换句话说，科学和艺术的发展，如果没有道德和社会的改革的伴随，那么必定是有害的。在《论人类不平等的起源》中，卢梭试图说明人类是怎样在社会中走向迷途的，说明人类全体成员生物上的逐渐改进，使自己疏远了自然感情和关系。以移情和博爱的自然感情为代价，培养出自私、欺骗和竞争。《第三论》预示卢梭试图解决这种在互补性著作《爱弥尔》和《社会契约论》中所表明的社会人的两难问题。卢梭的这一努力正如有论者所说：

> 由于卢梭优先考虑的与柏拉图、亚里士多德优先考虑的相似，也由于阐述观念或者乌托邦目标的方法对三个思想家来说是共同的，我给他们对待人类进步的看法冠名为古典乌托邦进步主义。这样，作为古典乌托邦者的殿军，卢梭在近代科学革命的新框架中，重申已经很好建立了的关于人类进步可能性的观念。①

如此一来，卢梭在社会进步观念上，似乎是矛盾的。的确，卢梭是一个热情的富有想象力的人，也是富有批判精神的人，坎坷的经历使他识破文明的伪装；他讨论的，“不是罪恶对社会来说是必要的，而是社会对罪恶来说是必要的，不仅是罪恶而且是人类所有弊病都起源于我们的社会存在”②。问题在于，他分析的成果之一就是认识到社会回到自然状态是不可能了，这样导出第二个问题：个人如何才能被变得抵制其周围世界的腐败。这样，卢梭的中心问题变成了教育的问题。在其人生的最后阶段，他转向探讨人的自律问题。

其实卢梭的整个思想及其所受到的遭遇都很值得玩味。就像众所周知的那样：他信仰上帝，但又因其言论而遭到宗教界的讨伐；他是一位理性主义者，但是又反对过分推崇科学与艺术；他批判私有制对于人的自然自由的毁坏，但又不主张废弃私有制。其实，卢梭既是位理性主义者，又是位浪漫

---

① 1976年吉尔伯特·弗兰西斯·拉弗莱尼尔(Gilbert Francis LaFreniere)申请加利福尼亚大学历史学博士学位的论文《让-雅克·卢梭和进步观念·前言》(Jean-Jacques Rousseau and the Idea of Progress · Preface)，Xerox University Microfilms，Ann Arbor，Michigan 48106，p. xvi。

② John Farrell，*Paranoia and Modernity: Cervantes to Rousseau*，Ithaca，London：Cornell University Press，p. 251.

主义者;既推崇自然人,又主张学习斯巴达人;既是个人主义者,又是集体主义者①。因此,有学者认为,“在某些方面,卢梭的确集他那个时代的种种矛盾于一身”②。

这种矛盾性也可以理解为其思想中的辩证性。此外,他的关于人类不平等的主张也充满辩证法思想。卢梭指出,人类不平等经历三个阶段:第一阶段,私有制产生,出现经济上的不平等,形成贫富分化。第二阶段,国家产生,产生政治不平等,出现统治者和被统治者之间的对立。第三阶段,政府走向专制,把社会不平等推到极致,所有人都没有自由和权利,重新达到平等,但不是纯粹自然的平等。因此,这时也是腐化政府自身覆灭的开始。

在卢梭那里,人类历史是在对抗中、自我否定中,呈阶段性发展的。他一方面看到了曲折性,另一方面也看到了前进性。恩格斯评价道:

> 我们在卢梭那里不仅已经可以看到那种和马克思《资本论》中所遵循的完全相同的思想进程,而且还在他的详细叙述中可以看到马克思所使用的整整一系列辩证的说法:按本性说是对抗的、包含着矛盾的过程,每个极端向它的反面的转化,最后,作为整个过程的核心的否定的否定。③

可见,不仅在康德、黑格尔那里,并且在马克思的社会理论中都可以找到卢梭的影子,那就是他们的社会发展理论中的总体进步、局部倒退的观念,受到了卢梭的影响。

---

① Jonathan Mars, *Perfection and Disharmony in the Thought of Jean-Jacques Rousseau*, Cambridge, New York: Cambridge University Press, 2005, pp. 9 - 10.

② 〔美〕萨利·肖尔茨:《卢梭》,李中泽等译,中华书局 2005 年版,第 2 页。

③ 恩格斯:《反杜林论》,马克思、恩格斯:《马克思恩格斯全集》第 20 卷,人民出版社 1971 年版,第 153 页。

第十五章 苏格兰学派

苏格兰启蒙运动时期，产生了像休谟、罗伯逊和弗格森等一批学者，他们之间在学术上互通生气，形成了历史学中的苏格兰学派。

一、休谟史学

休谟(David Hume，1711—1776 年)，通常是作为哲学家和经济学家而闻名于世的，至今在人们心目中仍然占据重要地位。其实，他曾经还是一位颇有影响的史学家；不过由于其哲学、经济学名重，其史学家的印象却隐退到人们记忆的后台了，正如唐纳德·R·凯利所言："休谟在他那个时代作为历史学家受到欢迎，同时也是受人怀疑的哲学家，他在两方面都经受和享受了一种转变。"①

1. 在建功中立言

休谟出身于苏格兰爱丁堡一贵族家庭。1723—1725 年，在爱丁堡大学学习希腊语、逻辑、形而上学和历史。后自学法律、古典文学，包括涉猎西塞罗和维吉尔的著作，还阅读贝尔《历史和批判词典》、洛克《人类悟性论》、贝克莱《人类知识原理》、伏尔泰《哲学通信》、孟德斯鸠《论法的精神》以及笛卡儿等人的著作。与孟德斯鸠、爱尔维修、霍尔巴赫、达兰贝、亚当·斯密、伏尔泰、卢梭、狄德罗、罗伯逊等人关系密切。他曾参加赴加拿大与法国作战的远征团，作为随员出使维也纳和都灵，还担任驻法公使秘书、副国务大臣。1737 年完成《人性论》②，1739 年出版第一卷《论知识》、第二卷《论情感》，

---

① 〔美〕唐纳德·R·凯利：《多面的历史》，第 441 页。

② 汉译本有关文运译《人性论》，商务印书馆 1980 年出版，楼琪译本，中国社会科学出版社 1999 年出版。张晖编译本，北京出版社 2007 年出版。贾广来译本，陕西师范大学出版社 2009 年出版。

1740年出版第三卷《论道德》。1741年出版《伦理和政治论文集》。1742年出版《伦理和政治论文集》第二卷。1745年将《人性论》第一卷《论知识》,改写为《人类理智研究》①,1748年出版。1751年完成《人性论》第三卷的修订工作,出版为《道德原理研究》②。1752年出版《政治论集》。1776年写《自传》。1757年出版《宗教的自然史》③。1778年即死后两年出版《自然宗教对话录》④。

至于历史写作,他在读大学期间曾写《历史论文:论骑士制和现代荣誉》。1752年休谟当选为苏格兰律师协会图书馆馆长,他利用馆藏资料开始撰写《自恺撒入侵至1688年革命的英国史》,简称《英国史》。1754年出版《英国史:从詹姆斯一世至查理一世朝》,1756年出版《英国史:从查理一世之死至1688年革命》,1759年出版《都铎王朝大不列颠史》,1761年出版《从朱里·恺撒入侵至亨利七世即位的大不列颠史》。1762年《英国史》六卷修订本出版,后一再修订刊出。

休谟充分肯定了历史学的价值。他认为学习历史有三大益处:它能愉悦想象力,增进理解力,有助于加强美德。

关于愉悦想象力,他说:

> 实际上,还有什么比神游世界的远古时代,考察人类社会从幼年时期到最初的些微尝试进到科学;知道政治制度、交往礼仪的一步步发展,一切装饰人类生活的东西趋于完善的前进发展,更能使我们心旷神怡的呢?还有什么比弄明白那些最繁荣的帝国兴起、发展、衰微和最后灭亡;比弄明白那些造成它们伟大的美德,使它们腐败灭亡的恶行,更能使我们获益的呢?……有什么能够想象出来的情景,比历史告诉我们的更宏伟,更多样,更有趣?有什么使理智和想象力感到赏心悦目的事,能同它相比?难道那些占去我们大量时间的轻薄、无聊、消遣,更能使我们满足,更值得使我们在寻求愉快时作出如此错误选择的趣味,岂

---

① 汉译本关文运译《人类理解研究》,商务印书馆1957年出版。

② 收入周晓亮译,沈阳出版社2001年出版《人类理智研究道德原理研究》。王淑芹译《道德原理探究》,中国社会科学出版社1999年出版。

③ 汉译本有徐晓宏译,上海人民出版社2003年出版。

④ 汉译本陈修斋译,商务印书馆1962年出版。

不是十分颠倒错乱的吗？[①]

关于增加理解力，他指出：

我们通常称之为学识造诣的很大一部分，而且给予很高评价的，正是指熟悉历史事实……历史不仅是知识中很有价值的一部分，还在于它是通往许多其他知识部门的门径，能给大多数科学提供知识的原料。……假如人类没有发明写作历史，把我们的经验范围扩充到过去的一切时代和最辽远的国度，用这些经验来大大增进我们的智慧，好像它们实际上就处于我们的观察之下，那我们在理智上就永远会处于儿童状态。一个熟悉历史的人。从某种意义上可以说他是从世界一开始就生活着的人，在每个世纪里他不断添加着他的知识储藏。[②]

关于历史有助于加强美德，他认为：

诗人可以用最动人的色调来描写美德，可是由于他们完全专注于感情，就时常变成恶行的倡导者。甚至哲学家在微妙的思辨中也常常左右为难，我们看到他们有些人走得太远，以致否定了所有道德品质的实在性……历史学家几乎没有例外地都是美德的朋友，并且永远是以它的本来面目表现它的，无论他们在对某些特殊的人物下判断时会发生怎样的差错。

他举马基雅维里为例，认为：

当他以一个政治家的身份来说话和进行一般推理时，他把下毒手、暗杀和弥天大谎等等看作夺取和保持权力的正当艺术；但当他以一个历史学家的身份进行具体叙述时，在许多地方，他对罪恶表现出那样强

---

① 瑜青主编：《休谟经典文存·学习历史》，杨适译，上海大学出版社 2002 年版，第 210—211 页。杨适等译：《人性的高贵与卑劣——休谟散文集·谈谈学习历史》，三联书店 1988 年版，第 192—193 页。

② 瑜青主编：《休谟经典文存·学习历史》，杨适译，第 211—212 页。杨适等译：《人性的高贵与卑劣——休谟散文集·谈谈学习历史》，第 193—194 页。

烈的愤怒,对美德的嘉许显得那样热情。①

他特别重视史料处理问题。休谟是怀疑论者②,但是并不赞同绝对怀疑③。在《人类理解研究》中,休谟针对宗教神迹提出的怀疑态度和方法,对于历史学是有适用性的。他认为人类的有些证据在一些情节中是有权威性的,但是并不等于说人类的所有证据都可靠。例如,休谟提出,恺撒党和庞培党都认为自己在战事中胜利了,而且各自的历史学家都按照自己的情感记载自己党胜利了,那么后人应该怎么办?他的答案是"存疑"。但是,仅仅存疑是不够的,休谟认为判断真伪的办法是,首先找出证据以证明报告人希望满足怎样的感情,然后找出矛盾的证据。他还举例道:假如一切历史学家都记载说1600年1月1日,伊丽莎白女王死了,其前后事情都被医生和廷臣所见证,其继承人也被国会承认并正式宣布了,可是她死了一个月后复活了并复位统治英国3年。那么如何对待这一历史记载?休谟说他惊异的是这些细节是怎样被记载者放在一起的,他肯定的是女王死了这件事情是假的,很可能是集体制造的用于愚弄常人的假象④。

休谟指出了证据演变中出现的问题,他说:

> 联系任何原始事实和作为信念的基础的先前印象的那些环节虽然是无数的,可是它们都是种类相同,都依靠于印刷者和抄写者的忠实的。一版之后继之以第二版,跟着又印了第三版,这样一直下去,直到我们现在所阅读的这一册。在各个步骤之间并没有变化。我们知道了一个步骤,就知道了一切步骤。我们经历了一个步骤,对其余的步骤就不再怀疑。单是这一个条件就保存了历史的证据,而会把现代的记忆传到最后一代。将过去任何事件与任何一册历史联系起来的一连串的因果系列,如果由各个不同的部分组成,而且这些部分各自都需要心灵加以分别想象,那末我们便不可能将任何信念和证据保存到底。但是

① 瑜青主编:《休谟经典文存·学习历史》,杨适译,第212页。杨适等译:《人性的高贵与卑劣——休谟散文集·谈谈学习历史》,第195页。

② 瑜青主编:《休谟经典文存·怀疑派》,杨适译,第168页。杨适等译:《人性的高贵与卑劣——休谟散文集·怀疑派》,第1页。

③ 瑜青主编:《休谟经典文存·各派哲学》,璐甫译,第276页。

④ 〔英〕休谟:《人类理解研究》,关文运译,商务印书馆1957年版,第110—114页。

所有这些证明大部分既然完全类似，所以心灵便很容易地往来其间，并由一个部分迅速地跳到另一个部分，而对于各个环节只形成一个混杂的、一般的概念。①

休谟阐述了因果分析可能产生的误导：

在几乎所有的原因中，都有复杂的条件，其中有些是本质的，有些是多余的；有些对于产生结果是绝对必要的，有些只是偶然结合起来的。这里我们可以说，这些多余的条件如果数目极大，而且很显著，并常常与必需的条件结合起来，那么它们在想象上就有那样一种影响，以至即使在必需的条件不存在的时候，它们也促使我们想到那个通常的结果，而给那种想象以一种强力和活泼性，因而使那种想象比想象的单纯虚构较占优势。我们可以借反省那些条件的本性来改正这种偏向；但这点仍然是确定的，即习惯是先发动的，并给予想象以一种偏见。②

他看到历史事实在口述中被破坏：

当一个历史的事实，从亲历者和同时代人那里经由口述传统传下来时，在每一次前后相继的叙事中都会得到修饰，最后也许只保留了与它由之而来的原初真相很少——如果说还有的话——的相似之处。③

看到人性弱点“轻信”，指出：

人性中没有任何弱点比我们通常所谓的轻信（即对别人的证据过分轻易地信任）更为普遍、更为显著的了。④

强调一种观念对于历史认识兴趣的重要：

---

① 〔英〕休谟：《人性论》，第168—169页。
② 同上书，第170—171页。
③ 〔英〕大卫·休谟：《宗教的自然史》，徐晓宏译，上海人民出版社2003年版，第8页。
④ 〔英〕休谟：《人性论》，第132—133页。

我们并不是对每一个事实都有一种求知的好奇心,我们想知道的也不专限于知道以后对我们有利益的那些事实,一个观念只要以充分的力量刺激我们,并使我们对它极为关心,以至使我们对于它的不稳定性和易变性感到不快,那就足以刺激起好奇心来。一个初到任何城市中的人可以完全漠不关心居民的历史和经历,但是他同他们进一步熟识了,并在他们中间住久了,他就和本地人一样有了好奇心。当我们在阅读一个民族的历史时,我们就极想澄清它的历史中所发生的任何疑难;但是这些事件的观念如果大部分都消失了,则我们对于那一类研究便不再关心了。①

他还指出,悲剧作者认为"真实并不是在任何情况下都被神圣不可侵犯地遵守的;而是为了使他们所描述的不寻常事件比较容易被想象接受"。诗人"从历史上借取他们人物的名称和他们诗中的主要事件,乃是为了使全部故事容易被人接受,而使它在想象和感情上造成一个较为深刻的印象"②。

因此,休谟认为:

我们根据自己所记忆的任何事实所建立的论证,随着那个事实的或远或近,而有或大或小的说服力量。③

我们对于古代史上任何一点所以能够相信,显然只是通过了几百万个原因和结果。并通过了长到几乎不可度量的一串论证。有关事实的知识必然是经过多少人的口传才能达到第一个历史学家;而当它被写到书上以后,每本新书又都是一个新的对象,它与先前对象的联系也只能借经验和观察才能被认识。因此,根据前面的推理也许可以得到这样的结论:全部古代史的证据现在必然消失了,或者至少随着原因的连锁的增加和达到更长的程度而逐渐消失。但是学术界和印刷术只要仍和现在一样,那末我们如果认为我们的后代在千万年以后竟然会怀疑有过尤利斯·恺撒那样一个人,那似乎是违反常识的;这可以认为

① 〔英〕休谟:《人性论》,第492页。
② 同上书,第142页。
③ 同上书,第166页。

是对于我现在这个体系所提出的一种反驳。如果信念只是成立于由原始印象传来的某种活泼性，那末它经过漫长的推移过程以后就会衰退，最后必然会完全消灭：反过来说，如果信念在某种场合下并不能这样消灭，那末它必然是与活泼性不同的另外一种东西。①

休谟主张“一位历史学家首要的品质是公正”，在评价自己的史学时说：“人们可能指责我疏忽，但肯定不会说我不公正。”②可是尽管如此，他还是依据其托利党人的观念对历史材料进行了取舍，为此遭到了辉格派史学家麦考莱的强烈批评，麦考莱指出：

休谟是一个有才能的辩护士，他的积极论述并未超出过他能证明的东西，他把支持他的论点的一些情况进行突出记述；轻轻溜过不利于自己论点的东西；赞扬并称颂自己的证据；驳斥似乎可使之成问题的语句；把使自己论点陷入的矛盾的东西都解释掉了；提供关于自己论点的证据的明白而有系统的摘要。对方所提供的一切均加以极严批判；一切可疑的情况，均作为辩护和诽谤的基础；凡不能否认的东西均加以缩小，或轻轻一带而过；有时甚至也作些让步；但这种阴险的公正只是加强了大量诡辩的效果。③

麦考莱的批评表明休谟在政治上、感情上是有所偏向的。

2. 构筑自己的理性主义

卡尔·贝克在论述18世纪后期的史学说：

哲学家们不管是写过历史没有，几乎全都不厌其烦地告诉我们为什么应该，以及应该怎样写历史。而且就我所知，他们没有例外地告诉我们说，历史学是与道德相联系着的，是所有的学科中最为重要和最值

① 〔英〕休谟：《人性论》，第167—168页。

② J. H. Burton所编《大卫·休谟的生平和通信》(*Life and Correspondence of David Hume*)卷1，爱丁堡1846年版，第409、381页，转引自James Westfall Thompson, *A History of Historical Writing*, vol. Ⅱ, New York: the Macmillan Company, 1942, p. 71。

③ 〔英〕麦考莱(Macaulay)：《批判的、历史的杂文和诗》(*Critical, Historical, and Miscellaneous Essays and Poems*)卷1，波士顿1880年版，第301页。转引自James Westfall Thompson, *A History of Historical Writing*, vol. Ⅱ, New York: the Macmillan Company, 1942, p. 71。

> 得研究的一门。①

这段话是对启蒙学者史学特征的概括，卡尔·贝克将他们进行比较的研究思路可以作为今天重新认识休谟史学的角度。

休谟史学具有理性主义史学的一般特征。从内容看，《自恺撒入侵至1688年革命的英国史》主要是一部政治史；但是，此书的附录和一些章节中却包含着对各历史时期的生活方式、道德风尚和精神文化的分门别类的记述。他同其他的理性主义史学家一样，把历史研究范围扩大到社会和文明方面。即使在叙述政治史的过程中，其重点是政治宗教经验的特性和人类性格的特性，认为议会传统和古代宪政是人们的虚构。他有着辩证的思想，这与一般理性主义者也是相通的。例如，他认为"一切的优点也都伴随着缺点"。具体说："善与恶、幸福与不幸、智慧与愚昧、德行与邪恶都是普遍交织和混杂在一起的。""极端活跃的才智接近于疯狂；极乐的迸发产生至深的哀愁；最为销魂的快乐伴随着最为无情的倦怠和厌恶；最诱人的希望埋下了最严酷的失望。"②他看到宗教信条的变化中的辩证现象，指出："宗教的信条在人类心灵中有一种往复的流变，人们有着一种自然倾向，要从偶像崇拜上升到一神教，又从一神教重新堕回到偶像崇拜。"③关于艺术和科学的兴起与进步中的偶然与普遍的问题，他一方面说："我们应当避免讲些根本就不存在的原因，或者把纯属偶然的东西说成是稳固可靠的普遍原则。"④另一方面又说："不能把这个问题全部归为机遇。"⑤此外，从史学与哲学的关系来看，卡尔·贝克认为：

> 休谟自始至终在其著作中给予历史以哲学的关注。从《人性论》和《伦理和政治论文集》，到《人类理智研究》、《道德原理研究》和《英国史》中，都表现出这一点。休谟既在理论上又在实践中思考了历史学。

---

① 〔美〕卡尔·贝克尔：《18世纪哲学家的天城》，第90页。

② 〔英〕大卫·休谟：《宗教的自然史》，第118页。

③ 同上书，第58页。

④⑤ 瑜青主编：《休谟经典文存·论艺术和科学的兴起与进步》，杨适译，上海大学出版社2002年版，第135页。杨适等译：《人性的高贵与卑劣——休谟散文集·论艺术和科学的兴起与进步》，三联书店1988年版，第36页。

例如关于休谟的《英国史》，卡尔·贝克继续指出：

> 初读之下，它似乎只不过是对历史事件的一部沉闷的、毫无绚烂色彩的编年史；而且人们会感到奇怪，为什么期待着自己的历史学家们能用一种对 Les moeurs[风尚]的描述来取代对事件的描述的那一代人，竟然如此之热心阅读它。进一步再仔细地阅读，它那风行的原因就显然可见了。休谟设法以审慎的技巧在叙事的行文中织入了对恰好是18世纪所要加以谴责的那些事物的谴责——暴政、迷信、不宽容。书中的故事是对历史事件的叙述，然而那毕竟讲述得很好，而且尤其是那是 en philosophe[哲学]在讲述的：也就是说，不是以它们的起源和效果来追踪事件的演变或者是解释它们，而是为了要把“公正和不公正的观念”运用到事件上面来，为了要把理性时代的现成判断应用到事件上面来。不能从这样一部书里领会到对18世纪最有用的教训的人，就确乎是一个冥顽不灵的读者了——那也就是说，若非王侯们和政客们的野心、教士们的世俗利益和阴谋诡计、狂热分子的激情过度和对迷信的而又堕落的群氓们的恐惧，若非这些被公认的而且是可以纠正的罪恶，英国的历史就会成为任何其他民族的历史所应该成为的那种样子。①

卡尔·贝克的话非常有道理，道出休谟史学的理性主义特征。

但是，与同时期的其他理性主义特别是法国理性主义史学家相比，休谟史学还有着自己的特点。

第一，休谟与孟德斯鸠的异同。他具有与孟德斯鸠类似的观点，例如，认识到地理环境对于居民贫富的重要影响；但又认为地理环境只是贫富原因的一种可能②，这就与孟德斯鸠相左。

第二，与伏尔泰的异同。汤普森曾就休谟的《英国史》和伏尔泰的《路易十四时代》进行过比较，他认为：

> 这两部著作有许多相似之处；两者都是实用主义的、理性的、反形

---

① 〔美〕卡尔·贝克尔：《18世纪哲学家的天城》，第103—104页。

② 瑜青主编：《休谟经典文存·论商业》，刘根华、璐甫译，上海大学出版社2002年版，第69—70页。

> 而上学的。但休谟这位职业哲学家，比那位热情奔放的法国人更超然、更多疑。休谟喜欢刨根问底，把他的哲学运用到历史上，从结果追溯原因。①

言之有理。

第三，与卢梭的异同。凯利在谈到这个问题时指出：

> 在研究人性的过程中，休谟逐渐从自然领域转至道德领域，并因此逐渐从沉思转至研究。他的文章中充斥着对人类特性和民族特性的反思，对政治的兴衰和种种艺术、科学的反思。不错，休谟相信人性本质上的一致性，并和他受人尊敬的朋友孟德斯鸠一样，寻找潜在的原则。但他否决了气候这类自然原因系决定力量的观念，而紧紧抓住种种意外事件或"道德原因"。他还相信，与沉思性的见解(意即哲学学说)不同，道德原则"处在不断变动和革新之中"；他把它们置于习俗和见解的不确定的领域中，对这位哲学家和历史学家来说，这些习俗和见解提供了人类举止的真正尺度。②

休谟的一些观点很像卢梭。例如，推崇自然，他认为，自然不仅创造了人，"甚至在那些被称为技艺性工作的生产中，那最高贵的品种也要铭感自然的恩惠，因为它们主要的美来自大自然的力量和快乐的熏陶"③。他看到下层人的重要，"社会下层是我们的得人心的政府的支持者"④。他不同于卢梭的是，充分肯定知识技术对于人类的重要作用，关于艺术，他说："人们除了从知识和文艺那里获得提高外，还必定能从共同交谈的习惯中和彼此给予的亲切、愉快中增进人性。"⑤关于知识他说："生产得益于知识很多，这些知识是同技术的长期发展与改进不可分的；另一方面，知识还能够使社会

---

① 〔美〕J·W·汤普森：《历史著作史》第三分册，第95页。

② 〔美〕唐纳德·R·凯利：《多面的历史》，第442页。

③ 瑜青主编：《休谟经典文存·优雅而快乐的人》，杨适译，第1页。杨适等译：《人性的高贵与卑劣——休谟散文集·优雅而快乐的人》，第68页。

④ 瑜青主编：《休谟经典文存·论艺术的提高》，杨适译，第31页。杨适等译：《人性的高贵与卑劣——休谟散文集·论艺术的提高》，第117页。

⑤ 瑜青主编：《休谟经典文存·论艺术的提高》，杨适译，第26页。杨适等译：《人性的高贵与卑劣——休谟散文集·论艺术的提高》，第109页。

从它的民众的生产中得到最大的益处。”[①]至于技术的作用，休谟以英国为例看到：“自技术进步以来，自由决不是衰落下来，而是得到了前所未有的繁荣。”[②]

这样，休谟的史学具有显著的个人特征，具体表现为：

第一，他本着自己怀疑论精神和他所最崇拜的修昔底德求真精神，在《英国史》开篇就反对远古历史得以保存的记忆和口述传统，而且在其他地方，他也提倡怀疑精神。但是他对于史料的处理是不用心的。汤普森在《历史著作史》中有一段论述，引之于后：

> 他的主要缺点是忽视资料并厌恶艰苦工作。虽然他以不偏不倚自命，但他选择的那些事实却是只说明他某一特定见解的东西。“历史就是许许多多层出不穷无尽无休的事实；要想使它们可以理解，就必须把它们作某些删节。”究竟哪些地方应于删除，显然，只有作者才能最后裁决，而且休谟弃置一旁的恰巧是他深恶痛绝的对辉格党和宗教有利的全部事实。他除了怀有偏见之外，还很懒惰，从而使他无法进行严格的研究或核对事实。[③]

第二，他不满罗马人撤退和诺曼人来临期间英国人的宗教狂热和迷信，但是又充分肯定了这种狂热和迷信对于启蒙时期商业发展和政治进步所起的积极作用。对此，凯利就说：

> 休谟分享了启蒙时期的史学对商业和政治进步的无可辩驳的事实所抱有的典型的乐观态度，但其怀疑论把他引向对它的原因的更有批判性的结论。他尤其指出狂热而迷信的清教徒在获取自由的过程中所起的作用，这点颇有悖论意味。[④]

第三，一方面，他的社会历史观点以人性论为基础，把对财富、享乐和权

---

① 瑜青主编：《休谟经典文存·论艺术的提高》，杨适译，第 27 页。杨适等译：《人性的高贵与卑劣——休谟散文集·论艺术的提高》，第 112 页。

② 瑜青主编：《休谟经典文存·论艺术的提高》，杨适译，第 30 页。杨适等译：《人性的高贵与卑劣——休谟散文集·论艺术的提高》，第 116 页。

③ 〔美〕J·W·汤普森：《历史著作史》第三分册，第 96 页。

④ 〔美〕唐那德·R·凯利：《多面的历史》，第 443 页。

力的追求看作是人的本性,认为无论何时何地,人性是一致的和不变的;历史的作用就在于发现有关人性的普遍原理,提供经验教训。另一方面,又“否认认识世界的可能性,或者至少是否认彻底认识世界的可能性”①。原因在于休谟的先辈培根未能用其理性解决唯心主义和实在论的矛盾,人们就从这一点得出结论说,理性根本不能解决这个矛盾;唯心主义干脆被丢到一边,经验开始被看作唯一的救星。英国哲学从一开始就仅仅是在这种倾向的范围内兜圈子。最后,在一切解决矛盾的尝试失败以后,英国哲学就宣称矛盾是不可解决的,理性是不足以胜任的;于是它不是求救于宗教信仰就是求救于经验。休谟的怀疑论当时是英国一切非宗教的哲学思想的表现。

第四,他一方面被认为是政治上的保守人物,是托利党人的代言人,反对英国资产阶级革命,同情查理一世。在《自恺撒入侵至 1688 年革命的英国史》中,他还严厉抨击长期议会和克伦威尔,歌颂“光荣革命”,说它开辟了英国宪法的新纪元,使英国人得以享受人类前所未有的最完备的自由制度。另一方面,“他的论著是对当时繁荣起来的工商业作了进步的和乐观的赞扬,换句话说,也就是对当时英国迅速发展的资本主义社会作了进步的和乐观的赞扬,因而他的论著自然要博得资本主义社会的‘赞许’”②。他在政治观念上是倾向王党的。休谟在《自传》中说:

> 不过我虽然凭经验知道,民权党有权力在政治和文学方面赏赐一切位置,可是我仍然不愿意屈服于他们那种无意义的喧嚷,所以我在前两个斯屠渥特朝代方面,虽然因为继续研读和沉思的结果,使我改动了百余处,可是我所改动的地方总是偏向着王党一方面的。真的,要认为那时以前的英国宪法是一个拥护自由的正式方案,那是很可笑的。③

休谟生活在英国资产阶级“光荣革命”结束到产业革命开始的社会变革的时代。这时,英国资产阶级已经成为统治阶级的一部分,它继续维持同贵族的联盟以加强对劳动人民的统治,与此同时,迅速成长壮大起来的工商业资产阶级要求对这个联盟内部的关系作有利于本阶级的调整,并继续反对

---

① 恩格斯:《路德维希・费尔巴哈和德国古典哲学的终结》,《马克思恩格斯全集》第 21 卷,人民出版社 1965 年版,第 317 页。

② 恩格斯:《反杜林论》,《马克思恩格斯全集》第 20 卷,第 253 页。

③ 〔英〕休谟:《人类理解研究》,第 5—6 页。

封建复辟势力。这时，资产阶级的进步性和保守性交织在一起。休谟同情查理一世及其宠臣斯特洛浦，赞扬1688年的"光荣革命"。他的历史观"与辉格党人对英国历史的解释迥然不同，反映了托利党人保守的政治立场。这也是休谟哲学上所持调和、中庸的态度在史学上的一种折射"①。

第五，他一方面主张通则，另一方面强调偶然。

休谟认为影响历史认识的因素有通则，他在《人性论》中说：

> 因果判断来自习惯和经验；当我们已经习惯于看到一个对象与其他对象结合的时候，我们的想象就凭借一种自然推移作用由第一个对象转到第二个对象，这种推移过程发生于反省之前，并且是不能被反省所阻止的。

他以为根据类比进行推断的结果是：

> 我们是把我们在过去的例子中所有的经验转移到那些与我们所经验的对象类似并不相同的对象上面。……习惯虽然是我们一切判断的基础，可是有时候它却对想像起一种违反判断的作用。②

因此，在他看来，历史学就要研究这种通则，他说：

> 人类在一切时间和地方都是十分相仿的，所以在历史这个特殊的方面并不能告诉我们新奇的事情。历史的主要功用只在于给我们发现出人性中恒常的普遍的原则来，它指示出人类在各种环境和情节下是什么样的，并且供给我们以材料，使我们从事观察，并且使我们熟悉人类动作和行为的有规则的动机。③

例如，在心灵的发展问题上，他是主张由低级向高级发展的，用他的话说就是："心灵是由低级向高级逐步上升的。"④

---

① 张广智主著：《西方史学史》，第146页。
② 〔英〕休谟：《人性论》，第170页。
③ 〔英〕休谟：《人类理解研究》，第76页。
④ 〔英〕大卫·休谟：《宗教的自然史》，第5页。

但是,他又强调偶发因素对于宗教产生的作用。休谟说:

> 一切人类生活,尤其是在秩序和良好政府建立之前的人类生活,都受到偶然事件的支配;所以,迷信很自然就会盛行于野蛮时代的每一个角落,并促使人们极其热切地去探究那些安排他们祸福的不可见的力量。①

3. 为英国史学界赢得尊重

休谟的《英国史》产生了广泛而深远的影响。1754 年第一卷出版后,按照休谟《自传》的说法,"人们都攻击我,向我发出责斥、非难甚至厌恶的呼声来。英格兰人、苏格兰人、爱尔兰人、民权党、王党、教会中人、各派中人、自由思想者、宗教家、爱国者、宫廷中人,都一致愤怒我这个人,因为我擅敢对查理一世和斯特洛浦伯爵的命运,洒一掬同情之泪。当他们的怒潮的狂澜过去以后,更令人丧气的,乃是那部书似乎已被世人置之度外了"②。但是到了 1756 年第二卷出版的时候,产生了积极影响,休谟说:"没有引起民权党人那样的不快来,而且也比前一册较受人欢迎。它不仅把它自己的地位提高,而且间接地使它的不幸的兄弟也抬起头来。"③到了 1759 年出版都铎王朝历史时,"人们对这一部书所吐露的喧声,也差不多等于对前两个斯屠渥特的历史所表示的"④。

1761 年《英国史》最后部分出版后,《年鉴》不无豪迈地宣称:

> 我国作家在历史学方面成就微不足道,而意大利人,甚至法国人,长久以来被公认为超过我们的……英国人的天赋在其他种类的写作中已经得到很好的展示,并赢得足够的尊敬,但在历史学方面却无甚作为。休谟先生大作的刊行,使我国摆脱了这种羞辱。⑤

事实上,《英国史》在他生前就被奉为经典著作,有 7 个版本在流传,在休谟去世后直到 20 世纪早期,又出了 175 个版本。伏尔泰认为:它"恐怕是

---

① 〔英〕大卫·休谟:《宗教的自然史》,第 19 页。

②③ 〔英〕休谟:《人类理解研究》,第 5 页。

④ 同上书,第 6 页。

⑤ 参见 V. Wexler, *David Hume and the History of England*, Philadel Phia, 1919, p. 90。

所有语言写成的著作中最好的"①。其后学麦考莱称休谟为"最有能力和最受欢迎的"历史学家②。法王路易十六把自己当成休谟《英国史》的亲密学生，其贴身侍卫记载这位国王在不久的生命中，曾要求阅读有关审判和处死查理一世的部分。而托马斯·杰佛逊则从中看到托利党主义可能对美国宪政自由所带来的威胁，于是在美国禁绝此书。而温斯顿·丘吉尔学习英国历史所使用的读本，就是根据休谟《英国史》改编③。汤普森评价说：他的这部书，"是近代史学上一个里程碑。把历史变成不仅仅是一部战争年代记和帝王世系，而是有更丰富内容的东西，作这种尝试的第一位历史家就是他。在理解各种社会关系的重要性，理解道德、文学和艺术的价值方面，他走在伏尔泰前面。但作为一位历史家的休谟的最大功绩却在于下述这个事实：在所有历史作者当中，是他首先看到'起因'在历史上的性质和意义，历史上一切变化都是以这个起因为依据的"④。

休谟最大的贡献在于他创立了苏格兰历史学派。休谟不仅自己从事史学活动，还对后学进行鼓励和帮助，罗伯逊和弗格森就是他的追随者。

罗伯逊在《苏格兰史》完成后，请休谟给予指教。1758 年 11 月 18 日休谟写信提出修改意见。在书的结尾，罗伯逊作专文说明玛丽写给伯茨韦尔的信的可靠性。他认为玛丽违背《佩思协定》，而在巴宾顿反对伊丽莎白的阴谋中是无辜的。在这两个问题上休谟都提出了相反的观点。此外，休谟还指出书的附录中，由于罗伯逊没有读 Dr. Camphell 的手稿而导致事实错误。后来罗伯逊在出版著作时大体上采纳了休谟的意见⑤。1759 年夏，休谟写信给罗伯逊鼓励他写历史人物传记，说：

简单说来，你可以这种方式采集所有近代史上的花朵：显赫的教

---

① "Preface", *Liberty in Hume's History of England*, edited by Nicholas Capaldi and Donald W. Livingston, Dordrecht, Boston, London: Kluwer Academic Publishers, 1990, p. vii.

② T·P·皮尔顿(T. P. Peardon)：《1760—1830 年间英国历史著作的转变》(*The Transition in English Historical Writing, 1760 - 1830*)，哥伦比亚大学出版社 1933 年版，第 19—23 页。转引自 James Westfall Thompson, *A History of Historical Writing*, vol. Ⅱ, New York: the Macmillan Company, 1942, p. 69。

③ "Preface", *Liberty in Hume's History of England*, edited by Nicholas Capaldi and Donald W. Livingston, Dordrecht, Boston, London: Kluwer Academic Publishers, 1990, p. vii.

④ 〔美〕J·W·汤普森：《历史著作史》第三分册，第 97 页。

⑤ J. Y. T. Greig, edited, *The Letters of David Hume*, Vol. Ⅰ, Oxford: the Clarendon Press, 1932, pp. 288 - 290.

> 皇、瑞典的国王、新世界的发现者和征服者，甚至大量的文人也会供你采用。不同著作的迅速完成会鼓励你开始写新的一部。假如有一本成功了，你就会在空闲的时候写另一本，并且领域不会枯竭。有这么些人，你可以在历史的角落里邂逅他们，也就是说，是一个出乎意料的娱乐对象；同你生命相始终，你会以这种方式给予或者接受乐趣。甚至，你的儿子，假如有写历史的天赋，也可以这样做，他的儿子对他也可以这样继续下去的。我不再坚持这一观点了，因为假如它使你喜欢上了，你就会感到所有的益处，当然进而也是所有的困难。[①]

休谟还帮助罗伯逊扩大影响。1759年3月12日给罗伯逊写信，要推荐法国人翻译他的《苏格兰史》[②]。1763年写信给罗伯逊说自己在巴黎认识一位律师的遗孀，就是她把《都铎王朝史》翻译成法文的，希望能把罗伯逊的《查理五世的历史》翻译过去[③]。

至于他对弗格森的影响，在下文谈到弗格森史学时将有比较详细的论述。

此外，休谟还指导、鼓励和赞赏爱德华·吉本的历史写作。吉本把自己的《瑞典革命史》手稿通过G·D·云顿转给休谟请求指正。1764年10月24日，休谟在给吉本的信中说：

> 我带着极大的愉悦和满足仔细阅读了它。我只有一个异议，那就是从你写作所使用的语言上推演出来的。为什么你用法语写，给骏马配了副劣鞍，就像贺拉斯说罗马人用希腊语写作一样呢？[④]

他指出吉本书中法文写作的不利影响：

> 你使用法语语调还把你导向更为诗意和具有比喻、象征性的风格了，更具有色彩了，而我们的语言似乎在历史著作内容上更有包容性：

---

① J. Y. T. Greig, edited, *The Letters of David Hume*, Vol. Ⅰ, Oxford: the Clarendon Press, 1932, p. 316.

② Ibid., pp. 301 - 302.

③ Ibid., pp. 415 - 416.

④ J. Y. T. Greig, edited, *The Letters of David Hume*, Vol. Ⅱ, Oxford: the Clarendon Press, 1932, p. 170.

> 因为这样是法国人特别是近来法国人写作的实际，他们说明其图画而不是习惯允许我们这样的。在我看来，你的著作总体上是用心写成的，有见解；我非常诚恳地劝你继续做下去。①

在吉本写作和出版《罗马帝国衰亡史》后，1776 年 3 月 18 日休谟在写给他的信中说："我必须把这部著作看成是同样值得尊重的对象"②，"我晓得这将使你愉快（就像让我愉快一样），发现这里所有文人学者都一致钦佩你的著作，并且急切希望你继续写下去"③，"你接下来的著作要比之前更精美，但是我相信你的审慎足以摆脱困境；在所有事情上，你都要藐视以摆脱信条盲从者们的叫嚣"④。虽然吉本不属于苏格兰学派，但是休谟的鼓励不仅对于吉本勇敢面对论敌的进攻，而且对于吉本获得欧美学界的普遍尊重起到了积极作用。

二、罗伯逊史学

威廉·罗伯逊（William Robertson，1721—1793 年），启蒙时期苏格兰史学派重要成员。他自谦是伏尔泰和休谟的追随者，然而仅就历史学成就而言，他与伏尔泰和休谟也不相上下。

1. 皇家史学家

罗伯逊出生于波斯维克一个牧师家庭，早年在戴尔肯特文法学校接受教育，后进爱丁堡大学学习。1751 年起领导苏格兰教会中的稳健派。1762 年任爱丁堡大学校长。1764 年成为皇家史学家。

历史著作主要有：1759 年出版《苏格兰史》。全书分为两卷八编，从传说中的苏格兰人起源开始，一直写到詹姆斯六世即位后的 1603 年宪章革命。书后有《附录》，对第一卷中的 33 个问题、第二卷中的 20 个问题，就其中所涉及的含糊和有分歧的内容进行考辨与说明。1769 年出版《皇帝查理五世在位时期的历史》。全书分四卷三部分，第一部分《欧洲社会进步观》，第二

① J. Y. T. Greig, edited, *The Letters of David Hume*, Vol. Ⅱ, Oxford: the Clarendon Press, 1932, p. 171.

② Ibid., p. 309.

③ Ibid., p. 310.

④ Ibid., p. 311.

部分《证据和说明》,对《欧洲社会进步观》中相关内容进行补充和说明,第三部分写皇帝查理五世在位时期的历史。查理五世时代的历史涉及欧洲在美洲扩张问题,罗伯逊自然关注起美洲史来,但是他的研究因北美革命而中断了,于是 1777 年把既有成果出版为《美洲史》。它实际是葡萄牙统治下的美洲史,全书三卷,记述了新世界的发现、西班牙军队和殖民地的拓展。至于英属美洲史的写作成果,到 1796 年才由其后人整理出版,这就是今天可以见到的《美洲史》第九、十编。它从哥伦布地理大发现引起英国人的觉醒而发起北美殖民开始写,一直到克伦威尔对北美殖民地实施保护。1791 年出版《论古人的印度知识》。全书先是分三个时期叙述古代西方与印度的交往。这三个时期是,从最早时期到罗马人征服埃及、从罗马在埃及统治的建立到穆罕默德征服埃及、从穆罕默德征服埃及到通过好望角的航路的发现和葡萄牙在东方统治的建立。之后是长篇《通论》,说明一般商业史上的许多特殊情况,指明各种事务的因果。书后附有《注释》。最后是《附录》,"去论述印度人的才华、风俗和制度"①。"观察印度人作为个体的阶层和状况,其国内政治、法律、诉讼、有用和优雅的艺术、科学、宗教组织"②。

罗伯逊深受启蒙时期其他学者的影响,其中对他影响最大者为伏尔泰和休谟。

罗伯逊是伏尔泰的忠实后学。他有着良好的语言天赋,阅读过伏尔泰的几乎所有的法文著作包括《路易十四时代》、《风俗论》、《彼得大帝时代的俄国史》、《查理十二的历史》等。他对伏尔泰非常崇拜,就在他对《皇帝查理五世在位时期的历史》所涉及的 16 世纪欧洲进步问题进行说明的时候,说过这样一段话:

> 总之,我的关于中世纪政府、风俗、文学和商业的研究和论述,还有关于 16 世纪开始欧洲各国政治组成的描述,我未曾提到伏尔泰。他在《风俗论》中评论了相同时期的同一主题。……然而,在这些研究方面我通常追随他,他不仅指出那些对于研究来说非常重要的值得关注的事实,而且从中得出了恰当的结论。③

---

① William Robertson, *The Historical Disquisition Concerning the Knowledge which the Ancients had of India*, Routledge/Thoemmes Press, 1996, p. 227.

② Ibid., p. 230.

③ William Robertson, *The History of the Emperor Charles V*, V. 1, Routledge/Thoemmes Press, 1996, pp. 477 - 478.

可见，罗伯逊对伏尔泰敬仰之情溢于言表。

英国启蒙运动史学家中，罗伯逊在史学志趣和倾向方面是最接近伏尔泰的，特别是在整体史和社会文化史写作方面。

其整体史意识表现为，他不仅看到一个国家权力会影响国内政务会，控制着评判标准，而且发现欧洲每一个重要国家的事务对于欧洲所有国家都是有意思和有意义的①。他甚至清醒地认识到欧洲的政治和商业体系对于墨西哥、秘鲁的影响。最初他打算把欧洲在美洲的征服和殖民史写进《皇帝查理五世在位时期的历史》，但是考虑到这些内容非常重要和丰富，是该书无法容纳的，需要另行写作，所以《皇帝查理五世在位时期的历史》中把这些部分省略了。他的《欧洲社会进步观》置于书的开始，不仅关注国内政府、法律和风俗，而且注重国际事务中所必需的国家力量的控制。这一做法充分体现了他的整体史观念。1755 年发表《基督降临时的世界形势》。这一年的 1 月 6 日，他在爱丁堡高教会派年会上讲话。这一讲话虽然是关于基督教知识传播的，认为神秘最初是赋予每一时代每一代人的，后来才发展为只对基督教徒才是显然明白的，但它是具有整体眼光的。

罗伯逊历史写作还重视社会文化史。他主张：历史写作要“说明社会、法律，或者风俗和最值得注意的荣耀的进步”②。他在《苏格兰史》、《皇帝查理五世在位时期的历史》、《美洲史》和《论古人的印度知识》中，都有大量的风俗、艺术、科学、宗教等社会文化史内容。对此，欧柏林说：罗伯逊同伏尔泰“都是显示出相似的对于特定民族的制度和文化特征的兴趣”③。

罗伯逊在许多细节上也在模仿伏尔泰。例如，《苏格兰史》中，罗伯逊对中世纪衰退的描述类似伏尔泰在《风俗论》中的文字，写到苏格兰统一，结尾部分的论述类似伏尔泰论中世纪结束的文字。他的《皇帝查理五世在位时期的历史》结构模仿伏尔泰的《路易十四时代》。他们都强调在把封建主义引向终点的君主和自治市之间的合作。罗伯逊像伏尔泰一样重视 16 世纪，详细讲述欧洲认可其独立的有利作用，体现其权力平衡的战略理论。因此，

---

① William Robertson, “The Preface”, *The History of the Reign of the Emperor Charles V*, Routledge/Thoemmes Press, 1996, pp. x－xi.

② Ibid., p. ix.

③ Karen O'Brien, *Narratives of Enlightenment: Cosmopolitan History from Voltaire to Gibbon*, Cambridge: Cambridge University Press, 1997, p. 102.

有学者说:“尽管伏尔泰作为一个学者是有缺陷的,他还是为罗伯逊呈现了一个历史学家最好的榜样。”①

罗伯逊与休谟有着特殊关系。休谟对作为后学的罗伯逊颇为欣赏。1759年2月1日《苏格兰史》出版后,2月8日休谟写信道:“你有很好理由满意于你的成功……我还没听到谁不热烈赞扬它的。”②之后,休谟完全把罗伯逊当成后学对待,直言不讳地提出自己的指导性意见。

《苏格兰史》出版后,罗伯逊把写作目标锁定在古希腊史和皇帝查理五世的历史上,并征求朋友的意见。沃保罗认为,写希腊和查理五世,那是写外国的历史,有许多内容要出大错误。另外出了两个题目“学术史”和“人文历史”③。休谟认为,写古希腊的历史无异于材料的翻译,皇帝查理五世的写作将是枯燥无味的;他建议罗伯逊选写一些近代历史人物。还有人鼓励他写一部完整的英国史。由于他在教会里有太多的活动,健康状况也不好,写英格兰史要重新搜集材料,同时也是避免与休谟冲突,因此,罗伯逊经过慎重考虑还是决定写查理五世在位时的历史。

《皇帝查理五世在位时期的历史》出版后,休谟的评价很高,说:“它是用高贵、庄严、优雅、评价写出的,无与伦比。我认为它甚至实际上超过了《苏格兰史》。”④

当然,他也提出了批评意见:

> 滥用是苏格兰英语的特点,过去曾经发生过。这一魔鬼使你对旧式捉摸不定的字“wherewith”做了什么?我会很快想到 whereupon, whereunto 和 wherewithal。我认为这一家族可忍受的高雅绅士只有 wherein。我不想在其组织中被看到。但是,我知道你喜欢 wherewith。这一词来自你对斯威夫特(Dean Swift)的偏向。我或许常常笑话他,他的风格我曾经认同,但是肯定没有尊敬他。它不和谐,不雄辩,无文采,也没有太多的纠错作用。不管英国人会怎么想象,他们的文学在某种

---

① Karen O'Brien, *Narratives of Enlightenment: Cosmopolitan History from Voltaire to Gibbon*, Cambridge: Cambridge University Press, 1997, p. 135.

② David Hume, "To William Roberston, 8 Feb., 1759", *New Letters of David Hume*, edited by Raymond Klibansky and Ernest C. Mossner, Oxford: the Clarendon Press, 1954, p. 44.

③ Dugald Stewart, *Account of the Life and Writings of William Robertson*, with a new introduction by Jeffrey Smitten, Thoemmes Press, 1997, pp. 53 - 55.

④ Ibid., p. 77.

意义上还处在粗俗的状态，创造者的地位在其文豪那里并不高。但是你总是说 an hand, an heart, an head，这是怎样的一种奇特啊！你有 an ear 吗？你不知道这个 n 是附着在元音前面去防止不和谐音调的，而在被使用的时候从不应该出现在 h 之前的吗？在这些字里它从不发音，为什么还要写出来呢？这样，我会说 a history 和 an historian，假如你有辨别的话，那么你也会这么做的。不过，你告诉我斯威夫特不这样做的。可以肯定，对此没有答案。我们也不必忍受你的与 hath 相关的权威。①

罗伯逊在某些方面非常像休谟。有学者指出：

与休谟一样，罗伯逊也以修昔底德为榜样，也藐视史前时期的神话，认为它只适合好古者，并致力于研究有书面文件佐证的时期。他关心的是历史叙事，又与休谟一样，他把专题性的和考古性的问题归入附录。……与休谟一样，罗伯逊歌颂了现代欧洲国家体系的形成以及民族国家的巩固。②

也有学者说："罗伯逊像他之前的休谟那样，强调商业在迎接更文明的社会和国际关系中的作用。"③

然而，他们之间是有着差别的。休谟注意到苏格兰历史中的进步行为，但他似乎是个冷眼旁观者，反嘲英国人的褊狭。相比较而言，罗伯逊感到苏格兰和不列颠身份之间的持久张力，只能通过全欧洲的眼光来得以化解，他"探索欧洲国家和殖民地中的共同模式和文化亲和力，以超越不列颠的民族和宗教偏见。在这些模式中他发现了隐藏在欧洲社会进化和趋同过程之后的上帝操纵之手。他以每一种新的历史著作，以更大的诊断性的精确，靠近这些进化过程"④。因此，罗伯逊是更为宽泛意义上的世界主义者。

---

① Dugald Stewart, *Account of the Life and Writings of William Robertson*, with a new introduction by Jeffrey Smitten, Thoemmes Press, 1997, pp. 78 - 79.

② 〔美〕唐纳德·R·凯利：《多面的历史》，第 444 页。

③ Karen O'Brien, *Narratives of Enlightenment: Cosmopolitan History from Voltaire to Gibbon*, Cambridge: Cambridge University Press, 1997, p. 138.

④ Ibid., p. 95.

2. 批判意识与史料搜集

罗伯逊富有批判精神，而且非常重视史料的搜集，这在他的著作中充分体现出来。这里以《苏格兰史》、《美洲史》和《论古人的印度知识》为例加以说明。

《苏格兰史》中充满批判精神。玛丽在位期间，辉格党和托利党因政治冲突、宗教热情而互相对抗，双方都有自己的史学家来诉说历史。这些历史学家并不关心事实真相，而是带着特有的偏见，留下许多记录，莫衷一是。他在第一版《序言》中说：

> 我在许多场合与以往史学家有所不同，以不同眼光看待史实，以不同色彩描绘人物，我应该向读者说明我的处理方法。①

为此，他尽量去搜集不同人的原始记录包括手稿，以"去粗取精，指谬纠错"②。他搜集的材料有福拜斯所编与伊丽莎白在位有关的文件集、狄克所提供的詹姆斯在位时的原始文件、17 世纪的卡尔德武德撰写的《从詹姆斯五世即位到詹姆斯五世去世的苏格兰史》、戴尔里姆波所编与廓沃阴谋有关的文件、古戴尔的包括大量有价值的手稿的复制文件等等。他对历史上一些问题持严谨态度。例如，人们一般认为苏格兰历史的第一个时期为君主制起源到肯斯二世在位期间。而罗伯逊认为，这一时期"纯粹是传说和想象时期，总体上是可以忽略的，或者放弃对古董爱好者的轻信，不加讨论。真实是从第二个时期开始的"③。而第二个时期是从肯斯二世征服皮特人到亚历山大三世之死。可见他并没有像一般人那样因为自己是苏格兰人而任凭人们延长本民族的历史时间，这显然是批判态度起了作用。书后接有《附录》对第一卷中的 33 个问题、第二卷中的 20 个问题，就其中所涉及的含糊和有分歧的内容进行考辨与说明，足见他并非盲从前人的说法。

《美洲史》中同样富有批判精神。他在书中说：

> 我与以往历史学家的论述在许多方面都不同，我所涉及的事实是

① William Robertson, "Preface to the First Edition", Vol. 1, *The History of Scotland*, London: Routledge/Thoemmes Press, 1996, p. v.

② Ibid., p. vi.

③ William Robertson, *The History of Scotland*, Vol. 1, London: Routledge/Thoemmes Press, 1996, pp. 5 - 6.

> 他们不晓得的。我的责任是要公众注意这些史料，我从这些史料中导出如此的睿智，足以为我以新的眼光处理事务或者通过关注它们的因果而形成新的意见而辩护。①

为了写作《美洲史》，他的确花了大量精力去搜集史料。他在西班牙宫廷担任大使期间，大使馆的牧师瓦迪洛夫给他提供许多西班牙人所写的著作，其中不少是16世纪早期的印刷品，有的甚至是未经出版的手稿。他在菲力普二世的帮助下，从西门卡斯档案馆获得关于西班牙人在美洲殖民的记载，这些记载是同他要写的早期美洲史相关的。为了找到科特斯写给查理五世的信，他求助于维也纳帝国图书馆。他甚至到圣彼得堡去查找俄罗斯人在美洲海岸航行的记载。他还从许多有价值的游记、回忆录中获得资料。此外，他还从一些在西班牙殖民地驻扎过的人那里了解美洲土著人的风俗习惯、政策等情况。罗伯逊意识到：

> 我考虑历史编纂的本质越长，越感到审慎的准确是必要的。记录自己时代事务的史学家，与关注其信息的意义和诚实的公众所持有的意见相称，就是可信的。可是，历史学家描述遥远时期的事务，则没有这种资格去表明被认同，除非他展示能够证明自己主张的证据。没有证据，他也许写出消遣性的传闻，但是不可能被认为写出信史。②

尽管如此，还是有人例如科拉维格罗批判罗伯逊关于墨西哥的叙述有一些错误。罗伯逊对他的指责，进行过辩护与说明，这就是人们在书的最后看到的《注释》。

在《论古人的印度知识》中也是这样。他在该书的《序言》中说：他看到用以说明《印度斯坦地图》的陆军上校李奈尔的《回忆录》，促成其《论古人的印度知识》的写作，罗伯逊说：

> 它启发我比在《美洲史导论》中更为充分地验证的观念，去考查古

① William Robertson, "Preface", *The History of America*, Routledge/Thoemmes Press, Vol. 1, 1996, p. vii.

② Ibid., pp. xvi – xvii.

人所具有的关于印度的知识，看看其中什么是确定的，什么是准确的，什么是传说的。①

我坚持不懈地努力去查阅我所能获得的给予印度以任何记载的所有作者的著作；我从未在没有得到可敬的权威支持的情况下作出什么定论；因为我很幸运有许多可以依赖的朋友，他们是绅士，曾经担任驻印度的民事和军事职位，访问过印度不同地方，我常常求助于他们，从他们的叙述中获得许多学问，这些是我在书中所得不到的。②

3. 以严谨和睿智赢得崇高地位

罗伯逊生前，其著作就深受好评而且非常流行。例如，《苏格兰史》在出版前，书商米拉曾把书的样本送给瓦布尔顿和伽利克。瓦布尔顿在写给米拉的信中说："我带着极大愉悦接受和阅读了这一新的苏格兰史，我将不会等到公众的评价就声明它是一本非常杰出的著作。"③

罗伯逊在访问伦敦的时候，此书的一些样本传到哈雷斯·沃保罗的手里。沃保罗看过《苏格兰史》的样本，在1759年1月18日的信中写道："我也许要斗胆地说，你的风格是非同一般的好"，"你的智慧和公正使我得出结论：关于那个被我们愚蠢到弄成党派的主题，你保持自己的评价毫无偏见。"④

《苏格兰史》出版后，切斯特费尔德写道："后来出版一本历史著作，是关于苏格兰女王玛丽及其儿子詹姆斯在位时期历史的，由一个名为罗伯逊的人写的。因其清新、纯正和高贵的风格，我竟情不自禁地把他与现存最好的史学家不仅是戴维拉、圭恰迪尼，而且是李维进行比较。"而李特莱顿相信这一令人震惊的说法："自圣保罗时代以来几乎没有比罗伯逊更好的作家。"⑤这部著作有着持续的影响，以至于在他生前出现14个版本。

---

① William Robertson, *The Historical Disquisition Concerning the Knowledge which the Ancients had of India*, Routledge/Thoemmes Press, 1996, p. iii.

② Ibid., pp. iv - iv.

③ Dugald Stewart, *Account of the Life and Writings of William Robertson*, with a new introduction by Jeffrey Smitten, Dulles: Thoemmes Press, 1997, p. 24.

④ Ibid., p. 23.

⑤ 转引自 J. B. Black, *The Art of History: a Study of Four Great Historians of the Eighteenth Century*, London: Methuen & Co. Ltd., 1926, p. 117。

罗伯逊的《美洲史》也获得很高赞誉。1777 年 7 月 14 日吉本在给罗伯逊的信中，称赞《美洲史》“材料被细心地搜集和熟练地组织；其对于美洲发现进程的展示，既有学术性，又明白易懂”①。

与罗伯逊同时代稍微年轻的也研究过美洲史的伯克说：“我相信没有什么书比这一本书做得更好了，它清除了隐晦，纠正了错误，消除了偏见。……你同时对西班牙外省的现存论述撒下新的光亮，为未来可从中期盼到的理性理论提供了材料和暗示。”②他还说：“你采用哲学去评价风俗，又从风俗中获取新的哲学资源。我只是认为在一两处，你几乎没有公正地对待原始人物。”③

吉本在 1777 年 7 月 14 日给罗伯逊的信中谈到自己与休谟和罗伯逊的关系：

> 当我唐突地肩负史学家声望的时候，我怀着首先是最自然的，当然是最热切的期望，就是应当得到罗伯逊和休谟先生的许可，这两个名字是友好地联结在一起的。因此，尽管我不能轻松表达出，然而我并不想掩饰我从你那有礼貌的信中得到的诚挚的愉悦和来自你那最为有价值的睿智表现。我同公众一样应当享有的满意，现在将由于更为个人的和不胜荣幸的感情而加重了。我通常私下对我自己说在某种程度上我从我所敬重的作者那里获得了尊重。④

在这里，吉本把罗伯逊与休谟相提并论，同时对罗伯逊表示特别的敬重。吉本的信很值得玩味。其实，罗伯逊作为一个史学家，其写作领域从苏格兰拓展到欧洲，再到美洲和印度，至少在这方面罗伯逊超越了休谟。有学者指出：“这一拓展使其声望比休谟更为广泛和卓越。他不仅拓宽了休谟的历史范围，而且深化了休谟关于史学家必须在研究中包含着多方面研究的观念。”⑤单就美洲史而言，“大抵可以认为是迄于作者所在时代西方人编撰

① Dugald Stewart, *Account of the Life and Writings of William Robertson*, with a new introduction by Jeffrey Smitten, Thoemmes Press, 1997, p. 102.

② Ibid., p. 107.

③ Ibid., p. 108.

④ Ibid., p. 101.

⑤ J. B. Black, *The Art of History: a Study of Four Great Historians of the Eighteenth Century*, London: Methuen & Co. Ltd., 1926, p. 135.

美洲史(实际上限于西班牙美洲)的开山之作。19 世纪美国著名史家普列斯特所撰《墨西哥征服史》及《秘鲁征服史》是对这种撰史传统的继承和发扬。……是 18 世纪的英国史学中最早运用孟德斯鸠的地理环境理论的先例”①。其承前启后地位由此可见一斑。

其实,无论是在英国还是在大陆,罗伯逊没有伏尔泰那样的荣耀,没有休谟那样的哲学深度,也没有吉本那样的透彻。可是,在史学上却取得了崇高地位。J·W·汤普森说:

> 至少在两个方面罗伯孙胜过休谟和伏尔泰。他做学问十分认真,细心利用一切可以找到的书面材料和档案文件。其次,他还在历史编撰方法上作出有价值的贡献,即把注释和参考书目附在每节末尾,这个办法便于使叙述畅通无阻,而又不致有损于其学术性。②

究其原因,可以归结为他的严谨和睿智。

说到其严谨,上文在谈其怀疑精神和重史料搜集时已经涉及。罗伯逊善于鉴别史料,主张叙述历史必须有文献依据。他的著作中每一章之后必附有注释,注明出处,便于读者直接去查阅其所引资料,这是他对西方历史编纂学的一大贡献。例如,罗伯逊先在《皇帝查理五世在位时期的历史·欧洲社会进步概览》中说:“罗马人的统治,像所有大帝国一样,使人类退化了。”③后在《证据和说明》中利用历史学家伽勒的《英国史》所引布立乔人写给阿提厄斯的祈求信,进一步论述罗马人的统治使曾经打退恺撒的英勇的布立乔人现在变得卑怯了④。

至于其睿智,那就是他的历史写作中的哲学意味、整体的视野、进步的观念和新教立场。罗伯逊具有与同时代理性主义史家相接近的历史观念,上文在谈他与伏尔泰和休谟的关系中,也已涉及。另外,他对马丁·路德及其他宗教改革家倍加赞扬,而对罗马天主教会则持批判的态度,这些都与伏尔泰、休谟等人的观点合拍。J·B·布莱克说:“罗伯逊作为一个史学家,其

---

① 张广智主著:《西方史学史》,第 147 页。

② 〔美〕J·W·汤普森:《历史著作史》第三分册,第 97 页。

③ William Robertson, *The History of the Reign of the Emperor Charles V*, Routledge/Thoemmes Press, Vol. 1, 1996, p. 3.

④ Ibid., p. 233.

立场就像我们预想那样，完全同伏尔泰、休谟和普通哲学派别相似。”①

不容否认的是，罗伯逊历史著作中是存在着不足的。正如汤普森所言：“他缺少对社会运动的真知灼见；而且忽略了对各种制度兴起和经济力量发展的记述。”②

三、弗格森史学

亚当·弗格森（Adam Ferguson，1723—1816 年），英国思想家和史学家。他曾在圣安得烈学院学习神学，被任命为英国参加奥地利帝位战争的随军牧师。1757 年接替休谟担任律师协会秘书和图书馆馆长，1759 年在爱丁堡大学担任道德哲学教授。1767 年出版《文明社会史论》③。1769 年出版《道德哲学原理》。1783 年出版《罗马共和国发展和衰亡史》。1792 年出版《道德与政治科学原理》。

1. *深受古代和启蒙学者的恩泽*

弗格森的史学主要受两大学术体系的影响，除了受益于古代学者外，还得到启蒙思想的熏陶。

古代学者对弗格森有着较大的影响。弗格森接受了良好的古典教育。他少年之时即擅长希腊文和拉丁文，曾先后在圣安德烈学院和爱丁堡大学求学，谙熟古希腊和罗马的历史。

根据法格的研究，弗格森私人藏书和从爱丁堡大学所借图书中，出自古代学者的就有：普鲁塔克的《传记集》，小普林尼的《自然史》、西塞罗的《论共和》和《致友人书》、阿庇安的《罗马史》、狄奥尼休斯的《罗马史》、李维的《自建城以来的罗马史》第一卷、琉善的《内战》、波里比阿的《历史》、狄奥根尼的《哲学家传记》、阿里厄乌斯的《亚历山大远征史》等④。

---

① J. B. Black, *The Art of History: a Study of Four Great Historians of the Eighteenth Century*, London: Methuen & Co. Ltd., 1926, p. 128.

② 〔美〕J·W·汤普森：《历史著作史》第三分册，第 99 页。

③ 林本椿、王绍祥译为《文明社会史论》，辽宁教育出版社 1999 年出版。2003 年中国政法大学出版社将此书英文本影印出来，汉文名也为《文明社会史论》。也有译为《漫谈民间团体史》，例如，孙秉莹等译 J·W·汤普森的《历史著作史》下卷第三分册。还有译为《公民社会史论》的，主要见于一些其他单篇文章中。

④ Jane B. Fagg, “Ferguson's Use of the Edinburgh University Library: 1764 - 1806”, Eugene Heath and Vincenzo Merolle edited, *Adam Ferguson: History, Progress and Human Nature*, London: Pickering & Chatto, 2008, pp. 39 - 64.

他在《文明社会史论》第一章论述人的争斗和分歧的时候，引用苏格拉底的话："另外一种情形迫使他们走向争斗和分歧。那些情形包括：他们对于同样事物的仰慕和渴望；他们针锋相对的主张；以及他们在竞争时的互相挑衅。"[①]他在《文明社会史论》第一章中论述国家的幸福引用普鲁塔克关于斯巴达立法的记述，在其他地方还引用普鲁塔克的记载来说明"我们有时会派遣旅行者到国外考察人类风尚。他无需借助历史，而是从希腊的国情和战争方式中归纳希腊人的品格"[②]。

弗格森在《罗马共和国发展和衰亡史》中征引了许多古代史学家的著作。这些被征引的古代史学家按照出现顺序就有狄奥尼休斯、李维、塔西佗、普鲁塔克、西塞罗、波里比阿、亚里士多德、普林尼、奥罗修斯、阿庇安、费比乌斯、老伽图、萨鲁斯特、柏拉图、恺撒等。

在对历史解读中，柏拉图的政治哲学对他的影响很大。柏拉图在怀疑雅典的民主的同时，推崇斯巴达式的政治制度；在弗格森那里，也无时无处不会发现他对斯巴达的赞美之辞。正如有学者指出的那样：

> 弗格森倾向于古代斯巴达的"德性之治"。在德性之治下，人民以公益为重，国家由"精力充沛、富于公益精神、坚韧不拔的人组成"，因而国家是最强大的，足以捍卫自由的。[③]

启蒙学者对弗格森的熏陶。法格还给人们提供了弗格森所藏和所借的启蒙学者的著作。其中有：吉本《罗马帝国衰亡史》、亚当·斯密《国富论》、贝克莱的《人类知识原理》、洛克的《人类悟性论》、贝尔的《历史和批判词典》。[④] 可见，他非常关注启蒙学者的著作。

他受到来自大陆和英国本土的启蒙学者的双重熏陶。这里举出几例加以说明。

接受伏尔泰的影响。他先是在日内瓦附近的法属小镇费尔奈拜访了伏

---

① 〔英〕弗格森：《文明社会史论》，林本椿、王绍祥译，辽宁教育出版社 1999 年版，第 21 页。

② 同上书，第 214 页。

③ 周保巍：《"自由主义"的自由与"共和主义"的自由——苏格兰启蒙运动中的观念冲突》，《华东师范大学学报》(哲学社会科学版)2006 年第 1 期。

④ Jane B. Fagg, "Ferguson's Use of the Edinburgh University Library: 1764 - 1806", Eugene Heath and Vincenzo Merolle edited, *Adam Ferguson: History, Progress and Human Nature*, London: Pickering & Chatto, 2008, pp. 39 - 64.

尔泰。其《文明社会史论》注重整体史的考察,例如弗格森曾说:“我们应从群体中去看人类,因为他们总是生活在群体中。个人的历史只不过是作为人类所思所感的一个细枝末节而已。”①因此,它在莫斯科大学取得了教科书的地位后,伏尔泰祝贺他“在俄国人中传播了文明”②。至于《罗马共和国发展和衰亡史》,弗格森在1793年给国王的进书表中说:

> 罗马人的历史,是从古代作家遗留下的著作中积累起来的,通常被用欧洲的不同语言而写作。但是,与这一主题相关的是简单的、毫无新意的装饰,包含部分有用的细节,整体上仅仅是人们军事行为和政治经历的塑造,在我看来是有缺陷的。我通过探讨共和时代后期的历史,去真诚而尽力地弥补这些缺陷。③

仅就第一卷而言,他写到早期罗马的地理环境、种族分布、宗教、歌谣、不同阶层的联姻、货币铸造、罗马风俗、物产等问题,这些显然超越了政治和军事史的限定,而走向文化史和社会史。从这个意义上说,他具有伏尔泰史学重视社会和文化史的特征。

受到孟德斯鸠的熏陶。弗格森在《文明社会史论》中说:

> 当我回想起孟德斯鸠院长所写过的文章时,我一时无法说明我为什么要研究人类事务。④

他在第一章论述人的联盟的天性,引用孟德斯鸠“人生于社会,存在于社会”⑤。作为自己论述的理论前提。他在书中还多次引用孟德斯鸠关于政体的论述。在论述政治自由时,弗格森表现出强烈的制衡思想,这里体现了孟德斯鸠对他的影响。在重视环境方面他也是与孟德斯鸠相似的。但是,弗格森并没有完全接受孟德斯鸠的思想,至少像有论者所说那样:

---

① 〔英〕弗格森:《文明社会史论》,第4页。

② Fanla Oz-Salzberger, “Introduction” in *Adam Ferguson's an Essay on the History of Civil Society*, Cambridge: Cambridge University Press, 1995,辽宁教育出版社1999年版,p. xvii。

③ Adam Ferguson, “To the King”, Adam Ferguson, *The History of the Progress and termination of the Roman Republic*, Edinburgh, 1799.

④ 〔英〕弗格森:《文明社会史论》,第70页。

⑤ 同上书,第18页。

弗格森并未完全接受孟德斯鸠的“进步”的政治自由观念，尽管他没有完全否定现代文明的体制，但在很大程度上，他是立足于古代，来批判现代文明社会公民美德的流失，亦即公益精神的缺失的。①

2. 弗格森的史学思想

弗格森的史学思想，在这里可从历史观和史学观两方面得到认识。

在历史观方面，弗格森承认人类的普遍特征。例如，他认为人类有自我保存的天性，有人类联盟的天性，有争斗和分歧的天性。② 弗格森甚至承认普遍规律的存在，他说：“这些普遍规律应该适用于表面上毫无相关之处的各种情况，而且能揭示出普通人容易混淆的事物间的重要区别。”③

同时，他看到普遍规律下历史的差异，所谓“人性本身在不同的气候下，不同的年代里会有很大的不同。这种多样性值得我们注意，并且这股巨流分成的每道细流都值得我们去溯源”④。

然而，他又说虽然各民族有差异，但是还是有共同性：

各民族因掌握的艺术不同以及政治体制(political establishment)的协调性不同而有所区别，但他们都是从一个虚弱的原始状态中产生出来的。而且它们的历史中依然保存有这一缓慢、循序渐进的进程的迹象。这就造成了各民族之间的区别。每一个民族的古代文献记载，虽然形式迥异，很难分辨，但是关于这一点都记载了同样的信息。⑤

弗格森相信进步，他指出：

对于人类而言，公认的缺点在任何情况下都会令人讨厌。无知和愚昧为他人所鄙视，富有洞察力，品行端正则使人出类拔萃，受到尊重。人类对于这一切的感知和理解到底会将他引向何方呢？毫无疑问是

① 刘华：《文明的批判——亚当・弗格森及其〈文明社会史论〉》，《历史教学问题》2004年第5期。
② 参阅〔英〕弗格森：《文明社会史论》的相关部分。
③ 〔英〕弗格森：《文明社会史论》，第29页。
④ 同上书，第11页。
⑤ 同上书，第81页。

进步。①

就在《罗马共和国发展和衰亡史》第一卷中，他多次论述进步问题，其中包括国王统治下的国家进步、阿尔卑斯境中罗马人的进步等，并勾勒出历史进步的路线是起源、毁坏和再生。

弗格森的思想非常敏锐，提出进步并不代表高明。他说：

> 每一个时代的历史，在这个时代逝去时，就给后人增加了知识。罗马人比希腊人知识渊博。从这种意义上说，现代欧洲的每一个学者都比过去曾获得同样美誉的最有成就的人要博学得多。但能不能单凭这一点就说他比他们要高明呢？②

而且，在他看来，进步的链条中每个因素没有优劣之分，换言之："通向尽善尽美的阶梯是很多的，我们茫然不知该将最高赞誉加在谁的头上。无论是第一个还是最后一个，都在人类进步过程中起到了一定作用。"③

在历史发展动力和历史人物评价问题上，他也提出自己的主张。关于历史发展动力，他认为："维持生计是人类行为的主要原动力。对于维持生计的考虑导致了手工艺术（mechanical arts）的发明和应用。"④至于评价历史人物，他则以为："我们估量一个人，靠的不是他的学识，而是他的能力；是他使各种物质能适应生活中的各种目的的技巧；是他在追求政策要达到的目标，寻求战争和国防的权宜之计时表现出的精力和品行。"⑤

在史学观问题上，弗格森也有许多阐释。

他特别推崇古代史学。这段话很有代表性，他说：

> 正是从希腊和罗马历史学家那里，我们获得了不仅是真实的，最有意义的，甚至于是最吸引人的关于我们祖先的部落的描述。那些品德高尚、才华出众的作家熟谙人性，善于捕捉它方方面面，再现它各种各样的性格。而他们的接班人，现代欧洲早期的历史学家却并不能胜任

---

① 〔英〕弗格森：《文明社会史论》，第 10 页。
②⑤ 同上书，第 32 页。
③ 同上书，第 189 页。
④ 同上书，第 34 页。

这一重担。一般来讲，他们是被养成职业僧侣的，而且局限于寺院生活，他们把注意力集中在记录他们喜欢表明的事实，而埋没了天才的作品，从而，无论是他们所选择的素材还是他们的文章的风格都无法再现人类任何一种环境中的活的精神。对于他们而言，记事是历史的组成部分，虽然历史并没有表达对人类的了解。历史本身应该是完整的，虽然我们在按时间顺序记载的事件和历代君主中徒劳地寻找人的理解力和感情的特征。单单是人类的每一次交往中所体现的这些特征就足以使历史引人入胜或大有裨益。①

他特别推崇修昔底德，说他能够“不顾自己的国家对于‘未开化的人’(Barbarian)这一称呼的偏见，明白只有在未开化民族的习俗中他才能研究希腊人更早期的风尚”②。甚至对于古代神话，他也非常赞赏：

它们总能激发人们的想象力，产生振动人心的效果。这些传统神话被作为诗歌素材时，经过热情洋溢、出类拔萃的人们以高超的技巧和生动流畅的文笔润饰一番后，不仅给人以教益，而且会令人心潮澎湃。只有当它们被当成纯粹的古董或历史规律扯去了它们的矫饰的外衣时，它们才不适于激发想象力，或变得一无是处。……这样一来，虚构作品可以用来颂扬民族天才，而可信的历史则什么也提供不了。于是，表达作者个性的希腊神话可以使人了解某些没有其他历史记载的年代。③

弗格森提出关于历史学方法的思考。他重视证据，说：“拿不出这样的证据，我们既没有把握接受，也不敢提供有关这一问题的信息。”④

他重视史料的搜集，他说：

然而，在其他任何情况下，自然历史学家认为他的责任在于收集事实，而不是提出种种猜想。他在论述任何一种特定的动物时，都认为它

① 〔英〕弗格森：《文明社会史论》，第 86 页。
② 同上书，第 88 页。
③ 同上书，第 84 页。
④ 同上书，第 83 页。

们目前的性情和本能与最初的时候毫无二致，并且它们目前的生活方式也是最初的生活的延续。他承认，他对于世界物质系统能知道多少取决于事实的收集，或者说，充其量不过取决于基于特别的观察和实验总结出来的总的原则。只有在涉及自身或涉及最为重要也最容易明了的事情时，自然历史学家才会以假说代替现实，才会混淆想象与理智、诗歌与科学之间的界限。①

他提醒人们要慎重对待历史文献：

我们在接受每一个国家内部古代文献时，应当慎重才是。它们大部分只不过是后世假象或虚构的东西而已。而且，即使当初它们还近似事实，但它们仍然随着传播者的想象力而异，而且在每一个年代，它们的形式各异。它们注定要打上它们以传统形式所经历的时代的印记，而不会打上它们伪饰的描述所涉及的年代的印记。②

他认为还要有解释体系：

在收集史料的过程中，我们往往不愿意任凭我们所讨论的问题仅仅停留在我们所发现的那样。我们不想让历史细节的多样化和明显的前后矛盾令我们尴尬。从理论说，我们承认要探求普遍天性。为了使我们探究的问题不超出我们理解的范围，我们乐于采纳任何一种体系。③

他的学术准则是从经验出发上升到普遍规则，他主张：

科学的目的在于将五花八门的特殊情况归结为一般人可以接受的原则并且使形形色色的运作都参照它们共同的准则。④

---

① 〔英〕弗格森：《文明社会史论》，第2—3页。
② 同上书，第83页。
③ 同上书，第17页。
④ 同上书，第29页。

3. 史学地位的再评价

弗格森的史学成就突出表现为《文明社会史论》和《罗马共和国发展和衰亡史》的撰写。前者给予国家、帝国兴起和衰落的原因以哲学评说,后者通过经典性地鼓舞人心地叙述罗马的兴起、进步和衰亡,弗格森试图回答一系列与欧洲国家和政府所面临问题的未来展望息息相关的问题,“为了洞悉自己时代道德和政治问题,在其所有著作中,亚当·弗格森从历史中寻求源头”①。

弗格森著作出版后在当时产生广泛而重大的反响。《文明社会史论》一出版即在爱丁堡和伦敦引起了强烈的反响。在弗格森的有生之年,这本书再版了 7 次,出版地包括都柏林、波士顿和莫斯科,德文版于 1768 年出现在莱比锡,5 年后,巴黎出版了法文版②。《文明社会史论》出版后一个多世纪,在大陆特别是在德国,比在英国有着更为持续的影响。有西方学者指出它对德国学者的影响说:“德国学者严格且创造性地使用弗格森的观念:席勒对他的伦理还很可能是被其游戏概念所吸引;黑格尔为他的历史叙述所激励;马克思相信他对劳动分工的预测。”③

在英国,《罗马共和国发展和衰亡史》则更为显著,“它有几个版本重印多次,获得像爱德华·吉本和约翰·斯图亚特·穆勒的尊敬。美国人对这本书重视鼎盛的罗马共和国评价颇高”④。其历史观点就曾对罗伯逊产生过重要的影响。《罗马共和国发展和衰亡史》一书的价值,一旦与吉本的成就联系起来就体现出来了。1776 年 3 月 19 日弗格森给吉本的信中说:“我接受你的指示,以你为榜样,从另一个地方,联手执行你的计划。”⑤到了 4 月 1 日吉本就给弗格森回信道:“很高兴从你的信中得知你在从事这一著作的写作。我确信它处于同我的拙著相称的地位。”⑥到了 4 月 18 日,弗格森

① Iain McDaniel, “Ferguson, Roman History and the Threat of Military Government in Modern Europe”, Eugene Heath and Vincenzo Merolle edited, *Adam Ferguson: History, Progress and Human Nature*, London: Pickering & Chatto, 2008, p. 115.

② Fanla Oz-Salzberger, “Introduction” in *Adam Ferguson's an Essay on the History of Civil Society*, Cambridge: Cambridge University Press, 1995, 辽宁教育出版社 1999 年版, p. xvii。

③ Ibid., p. xxv。

④ Ibid., p. xxiv。

⑤ Adam Ferguson, “To Edward Gibbon on March 19th, 1776”, Vincenzo Merolle, edited, *The Correspondence of Adam Ferguson*, London: William Pickerling, 1995, p. 136.

⑥ Adam Ferguson, “From Edward Gibbon on April 1th, 1776”, Vincenzo Merolle, edited, *The Correspondence of Adam Ferguson*, London: William Pickerling, 1995, p. 138.

回信又说：因为“要搜集写作消遣历史的材料，而不得不中断罗马共和国史的写作，结束于奥古斯都及其直接继承者的统治”[①]。他们都在探讨罗马衰落问题，只不过弗格森选择的是共和国，而吉本选择的是帝国的衰落，或者说一个选择头颈而另一个选择尾巴。

弗格森不仅从事历史著作，而且从理论上思考历史写作问题。然而，与那些说英语的著名启蒙史学家大卫・休谟、威廉・罗伯逊和爱德华・吉本相比，弗格森很少被看作史学家。可见，在史学方面弗格森被边缘化了。其中原因，有学者解释道：“在道德哲学博学的历史叙述和自然史科学之间摇摆，弗格森的历史著述不容易分类。作为最初的考虑，一个人可能会把他的著作定性为史学史或者科学史。然而，一方面，史学史并不接受弗格森所倡导的自然性研究的约束；另一方面，自然历史不重视他所提供的出于方法论考虑的历史博学的形式。”史学史上的德国传统和盎格鲁—美利坚的科学史传统，其观点不同，“第一种，历史的界限是从浪漫主义和唯心主义中产生的，而第二种是后来从经验主义和实证主义那里生发的。正是这些传统的分界，不允许真正和充分理解弗格森的历史观念”[②]。

今天应该重新认识弗格森在西方史学史上的地位。

第一，弗格森史学地位可以从他与启蒙学者关系中得到认识。它具有理性主义特征，这在上文已经说明过。但是，与同时代本国同事有差异，呈现出与理性主义主流不同的特征。

这里以他与休谟之间关系加以说明。弗格森与休谟是多年的朋友，经常有书信往来。他还使用休谟的理论认识社会，例如在《文明社会史论》中引用休谟的话来论述人口和财富问题[③]。但是，弗格森对新兴的商业文明进行了颇有先见的批判，这就将他与休谟对近代商业文明的乐观主义相区别，这“意味着弗格森的社会思想与苏格兰启蒙运动学术主流相左”[④]。弗格森承认社会财富进步的事实，但是，他认为以财富来衡量无论个人还是文明的发展都是不全面的，且现代所取得的物质成就也只是前代

---

① Adam Ferguson, “From Edward Gibbon on April 18th, 1776”, Vincenzo Merolle, edited, *The Correspondence of Adam Ferguson*, London: William Pickerling, 1995, p. 141.

② Annette Meyer, “Ferguson's Appropriate Stile in Combining History and Science: the History of Historiography”, Eugene Heath and Vincenzo Merolle edited, *Adam Ferguson: History, Progress and Human Nature*, London: Pickering & Chatto, 2008, pp. 131 - 132.

③ 〔英〕弗格森：《文明社会史论》，第 156 页。

④ 刘华：《文明的批判——亚当・弗格森及其〈文明社会史论〉》，《历史教学问题》2004 年第 5 期。

发展的结果而已。与休谟不同,弗格森更坚持维护苏格兰的主体性,这也是他对其民族将要遭受的商业冲击的前景表现得忧心忡忡的重要原因。而这一点恰好是休谟所不具备的。弗格森从柏拉图政治哲学立场出发,奉行经验主义原则,走上与休谟和斯密不同的方向。平心而论,弗格森思想有辩证特征,他"看到物质进步和道德进步中的紧张;他不像其他启蒙思想家那样,还看到'高度发展的社会'无疑处于'倒退到野蛮的专制主义危险'的边缘"①。

第二,弗格森的历史写作成为年鉴派的先声。《文明社会史论》探讨人类和社会的发展,它的当代价值还是被学术界发现了,被说成"最清晰地超越文明目的论而指向'总体史',指向了总括和宽阔,更给予近代的探讨戒律者以自信。在他强调'环境和情势影响'时,弗格森更早建立了一个模范,差不多预示了费尔南多·布罗代尔的'长时段';在其精致和层次丰富的社会学视野下的历史著作中,他奉献了非常丰富的感受:变化的得与失,进步自身的暂时性"②。这段话表明,后世的年鉴学派总体特征、"情势"和"长时段观念"与弗格森非常相像。因此,说弗格森是年鉴学派的精神先驱当不为过。

---

① Murray G. H. Pittock, "Historiography", Alexander Broadie, *The Scottish Enlightenment*, Cambridge: Cambridge University Press, 2003,三联书店 2006 年版,第 274 页。

② 同上书,第 275 页。

第十六章　吉本的史学

爱德华·吉本(Edward Gibbon，1737—1794 年)，英国历史学家，“不仅是 18 世纪英国最著名的历史学家，而且也是启蒙时代西方史家的杰出代表”①。

一、阅读、游历和著述的一生

爱德华·吉本出生于萨里郡普特尼镇一富裕家庭，由于母亲在他出生之后又生了五男一女，加之还要辅助丈夫进行社会活动，特别是丧母之后父亲续弦，他由其大姨妈凯塞琳·波顿抚养长大。

吉本体弱多病，启蒙教育是在学校和家中交替完成的。在姨妈照料下，吉本读了许多古希腊罗马人物传记。这一经历对吉本产生了两种重要影响：一是激发他对古典时期历史的兴趣；二是打下了良好的希腊文和拉丁文基础。

其家庭教师约翰·柯克比在一年半时间里为他的拉丁文学习打下了基础。9 岁时吉本在金斯顿学校读古罗马菲德洛斯的寓言、科尼利尔斯·尼波斯的《传记集》，而且非常推崇后者，他说：尼波斯的《传记集》“是按语言最纯正时期的那种笔法写作的：单纯之中有典雅，简洁之中有丰满。他展示了一系列人物和风俗。凭着这种为任何学究式文士无法提供的形象描写，这位经典的传记作家或许在希腊和罗马历史领域，引导一个青年学生”②。1748 年进威斯敏斯特公学后两年多时间，陆陆续续接受拉丁文和希

① 张广智主著：《西方史学史》，第 147 页。

② Edward Gibbon, *Autobiography of Edward Gibbon*, edited by Oliphant Smeaton, London: J. M. Dent & Sons Ltd., New York: E. P. Dutton & Co., 1923, pp. 26 - 27。本书中关于吉本传记的译文，参考了戴子钦翻译的三联书店 1989 年出版的《吉本自传》。

腊文方面的教育。

吉本自己说,在进牛津大学之前,英国读者所能读到的希腊、罗马历史学家,"从利特尔伯里有缺陷的《希罗多德》和斯佩尔曼有价值的《色诺芬》,到戈登的卷帙堂皇的《塔西佗》,我只要能够找到的书籍,我都极其贪婪地阅读了"①。

1752年,吉本进牛津大学莫德林学院,根据其《自传》所回忆,他最大收获是希腊文和拉丁文的阅读能力得到了进一步的培养。

1753—1758年,留学洛桑,在帕维雅指导下进行系统的阅读。一是,他皈依新教,阅读孟德斯鸠、洛克等人著作,接受法国启蒙思想家自然神论,从而掌握了在《罗马帝国衰亡史》中对基督教传统教义、信条进行批判的武器。二是,攻读希腊文、拉丁文著作,进一步为研究古典时代的历史奠定了基础。定居洛桑后,重新阅读《伊利亚特》和《奥德赛》,希罗多德、修昔底德和色诺芬的历史著作,古代雅典的悲剧和喜剧,以及苏格拉底学派许多有趣的对话。此外,普罗科比厄和阿加底亚斯的史书原本,载有查士丁尼当政时期的大事,还有许多重要人物,他也读了。他还读了《西塞罗文集》、米德尔顿的《西塞罗传》。他研读了《查士丁尼国法大全》以及后人对这些法律的诠释。在留居洛桑的最后三年,他练习法文和拉丁文互译。对于这些学习,吉本写道:

> 我制订个更为广泛的重新学习拉丁文古典著作的计划,分为四大项目:(1) 历史学家,(2) 诗人,(3) 演说家,(4) 哲学家,以年代先后为序,上起普鲁图斯和萨鲁斯特的时代,下迄罗马语言和帝国的衰落。我在留居洛桑的最后27个月(1756年1月至1758年4月)中,差不多将这个计划执行完成了。……我耽迷于第二遍,甚至第三遍细读德伦斯、维吉尔、贺拉斯、塔西佗等人的著作。②

吉本在法国游历结识了狄德罗、达兰贝、爱尔维修等法国启蒙思想家。他还同伏尔泰、休谟等人交谊深厚。

① Edward Gibbon, *Autobiography of Edward Gibbon*, edited by Oliphant Smeaton, London: J. M. Dent & Sons Ltd., New York: E. P. Dutton & Co., 1923, p. 34.

② Ibid., pp. 68 - 69.

他对伏尔泰非常推崇。在洛桑的吉本看过伏尔泰朗诵诗歌、表演戏剧，他说：伏尔泰的才智和学问，“降低了我对莎士比亚伟大天才的盲目崇拜……在一个显然可见的程度上改善了洛桑的风气；而我虽然沉溺于书本，却也领受到了我的一份社会活动的乐趣”①。后来，伏尔泰离开了洛桑，隐居到费尔内，吉本再一次进行了拜访。吉本在第六十八章叙述穆罕默德二世的为人时，赞同伏尔泰的说法②。

吉本所崇拜的大师还有休谟，而且两人关系非同寻常。休谟对吉本的帮助和指导在上文论述休谟史学时已涉及，这里不再赘述。需要指出的是，吉本肯定休谟对于英国史学的贡献，他说：“旧日有一句责难的话，说是英国的祭坛从来不曾供奉过历史女神，这在最近已由罗伯逊和休谟以他们最早的著作即苏格兰和斯图亚特王朝的历史加以否定了”，休谟的著作有着“冷静的哲学，超脱的、不可模仿的妙处”③。

在第六十九章论述教皇的权威时，引用了休谟《英国史》第一卷中的话：

> 尽管罗马教廷的声名和权威在对它一无所知、对它的性格和行为全无了解的欧洲偏僻地区，是那么令人恐惧，而教皇在本地区却几乎无人尊敬，以致他的宿敌包围着罗马的城门，甚至还控制着该城的他的政府；那些从欧洲最边远地区派来向当代最大的权势人物表示最恭顺的，甚至是奴颜婢膝的服从的使节们，却发现身不由己，很难走近他，俯伏在他的脚下。

在这一条引文下的注释还说：

> 这位作家还根据菲茨·斯蒂芬的说法，向我们讲述了亨利二世的父亲若弗勒对教士们犯下的一件离奇的暴行。“在他仍是诺曼底首领

① Edward Gibbon, *Autobiography of Edward Gibbon*, edited by Oliphant Smeaton, London: J. M. Dent & Sons Ltd., New York: E. P. Dutton & Co., 1923, p. 78.

② 有一种说法，穆罕默德二世邀请威尼斯画家贝利诺作画，为了让画家看清肌肉活动情况便特意将一个奴隶砍头。吉本赞同伏尔泰的观点，认为这种说法“是非常可笑的”。见 Edward Gibbon, *The History of the Decline and Fall of the Roman Empire*, Vol. Ⅵ, London: Routledge/Thoemmes Press, 1997, p. 466。

③ Edward Gibbon, *Autobiography of Edward Gibbon*, edited by Oliphant Smeaton, London: J. M. Dent & Sons Ltd., New York: E. P. Dutton & Co., 1923, p. 92.

的时候,塞斯的牧师团公然在未经他同意的情况下,径自进行主教选举:就因为这件事,他下令将所有的人,包括当选的主教,都给阉割了,并要求将所有人的睾丸装在一只盘子里送给他看。"对于他们所受的疼痛和遭受的危险,他们自然有理由抱怨,不过,既然他们都曾发誓不近女色,他也只不过是夺去了他们的一件多余的好东西而已。①

为了越过阿尔卑斯山南游,他订立并实行一项阅读计划:读古罗马地方志,古代意大利地理,以及关于勋章奖章的书籍。他所阅读之书其中就有克鲁维琉斯《古代意大利》,斯特拉波、普林尼、庞波尼阿斯·梅拉描述意大利风物的文章以及贝尔吉埃《罗马帝国大道历史》。他在阅读同时,还随时摘录,例如关于古罗马广场,"每一个值得纪念的地点,当年罗慕路站立过的,或者塔利演说过的,或者恺撒倒下的地方,立刻呈现在我的眼前"②。这为他完成《罗马帝国衰亡史》打下了良好基础。

在吉本历史写作生涯中,并非是一开始就确定以罗马帝国衰亡为研究对象的,而是有一个探索和选择的过程。

他喜欢传记,以为"有时还只有这一部分著作才是有趣的"③。因此,他长期有着写艺术、军事、宗教、政治各界人物传记的想法。④ 吉本最初打算撰写从亨利八世在位到吉本生活时代的英国艺术、军事、宗教和政治等领域最杰出人物的传记。1761 年 4 月,在伯里顿旅行期间,他选取法王查理八世远征意大利为题,可是到了 8 月份这种念头就打消了,因为他认为那段历史跟时代相隔太远,同时远征本身并不是大事要事。他曾经考虑写查理一世、黑王子爱德华等人的传记,可是也放弃了。最后,决定以沃尔特·罗利爵士作为主人公。罗利既是军人又是海员,既是朝廷大官又是历史学家,所以显得变化多端;同时他的历史还可以根据吉本的需要提供大量的原始资料。但是,通过阅读他人的著作,吉本感到不能有所创新,还可能陷入党派之争,而且在国外必将遇到更为难堪的冷淡。因此,他不得不放弃这些,而

① Edward Gibbon, *The History of the Decline and Fall of the Roman Empire*, Vol. Ⅵ, London: Routledge/Thoemmes Press, 1997, p. 525.

② Edward Gibbon, *Autobiography of Edward Gibbon*, edited by Oliphant Smeaton, London: J. M. Dent & Sons Ltd., New York: E. P. Dutton & Co., 1923, p. 122.

③ Ibid., p. 5.

④ Edward Gibbon, "To Lord Sheffield, Jan. 6th, 1793", *Private Letters of Edward Gibbon (1753 - 1794)*, Vol. Ⅱ, London: John Murray, Albemarle Street, 1971, p. 359.

另找一个较为稳当、范围较广的题目①。

他曾经选过“瑞士人民自由史”为题，想写一个勇敢的民族摆脱奥地利王室统治，防御法国王储侵夺，最后打败并杀死勃艮第公爵查理，由此奠定独立地位的历史。可是，他很难得到相关的历史资料，因为那些资料是用古老而粗野的日耳曼语言写成的，而他对这语言全然不懂，加之受到过多的批评，吉本最终还是放弃了。

在罗马的游历，促使他后半生致力于罗马帝国衰亡史的写作。吉本回忆道：“那是在罗马，1764 年 10 月 15 日，当我坐在遗址上默想的时候，朱庇特神庙里赤脚的修道士们正在歌唱晚祷曲，撰写这个城市衰落和败亡的念头，开始在我心中萌发了。”②

1770 年后定居伦敦，全力撰写《罗马帝国衰亡史》③。1776 年《罗马帝国衰亡史》第一卷出版，1781 年出版了第二、三两卷，1788 年 5 月 8 日最后三卷同时出版。吉本曾在自传中抒发过完成书稿时的复杂心情：

> 我搁下笔，曾久久徘徊在那刺槐掩映的小道上，从这里可以眺望到田园风光，湖光山色。是时，空气温馨，天空宁谧，月亮的银辉洒在湖面上，整个大自然万籁俱寂，我掩饰不住首次如释重负以及可望成名时而感到的欢欣。但是，我的得意瞬间消沉下去了。一种淡淡的哀愁袭上了我的心头。想着我业已同一个伴我多年的挚友诀别了，不管我的这部史著今后的命运如何，历史学家的一生应是短促而无常的。④

根据吉本的回忆，他对自己的著作要求严格，《罗马帝国衰亡史》第一章三易其稿，第二、三两章两易其稿，第十五、十六两章，经过修改，从一卷削减

① Edward Gibbon, *Autobiography of Edward Gibbon*, edited by Oliphant Smeaton, London: J. M. Dent & Sons Ltd., New York: E. P. Dutton & Co., 1923, pp. 108 - 110.

② Ibid., p. 124.

③ 该书的汉译本最初有王绳祖、蒋孟引合译的第十五章单行本，1964 年商务印书馆出版；后来李树泖、徐式谷又译了第十六章，与第十五章一起收入《外国史学名著选》，1987 年商务印书馆出版；黄宜思、黄雨石翻译了 D·M·洛(D. M. Low)的节选本，1997 年商务印书馆出版。席代岳所译六卷本，由吉林出版集团有限责任公司 2008 年出版。

④ Edward Gibbon, *Autobiography of Edward Gibbon*, edited by Oliphant Smeaton, London: J. M. Dent & Sons Ltd., New York: E. P. Dutton & Co., 1923, pp. 166 - 167。本译文采自张广智在《超越时空的对话：一位东方学者关于西方史学的思考》中的译法，详见该书第 228—229 页，北京师范大学出版社 2008 年出版。

到两章，至于君士坦丁时期的各种具体事件，他很不满意第一次所写文稿，因此将50多页稿纸投入火中。

吉本主要著作除了《罗马帝国衰亡史》外，还有《吉本自传》①、《吉本未发稿》、《吉本书信》和《英语随笔集》等。

二、传世经典《罗马帝国衰亡史》

吉本的《罗马帝国衰亡史》是西方史学的经典，其原因是多方面的，这里提出几个问题加以分析说明。

1. 论罗马帝国衰亡的原因

有人读《罗马帝国衰亡史》，认为吉本把罗马帝国衰亡的原因归于基督教的腐化和野蛮人的进攻，显然有点简单了，说："罗马帝国的衰亡，在吉本心目中，虽不仅以蛮族与基督教概括，仍然是导致衰亡的两大主力。就现代学术而言，如此解释帝国的衰亡，不仅未必正确，而且过于简化。"②这位学者还指责吉本"几乎完全忽略了罗马帝国衰亡的经济因素，对人群心理描述也无学理基础，社会与思想未及探讨，仅止于肤浅的政治与道德层面考量"③。

其实，这是对吉本的误读。戚国淦在《中文本序言》中把书中关于罗马衰亡的原因进行过忠于原作的概括，这一概括为：

近卫军的暴乱是罗马帝国衰落的最初信号和原因，尤其是来自蛮族的军士积功上升为军官，把持朝政，甚或取得帝位，构成帝国长期战乱和衰亡的重要因素。

皇帝与元老院的权力之争削弱了帝国的统治力量。特别是塞维鲁皇室从其统治中形成了新的准则：皇帝不受元老院和法律的限制，以自己独断专行的意志支配帝国与臣民。

3世纪，帝国面貌依旧，但雄风已消，军纪松弛，边防削弱；而蛮族人口增殖迅速，有战士百万，并从罗马学到作战艺术，因此构成对帝国边境的威胁。蛮族人员不习惯务农，不愿受约束，往往流窜，成为暴乱之源。而当民

---

① 汉文由戴子钦译，三联书店1989年出版。

② 汪荣祖：《吉本及其不朽的〈罗马帝国衰亡史〉》，《史学九章》，三联书店2006年版，第12页。

③ 同上书，第14页。

族大迁徙的波涛涌起时，内外呼应，西罗马帝国遂被淹没。东罗马帝国的边患主要来自东方。阿拉伯人的扩张吞食掉其东部领土，土耳其人的崛起摧毁了这个古老帝国。

但是如果研究吉本对罗马帝国衰亡原因的看法，那么到这里并不能结束。必须考察的是，在多种因素中是否有主次之分，内外之别。可以肯定，在吉本心中这种区别是有的。

吉本的确认为基督教内部关于三位一体说、化身说的论争，“对教会的名誉有损、对国家的兴盛有害”[①]。但是，这不等于说基督教对于罗马帝国衰落所起的作用要比野蛮人的进攻乃至罗马的政治危机的作用更大。

其实，在吉本看来罗马内部的政治危机所起的作用是最为关键的。他除了说过，罗马近卫军的失控的疯狂行为是罗马帝国衰败的最初征兆和动力，塞维鲁是导致帝国衰落的罪魁祸首之外，吉本还认为，罗马因提奥多西继承人而发生分裂，而且双方的分裂因长期的语言、习惯、利益、宗教等方面的差异而加剧。这种分裂使得在面临野蛮人进攻的时候，相互援助不够及时和充分。这也是罗马衰亡的重要原因[②]。所以，第三十五章中，他在历数了西罗马帝国衰败的征象时，这段话耐人寻味，“如果所有的野蛮人征服者有可能同时全被毁灭，他们的彻底毁灭也不可能使西部帝国重新得到恢复：如果罗马还仍然存在，她也决不可能再具有原来的自由、品德和荣誉了”[③]。显然，在吉本看来，自由、品德和荣誉的丧失，既不是野蛮人造成，也不是基督教传播的结果，而是罗马帝国自身腐化所致。

在吉本看来，这个内部腐化就是：

军人干政是罗马衰亡的重要标志也是重要原因。康茂德沉浸在无辜者的血泊和尽情享乐中，把政务交给有野心而又奴颜婢膝的佩伦尼斯掌管，不列颠军团组织了 150 人的请愿团，迫使他处死佩伦尼斯，吉本说：“一支边远驻军的这种狂妄行为以及由此而显示出的政府的虚弱，无疑已形成了可怕

---

① Edward Gibbon, *The History of the Decline and Fall of the Roman Empire*, Vol. Ⅳ, London: Routledge/Thoemmes Press, 1997, p. 532。按：为了做这一课题，我委托朋友从国家图书馆获取了注释中说明的 1997 年本子，而译文部分参考了 D·M·洛的节缩本的商务印书馆 1997 年的黄宜思、黄雨石的译文。

② Edward Gibbon, *The History of the Decline and Fall of the Roman Empire*, Vol. Ⅲ, London: Routledge/Thoemmes Press, 1997, p. 632.

③ Ibid., p. 434.

的大动乱的前兆。”[1]而“罗马近卫军的失控的疯狂行为是罗马帝国衰败的最初征兆和动力”[2]。“近卫军残暴地杀害佩提那克斯的事实已彻底粉碎了皇帝宝座的尊严;他们接下去的行为则更进一步使得它威风扫地了。”[3]后来塞维鲁放松对士兵的纪律约束,“渐渐一个个养尊处优、自高自大并由于享有危险的特权而显得比一般人民位高一等,很快已完全不能进行艰苦的军事行动,却只会欺压人民,而且也完全不能接受任何争夺的管束了”[4]。结果从边区各军团抽调近卫军,造成“意大利的青年都不再习武了”[5]。“在皇帝和军队之间保持一个不论多么有名无实的缓冲力量是大有好处的。”[6]塞普提米乌斯·塞维鲁被“看作是招致罗马衰亡的罪魁祸首”[7]。

至于说吉本在书中的心理描述无学理基础,这一指责过于苛刻了。那时的心理学并未像19世纪末20世纪初那样蔚然发达,强行要求吉本使用成熟的心理学去解释罗马历史未免有非历史倾向。其实,关于这个问题,汤普森已经说得非常清楚:“责怪吉本说他看不到只有到19、20两个世纪才发现的某些历史价值,这是极不公平的。……他的世界观是那个时代的世界观。要打开通向古代历史拱顶室的新门路只有经过法国大革命、浪漫主义运动、康德哲学和工业革命,然后才能办得到。吉本是一位天才,但他并不是一位先知。在他和他同时代的人们心目中,‘战争和行政公事才是历史的主要题材’。”[8]这种态度是可取的。特别是,说吉本几乎完全忽略经济有点言过其实了。《罗马帝国衰亡史》中的经济内容,下文将有所涉,这里略去。

2. 批判帝国衰亡中的基督教

吉本对基督教史感兴趣跟他的信教经历和阅读书籍有关。众所周知,他有从信旧教到皈依新教的历程,而且从小就喜欢宗教辩论,在后来的阅读中,接触了不少关于基督教的著作。这些著作有:英国宗教评论家米德尔顿出版的《自由探索》,批判了基督教远古时代的奇迹,引起其他人特别是新

---

① Edward Gibbon, *The History of the Decline and Fall of the Roman Empire*, Vol. Ⅰ, London: Routledge/Thoemmes Press, 1997, p. 109.

② Ibid., p. 128.

③ Ibid., p. 130.

④ Ibid., p. 151.

⑤ Ibid., p. 152.

⑥ Ibid., p. 153.

⑦ Ibid., p. 154.

⑧ 〔美〕J·W·汤普森:《历史著作史》第三分册,第122页。

教人士写文章进行辩护。吉本看了他们的文章，但是他仍然相信古代的奇迹，相信教会的正统与纯洁。后来又读了法国传教士波舒埃的著作，才最后于1753年6月8日改信天主教。奇林沃思是当时牛津大学三一学院的研究员，著有《一名新教徒的信仰》，他通过进一步研究“三位一体”，而否定了三位一体说和人堕落必然受到惩罚的学说，被看作是为维护宗教改革最有说服力的书。奇林沃思从迷信思想转到怀疑主义对吉本发生了影响。在洛桑加尔文教牧师帕维雅家中，吉本还摘录过勒絮尔《罗马教会与罗马帝国历史》的要点。他阅读博索布尔的《摩尼教历史考证》，这部书讨论了非基督教与基督教神学上的许多很深奥的问题，对他也有启发。此外，还有帕斯卡的《致外省人书》，布里特里修道院长的《尤里安传记》、《那不勒斯世俗史》等，也对吉本产生了影响。这些足以说明，吉本在《罗马帝国衰亡史》中给予基督教历史那么多的篇幅及其写作特点的原因。

可是，吉本并没有一般地或者笼统地完全地反对基督教。

他对“福音的简单、纯洁的观念”和基督教的道德观念没有批判，相反他对基督教真诚和勇敢追求理想的态度始终怀着崇敬之情。对此，D·M·洛在《引言》中说：“在这里，借口吉本对宗教生活怀着无限同情那是没有用的。……‘对宇宙的神秘以及对此类奥秘进行解释的一切说法，他们都同样抱着冷若冰霜的态度。’……在18世纪那‘鼾睡’的教会很有可能会忽然醒来对亵渎上帝的行为进行迫害的时代，采取旁敲侧击的手法是一种必不可少的预防措施。”①这一说法，在一般意义上是说得通的，但它与吉本的具体表现是不完全符合的。

说具体点，吉本对正统派尤其是个人品德比较高尚的教会人士还是持肯定态度的。例如，约翰·克里索斯托姆，在阿尔卡狄乌斯统治东罗马时，是君士坦丁堡的主教，“他始终坚持体现自己作为修道士的美德”，“迫使人的情欲为高尚的品德服务”，“揭露罪恶行径的愚蠢和卑鄙”②。吉本叙述了他对世俗和教会罪恶的揭露与指责，在反对势力迫害他时的坚韧和勇敢，以及死后人民对他的景仰③。吉本对正统派基督教神学者和政治家波伊提乌

---

① 〔英〕D·M·洛：《引言》，吉本著，黄宜思、黄雨石译：《罗马帝国衰亡史》上册，商务印书馆2002年版，第5—6页。

② Edward Gibbon, *The History of the Decline and Fall of the Roman Empire*, Vol. Ⅲ, London: Routledge/Thoemmes Press, 1997, pp. 302 - 303.

③ Ibid., pp. 303 - 310.

斯评价为,“克尽公私生活中的社会职责;他的慷慨使穷苦人的苦难得到了宽解”,他的“辩才始终毫无例外地被用于维护正义和人道的事业”①。他的天才“在他的身后散发出知识之光,照亮了拉丁世界的最黑暗的时代”②。

吉本批判基督教的神迹。他要“揭示出一些平庸的福音导师和信徒们的不足征信的说法”,揭示出基督教“不可避免必将沾染上的错误和腐化现象”③。基督教信徒相信:有的圣徒能道神意、眼能见神灵显圣和预言凶吉的天赋,并有降伏魔鬼、医治疾病和使死者复生的能力。

吉本提出质疑:经常有神传授伊里纳乌斯通晓外语能力,但是在高卢土著人中传教时被野蛮民族的语言弄得很狼狈;有人对安条克主教提奥菲鲁斯提出如果能让他看到主教让死人复活他就信奉基督教,结果提奥菲鲁斯拒绝了这一挑战④。他认为,“要让我们相信一件神奇的事情便必须有充分的证据才行”⑤。

他解构了基督教历史上一个迷信的说法。攸西比乌斯在《基督教会史》中记述:君士坦丁在行军中一次亲眼看见中午太阳上方立了个闪光的十字架饰物,上刻“以此克敌”。晚上他梦到神指示他将代表上帝的神圣符号刻在士兵的盾牌上。所以,君士坦丁皈依基督教,战无不胜。吉本说,攸西比乌斯没有对时间和地点进行查证,没有搜集和记录目击者的证词,而只说明是君士坦丁的口述并信誓旦旦说自己的经历是真实的。吉本揭示了无论是西方还是东方的教会却都采纳了这个神奇的故事,并且在迷信的传统中一直占据着十分光彩的地位⑥。

3. *碧玉瑕疵之处*

应当承认这部经典性的历史著作还是存在着不足的。

在没有原始材料的时候,吉本也会根据二手乃至三手材料进行写作,他承认过:“我获得了几本有用的书,如《耶路撒冷的刑事审判》、《罗马城市的

---

① Edward Gibbon, *The History of the Decline and Fall of the Roman Empire*, Vol. Ⅳ, London: Routledge/Thoemmes Press, 1997, p. 35.

② Ibid., p. 39.

③ Edward Gibbon, *The History of the Decline and Fall of the Roman Empire*, Vol. Ⅰ, London: Routledge/Thoemmes Press, 1997, p. 536.

④ Ibid., pp. 567 - 569.

⑤ Ibid., p. 569.

⑥ Edward Gibbon, *The History of the Decline and Fall of the Roman Empire*, Vol. Ⅱ, London: Routledge/Thoemmes Press, 1997, p. 200.

建立》等，摘取了一些补充材料，添入适当的章节。”[①]汪荣祖批评为：“吉本则常以史料为我用，胜于史料的考证。”[②]可谓一语中的。

至于个别地方有史实错误，当时考古学家达尔林普尔指出《罗马帝国衰亡史》中的一些细节错误，吉本虽然不悦地说：“他在批评我的罗马史最后两章的每一段落时，用的却是擅长诡辩的律师所用的那种挑剔细节的手段”；但是承认，“由于他自始至终吹毛求疵，有时可能果然找出了毛病。从他所著的那本《苏格兰编年史》看来，他是个勤于搜集材料的人和观察准确的批评家”[③]。第四十章，有一段波斯僧人受拜占庭皇帝查士丁尼之嘱从中国偷运蚕子，就是个离奇的故事，齐思和教授已经作了具体订正[④]。

关于东罗马问题，D・M・洛说：对于后半部分，“吉本的叙述便不可避免地需要匆匆带过或简略概括，因此处处暴露出他对拜占庭历史所知有限，评论亦多欠当”[⑤]。汤普森也指出，“他为写这几章进行的研究中许多工作必然使他厌倦，特别是因为他的拜占庭希腊文知识并不多，不能满足这项工作的要求。近代拜占庭学者业已说明的那些重大问题，吉本当时一个都未能预见”[⑥]。

这些话道出吉本写东罗马历史的功力不逮，以致给著作带来不足。

三、吉本史学的主要特征(上)

吉本作为一位理性主义史学家的杰出代表，其史学具有明显特征，现把主要者论述如下：

1. 征引古典作家，奉塔西佗为精神导师

D・M・洛在谈及古典作家对吉本的影响时说：吉本“曾把他的大部分青少年时期用于热心钻研古代文献，特别是一些拉丁作家的作品，因而他的

---

① Edward Gibbon, *Autobiography of Edward Gibbon*, edited by Oliphant Smeaton, London: J. M. Dent & Sons Ltd., New York: E. P. Dutton & Co., 1923, p. 170.

② 汪荣祖：《吉本及其不朽的〈罗马帝国衰亡史〉》，《史学九章》，三联书店 2006 年版，第 9 页。

③ Edward Gibbon, *Autobiography of Edward Gibbon*, edited by Oliphant Smeaton, London: J. M. Dent & Sons Ltd., New York: E. P. Dutton & Co., 1923, p. 152.

④ 齐思和：《中国和拜占庭帝国的关系》，《北京大学学报》1955 年第 1 期。

⑤ 〔英〕D・M・洛：《引言》，吉本：《罗马帝国衰亡史》上册，黄宜思、黄雨石译，商务印书馆 2002 年版，第 2 页。

⑥ 〔美〕J・W・汤普森：《历史著作史》第三分册，第 120—121 页。

观点曾深受这些作家的影响”①。

吉本按照写作需要，征引过而且明确提到姓名的古典作家就有：塞涅卡、郎吉努斯、塔西佗、奥利金、攸西比乌斯、佐西穆斯、阿米阿努斯、普罗科比厄、奥罗修斯、伊西多尔、奥古斯丁、西多乌尼斯等。吉本自己承认：“由于先人的留传或我自己的购买，我得到西塞罗、昆体良、李维、塔西佗、奥维德等人著作的最善版本，这给了我一个美好的前景，我对此相当重视。我坚持写摘要和笔记的有益方法。”②

许多具体的历史观点受到了古代史学著作的影响。

第三十八章有关于罗马共和与专制问题的分析，他认为共和国中，人民讲荣誉和美德，青年意气风发；有贵族和平民，自由意志和行政统一，形成了坚定对等的平衡。这样公民为国家出力，不知道恐惧，不甘心安逸。但是帝国时期，罗马军团压制共和国的自由，冒犯皇帝的威严，军事活力丧失，最后被野蛮人的洪流所淹没。其中的基本观点是受之于波里比阿的。在谈到罗马元老院的情况和尼禄对基督教徒的迫害时，吉本引用了塔西佗的记载。

吉本非常推崇塔西佗，把他奉为精神导师。吉本说塔西佗为“大历史学家”③，“具有哲学头脑的历史学家”④。还说塔西佗为其时代“增添无限光彩，提高了人的尊严”，“清除了一般人的迷信的成见”⑤。

从他们的著作看，至少在三个方面吉本遵循了塔西佗的做法。

首先，歌颂有作为的皇帝，不吝笔墨表彰一些为罗马历史发展作出贡献的人物。例如，他赞扬马约里安，“热爱他的人民、同情他们的疾苦、曾研究过帝国衰败缘由，并有能力应用(在这种改革尚属可行的情况下)合理的、有效的办法以改变混乱的情况”⑥。再如，颂扬戴克里先，“从不缺乏足够的勇气”，具有“强健的头脑”，“精于处世”，“体现了慷慨和节俭、温和和严厉的明

① 〔英〕D·M·洛：《引言》，吉本：《罗马帝国衰亡史》上册，第7页。

② Edward Gibbon, *Autobiography of Edward Gibbon*, edited by Oliphant Smeaton, London: J. M. Dent & Sons Ltd., New York: E. P. Dutton & Co., 1923, p. 91.

③ Edward Gibbon, *The History of the Decline and Fall of the Roman Empire*, Vol. Ⅰ, London: Routledge/Thoemmes Press, 1997, p. 608.

④ Ibid., p. 636.

⑤ Ibid., pp. 616 - 617.

⑥ Edward Gibbon, *The History of the Decline and Fall of the Roman Empire*, Vol. Ⅲ, London: Routledge/Thoemmes Press, 1997, p. 455.

智的结合”,“在坦率的掩盖下隐藏着极深的心计”,又“异乎寻常的温和”,总之,“是一位出色的政治家”①。这点跟塔西佗歌颂有作为而且品德高尚的涅瓦尔是一致的。

鞭挞暴君,这一点跟塔西佗把历史著作当成“惩罚暴君的鞭子”的精神,是一致的。例如,他认为提比略愚昧残暴,卡利古拉狂暴,克劳狄乌斯软弱无能,尼禄荒淫残暴,维特利乌禽兽一般,图密善胆小如鼠、不齿于人类。他说:“罗马一直呻吟在极其残酷的暴政之下,这暴政彻底消灭掉了奉行共和制的古老家族,而且在那一不幸时代出现的一切美德和才能也都受到了致命的摧毁。”②

吉本还跟塔西佗一样,善于概括历史认识,写出许多精辟的富有哲理的句子,这里列举一些以见其情状。例如,“希望,这是我们处于不幸中时的最好安慰”③。“多疑的君主常会从人类的最低层中物色心腹。”④“人数太少,团结得再好也不顶用,人多而指挥不灵,什么事也办不成。”⑤“即使是最公正的战争也包含着对人性和正义的永久的摧残。”⑥

唐纳德·R·凯利引用约翰·惠特克的话说:“‘我们在真实性中的所失就是我们在添枝加叶中的所得;叙事的权威在环绕它的哲学的光泽中消失和沉沦。’这以前是塔西佗的缺点,现在是吉本的缺点。”⑦此言中的价值判断是可以商榷的,但是说吉本像塔西佗一样富有哲学意味是完全恰当的。

需要指出的是,他并未对塔西佗盲目肯定。他认为,由于塔西佗生活在哈德良时代,受时代影响,把邪恶教派的罪行和灾难归于基督教徒,同时把许多中间环节和事实给省略了,因而对于迫害基督教徒的原因并没有做具体交代⑧。还认为在写基督教的人数时,塔西佗关于基督教徒的数量之多的说法“过分夸大”了⑨。

---

① Edward Gibbon, *The History of the Decline and Fall of the Roman Empire*, Vol. Ⅰ, London: Routledge/Thoemmes Press, 1997, pp. 424 - 425.

② Ibid., p. 87.

③ Ibid., p. 49.

④ Ibid., p. 110.

⑤ Ibid., p. 127.

⑥ Edward Gibbon, *The History of the Decline and Fall of the Roman Empire*, Vol. Ⅲ, London: Routledge/Thoemmes Press, 1997, p. 341.

⑦ 〔美〕唐纳德·R·凯利:《多面的历史》,第438页。

⑧ Edward Gibbon, *The History of the Decline and Fall of the Roman Empire*, Vol. Ⅰ, London: Routledge/Thoemmes Press, 1997, pp. 639 - 640.

⑨ Ibid., pp. 607 - 608.

2. 整体的历史与广泛的内容

罗马帝国虽然在事实上有东西之分，但是在吉本脑海里它是一个整体，所以他所论述的罗马帝国不仅时间下延至1453年，并且描写西罗马帝国灭亡后中世纪罗马城直到16世纪。对此，D·M·洛说得好："他始终毫不含糊视罗马帝国为一单一整体，而其后之作者却无一人有此思想。即使在罗马领土已被东、西两政府分割为二时，罗马仍为一帝国而并不存在两帝国一说"；因此，当1453年征服者穆罕默德二世直捣君士坦丁堡的时候，当时倒下的并不仅仅是这一城市；可以称为建于公元前27年的罗马帝国亦随之彻底瓦解了。然而，吉本的叙述却并未结束①。

一般认为吉本把政治军事史看成是历史的主要内容，这在上文已提到。这一看法大体上是对的。但是这并不意味着他对其他领域漠然视之。相反，《罗马帝国衰亡史》内容所及非常广泛，包括如下几个方面：

在语言方面，罗马把拉丁语推行到非洲、西班牙、高卢、不列颠和潘诺尼亚等地，希腊语东扩到从亚德里亚海到幼发拉底河的广大地区，拉丁语则被遗忘。

文学、艺术和科学在罗马各地得到普及。如希腊学识的复兴、高雅格调和艺术的衰落，戴克里先所引进的波斯宫廷礼仪，亚历山大图书馆遭受的劫难，查士丁尼统治时期出现的彗星、鼠疫和地震等方面，吉本都作了论述。

吉本还指出，罗马皇帝和各地总督热爱与关心建筑。雅典公民希罗多斯修建雅典运动场、修复伯利克里设计的大剧场，雅典人修建海神庙、科林斯剧场、德尔斐运动场，其他如色摩匹雷浴场、意大利坎努希厄姆的水渠、图拉真讲坛和各个城市之间的公共大道、索菲亚教堂等，都在《罗马帝国衰亡史》中有所涉及。

在农业方面，当时的罗马，有80多种葡萄培育成功，并在高卢纳博讷省和塞文山脉以北普遍种植成功；橄榄在意大利、非洲、西班牙和高卢腹地得到种植；亚麻从埃及传到高卢；苜蓿被普遍种植。

帝国境内的贸易，吉本指出，阿拉伯和印度之间的贸易给罗马市场带来了繁荣。帝国制造业发达，中国丝绸源源不断地进口；就奢侈品而言，有西徐亚的毛皮，巴尔干海边的琥珀，巴比伦的地毯，东方的丝、宝石、珍珠、香料等。

---

① 〔英〕D·M·洛：《引言》，吉本：《罗马帝国衰亡史》，第3页。

吉本还对蛮人的历史倾注了大量心血。他讨论波斯的强大、日耳曼人的积蓄力量，以及可能对罗马构成的威胁；叙述了法兰克人、斯威弗人、哥特人、波斯人对罗马的进犯，哥特人在阿拉里克率领下对意大利的入侵与三次围攻和洗劫罗马。此外，汪达尔入侵阿非利加、围困希波城、掳掠迦太基，阿提拉率领下的匈奴人蹂躏君士坦丁堡、入侵高卢和意大利，诺曼人入侵西部、征服意大利、与东部的冲突，吉本均有涉及。他花大量篇幅叙述阿拉伯概况，阿拉伯人的特性和宗教。他还讲述了塞尔柱突厥罗姆王国对拜占庭的威胁和对耶路撒冷的征服，以及奥斯曼土耳其阿穆拉特二世对君士坦丁的包围、攻陷和劫掠。

宗教史成为《罗马帝国衰亡史》中的重要部分。吉本描述了安东尼时代宗教的自由和宽容，以及对教士利益和人民迷信的足够尊重；分析了基督教成长的五大原因、对基督教发展的有利条件、原始基督教的人数和处境。他还对首批基督教徒遭受迫害的原因、程度、持续的时间和一些重要的情节，包括罗马皇帝、政府对待基督教徒的态度和行为，随时变换的迫害政策，西普里安殉教始末进行了分析。书中还涉及阿里乌斯教派、尼西亚会议，阿塔纳西乌斯的为人和坎坷经历、阿尔勒会议、米兰会议、基督教各派情况，以及尤利安对基督教徒的压迫、与阿塔纳西乌斯的关系、约维安统治下的基督教徒情况等内容。米兰大主教安布罗斯的形象，基督教殉教者崇拜，僧侣的出现、僧侣制度的发展、圣西门柱头修士、野蛮人对基督教的皈依，东哥特人提奥多里克对异端的宽容、对正统派波伊提乌斯的处决等都可以在书中找到相关的论述。吉本还刻画了伟大的格雷戈里教皇；论述了长达250年的宗教战争、东部各派的神学和政治上的分歧、原始基督教教会的各种学说，以及它们之间的喧嚣和血腥的斗争，还有偶像崇拜、偶像破坏及其在东部的复兴，丕平和查理大帝与教皇的关系，教皇与东部帝国的最后分离，乃至希腊和拉丁世界在宗教上的分歧和斗争等内容，书的最后还叙述了罗马教皇的权威、选举教皇的方法、教皇们向阿维尼翁的迁移、五十年节的创立、教皇返回罗马、基督教会政权、西部教会的分裂等。D·M·洛这样说道：

> 纽曼主教曾不无伤感地说过，吉本实为我们所有之唯一教会史学家。时间和勤奋已对这一情况有所改变了。不管怎么，一些最有价值的教会史学家都无不和吉本异口同声斥责不加深究的轻信、无稽的迷

> 信以及有意的欺骗，并同声哀叹，在一切宗教史中几乎都出现了一种脱离原始理想而趋向世俗野心的现象。吉本乃是使宗教史成为世俗研究课题的第一人。他的一切继承人绝大部分也只是在方法和程度上和他略有所不同而已。①

可见，吉本的基督教史写作在学术上的重要性。

就这种广泛的社会文化史写作，有学者予以了肯定：

> 他展示了宏富的取材：从塔西佗到狄勒蒙，从奥古斯丁到他最喜爱的法国启蒙思想家孟德斯鸠男爵。吉本注意到种种制度的重要性，在书中包括了一篇对现代学说成果烂熟于心的出色的关于罗马法的论文，这就为帝国专题研究的一个分支提供了一篇补充性考察，还包括了对近东(甚至远东)历史的讨论。他还通过旁及社会史和文化史来为他的叙述和精心构撰的脚注添加光彩；并提示一些值得探索的小路。②

这一说法是恰当的。

3. 怀疑态度和批判精神

吉本在阅读塔西佗、小普林尼等古典作家的著作时，就同其他一系列希腊文和拉丁文记录相互比勘，并以各种勋章纪念章和地理上及编年史上所见的铭文作为辅助材料，加以印证。

在此基础上，他对过去的记载提出许多质疑。例如，关于奥勒良统治时期造币工人的反叛。奥勒良在一封私人信件中称，他所任命的管理炉前工作的奴隶费利奇西穆斯怂恿铸币厂工人造反，最后被镇压下去。后来一些作家补充为，这件事情发生在奥勒良祝捷庆典之后，决定性战役发生在西连山，还说铸币厂在钱币中掺假，皇帝发放好币，还通知人民拿手中的坏钱到国库里兑换。对这件事情，吉本提出疑问：人民受铸造假币伤害，欢迎改进货币质量，他们受少数人组织而造反，于理是难以理解的。因此，他认为，这次反判只是起于一个偶然的不满，而不像是难以承受沉重的赋税，很难引起

① 〔英〕D·M·洛：《引言》，吉本：《罗马帝国衰亡史》，第5页。

② 〔美〕唐纳德·R·凯利：《多面的历史》，第432页。

一场内战。而且,没有掌财和掌兵人的参与,根本组织不起来一支军队,能够跟一个好战皇帝领导下的久经沙场的军团相对抗。吉本指出,事实上,人民对元老院、骑士阶层和近卫军不满,而皇帝出身平民,对人民的处境是深为同情的。最后,首都最有声望的人家都涉嫌疑犯罪,不少最有名望的元老被杀,奥勒良最终以军事命令的方式施行一切职权。吉本推断,改进货币质量只能是拥有极大权力而又心怀不满的人反对奥勒良的借口。

再如,在第三十二章中,关于阿尔卡狄乌斯去世后,其幼子小提奥多西的即位问题。吉本先是引用历史学家普罗科比厄的记述,普罗科比厄认为阿尔卡狄乌斯留下遗嘱把儿子托付给波斯国王耶兹德格尔德。后又引述历史学家阿加提阿斯对阿尔卡狄乌斯愚蠢的记述。至此,吉本批评阿加提阿斯的未加异议,他说:

> 一位审慎的历史学家,在没有弄清阿尔卡狄乌斯的遗嘱是否真实之前,便不会去研究它是否恰当。由于这是在世界历史上绝无仅有的一个例子,我们有理由要求,必须得到当代人对它积极、一致的证实才能作准。这段使我们感到可疑的新奇事件必然也曾引起他们的注意;而他们的普遍沉默实际已经彻底否定了后代的虚构的传说。①

吉本曾经发表《辩护书》回答《罗马帝国衰亡史》的批评者。其中有这么一段话,历史学家的任务"就是参考原始材料,我就是经常这样办的,还要把我参考的原著里那些段落的文字、结构、精神、上下文和位置等等细心研究;而且,在我把它拿来使用以前,还要使我自己的下列声明站得住脚:'为说明我撰写的题目而引用的所有原始材料,我都已仔细审查了。'……在我未能得到机会参阅原始材料的少数情况下,我便采用我信得过的近代先行者提供的证据;但在这些情况下,我并不把提厄蒙或拉德纳那些光彩夺目的美羽搬来装饰自己的门面,而是非常谨慎而准确地标出我所参阅的范围和材料来源"②。这表明吉本在历史写作中对原始材料的极其重视。

---

① Edward Gibbon, *The History of the Decline and Fall of the Roman Empire*, Vol. Ⅲ, London: Routledge/Thoemmes Press, 1997, p. 312.

② 转引自〔美〕J・W・汤普森:《历史著作史》第三分册,第111页。

四、吉本史学的主要特征(下)

1. 哲学史学和冷静分析

他在回顾其第一本著作《论文学研究》时说:“一种哲学精神的若干曙光启发了我关于历史与人类研究的一般看法。”[①]

他读了洛克《政府论》、《人类悟性论》,贝尔《历史和批判词典》,并深受影响。他还喜欢读孟德斯鸠的文章并进行模仿。他的许多句子都是非常富有哲理的,在上文谈及吉本跟塔西佗的关联中已经举了不少例子,兹不赘述。他在写作的时候,摒弃了圣经编年法,而倾向于使用古典的,甚至卢克莱修式的人类发展观念,从卢克莱修所描绘的野蛮状态类似的“原始而普遍的”野蛮状态出发,赋予历史一种进化观念,历经了游牧、农业、商业交换和市民社会等阶段。

唐纳德·R·凯利指出:他的“这种书写既是文学的,又是哲学的。他的目标是‘击中枯燥的编年史和带修辞色彩的雄辩之间的中调’”[②]。具体说来,“在洛桑时期,他还给他的古典学问添加了启蒙哲学”[③]。

他评价君士坦丁大帝时道出了自己关于历史人物评价的原则:

> 只有真正不怀偏见地把他的最热忱的崇拜者也不加否认的那些缺点和他的不共戴天的仇敌也不得不承认的那些优点综合起来,我们也许才能希望对这位非同一般的历史人物勾画出一个公正的、无愧于历史的形象来。[④]

他就是使用这一原则来冷静地分析历史的。例如,他肯定了君士坦丁大帝一直保持着强有力的体魄,喜欢彼此随意的社交活动,能正确估量知识的重要性,勤奋处理公务,具有博大的胸怀,完美的指挥才能,赢得人民的好

---

① Edward Gibbon, *Autobiography of Edward Gibbon*, edited by Oliphant Smeaton, London: J. M. Dent & Sons Ltd., New York: E. P. Dutton & Co., 1923, p. 98.

② 〔美〕唐纳德·R·凯利:《多面的历史》,第435页。

③ 同上书,第430页。

④ Edward Gibbon, *The History of the Decline and Fall of the Roman Empire*, Vol. Ⅱ, London: Routledge/Thoemmes Press, 1997, p. 74.

感。他也批评晚年的君士坦丁，挥霍国家财物，压榨人民，贪污腐败公行，缺乏宽宏大量，堕落为一位残暴而放荡的暴君①。

再如，在第二章中，在歌颂了罗马黄金时期经济政治各方面的繁荣之后，指出："长时期的和平和单一的罗马人的统治慢慢向帝国的活力中注入了隐蔽的毒素。人的头脑渐渐都降到了同一水平，天才的火花渐次熄灭，甚至连尚武精神也烟消云散了。……如果我们把无与伦比的琉善除外，整个这一个懒散时代并不曾产生过一个具有独创性天才的作家，也没有一个在高雅的写作技巧方面有任何突出成就的人"②。显然，这一判断是相当冷静的。

2. 理性主义者的社会倾向

他以三权分立思想，分析罗马皇帝、近卫军和元老院之间的关系对于自由的影响。

吉本认为，从图密善去世到康茂德即位，罗马帝国按照仁政和明智原则完全处于专制权力的统治之下。但是马上又说：

> 只要有一个放纵的青年，或某一个猜忌心重的暴君，滥用那现在被他们用以造福人民的专制权力，直至毁灭它，那整个局势也许就会立即大变样了。元老院和法律所能发挥的最理想的控制作用，也许有助于显示皇帝的品德，但却从来也无力纠正他的恶行。军事力量永远只是一种盲目的无人能抗拒的压迫工具；罗马人处世道德的衰败必将经常产生出一些随时准备为他们的主子的恐惧和贪婪、淫乱和残暴叫好的谄佞之徒和一些甘心为之效劳的大臣。③

他描述了奥古斯都对军队和元老院的控制，然后感叹："一旦立法机构有行政官来任命，自由立宪的原则便从此不可挽回地消失了。"④抨击了塞维鲁

---

① Edward Gibbon, *The History of the Decline and Fall of the Roman Empire*, Vol. Ⅱ, London: Routledge/Thoemmes Press, 1997, pp. 75 - 78.

② Edward Gibbon, *The History of the Decline and Fall of the Roman Empire*, Vol. Ⅰ, London: Routledge/Thoemmes Press, 1997, p. 69 - 70.

③ Edward Gibbon, *The History of the Decline and Fall of the Roman Empire*, Vol. Ⅲ, London: Routledge/Thoemmes Press, 1997, p. 96.

④ Edward Gibbon, *The History of the Decline and Fall of the Roman Empire*, Vol. Ⅰ, London: Routledge/Thoemmes Press, 1997, p. 74.

对近卫军的纵容,“在皇帝和军队之间保持一个不论多么有名无实的缓冲力量是大有好处的”①。

吉本在自述他和阿拉芒讨论哲学时说:“我们的通信主要是讨论洛克的形而上学。他攻击洛克的学说,而我则是回护洛克的。我们讨论观念的起源,证据的原则,以及自由原理。”②

吉本强调国家事务中自由的重要,他说:

> 要问什么是君主政体,似乎显然便是指在一个国家中,法律的实施、财政的管理和军队的指挥权全部集中在不管加之以什么样的尊称的一个人手中的体制。但是,如果没有一种坚强的,随时警惕着的力量来保卫着人民的自由,那一个拥有如此巨大权力的行政官必然很快便会堕落成一种专制政府了。在迷信盛行的年代,教士们的影响可以被用来伸张人民的权利;但由于皇座和圣坛的关系是如此密切,教会的旗帜竖立在人民一边的情况,从来都极为少见。必须有勇武的贵族和意志坚决的平民,他们自己拥有武装并占有一定的财产,由他们来组成一个立宪议会,才有可能形成一种均衡的力量,以防止具有野心的君主的无理作为,而维护住自由的宪法。③

他肯定了自由对于罗马人的意义。吉本认为失去自由的罗马人,是“微型化”的,“是一些侏儒”,“一直等到北部可怕的巨人破门而入才使这矮小人种得以有所改变。他们重新恢复了具有人的气概的自由精神;而且,在经过十个世纪的革命之后,自由终于变成了文学趣味和科学的幸福的母亲”④。

他一针见血指出了专制对于国家安全的危害,这种一味屈从的态度,“削弱和损伤人的聪明才智”,这样的臣民“也必然不能抗拒野蛮人的进攻,以保卫自己的生命财产,也无力保护自己的理智不为迷信思想

---

① Edward Gibbon, *The History of the Decline and Fall of the Roman Empire*, Vol. Ⅰ, London: Routledge/Thoemmes Press, 1997, p. 153.

② Edward Gibbon, *Autobiography of Edward Gibbon*, edited by Oliphant Smeaton, London: J. M. Dent & Sons Ltd., New York: E. P. Dutton & Co., 1923, p. 76.

③ Edward Gibbon, *The History of the Decline and Fall of the Roman Empire*, Vol. Ⅰ, London: Routledge/Thoemmes Press, 1997, p. 72.

④ Ibid., p. 71.

所吓倒”①。

吉本具有托利党人的政治倾向。吉本祖父的叔父约翰·吉本及其许多家属是极端的托利派。他的祖父爱德华·吉本在1710—1714年的托利党政府中任海关长。其父爱德华·吉本，担任过议员，也是一位热情的反辉格党人士。

他的家族和托利党人的这种特殊关系，影响了吉本的政治倾向。他赞同君主世袭制。就自由的限定，他以为“最完美的平等的自由必须有一个上级长官加以领导才行”②。而这个上级领导，特别是君主，“在一个庞大的社会中，要大家来选举君主是永无可能选出最明智的人物，也根本不可能使选出的人合乎最大多数人的心意的”③。他指出了实行君主世袭制度的合理性在于：

> 这种无可争议的出身特权，在得到时间和舆论的认可之后，可说已成为人世间最简单明了、最不致挑起争端的一种特权了。这种得到普遍承认的权利可以消除许多无端制造纷争的希望，同时一种明确的安全感也使在位的君王免去了许多残暴行径。我们正是得力于这一观念的确立，才使得欧洲的许多温和的君主政府得以一代一代和平过渡。至于它所产生的缺点，我们不能不说，那就是亚洲的专制君王，由于常需要杀开一条血路才能爬上他父亲的皇座，往往不得不发动内战。然而，即使在东方，这竞争的范围通常也只限制在皇室诸子之间，一旦那个最幸运的竞争者用明枪或是暗箭清除掉他的弟兄们之后，他便再不用担心一般臣民怀有觊觎王位之心了。④

基于这样一种政治倾向，他为在法国大革命中被处决的路易十六鸣冤，认为路易十六“就是一个无辜的、心地善良的国王，为他的历代先人所造的罪孽，为路易十四的野心，为路易十五的挥霍，承担了惩罚”。还说：“如果他们能够满足于把我们的制度无所拘束地移植过去，如果他们能够尊重国王

---

① Edward Gibbon, *The History of the Decline and Fall of the Roman Empire*, Vol. Ⅲ, London: Routledge/Thoemmes Press, 1997, p. 283.

② Edward Gibbon, *The History of the Decline and Fall of the Roman Empire*, Vol. Ⅰ, London: Routledge/Thoemmes Press, 1997, p. 584.

③④ Ibid., p. 205.

的君权和贵族的特权,他们就可能在唯一真实的基础上,即一个伟大国家天然地由最优等人物掌权的制度上,建立起一个坚实的政治机构。现在看到的前景却大异其趣啊!”①

他抨击法国革命,认为“法国革命最初害苦了、分裂了洛桑社会”,“一想到法国,任何诉苦之声全部应当沉默下来;同他们的悲惨命运相比,我们的一切苦难相对来说都还是快乐呢”②。他希望,“英国这个人类唯一的抵御专制主义和平民政治两个反对方面的祸害的伟大避难所,能够稳定和幸福”③。

马布利在《历史撰写方法》中说:“吉本根据自己的经验,懂得群众执政的弊端……不遗余力地捍卫君主政体。”④

吉本主张信仰自由抨击宗教压迫。吉本显然以欣赏的笔调叙述了罗马的宗教自由和宽容,赞赏“帝王和元老院在宗教问题上的政策始终照顾到子民中的开明人士的思想,也照顾到迷信较深的子民们的习惯”⑤。而且,“人民的迷信既不会因为掺杂进一些神学思想上的矛盾而彼此难容,也不曾受到任何思想体系枷锁的约束。热忱的多神论者,虽然自己热衷于本民族的宗教信仰,却同样以其极简单的信念承认全世界各种不同的宗教”⑥。

吉本痛心宗教迫害所产生的严重后果。在他看来,宗教迫害使基督教徒互相受害,“基督教徒在他们长时期的内部斗争中彼此之间造成的伤害远远超过异教徒的狂热使他们遭受的迫害”⑦。他借别人之口道:阿米努斯相信“基督教教徒之间的仇恨更胜于野兽对人的仇恨”,格列戈里·纳齐安岑哀叹,“彼此不和已使天国变成一片混乱,变成了黑夜的风暴,变成了地狱”⑧。

---

① Edward Gibbon, “To Lord Sheffield, Decebmer 15th, 1789”, *Private Letters of Edward Gibbon (1753 - 1794)*, Vol. Ⅱ, London: John Murray, Albemarle Street, 1971, p. 209.

② Edward Gibbon, “To Lady Sheffield, November 10th, 1792”, *Private Letters of Edward Gibbon (1753 - 1794)*, Vol. Ⅱ, London: John Murray, Albemarle Street, 1971, p. 337.

③ Edward Gibbon, “To Lord Sheffield, January 1st, 1793”, *Private Letters of Edward Gibbon (1753 - 1794)*, Vol. Ⅱ, London: John Murray, Albemarle Street, 1971, p. 356.

④ Edward Gibbon, *Autobiography of Edward Gibbon*, edited by Oliphant Smeaton, London: J. M. Dent & Sons Ltd., New York: E. P. Dutton & Co., 1923, p. 149.

⑤ Edward Gibbon, *The History of the Decline and Fall of the Roman Empire*, Vol. Ⅰ, London: Routledge/Thoemmes Press, 1997, p. 34.

⑥ Ibid., p. 35.

⑦ Ibid., p. 703.

⑧ Edward Gibbon, *The History of the Decline and Fall of the Roman Empire*, Vol. Ⅱ, London: Routledge/Thoemmes Press, 1997, p. 304.

因此，吉本认为，不能绝对地把阿塔纳西乌斯派和阿里乌斯派归为正统派或者异端派：

> 他们原是在同一个宗教环境和政治社会中接受教育。他们对现时的以及对未来的希望和恐惧的比例是基本相同的。他们中任何一方的错误都可能是无辜的，信仰都可能是真诚的，行动都可能是值得称道或用心不良的。激起他们奋斗热情的目标是彼此相同的；而且他们有可能交替滥用朝廷或人民对他们的恩宠。阿塔纳西乌斯派和阿里乌斯派的形而上学的意见并不会真正影响他们的道德品质；而且他们的行动都同样受到从福音书的一些纯真的格言中体会到的忍让思想的驱使。①

在他看来，各派都出于宗教虔诚而不相容，并无原则分歧，此话多少含有历史的悲凉。

3. 叙述风格和艺术

吉本的历史写作中，其叙述风格和艺术问题，也是要予以说明的。

首先，突出个性的比较。为突出历史个性，他许多时候采取比较的方法。例如，他比较蒙古帝国和罗马帝国说：

> 成吉思汗和他的莫卧儿族的王公们把他们的残酷的蹂躏，从中国海一直推向埃及和日耳曼地区，并在那里建立了为时不久的帝国。但罗马威力的牢固结构却是依靠几代人的智慧建立和保存下来的。②

这样就突出了蒙古和罗马的不同。

再如，在第三章中，把波斯的专制和罗马的专制相比较。波斯的臣民内心中就认为，自己的一切都是主子赐予的，主子也可以剥夺自己的一切。所以在东方人的心目中除了专制主义就根本不存在另一种统治形式。而罗马人则从希腊的哲学中吸收了有关人性尊严和文明社会如何得以形成的最公

---

① Edward Gibbon, *The History of the Decline and Fall of the Roman Empire*, Vol. Ⅱ, London: Routledge/Thoemmes Press, 1997, p. 304.

② Edward Gibbon, *The History of the Decline and Fall of the Roman Empire*, Vol. Ⅰ, London: Routledge/Thoemmes Press, 1997, p. 34.

正开明的思想,可是事实上,无论是法官还是护法官都成为暴君的帮凶而给专制统治披上合法的外衣,但他们内心深处又很不情愿,这样使得暴君对整个元老院报以由衷和公开的仇恨。他还把罗马的暴政与现代的暴政相比较。现代欧洲被暴君加害的人,可以逃出国找到安身之处,可以发泄不满甚至组织报复,但是在罗马整个世界都成为暴君囚禁仇家的万无一失的监狱,不论到哪里都处在征服者的淫威之下①。

其次,动人心魄的叙事。吉本是写文章高手,他善于利用一些典型事件来突出民族的特性。他在写撒拉逊对意大利的征服的时候,讲述了两个凄惨动人的故事。

一是,撒拉逊人围困萨莱诺期间,一位穆斯林酋长把他的床支在圣餐桌旁,并在这个圣坛上每晚破坏一个基督教圣女的童贞,在他与一位拒不相从的姑娘扭斗的时候,房顶上的一根横梁无端落在或被巧妙地砸在他的头上。这位酋长死于修女所唤醒的基督的愤怒。这件事情一方面突出了弱者的无奈,另一方面揭露了入侵者的凶残,表达了一种多行不义必自毙的感怀。

二是,当撒拉逊人包围贝内文图姆和卡普亚时候,伦巴第人的一个勇敢的市民被派出向东罗马皇帝求援,他完成使命回来时被俘,阿拉伯人希望他对城里的人散布失败的言论,他却对他的同胞喊道:“朋友们,弟兄们,不可胆怯,要有耐心;守住城市,你们的君王已经知道了你们的艰难处境,救援你们的人马就要到了。我知道我马上将死去,我把我的妻子和孩子们都交托给你们啦。”于是阿拉伯人上百根长矛刺穿了他的身体。同样以这样一个故事,刻画了保卫者的坚强和入侵者的残暴。

吉本的叙事许多地方是动人心魄的。《罗马帝国衰亡史》最震撼人心之处,是君士坦丁堡君民抵御土耳其人攻掠的保卫战。这里既有穆罕默德二世的雄才大略,又有东罗马皇帝佩利奥洛格斯的英勇和穷途末路的悲壮;既有攻城将士的前仆后继,又有守城军民的顽强无畏;既有胜利者令人发指的劫掠,又有亡国者惨不忍睹的流离。

这一部分感人之处除了历史本身的无穷魅力之外,吉本的写作技巧是少不了的。他描绘了强者对弱者的绝对支配,平增几分悲怆。佩利奥洛格斯的兄弟德米特里乌斯退到意大利,可是面临着内战的煎熬和外敌的威胁,

① Edward Gibbon, *The History of the Decline and Fall of the Roman Empire*, Vol. Ⅰ, London: Routledge/Thoemmes Press, 1997, pp. 98 - 101.

穆罕默德二世对他说:“你的力量太弱小,无法控制这个多事的省份;我准备把你的女儿带到我的床上去,你也可以在安全和荣誉中度过你的余年了。”德米特里乌斯无可奈何地应允了,他献出自己的女儿和城堡①。无情的弱肉强食被揭露得淋漓尽致。

悲凉、悲怆、悲壮,是一切帝国由盛而衰直至灭亡的悲剧中的要素,正是通过这些要素吉本达到了感怀人生盛衰无常并触动读者的目的。

五、经久不衰的历史地位

吉本在西方史学史上享有崇高的地位,可从以下反映出来。

1. 生前获得广泛关注

吉本在《罗马帝国衰亡史》中对于一些问题的研究具有开创之功。关于这个问题,汤普森就指出,“体会到公元529年查士丁尼封闭雅典学校,研究希腊科学的人们逃往波斯(在下一世纪波斯被阿拉伯人征服)从而促成中世纪阿拉伯科学发展等事情的重大意义的第一位历史家就是吉本”②。

他的一些结论成为学术界的经典观点。例如,关于十字军东征的结果,他认为:“君士坦丁与意大利之间的书信来往传播了有关拉丁语的知识;一些先贤或古典派的作品终于有幸被译成了希腊文。但是迫害政策却更燃起了东方的民族和宗教偏见;而拉丁人的统治进一步肯定了两个教会的分离”,还说:“拉丁人定然从一连串使他们大开眼界,看到世界前景,并使他们与更开化的东部地区长久保持频繁交往的事件中,最早获得最大的利益。”③又说:“在颠覆那座中哥特人大厦的诸多原因中,必须认为十字军东征占有显要位置。在这些花费巨大、十分危险的远征中,贵族们的产业散尽,整个家族也常趋于毁灭。他们的贫穷迫使他们放下架子,交出打开锁链的自由文书,使农民确保占有农田,工匠占有作坊,并进而逐步使社会中人数最多和最有用的部分在物资和精神上得到恢复。”④

---

① Edward Gibbon, *The History of the Decline and Fall of the Roman Empire*, Vol. Ⅵ, London: Routledge/Thoemmes Press, 1997, p. 512.

② 〔美〕J·W·汤普森:《历史著作史》第三分册,第122页。

③ Edward Gibbon, *The History of the Decline and Fall of the Roman Empire*, Vol. Ⅵ, London: Routledge/Thoemmes Press, 1997, pp. 202 - 208.

④ Edward Gibbon, *The History of the Decline and Fall of the Roman Empire*, Vol. Ⅺ, London: Routledge/Thoemmes Press, 1997, pp. 210 - 211.

吉本的罗马史研究之所以受到普遍关注,其中最主要的出色之处是他对于帝国衰亡原因的探讨和对于基督教的批判。

《罗马帝国衰亡史》第一卷出版后,在几天之内就售完了;二版、三版也满足不了读者的需求,以至都柏林的盗印者两次盗版印刷。吉本在自传中称:

> 我的书出现在每一张桌子上,而且几乎还出现在每一具梳妆台上。作者被人们按照当时的爱好或时风加上了最高的称誉;任何喜欢咒骂的批评家都无法用他的吼叫干扰赞扬之声。①

事实上,许多学术界人士向吉本表示祝贺或者赞扬。当时的英国古典学家、剑桥大学希腊文教授波森盛词褒奖他的文笔、气魄、专心、勤奋与准确②。哲学家亚当·弗格森给他写信说:"你给英国经典之作增添了伟大的内容,你给我们的正是修昔底德打算留给他的国人的一笔'永世财富'。"③1776 年 4 月 1 日休谟写给亚当·斯密一封信,祝贺他的《国富论》问世,其中说道:"我想你是认识吉本先生的。我极其喜欢他的成就。我冒昧地告诉你,其实我并不熟悉他,我从未想到从一个英国人的笔下能写出这么优秀的著作。"④第六卷出版时,亚当·斯密写信祝贺:"这件事使你夺得当前全欧学术魁首。"⑤

宗教界却是另外一种态度,对他大加挞伐。牛津大学的戴维斯公然向吉本的宗教史观点发起了攻击。意大利天主教徒指责吉本对罗马皇帝背教者尤里安的德性与罪孽的评述,特拉维斯批评吉本判定三份天国证词是伪造文书一节。纽顿主教读了吉本的《罗马帝国衰亡史》,感到失望,认为此书啰唆、沉闷,内容乏味,笔法矫揉造作,所举例证不可信。英国化学家、哲学

---

① Edward Gibbon, *Autobiography of Edward Gibbon*, edited by Oliphant Smeaton, London: J. M. Dent & Sons Ltd., New York: E. P. Dutton & Co., 1923, p. 145.

② Ibid., p. 174.

③ Adam Ferguson, To Edward Gibbon on March 19th, 1776, Vincenzo Merolle, edited, *The Correspondence of Adam Ferguson*, London: William Pickerling, 1995, pp. 135-136.

④ David Hume, "To Adam Smith, 1 April 1776", J. Y. T. Greig, edited, *The Letters of David Hume*, Vol. Ⅱ, Oxford: the Clarendon Press, 1932, p. 312.

⑤ 〔美〕J·W·汤普森:《历史著作史》第三分册,孙秉莹、谢德风译,商务印书馆 1996 年版,第 117—118 页。

家普利斯特利在其《基督教徒堕落史》里，也向吉本提出挑战。

对于宗教界的指责，他感到意外，认为一个光明自由的时代，必将欢迎对基督教的发展与建立研究其人情上的原因，而不会有诽谤物议。然而，事实并非如此。出于无奈，他还是发表《我的辩白》进行应战。但是，后来鉴于对手的无知与浅薄，他却保持了沉默，这一心态吉本借助他人之口道出真情，"爱德华兹博士在对剑桥大学师生所作的一篇布道词中，称赞我这书是一部'只有在其所用语言灭亡时方才消灭'的著作，同时尊称我为一个不可小觑的敌人"，"他是由于敌手的软弱而变得骄傲和得意，就不屑于提笔展开争论了"①。

2. 身后受到普遍重视

到了19世纪，人们仍然对吉本褒贬有加。著名历史学家弗里曼指出，"吉本始终不失为当代研究所不曾抛弃也不拟抛弃的18世纪历史家"②。

但是也有人对吉本的基督教史的记述持否定态度：

> 在19世纪中期，伦敦圣保罗大教堂主教米尔曼在为其所注释的《罗马帝国衰亡史》作序言时，依然对该书加以批判，用意在于防止读者阅读本书后"产生错误印象"。……认为吉本对于"宗教的神圣起源"这一主要问题，采取了巧妙的回避或假意承认的手法。另外还指责吉本对于基督教故意贬损。③

稍后些时候，19世纪后期至20世纪初期英国著名历史学家伯里在其所写的《罗马帝国衰亡史》序言中指出："吉本在许多细节和若干知识部门中已经落后于时代，这一点只意味着我们的父辈和我们自身不是生活在一个完全无所作为的世界里。但是在主要的问题上，他仍然是我们的超越时代的老师。对于那些使他摆脱历史家的共同命运的明显特点，诸如伴随时代前进的大胆而准确的尺度，正确的眼光，周密的布局，审慎的判断与适时的怀疑，为自己始终如一的态度做出的堪称不朽的掩饰等，是无庸细述的。"④

到了20世纪，J·W·汤普森是这样评价吉本的，他"不仅是18世纪而

---

① Edward Gibbon, *Autobiography of Edward Gibbon*, edited by Oliphant Smeaton, London: J. M. Dent & Sons Ltd., New York: E. P. Dutton & Co., 1923, pp. 152－153.

②③④　戚国淦：《中译本序》，吉本：《罗马帝国衰亡史》。

且是一切说英语的国家的最伟大的历史学家”,而“兰克的《16、17 世纪诸教皇的宗教政治历史》是近代唯一和上一部近似的历史典范之作,即使可以这样说,也必须为这两部著作在规模上的巨大差距留出余地。兰克记述的时期只以两百年为限。而吉本的范围则包括 14 个世纪”①。还说:“从休谟和孟德斯鸠开始的新史学,在吉本身上登峰造极。”②吉尔德哈斯也说:“恐怕启蒙时代最伟大的史著,是吉本所著的《罗马帝国衰亡史》。”③

D·M·洛说:对于罗马帝国及其衰亡过程“描述之完美,任何书籍亦无法与吉本此作相比。无人不知,此书乃无与伦比之博学多识与无可匹敌之文学技巧的巧妙结合”。而“他对于终使君士坦丁堡走向灭亡的各种事件安排的周密,仍为后人所不及”④。

一直到 1976 年,吉本逝世 200 年之际,美国艺术与科学院刊物出了纪念专辑《错综复杂中的吉本和〈罗马帝国衰亡史〉》,1977 年哈佛大学出版社予以重印。

唐纳德·R·凯利说:“吉本的使命是要糅合博学和文学,要解决不求甚解和好古癖的卖弄学问之间的两难处境。”⑤

学术史上有这么多学者,给予吉本如此的评价,足以说明其地位之高了。

---

① 〔美〕J·W·汤普森:《历史著作史》第三分册,第 101 页。
② 同上书,第 102 页。
③ Mart. T. Gilderhus, *History and Historians*, Englewood Cliffs, New York: Prentice Hall, 1996, p. 39.
④ 〔英〕D·M·洛:《引言》,吉本:《罗马帝国衰亡史》上册,第 2 页。
⑤ 〔美〕唐纳德·R·凯利:《多面的历史》,第 431 页。

第十七章　哥廷根学派

启蒙运动期间，德国也深受理性主义的影响，产生了在西方史学史上具有承前启后意义的史学流派，哥廷根学派就是典型代表。

一、哥廷根学派及其代表作

哥廷根历史学派（the Göttingen School of History），是欧洲启蒙运动时期德国具有集体影响的历史学派，其成员集中在哥廷根大学任教，故得此名。

哥廷根学派的兴起是有其原因的，这些原因可以简单概括为：

第一，启蒙运动时期法英史学的引导作用。法国和英国史学家在其历史写作中，不断试图把博学与修辞、分析结合起来。伏尔泰、休谟、吉本、罗伯逊的著作在德国学界广受欢迎。特别是后来成为哥廷根学派的那些历史学家，都非常关注法国和英国学者的历史写作，广泛阅读和评论之。他们认识到需要加强对于广大公众有吸引力的历史著作的写作，以摆脱那种枯燥、学究式、传统博学式的风格。伏尔泰及其在法国和英国的追随者，在德国那里自然成了史学家的样板。因此，哥廷根历史学派的著作中有着法国启蒙运动史学的影子。例如，他们在政治史研究中，试图像伏尔泰那样，把国家同广阔的社会和经济生活领域相联系，并且他们希望扩大历史学范围到普遍的历史，进行广泛的历史比较。显然，这一学派对于理性主义史学有所继承，后面将有比较详细的论述。

第二，哥廷根大学为这一学派的形成提供了条件。近代自然科学的发展有着一套严密的组织，17 世纪出现了一个由科学家和学者组成的团体，它首先集中于一些学院，然后在 18 世纪从德国开始，日益在各大学中发展。随着自然科学在知识体系中地位的崇高，它的这种组织制度深刻影响着人文学科。1734 年英王兼汉诺威选帝侯乔治二世资助创建哥廷根大学。它作为培养未来的官员和专业人员的教学机构,在 1810 年柏林大学兴办之前,享誉欧洲,几乎成为当时德意志境内最具影响力的高等学府。哥廷根大学对于历史学的意义,正如有学者所说:"在各方面,哥廷根都是 19 世纪大学的先驱,也是 19 世纪历史学职业观念的先行者。"①在哥廷根大学中,有杂志《哥廷根学术通讯》创办起来,它评论国际上的学术和科学问题;研究性的学术机构"皇家研究会"于 1751 年建立,许多历史学家是其成员。哥廷根学派就是在这样条件下形成的。

哥廷根历史学派大体形成于 18 世纪 60 年代,其后 30 年里,学派迅速发展;到了 19 世纪 20 年代,它随着柏林大学历史学科的极速发展而走向衰落。

在哥廷根大学中担任历史研究或者教学任务的教授,可以根据其生活的年代而划分为几代人。第一代有约翰·大卫·寇勒、约翰·劳伦茨·冯·摩斯海姆、约翰·雅格布·斯莫思、约翰·盖森尔、哥特夫雷德·阿亨法尔、乔治·克里斯托佛·盖博尔 。第二代有约翰·大卫·米艾里斯、约翰·克里斯托弗·伽特勒、约翰·斯泰芬·彪特尔、奥古斯特·路德维希·施洛塞。第三代有路德维希·提莫泰斯·斯比特勒、克里斯汀·哥特勒布·海涅、古斯塔夫·雨果、阿诺尔德·赫曼·路德维希·海伦。其中特别具有代表性的是摩斯海姆、伽特勒、施洛塞和海伦等人,所谓"在格丁根学者当中,摩斯亥谟、加特厄、施罗塞、斯匹特累、赫棱和统计学家阿痕发尔等人是值得记住的"②。

哥廷根大学创办时,摩斯海姆为第一任校长。他恰好是一位教会历史学家,1737 年和 1741 年分别出版《教会史诸原则》第一卷和第二卷。1753 年出版《君士坦丁大帝之前的基督教史评述》。1757 年,哥廷根大学在欧洲最早设置历史课程,1759 年伽特勒继承寇勒的职位主持这一讲座,开设世界史课程,标志着该学派的诞生。1792 年他出版《世界史》。

学派的迅速发展,跟该派另一重要人物施洛塞是分不开的。他从哥廷根大学毕业后,曾在瑞典和俄国做过当地的历史研究,1769 年回母校任教,

① Georg G. Iggers, "The University of Göttingen 1760 - 1800 and the Transformation of Historical Scholarship", *Historiographie*, No. 2, 1982, p. 15.

② 〔美〕J·W·汤普森:《历史著作史》第三分册,第 164 页。

主讲历史讲座,在他手上这一学派达到鼎盛。1769 年出版《俄罗斯新变革》和《俄罗斯史》,1771 年出版《北欧通史》,1775 年出版《北非简史》,1792 年出版《大迁徙、大联合的世界史》,1797 年出版《历史批判漫谈》。另一个重要人物是斯比特勒。他是位政治史和教会史家,主要著作有:1783 年《诸伯爵和公爵统治下的威顿堡史》,1778 年《寺院法史,至伪伊西多时代为止》,1782 年《基督教会史大纲》,1786 年《汉诺威选帝侯国历史》,1793 年《欧洲各国史大纲》。

1787 年,海伦回母校研究和讲授古代罗马、亚洲和非洲的历史,1799 年成为伽特勒的继承者,是这一学派的殿军。他在哥廷根大学学习直接受益于海涅和斯比特勒,1796 年出版《古代主要国家政治、交往和商业回顾》,1799 年出版《古代国家手册》,1808 年出版《历次十字军的发展》,1809 年出版《欧洲国家制度及其殖民地史》。

二、学派的治史特点

哥廷根大学的历史学教授们,作为一个学派是有着自己的治学特点的。

1. 不同的研究领域,共同的精神追求

哥廷根历史学派的成员们,有着不同的研究领域。例如,摩斯海姆、米艾里斯、斯比特勒是研究《圣经》或教会史的学者,认为《圣经》是一种需要进行哲学解释的历史文献。而盖森尔和海涅,则在研究古希腊罗马历史过程中,秉持着相似的批判精神。再如,彪特尔是法学史家,伽特勒、施洛塞和海伦则热衷于中世纪历史的研究。可见,他们所从事的研究领域不尽相同。但是,他们却有着一致的精神,对此,伊格尔斯指出:"尽管表面上具有基本差异,然而从根本上说,把这些学者联系在一起的,是探求人类现象和在审查过去时的批判眼光,试图把批判放置在坚实的事实基础之上,放置在不受那些并不支持理性审查的因素影响的传统上。"①

哥廷根历史学家主张历史写作必须建立在确凿的证据基础上,具体说就是:"第一,是在通常情况下,对违背自然事物合理过程发生的描述,表现出怀疑态度。第二,是认识到如果没有史料完好的档案和确切的遗存,例如

---

① Georg G. Iggers, "The University of Göttingen 1760 - 1800 and the Transformation of Historical Scholarship", *Historiographie*, No. 2, 1982, p. 18.

纪念馆或者钱币的话,任何历史都是写不出来的。"①

摩斯海姆非常熟悉笛卡儿主义,所以他主张在历史写作中奉行批判精神,他说:"我关心的主要是忠实而有根据地叙述事件……我现在发现以辛勤和忠实而闻名的那些作家并不总是可信的。"②他不仅与博学者一样,而且像后来客观主义史学家那样,重视文献的考证。这样,哥廷根学派在历史学上开始出现从博学学派向新科学方向的变化,这一变化将对证据的精密考证和对一系列事件的叙述重新结合起来。这种变化还与一种有组织的专门学科的出现密切相关。随着这一变化,在19世纪,历史研究逐渐在全世界范围内变得制度化和专门化。从这个意义上说,这一学派可以算作"从18世纪理性主义史学通向19世纪史学的桥梁"③。

2. 法律史研究带动史学辅助学科的发展

哥廷根历史学派中的不少学者,最初是研究法律和政治的,例如,莫泽尔,在耶拿和哥廷根学习法律后,长期担任国家高级官员,著有《奥斯纳布吕克史》。不过,由于他们主张以历史的眼光看待法律和国家问题,这样他们就转化为历史学家了。他们的法律史和国家史研究带动了历史学辅助学科的发展。

例如,他们在把政治研究历史化过程中,不是把国家当作抽象的而是作为一种实际存在加以研究。这样,就要求给予国家以纯粹的描写性的叙述,其中自然离不开简明的数据。当数据变得越来越被高度重视的时候,资料统计的意义就凸显出来。于是,他们求助于统计学,结果历史研究中的统计学应运而生。哥特夫里德·阿亨法尔,1748年在哥廷根大学当教授,直到去世。他对于史学的贡献在于,1749年出版《欧洲各国宪法》,此外他创立统计学,在以后的该学派学术活动中发挥着重要作用。

再如,哥廷根大学法律史学家在研究中,有意识地使用史料和辅助训练。随着时间的推移,需要验证其学术程序并把它们加以推广。特别是出于培养学生的需要,学者们自觉地去构建史学方法方面的原则。这样,"历史讲座只是慢慢地与政治学讲座分设了。正像各种科学强调技术训练那样,这里则强调那些所谓辅助学科(例如古文献学、文件研究、古文字学、古

---

① Georg G. Iggers, "The University of Göttingen 1760 - 1800 and the Transformation of Historical Scholarship", *Historiographie*, No. 2, 1982, p. 20.

② 转引自〔美〕J·W·汤普森:《历史著作史》第三分册,第165页。

③ 张广智:《克丽奥之路——历史长河中的西方史学》,复旦大学出版社1989年版,第123页。

钱币学以及诸如此类的学科)”[①]。后世的史学家关于人口、政府机构、法律、商业和工业活动等方面的数据研究,无疑是从哥廷根学派那里沐浴到恩泽;此外,哥廷根学派为历史辅助学科例如古文书学、谱系学、钱币学、纹章学在19世纪勃兴,奠定了良好基础。

3. 兼容理性主义和历史主义

有学者把哥廷根学派视为德国的启蒙史学,说:

> 在同一意义上,作为一个法语词汇,“启蒙”并不是指一个完整意义上的思想派别,而是指有着共同观念和主题的广泛领域。在启蒙学者中,一个哥廷根大学的教授团体和哲学家伊曼纽尔·康德教授给予历史学以特别的影响。[②]

这样说是有一定道理的。例如,卓越的路德宗历史学家摩斯海姆,“他的《教会史》(1753年)继续了路德的观点,抨击了教皇制度的弊端。……他严格按照中庸路线对教义上正确和不正确的东西做出判断”[③]。再如,施洛塞说:“历史学不仅是写国王的传统、王位的更替,不是编年式的确切条目。……历史学必须考虑到‘一个国家是否幸福或痛苦,其农业、贸易和食谱是怎样组织起来的,征服是否在法律或财政方面做出有利或不利的改造’。”[④]这些显然是理性主义者的主张。

在具体的历史写作中,哥廷根学派许多学者都是伏尔泰史学思想的信徒和发扬者。例如,伽特勒在《世界史》中,将世界史分为古代、中世纪和近代三段,把蛮族入侵和新大陆发现作为世界历史的转折点,对后世世界史编纂产生积极影响。当然,他的著作里还保留神学痕迹,许多时候还轻信和接受《圣经》中的传说。再如,有“世界史之父”称号的施洛塞,其《世界通史》包括中国、日本等亚洲各国的历史,还有其他许多过去被忽略的民族的历史;主张要阐明历史事件之间的联系;认为世界史不能受政治框架的束缚,要记

---

① 〔美〕伊格尔斯:《欧洲史学新方向》,赵世玲、赵世瑜译,华夏出版社1989年版,第13页。

② Ernst Breisach, *Historiography: Ancient, Medieval and Modern*, second edition, Chicago and London: The University of Press, 1994, pp. 217-218.

③ 〔美〕唐纳德·R·凯利:《多面的历史》,第455页。

④ 转引自 Georg G. Iggers, “The University of Göttingen 1760-1800 and the Transformation of Historical Scholarship”, *Historiographie*, No. 2, 1982, p. 19。

载文化史。这些显然是继承了伏尔泰的传统。此外,在伽特勒和施洛塞看来,历史学是与社会研究相联系的。第一,历史学家探讨过去是要分析历史时代的社会结构;第二,施洛塞非常关注日常生活。在其研究论文中,他致力于考查欧洲食品的消耗、过去300年欧洲食谱的变化、自古以来德国饮水习惯的变化和白兰地、烟草的历史。这些恰是伏尔泰的做法。

需要指出的是,哥廷根学派中包含许多历史主义因素。在史学方法论方面,摩斯海姆启发18世纪的德国教授们写出许多关于史学方法的论文,其中涉及党派偏见、客观性、历史考证、历史分期等问题,有学者说:"已经看到德国历史主义的早期涌动。"①在具体研究中,他们在孟德斯鸠《论法的精神》的影响下,并不像伏尔泰那样去获得一个时代的精神,而是认清诸如地理和气候的特殊、政治传统的差异,激起对于历史的同情。尊重传统和差异,同情过去,显然是历史主义的精髓。

总之,"哥廷根的历史学家们拒绝了任何想把哲学体系强加于史学、或是引进一个过于简单的历史客观性概念的企图。所有历史都涉及选择。他们相信存在一个客观的或是'真实的'历史,而与此同时他们认识到,历史学家们的立场及其观察历史的角度决定他能看到这个'真实'的某些方面。因此,一个希腊人、一个罗马人、一个中世纪的僧侣或是一个现代德国人,所写的历史将迥然不同"②。

三、承前启后的历史地位

哥廷根学派在德国史学史上起到承前启后的作用,这一作用可以表述为,它回归了文艺复兴和宗教改革人文主义者的学术传统。其文献观念依然存留在利奥波德·冯·兰克和希奥德·蒙森的科学历史学之中。但是专业性的基础奠定了,其历史研究、教学和写作方式,自觉地与吉本或伏尔泰表现出的伟大文学传统有所不同,与本笃会僧侣的博学实践和新近的学术也有所不同。

1. 连接理性与博学,结合共性与个性

在17世纪,法国历史学家在考证性研究和编辑史料方面处于领先地

① 〔美〕唐纳德·R·凯利:《多面的历史》,第456页。
② 〔美〕伊格尔斯:《欧洲史学新方向》,第14—15页。

位，可是当德国史学界也如此开展工作的时候，法国学者却走向关于历史学的哲学思考，德国学者发现自己的著作缺乏哲学和理性。总之，在哥廷根史学派产生以前，在史学方面德国是法国的追随者。

在哥廷根史学派那里，他们把理性主义的历史哲学家们的开阔眼界和受过原文注释及校勘训练的大学问家和法学家们的专门技巧合而为一。他们以为，历史不仅仅是国王们的传记或是王朝更替、战争和冲突的年表。在他们看来，事件构成了历史的真正主题，但事件本身却无法构成历史，因此没有概念就没有历史，历史学家可以凭借概念把一团乱麻似的材料构成整体。

正如上文所说，哥廷根学派一方面继承了伏尔泰的理性主义传统，尤其是"世界主义"观念和重视写文化史的主张，因而无论在理论或实践上，使西方史学中的通史体例，都达到了一个新水平；另一方面，他们又积极吸收浪漫主义史学中注重历史连续性和继承性，肯定中世纪的历史地位等长处。就后者而言，它为西方史学留下了宝贵的历史主义遗产。伽特勒的著作包含着强烈的历史主义，强调历史学家应在特殊历史情境下，从特别立场去看待历史。例如，他说："从根本上说，历史真相保持不变……但是不同的视野(立场)例如希腊人、罗马人、僧侣或近代德国人的立场，决定了真理的其他方面。"他还说："历史学绝对不是类似于自然科学的科学，历史学家一定有一个打算、一个哲学概念，并通过它赋予一堆事实以秩序，但是其目的不是抽象和一般化的。的确，无论假设是多么的必要，它们或许处于历史探讨之中，通常与自然科学不一致，或许的确是曲解性的认识。"①因此，他强调历史的特殊性："历史的主要因素，是国家和人民的兴起、变化和衰落，以及把一个国家和人民同另一个国家和人民区别开来的独一无二的身份。"②

2. 兰克史学的先驱

施洛塞说过："所有人都属于历史研究的范围，然而只有那拥有国家的人民才是历史的，因为国家继续了社会的一体化，原始的人们不拥有国家，因此不拥有历史。"③显然，他突出了国家在历史写作中的意义，是对修昔底德之后到启蒙运动之前西方史学的一贯传统的继承。他们实际上也是这么

① 转引自 Georg G. Iggers, "The University of Göttingen 1760－1800 and the Transformation of Historical Scholarship", *Historiographie*, No. 2, 1982, p. 27。

②③ Ibid., p. 28。

做的，这在本章相关部分中有交代。而且后来无论是浪漫主义史学还是客观主义史学都以政治史为写作中心，与哥廷根学派的影响是分不开的。

哥廷根学派努力要把历史学建成一门严谨的科学，成为兰克学派的先驱。他们重视原始材料的搜集和考辨的做法，例如，关于中世纪德国文献的搜集的概念，起源于伽特勒，是促成《德意志史料集成》编纂的先声，为兰克及其弟子们所发扬。强调时代精神，避免党派偏见，这些也是兰克学派所尊奉的。在摩斯海姆、米艾里斯、盖森尔、海涅等人看来，文献必须在其历史框架中得以解释。这样，在考察某一文本中，学者就不可避免面临时代精神。但是，对伽特勒、施洛塞、斯比特勒而言，“历史学应当避免党派偏见，目的是‘纯粹的真正的真相’，同时又被‘世界上事物间的普遍联系的概念’所引导，‘因为世界上没有一个偶发事件是孤立的，每件事都是相互联系的’”①。这些看似矛盾的观念在日后兰克身上有着突出体现。伽特勒还试图在其组建于1764年历史研究所中建立一个社团“习明那尔”即研讨班，并希望通过研讨班把学生吸引到阅读原著上去。他和他的学生在那里每周聚会一次，那些辅助历史学的东西，可以系统地和带有批判性地施行着，在某种意义上说就是后来的习明那尔的前身。这种培养学生的“习明那尔”方式与方法，为客观主义史学家特别是兰克学派所全面继承。巴特菲尔德在其《人类论述自己的过去》中，就明确指出：“在哥廷根历史学家中，特别是在伽特勒和施洛塞那里看到了兰克的先驱。”②

顺便要说到的是，这一派是有着明显的局限的。

第一，整体观念与琐碎事实间的抵牾。一方面他们重视比较社会化和经济化的政治史，具有整体的观念；另一方面他们提供了大量的关于人口、地理和经济的数据，可是这些数据并没有转换为概念性的整体。结果是，其包罗万象的历史著作，仍然像他们所批评的那些博学派历史学家们的著述一样。

第二，史料考据上理论与实践的脱节。哥廷根学派史学家，例如伽特勒反复强调历史学家们不要依据传说，而要将历史写作放置在原始资料之上，因此不能说他在理论上不重史料考证。可是，实践上他并没有完全做到。

① Georg G. Iggers, “The University of Göttingen 1760 - 1800 and the Transformation of Historical Scholarship”, *Historiographie*, No. 2, 1982, p. 28.

② Ibid., p. 14.

例如,伽特勒的世界历史写作,在人类早期历史方面,仍然依据没加考证的《圣经》和《荷马史诗》。施洛塞的世界史写作也是如此。他的历史写作从摩西开始,拒绝把最早的起源纳入历史意义上进行探讨;后摩西时代,施洛塞也相对地没加考证地接受了《圣经》和古代希腊罗马史学家的相关说法。这一派在史料考证上的共同缺陷是,"都没有想到有必要检视一下向学者开放的档案,而是依赖印刷出来的史料"①。

① Georg G. Iggers, "The University of Göttingen 1760 - 1800 and the Transformation of Historical Scholarship", *Historiographie*, No. 2, 1982, p. 22.

第十八章　启蒙运动时期史学总结

启蒙运动时期的史学，是在特定历史条件下产生的，具有明显的时代特征；它处于从觉醒到科学的转变阶段，继承了文艺复兴时期史学的批判和怀疑精神、对人的重视等诸多因素，其不少方面例如历史进步的观点、历史科学的观念等等，成为19世纪史学家的宝贵财富；同时，必须明确的是，它自身又具有一定的局限性。

一、启蒙运动时期史学的主要特征

启蒙运动时期的史学有着自身特征，就其主要者来说，可以概括为以下三个方面。

1. 显著的复杂性和差异性

按照广义启蒙运动的概念，这一时期史学具有显著的复杂性和差异性。弗雷茨·斯特恩在论述史学的多样性时说：

> 历史学因不同时代的生活和精神的变化而变化，这就是为什么在不同时候、不同地方，各色史学类型得以流行的原因。……的确，在任何时候，这些历史被写出来以后，就是不同的，而且常常是相对立的。①

在这里，他指出历史写作的两种差异，第一是因不同时代而造成的差异，第二是同一时代出现的差异，而且这种差异往往是对立的。就后者而言，启蒙时期的史学确乎如此。

---

① Fritz Stern, "Introduction", *The Varieties of History*, New York: Vintage Books, A Division of Random House, 1973, p. 13.

单就历史学主辅学科而言，除了一般意义上的历史写作外，历史学辅助学科例如考古学、文献学等，也取得突出成就。

从时代精神而言，一方面有推崇人类理性的康德的世界公民观点下的普遍历史观念，另一方面有为天主教辩护的宗教文献整理。

从写作视野来说，既有像吉本的《罗马帝国衰亡史》等具备全局眼光的，又有局限于某个国家或者区域的例如彼得罗·坚诺恩的《那不勒斯王国内政史》等。

从写作内容看，不仅有社会文化史的写作例如伏尔泰的《风俗论》，并且有对具体文献的考订，例如斯宾诺莎对于《圣经》的文献学意义上的研究。

总之，这一时期，史学流派纷呈，形态各异。唐纳德·R·凯利就将其传统和类型总结为：基督教的传统，民族的传统，史学的科学包括古物、批判的艺术、普遍的历史，哲学的历史包括语文学的、新科学的、推测的历史、人类精神的历史、文化史等①。这样的概括是否妥当，姑且不论；可以肯定的是，它从一个侧面反映出西方研究史学史的学者，对于启蒙时期史学复杂性和差异性的认识。

2. 理性主义史学成为主流

启蒙运动时期的历史学，尽管如上文所说，形态各异，流派纷呈，但是理性主义史学却是其主流。

理性主义是以宗教迷信为对立的，在一般理论层面表现为崇尚人的认知能力，以自然代替上帝；在历史观层面表现为对于普遍历史的信奉；在具体写作层面表现为对于人类精神史、文化史的重视。

在理性主义影响下，史学家们或信仰无神论，但更多的是秉持自然神论，强调物质世界或者是上帝创造物对于人类历史的重要，这突出体现在波丹、孟德斯鸠等人关于地理环境、气候重要性的论述中。

在理性主义影响下，史学家相信可以使用自然科学的方法研究历史，历史具有普遍性，像自然界一样是有规律的。这种历史也被西方学者称之为普遍史②，波丹、维柯、康德、赫尔德等人关于人类历史规律的论述就非常典型。

在理性主义影响下，史学家们把目光转向人类自身，重视考察人类自身

---

① 〔美〕唐纳德·R·凯利：《多面的历史》，第99页。

② 英文为 Universal history，也有译为通史或者整体历史的。

的活动,纷纷撰写经济、风俗、艺术、文化、精神等领域的历史,伏尔泰的《风俗论》、温克尔曼的《古代希腊的艺术》是这方面的突出成果。

在理性主义影响下,启蒙史学家开始把西方目力所及的东方、大洋彼岸和中南非洲也囊括到世界史体系中。更具有进步意义的是,他们自觉或不自觉地在比较东西民族的历史文化当中能够发现东西方两种历史文化的有机联系,真正意义上的世界史出现了。

在理性主义影响下,历史学与哲学发生了空前的联系,突出表现为哲学进入史学。那时的历史学家一方面以流利、简洁的文笔记事,另一方面又力图达到一种对历史的哲学理解;反过来,当时著名的哲学家大都对人类的过去有着浓厚的兴趣,像伏尔泰、孟德斯鸠、休谟这些启蒙学者,同时兼有哲学家和史学家的双重身份。这样,在历史学和哲学之间产生了一个新的知识分支——历史哲学,当然其研究工作主要由哲学家来完成的。这一问题在之前的相关章节里已经涉及。

3. *历史主义与浪漫主义的孕育*

启蒙运动时期,历史学留下了丰厚的遗产,诚如有论者所说:"理性主义史学是古典、人文主义史学和浪漫主义史学的连接点,其史学方法、编撰风格、自身修养和卓越的表现才能,无愧于前贤,不逊于后学。"[①]这里同样择其要者加以论述。

历史主义的出笼。历史主义的当代含义具有两种,一是历史地看待问题的观点,另一是历史规律论包括历史进步论的主张[②]。这两种含义在启蒙时期都出现了。理性主义史学家大多数对人类历史的前途抱有乐观主义的态度,相信人类社会能够不断地完善和进步,使得历史进化的理论继续发展并深入人心。这在其他相关之处已经有比较详细的论述。这里以维柯为例,对第一种情况加以说明。

理性主义史学家一般不能用历史的眼光观察分析历史。他们总用一种固定的现代标准评价历史现象,不懂得今天的某些不合理的东西在历史上曾有其存在的理由。他们所理解的历史进步只是现在对过去的简单否定,而忽视了历史的连续性和继承性,这种非历史的思想方法影响了理性主义

① 黄冬敏:《理性主义史学——以十八世纪的法国为中心》,岳麓书社 2010 年版,第 176 页。

② 李勇:《历史主义:作为方法的价值与局限》,《保卫历史学》,世界知识出版社 2009 年版,第 157—169 页。

史学对历史的正确认识。但是，维柯等人的观点恰好提供了医治这一痼疾的良方。

维柯批判了关于古代是完美社会和黄金时代的学说。他承认：

> 虔敬和宗教就以这样的方式使最初的人们自然地成为(1) 谨慎的，由于听从天帝的征兆；(2) 正直的，首先是对天帝正直，其次是对人正直；(3) 有节制的，满足于终生只娶一个妻子；(4) 强健，勤劳和宽宏大量。这就是黄金时代的几种德行。①

但他又说：

> 黄金时代不像后来文弱的诗人们所描述的那样一种以快感为法律的时代，因为在神学诗人们的黄金时代里，人们对任何令人作呕的一切精微奥妙都毫无感觉，只在被允许的有用的事物中寻取乐趣，如我们所看到的现在的农民们还是这样。②

因此，"以往学者们关于从异教世界原始民族所观察到的黄金时代的纯朴天真之类讹见多么空洞无稽。实际上是迷信的狂热才使最初的异教人民，尽管都是野蛮的、骄横的而且最残酷的，通过他们所想象的天神的恐惧，还受到某种约束"③。

他还批评民族"虚骄讹见"。"虚骄讹见"在维柯那里表述为：

> 每一个民族，无论是希腊人，还是野蛮人，都有一个同样的虚骄讹见，认为自己比一切其他民族都较古老，早就已经创造出人类舒适生活所必需的事物，而他们自己所回忆到的历史要一直追溯到世界本身的起源。④

维柯认为，民族"虚骄讹见"是学者们的虚荣心的表现。他们认为"他们所知

---

①② 〔意〕维柯：《新科学》上册，朱光潜译，商务印书馆 1989 年版，第 266 页。
③ 同上书，第 269 页。
④ 同上书，第 99 页。

道的一切就和世界一样古老”,“古人有无比的智慧”①。而这对于人们认清历史真相是不利的。

浪漫主义的发轫。浪漫主义在不同学科和不同人那里是有差异的,给它一个被普遍接受的明确的界定是不现实的,正如有论者所说:“在浪漫主义这一标签下,集中了太多相互矛盾的含义。”②而这里的浪漫主义,指的是历史学中的浪漫主义思想倾向,或者说是在一定历史时期、具有一定特征的作为历史运动的浪漫主义③。具体说来,就是对启蒙运动期间占据主导地位的唯理智论的一种批判和反动。

启蒙运动盛期,历史学中的浪漫主义就发轫了。例如卢梭,他从少年起,就酷爱自然,对于这种热忱,他曾不厌其烦的摹写、表现于他的著作中。卢梭曾经说:

> 我在幻想中看到家家都有田舍风味的宴会;草场上都有愉快的游戏;河边都有人洗澡、散步和钓鱼;树枝上都有美果;树阴下都有男女的幽会;山间都有大桶的牛乳和奶油,惬意的悠闲、宁静、轻快以及信步漫游的快乐。④

他又经历了多次旅行,不论是旅途中的美景,还是乡村的田园生活,都使他陶醉着迷。他热爱自然,崇尚自然,自然渗透了他整个生命。对此,卢梭道:“乡村对我真是太新奇了,我不知厌倦地享受着它。我对它产生了一种非常浓厚的兴趣,这种兴趣一直没有减退过。”⑤

卢梭的浪漫主义表现为:推崇自然,蔑视社会习俗;重视情感,但不抛弃理性;推崇个体的表现,认同英雄或优美的灵魂;偏爱经验胜过理智,一定程度上反对启蒙运动的理性主义。后来当人们普遍认识到理性主义史学的局限,激荡起浪漫主义史学的时候,发现理性主义史学如日中天的时候卢梭已经提供了批判它的精神武器。

浪漫主义史学观念从两个方面把启蒙运动的史学观念推向前进。一是

---

① 〔意〕维柯:《新科学》上册,第100页。
② 王利红:《诗与真:近代欧洲浪漫主义史学思想研究》,上海三联书店2009年版,第54页。
③ 〔美〕雅克·巴尊:《古典的,浪漫的,现代的》,侯蓓译,江苏教育出版社2005年版,第4—8页。
④ 〔法〕卢梭:《忏悔录》第一部,黎星译,人民文学出版社1980年版,第71页。
⑤ 同上书,第14页。

历史学的视野必须放得开阔，以一种更同情的态度去研究在启蒙运动时期被看作是未开化的或野蛮的并听任其默默无闻的那些过去的时代；二是，以人民自身的公意去代替开明专制的思想，而所谓的人民自身的公意也就是作为整体的人民去追求他们作为一个整体的利益的那种意志。按照柯林武德的说法，卢梭所设想的公意，作为解释历史的原则，“它不仅仅能够适用于文明世界的近期历史，而且也能够适用于一切民族和一切时代的历史。那些野蛮和迷信的时代，至少在原则上，就变成可以理解的；同时也就有了可能来观看人类历史的整体，如果不是作为人类理性的历史的话，至少也是作为人类意志的历史”。而卢梭尊重和同情他人的观点，用于历史学就意味着，“历史学家一定永远不要做启蒙运动历史学家所经常做的事情，那就是以鄙视和厌恶的态度去看待以往的时代；历史学家必须以同情的态度看待它们，并在其中发现真正的而又可贵的人类成就的表现”①。

二、特殊性和普遍性张扬中的偏颇

其实，许多问题都有两重性，一些看上去是积极遗产的，却包含着消极成分。民族史学的发展，对于历史学科的发展而言，本来是可喜的，但是另一方面它可能刺激了民族主义的兴起；打破民族史学局限的以文化为考察对象的西方史学，又孕育出欧洲中心观，暗示着对非西方文化的漠视；而更为普遍历史的撰写，却引来人们对于历史规律论的争讼与质疑。

1. 民族主义出台

克罗齐在论启蒙运动的史学时指出：“用拉丁文写作的历史减少了，或只限于学者们了，而用民族文字写作的历史则增多了。”②他的这句话虽然文字不多，但是涉及史学的民族性问题。一旦民族历史的民族写法，在史学家脑海里积淀成理论，历史学的民族主义便该出笼了。

近代西方浪漫主义的产生，意味着西方民族性观念和民族主义的产生成为自然的了，“在某种程度上，我们可以把民族主义看作是浪漫主义历史观最具特色的体现。正是浪漫主义为近代欧洲民族主义和民族主义史学的

① 〔英〕柯林武德：《历史的观念》，何兆武、张文杰译，商务印书馆1997年版，第137—138页。

② 〔意〕贝奈戴托·克罗齐：《历史学的理论和实际》，傅任敢译，商务印书馆1982年版，第193页。

兴起提供了文化背景和理论前提”①。

因为,近代意义上的民族的产生是在一种充满浪漫主义精神的氛围中展开的,人们可以从浪漫主义身上看到民族主义的影子。浪漫主义史学关注和强调地方色彩,它对精神性、情感性、内在性、神秘性、意志性、个体性、连续性和整体性原则的强调,都不能不使人想到民族和民族主义。所以,有学者认为:

> 可以说,近代意义上的民族和民族主义正是伴随着浪漫主义运动和浪漫主义史学而产生的,如果没有浪漫主义对主体性和精神自由的强调,如果没有浪漫主义史学对本民族历史和文化传统的追寻,特别是没有浪漫主义史学那种独特性、连续性和整体性的统一,就不可能有近代意义上的民族主义。……很多浪漫主义史学家同时就是民族主义史学家,在他们身上,两种身份并行不悖,例如赫尔德和米什莱,他们就既是浪漫主义史学家,又是民族主义史学家。②

可是,近代西方的民族主义问题实在是一个非常复杂的问题。第一,它涉及人类精神的方方面面,成为那时的政治学、经济学、哲学、历史学、社会学、人类学、语言学等诸多学科共同关注的问题。第二,民族主义还是个历史的范畴,其含义随着时代的变迁在发生着变化。第三,在不同学者、政治家那里也存在截然不同的内涵。

伯林是这样赋予民族主义以内涵的:“人们属于某个特殊的人群”,有着“共同的目标”,“采用某种特定的政策”,“致力于某种特定的目的,过某种特定的生活”,“假如满足我所归属的有机体的需要变得与实现其他群体的目标不可调和,那么我或者我不可分割地属于其中的社会便别无选择,只能强迫那些群体屈服,必要时就诉诸武力”③。

早在16世纪,欧洲许多国家便产生了自己的世俗崇拜和意识形态,历史写作就采取了民族的形式。在宗教改革与反改革运动中,德国学者给老掉牙的古今对比的主题带来民族甚至种族的色彩,法国则通过宫廷史学家

① 王利红:《诗与真:近代欧洲浪漫主义史学思想研究》,第137页。

② 同上书,第136页。

③ 〔英〕伯林:《反潮流:观念史论文集》,冯克利译,译林出版社2002年版,第407—409页。

突出历史的民族特性，英国也在做与德国和法国相类似的工作。因此，凯利在论述这种历史写作的民族性时指出：

> 由于英国、法国、德国、西班牙等地的宗教改革和反宗教改革，史学转向民族，许多利益——政治的、宗教的、制度的——促成了这一转向，这些利益在由国家或教会资助的学者及其他更流行的作者所发现、研究、出版和解释的历史记录和历史遗迹中寻找政策的合法性、激励和基础。①

可是，民族主义作为一种理论形态并没有成熟。到了启蒙运动时期，典型的民族主义出笼了。

赫尔德这位在后人那里存有争议的德国哲学家，比较系统阐释了民族主义思想。他从个体概念和历史发展的有机联系性观点出发，提出了民族观念。他认为，历史是一个持续不断的运动，在历史的长河中，有一些中心是相对稳定的，即各个民族。民族是最基本的社会集体，是多种多样的存在；多样的民族集团正象征着自然的秩序，由它们构成人类发展的整体。组成民族的标志是具有共同的语言、习俗、历史和环境，典型的民族构成是具有文化的同一性，它形成人们的集体意识。不同的民族，文化是不一样的，因此每个民族都拥有独特的形态和鲜活的生命，它们充满活力并不断发展。总之，"赫尔德强调民族是在漫长的时间中形成的，具有自己的独特性，人们对民族共同体的依赖感情是与其历史发展联系在一起的"②。

在赫尔德看来，作为自然的生命，人便分为人类各种不同的种族，每一个种族都和它的地理环境密切相联系着，并且由那个环境所塑造的它原来的体质的和精神的特征；但是每个民族一旦形成，就成为人性的一种特殊类型，它具有它自己的永恒特征，不以它和环境的直接关系为转移，而以它自身近亲繁殖的特点为转移，正像在一个环境里所形成的一种植物，在移植到另一个环境时仍保持相同不变一样。不同种族的感受能力和想象能力因此就真正分化了；每个种族都有自己的幸福观念和它自己的生活理想。但是这种在种族上分化了的人性又是一个母体，其中出现了一种更高类型的人

① 〔美〕唐纳德·R·凯利：《多面的历史》，第346页。
② 王利红：《诗与真：近代欧洲浪漫主义史学思想研究》，第152—153页。

类有机体,即历史的有机体;那就是说,一个种族的生命并不是静止不动的,而是在时间之中发展为愈来愈高的形式。柯林武德在论述赫尔德这些思想的历史地位时说:“赫尔德是第一个思想家,以系统的方式承认在不同人种之间存在着差别,而且承认人性并不是一致的而是分歧的。”①

在后世学者中,关于赫尔德的民族主义与种族优劣论之间的关联,存在不同意见。

柯林武德认为:赫尔德整个民族主义思想中最为根本的是,不同种族的社会政治制度之间的差异并不是来自每个种族的历史经验,而是来自它的天生的心理特点;而这一点对于真正理解历史却是关键性的。因此,“一旦赫尔德的种族理论为人采用,就逃不脱纳粹婚姻法的结局”②。

但是,伯林却认为:赫尔德愤然拒斥征服者的价值观,批驳了一个民族优于另一个民族的观点。赫尔德的“我的民族比你的民族优越”这个命题是荒谬的,是侵略性的民族主义的思想根源,每一个民族都有各自独立发展的充分权利。赫尔德乐观地相信,人类大花园中的所有花卉都能和谐地生长,各种文化都能互相激励,为创造这种和谐的境界作出自己的贡献。总之,正如拉明·贾汉贝格鲁所说:

> 赫尔德绝不主张政治上的民族主义,政治上的民族主义必然导致侵略和培植民族自豪感,他痛恨这些东西。他谴责的反面人物大致有亚历山大大帝、恺撒和古罗马人,因为他们践踏其他民族的文明,比如小亚细亚的文明。③

其实,这里涉及思想原创和后人利用的问题。就最初提出民族主义观点而言,他并没有主张种族优劣论,甚至强烈加以反对;可是思想的因子被后人利用并加以放大是常有的事情,正如马基雅维里《君主论》中的观点在后世的遭遇一样,赫尔德的民族主义中民族特性天生差异的观点,为种族优劣论生成埋下了伏笔,这恐怕也是当初他始料不及的。

2. 挥之不去的欧洲中心论

近代早期的欧洲史学,留下了欧洲中心论这一遗产。欧洲中心论的含

---

① 〔英〕柯林武德:《历史的观念》,第103页。

② 同上书,第105页。

③ 〔伊朗〕拉明·贾汉贝格鲁:《伯林谈话录》,杨祯钦译,译林出版社2002年版,第93页。

义，一般认为是在进行世界历史叙述的时候，以欧洲为中心，而把其他地区的历史作为欧洲文明影响的对象或者是附庸来处理。然而，如果深入探讨的话，至少欧洲中心论的含义还有，以欧洲文化或文明为圭臬来衡量其他地区的文化或文明，在价值判断上，抬高欧洲而鄙视欧洲以外的地区。吴于廑在谈到这一问题时就说过，欧洲中心论者是：

以欧洲为世界历史发展的中心的。他们用欧洲的价值观念衡量世界一切。在欧洲文明发生以前，所有其他文明都只是它的准备；在它发生以后，全世界的历史又必然受它支配和推动，是它的从属品。①

维柯，这位生活在17世纪中期至18世纪中期的思想家，可谓是近代西方历史哲学和社会科学的先驱，致力于各民族共同的自然法则的发现。然而，维柯的所谓各民族共同的自然法则是要打折扣的，因为本质上他是位典型的欧洲中心论者。他一方面是一位虔诚的基督徒，对于基督教，维柯说过：

基督教的欧洲却到处都闪耀着人道的光辉，构成人类生活幸福的物品丰富，既带来身体方面的舒适，又带来心灵方面的乐趣，而这一切都来自基督教。基督教教导着一切崇高的真理。②

他把基督教抬高到至上地位，而基督教恰恰是近代西方的一个精神代表。另一方面，即使在谈到所谓的"异教"世界，也是以考察希腊、罗马居多，甚至将希腊、罗马文化提升为早于和高于东方文化包括埃及和中国文化的东西，例如，在他看来，《荷马史诗》中所描述的东方历史不过是希腊历史的影子，"关于埃及和世界其他各国，荷马所叙述到的许多项目的资料实际上都是希腊本土的制度和事迹"③。又如，认为中国人和埃及人是自高自大的，说：他们"正如一个人关在一间小黑屋里睡觉，在对黑暗的恐惧中觉醒过来，才知道这间小屋比手所能摸到的地方要大得多。在他们天文时历的

① 吴于廑：《时代和世界历史——试论不同时代关于世界历史中心的不同观点》，《吴于廑学术论著自选集》，首都师范大学出版社1995年版，第10页。

② 〔意〕维柯：《新科学》下册，第596页。

③ 〔意〕维柯：《新科学》上册，第78页。

黑屋中，中国人和埃及人乃至迦勒底人的情况都是如此”①。相反，“希腊作为哲学家的国度，能以人类天才所曾发现的全部艺术的光辉照耀着人寰”②。

甚至像伏尔泰这样的视野开阔的史学家，也摆脱不了欧洲中心观的魔咒。他在《路易十四时代》的《导言》里说：

> 不为后代叙述某个个人的行动功业，而向他们描绘有史以来最开明的时代的人们的精神面貌。③
>
> 对只愿记忆事实的人说来，所有历史都彼此相似，大体相同。但是勤于思考和善于鉴别的人(这更加罕有)却认为世界历史上只有四个时代值得重视。这四个兴盛昌隆的时代是文化技艺臻于完美的时代；是作为人类精神的崇高伟大的划时代而成为后世典范的时代。④

而且认为，路易十四时代可能：

> 是四个时代中最接近尽善尽美之境的时代。其他三个时代的发现使这个时代得以充实丰富，因此它在某些方面的成就比其他三个时代的总和还多……这种有益的影响甚至还不局限于法国的范围之内。它扩展到英国，激起这个才智横溢、大胆无畏的国家当时正需要的竞争热情。它把高雅的趣味传入德国；把科学传入俄国。它甚至使萎靡不振的意大利重新活跃起来。欧洲的文明礼貌和社交精神的产生都应归功于路易十四的宫廷。⑤

后在《风俗论》中，又说这四个繁荣时期：

> 如果要研究艺术史，那么在世界史上，只有四个时代是值得称道的，那就是亚历山大时代、奥古斯都时代、美第奇家族时代和路易十四时代。⑥

---

① 〔意〕维柯：《新科学》上册，第54页。
② 同上书，第50页。
③④ 〔法〕伏尔泰：《路易十四时代》，吴模信等译，商务印书馆1982年版，第5页。
⑤ 同上书，第7页。
⑥ 〔法〕伏尔泰：《风俗论》上册，第286页。

如果说仅仅限于欧洲，那么还是可以说得过去；但是，如果放到整个世界来看，那么此说法显然就有忽视其他民族的意味了。这种依据欧洲某个民族情况而忽视其他非欧洲民族的做法，就是欧洲中心论的特征。

欧洲中心论在19世纪直到20世纪初，被西方史学家发展到极致，那是以后的事情了。

3. 历史普遍性问题上的纷争

启蒙时代的历史学家注重哲学思辨，希望从宏观的整体出发，去发现历史运动的一般规律，促使史学与哲学的结合，使史学具有科学的含义。这一倾向的过度发展，使他们往往把规律模式置于史实之上。于是，产生了两个后果：一是对史料搜集与考据工作的普遍轻视，二是滥造模式并相互争论不休。

历史规律论本来是在自然科学影响下，将哲学引进史学，试图发现历史普遍性的尝试，旨在为历史学争得科学地位。可是，问题在于，历史规律在不同思想家、史学家那里的表述是不同的。这种情况在之前的相关章节里已经说明，从而出现历史规律主张者内部的纷争。这恰好给科学史学的反对者提供了绝好的借口，也为新形势下的历史怀疑论者打开思想的闸门。

顺便说及，在批判规律论的学者中，20世纪的卡尔·波普尔和雷蒙·阿隆是很典型的。

波普尔这位奥地利裔英国哲学家分别于1945年和1957年出版《开放的社会及其敌人》和《历史规律论的贫困》。他认为，历史是没有规律的，因而也无法预言。在他看来，历史认识中的解释只是一种假说，无法进行验证；未来社会的行程受知识的影响，未来知识如何增长，人们是无法知道的。阿隆在1938年出版的《历史哲学导论》，承认社会静态规律的存在，例如大量穷人在底层，少数富人在塔尖。他认为：这种观点是荒唐的，那就是认为根据经验而奠定的规律竟可以把认识无限度地扩大到未来。因为，从总体意义上说："在任何情况下，我们都不能证明周期是否无限地重复。在有限的周期内我们自信能加以识别，至于贯穿全部历史的知识就无法加以预见了。"[①]可见，阿隆在历史规律方面的观点接近波普尔。

虽然波普尔的批判对象是柏拉图、黑格尔和马克思等人，但是黑格

① 张文杰编：《历史的话语》，广西师范大学出版社2002年版，第96页。

尔、马克思等人的历史规律论是从启蒙时期的历史规律论演变过来的。因此,波普尔等人的反驳同样是适用于启蒙时期的。而启蒙时期的历史规律论者的纷争,使得自身理论体系在防卫波普尔等人的进攻方面显得更加无奈。

此外,理性主义史学一反博学派那种以单纯追求渊博知识、述而不作的修史方法,注重史料阐发。在阐发史料中倡导怀疑精神,不仅怀疑基督教史学,而且怀疑古典权威,甚至怀疑史学本身。充分发挥人的理性作用,这无疑是一种进步。不过把理性看成改造社会,拯救黎民百姓的唯一力量,是推动社会历史前进的动力,未免过分夸大其词。这是他们的局限。

三、推陈出新:在人文与科学之间

启蒙时期的史学不是无源之水和无本之木,相反是对文艺复兴时期乃至博学时代史学的继承和批判的前提下发展起来的。

1. 批判继承人文主义和博学派史学

人文主义史学人本观念、文献学成就和方法,为启蒙运动时期的史学家所继承。它已经把批判的矛头指向教会,但是许多时候又是在教界人士庇护下的;它代表着新生的资产阶级要求,可是又打着复古的旗号,未免温文尔雅。到了启蒙时代,自由、平等、博爱成为人们的理性目标,促使人文主义史学往前进入理性主义阶段。它探讨人的价值,是可贵的,并为启蒙运动时期的史学家所继承,但是对历史规律以及相信历史进步性考虑不多。在史学内容上,其地方史和政治史写作也是有局限的,忽视了历史上的经济和文化,在历史区域上局限于一城一地,没有从更大的范围上考虑世界史体系。人文主义史学的这些不足,必须由一种新的史学来打破,这种新的史学就是理性主义史学。启蒙运动时期的主流史学是理性主义的,它仍然张扬人文主义的重世俗的旗帜,继续揭露和批判教会的专制、腐化与黑暗;它确立历史进步的观念,在自然神论的思维框架中相信历史同自然界一样是有规律的,同时也是可以认识的,为历史学科学化找到了哲学的明灯。

博学派史学的贡献与局限也为启蒙运动史学提供了学术条件。正如在讨论博学派史学中所认识到的那样,博学派史学家延续了历史皮浪主义者的怀疑态度,并为理性主义者所继承;他们重视史料特别是大量希腊文和拉丁文史料的搜集、整理和出版,为启蒙运动时期的史学家深入研究提供了材料;博学派促进了欧洲国家史学的民族化进程,使得民族性在启蒙运动史学中得以继续加强;博学派史学家提出了鉴定史料真实性的方法,也为启蒙运动史学提供了工具。然而,博学者无论是新教徒还是旧教徒,他们都是出于宗教论争目的,并不是重视历史的真实问题;其历史观仍然是中世纪的,其著作中还充满着神迹、天意、四大君主国等。博学派史学的这些不足需要清算,理性主义史学就承担起这一历史重任。启蒙史学家们,普遍信奉自然神论,把上帝的作用限制在创造人类这里,至于人类如何发展,他们认为上帝则不关心了。在这里,他们普遍强调人在人类历史中的主导作用,同时又构造出一定的规律。在某种意义上说,它是文艺复兴时期历史学的人本主义和批判教会的继续和发展,是对博学派神学史观的否定,确定了在以后世纪里在人与自然或者人与规律框架中讨论历史问题的基调。

2. 奠定了19世纪科学史学的基础

在19世纪,史学的突出现象之一,就是史学家力图像自然科学那样去追求史学的科学性,因而科学史学势头迅猛。其实,这种科学史学的许多要素,在启蒙运动时期就已经具备了。

启蒙运动史学是在历史怀疑主义泽被下发展起来的,他们不仅怀疑中世纪神学史家,而且怀疑古典作家的历史写作的真实性。在怀疑精神指引下,史学家们去重新搜集和考订史料,实现史学创新。它是文艺复兴时期历史怀疑精神、博学派质疑态度、博学史学注重史料做法的继续和发展,启蒙运动时期的许多史学家重视史料的考证,重新审视过去史学家的判断。这种历史皮浪主义的做法到了19世纪以后,成为科学史学乃至反科学史学的最基本的学术追求。

人文主义史学家,从总体上说,其历史著作是在写城市的政治军事史,偶尔也有人注意到欧洲以外的历史,但是非常罕见;而博学派基本是在写教会的编年史、圣徒的传记,或者编辑教会文献,主题单调。启蒙运动时期的史学家整体历史写作突破了局部地区历史的不足,其关注社会文化史的做法,突破前两者主题单一性的局限。这种在地域上讲求整体、内容上追求综合、视野上推崇总体的表现,成为19世纪实证主义史学的核心主张。同时,具有哲学意味的历史学成为实证主义史学的先驱。前面已经说过,笛卡儿在批驳阿格里帕对科学和艺术的攻击时,加剧了历史知识不可靠的意识。维柯在反笛卡儿怀疑上帝的论述中,历史俨然于自然是有规律的,这样赋予各地人类历史以共性,似乎历史知识也是可以演绎的。如果说维柯的做法停留在历史哲学层面，那么伏尔泰及其影响下的史学家们则把哲学用于历史的研究。发现公理、规则或者规律，恰好是实证主义史学的一种学术倾向，这是同启蒙史学家的影响分不开的。因此，从这些意义上说，以伏尔泰为代表的理性主义史学是后世实证主义史学的先驱。

参考书目

一、中文部分

1. 著作

〔奥〕斯·茨威格：《一个古老的梦——伊拉斯谟传》，姜瑞璋、廖綵胜译，辽宁教育出版社1998年版。

〔德〕汉斯·贝尔廷等：《艺术史的终结?》，常宁生译，中国人民大学出版社2004年版。

〔德〕赫尔德：《论语言的起源》，姚小平译，商务印书馆1998年版。

〔德〕黑格尔：《历史哲学》，王造时译，上海书店2001年版。

〔德〕卡尔·洛维特：《世界历史与救赎历史》，李秋零、田薇译，三联书店2002年版。

〔德〕康德：《历史理性批判文集》，何兆武译，商务印书馆1990年版。

〔德〕科奇温：《十八世纪中国与欧洲文化的接触》，朱杰勤译，商务印书馆1962年版。

〔德〕马克思、恩格斯：《马克思恩格斯全集》第1卷，人民出版社1956年版。

〔德〕马克思、恩格斯：《马克思恩格斯全集》第20卷，人民出版社1971年版。

〔德〕马克思、恩格斯：《马克思恩格斯全集》第21卷，人民出版社1965年版。

〔德〕文德尔斑：《哲学史教程》，罗任达译，商务印书馆1993年版。

〔法〕爱弥尔·涂尔干：《孟德斯鸠与卢梭》，李鲁宁等译，上海人民出版社2006年版。

〔法〕狄德罗:《狄德罗哲学选集·哲学思想录》,江天骥等译,商务印书馆1959年版。

〔法〕笛卡尔:《沉思录》,关琪桐译,商务印书馆1935年版。

〔法〕笛卡尔:《笛卡尔思辨哲学》,尚新建等译,九州出版社2004年版。

〔法〕笛卡尔:《谈谈方法》,王太庆译,商务印书馆2000年版。

〔法〕伏尔泰:《风俗论》上册,梁守锵译,商务印书馆1994年版。

〔法〕伏尔泰:《风俗论》下册,谢戊申等译,商务印书馆1997年版。

〔法〕伏尔泰:《风俗论》中册,梁守锵等译,商务印书馆1997年版。

〔法〕伏尔泰:《伏尔泰精选集》,丁世忠译,北京燕山出版社2005年版。

〔法〕伏尔泰:《路易十四时代》,吴模信等译,商务印书馆1982年版。

〔法〕伏尔泰:《哲学辞典》,王燕生译,商务印书馆1991年版。

〔法〕伏尔泰:《哲学通信》,高达观等译,上海人民出版社2005年版。

〔法〕亨利·勒费弗尔:《狄德罗的思想和著作》,张本译,商务印书馆1985年版。

〔法〕孔狄亚克:《人类知识起源论》,洪洁求、洪丕柱译,商务印书馆1989年版。

〔法〕孔多塞:《人类精神进步史表纲要》,何兆武、何冰译,三联书店1998年版。

〔法〕拉伯雷:《巨人传》,成钰亭译,上海译文出版社1990年版。

〔法〕卢梭:《爱弥尔——论教育》,李平沤译,商务印书馆1978年版。

〔法〕卢梭:《忏悔录》,黎星译,人民文学出版社1980年版。

〔法〕卢梭:《孤独漫步者的遐想》,钱培鑫译,译林出版社2006年版。

〔法〕卢梭:《卢梭评判让-雅克:对话录》,袁树仁译,上海人民出版社2007年版。

〔法〕卢梭:《论科学和艺术》,何兆武译,商务印书馆1959年版。

〔法〕卢梭:《论人类不平等的起源和基础》,李常山译,商务印书馆1962年版。

〔法〕卢梭:《社会契约论》,何兆武译,商务印书馆1980年版。

〔法〕蒙田:《蒙田随笔全集》,潘丽珍等译,译林出版社1996年版。

〔法〕孟德斯鸠:《波斯人信札》,罗大冈译,人民文学出版社1984年版。

〔法〕孟德斯鸠:《论法的精神》,张雁深译,商务印书馆1963年版。

〔法〕孟德斯鸠:《罗马盛衰原因论》,婉玲译,商务印书馆1984年版。

〔荷兰〕斯宾诺莎:《神学政治论》,温锡增译,商务印书馆 1982 年版。

〔美〕B·A·哈多克:《历史思想导论》,王加丰译,华夏出版社 1989 年版。

〔美〕G·桑迪拉纳:《冒险的时代——文艺复兴时期哲学家》,周建漳等译,光明日报出版社 1989 年版。

〔美〕J·W·汤普森:《历史著作史》第二分册,谢德风译,商务印书馆 1988 年版。

〔美〕J·W·汤普森:《历史著作史》第三分册,孙秉莹、谢德风译,商务印书馆 1992 年版。

〔美〕保罗·奥斯卡·克利斯特勒:《意大利文艺复兴时期八个哲学家》,姚鹏、陶建平译,上海译文出版社 1987 年版。

〔美〕格奥尔格·G·伊格尔斯:《德国的历史观》,彭刚、顾杭译,译林出版社 2006 年版。

〔美〕卡尔·贝克尔:《18 世纪哲学家的天城》,何兆武译,三联书店 2001 年版。

〔美〕利奥·施特劳斯:《关于马基雅维里的思考》,申彤译,译林出版社 2003 年版。

〔美〕列维尼等:《维柯与古今之争》,林志猛等译,华夏出版社 2008 年版。

〔美〕萨利·肖尔茨:《卢梭》,李中泽等译,中华书局 2005 年版。

〔美〕唐纳德·R·凯利:《多面的历史》,陈恒、宋立宏译,三联书店 2003 年版。

〔美〕威尔·杜兰:《世界文明史·文艺复兴》,幼狮文化公司译,东方出版社 1999 年版。

〔美〕威廉·J·本纳特:《美国通史》,刘军等译,江西人民出版社 2009 年版。

〔美〕雅克·巴尊:《古典的,浪漫的,现代的》,侯蓓译,江苏教育出版社 2005 年版。

〔美〕伊格尔斯:《欧洲史学新方向》,赵世玲、赵世瑜译,华夏出版社 1989 年版。

〔瑞士〕布克哈特:《意大利文艺复兴时期的文化》,何新译,商务印书馆 1979 年版。

〔苏〕C·阿尔塔莫诺夫:《伏尔泰传》,张锦霞等译,商务印书馆 1989

年版。

〔苏〕加尔金:《欧美近现代史学史》,董进泉译,安徽教育出版社 1986 年版。

〔苏〕维·彼·沃特金:《十八世纪法国社会思想的发展》,杨穆、金颖译,商务印书馆 1983 年版。

〔苏〕叶·阿·科斯敏斯基:《中世纪史学史》,东北师范大学历史系译,内部使用。

〔希〕赫西俄德:《工作与时日 神谱》,张竹明等译,商务印书馆 1991 年版。

〔伊朗〕拉明·贾汉贝格鲁:《伯林谈话录》,杨祯钦译,译林出版社 2002 年版。

〔意〕贝奈戴托·克罗齐:《历史学的理论和实际》,傅任敢译,商务印书馆 1982 年版。

〔意〕卜伽丘:《十日谈》,方平、王科一译,上海译文出版社 1981 年版。

〔意〕但丁,吕六同编选:《但丁精选集》,北京燕山出版社 2004 年版。

〔意〕康帕内拉:《太阳城》,陈大维等译,商务印书馆 1980 年第 2 版。

〔意〕克罗齐:《作为思想和行动的历史》,田时纲译,中国社会科学出版社 2005 年版。

〔意〕利昂·庞帕编:《维柯著作选》,陆晓禾译,商务印书馆 1997 年版。

〔意〕尼科洛·马基雅维里:《佛罗伦萨史》,李活译,商务印书馆 1982 年版。

〔意〕尼科洛·马基雅维里:《君主论》,潘汉典译,商务印书馆 1985 年版。

〔意〕尼科洛·马基雅维里:《论李维》,冯克利译,上海人民出版社 2005 年版。

〔意〕瓦萨里:《意大利艺苑名人传》,刘耀春等译,湖北美术出版社、长江文艺出版社 2003 年版。

〔意〕瓦萨里:《著名画家、雕塑家、建筑家传》,刘明毅译,中国人民大学出版社 2004 年版。

〔意〕维柯:《论人文主义教育》,王楠译,上海三联书店 2007 年版。

〔意〕维柯:《论意大利最古老的智慧——从拉丁语源发掘而来》,张小勇译,上海三联书店 2006 年版。

〔意〕维柯:《新科学》,朱光潜译,商务印书馆 1989 年版。

〔英〕伯林:《反潮流:观念史论文集》,冯克利译,译林出版社 2002 年版。

〔英〕大卫·休谟:《宗教的自然史》,徐晓宏译,上海人民出版社 2003 年版。

〔英〕丹尼斯·哈伊:《意大利文艺复兴的历史背景》,李玉成译,三联书店 1988 年版。

〔英〕弗格森:《文明社会史论》,林本椿、王绍祥译,辽宁教育出版社 1999 年版。

〔英〕柯林武德:《历史的观念》,何兆武、张文杰译,中国社会科学出版社 1986 年版。

〔英〕昆廷·斯金那:《马基雅维里》,王锐生、张阳译,工人出版社 1985 年版。

〔英〕麦克唐纳·罗斯:《莱布尼茨》,张传友译,中国社会科学出版社 1987 年版。

〔英〕培根:《培根论说文集》,水天同译,商务印书馆 1988 年版。

〔英〕培根:《新工具》,许宝骙译,商务印书馆 1984 年版。

〔英〕培根:《学术的进展》,刘运同译,上海人民出版社 2007 年版。

〔英〕乔治·霍尔姆斯基:《但丁》,裘珊萍译,中国社会科学出版社 1989 年版。

〔英〕乔治·皮博迪·古奇:《十九世纪历史学与历史学家》,耿淡如译,商务印书馆 1989 年版。

〔英〕托马斯·莫尔:《乌托邦》,戴镏龄译,商务印书馆 1982 年第 2 版。

〔英〕休谟:《人类理解研究》,关文运译,商务印书馆 1957 年版。

〔英〕休谟:《人性论》,关文运译,商务印书馆 1980 年版。

〔英〕约翰·伯瑞:《进步的观念》,范祥涛译,上海三联书店 2005 年版。

蔡石山:《西洋史学史》,台湾环球书社 1982 年版。

陈启能:《西方历史学名著提要》,江西人民出版社 2001 年版。

董进泉:《历史学》,四川人民出版社 1989 年版。

范景中主编:《美术史的现状》,中国美术学院出版社 2003 年版。

郭圣铭:《西方史学名著介绍》,华东师范大学出版社 1996 年版。

郭小凌:《西方史学史》,北京师范大学出版社 1995 年版。

何平:《西方历史编纂学史》,商务印书馆 2010 年版。

何兆武:《历史理性的重建》,北京大学出版社 2005 年版。

黄冬敏:《理性主义史学——以十八世纪的法国为中心》,岳麓书社 2010 年版。

黄文斐:《维柯〈新科学〉之中古性》,台大出版委员会 2000 年版。

黄云明:《罗曼蒂克的歌者——让·雅克·卢梭》,河北大学出版社 2005 年版。

蒋大椿主编:《史学探渊》,吉林教育出版社 1991 年版。

李大钊:《李大钊文集》,人民出版社 1984 年版。

李勇:《保卫历史学》,世界知识出版社 2009 年版。

林芊:《历史理性与史学理性》,贵州人民出版社 2005 年版。

刘昶:《人心中的历史》,四川人民出版社 1987 年版。

沈福伟:《中西文化交流史》,上海人民出版社 1985 年版。

宋瑞芝等:《西方史学史纲》,河南人民出版社 1989 年版。

孙秉莹:《欧洲近代史学史》,湖南人民出版社 1984 年版。

孙锦泉等:《欧洲文艺复兴史》(史学卷),人民出版社 2010 年版。

王建娥:《外国史学史》,兰州大学出版社 1994 年版。

王利红:《诗与真:近代欧洲浪漫主义史学思想研究》,上海三联书店 2009 年版。

王晴佳:《西方的历史观念——从古希腊到现代》,华东师范大学出版社 2002 年版。

王秋荣、陈伯通:《西方文学思潮概观》,海峡文艺出版社 1988 年版。

吴于廑:《吴于廑学术论著自选集》,首都师范大学出版社 1995 年版。

夏祖恩:《外国史学史纲要》,鹭江出版社 1993 年版。

徐波:《文艺复兴时期法国民族史学研究》,四川人民出版社 2006 年版。

徐正、侯振彤:《西方史学的源流与现状》,东方出版社 1991 年版。

杨豫:《西方史学史》,江西人民出版社 1993 年版。

姚军毅:《论进步观念》,中国社会科学出版社 2000 年版。

易兰:《兰克史学研究》,复旦大学出版社 2006 年版。

于凤梧:《卢梭思想概论》,北京师范大学出版社 1986 年版。

余丽嫦:《培根及其哲学》,人民出版社 1987 年版。

瑜青主编:《休谟经典文存》,杨适译,上海大学出版社 2002 年版。

曾明莉:《维柯社会历史理论的初步研究》,台湾大学哲学所 1987 年版。

张广智:《超越时空的对话:一位东方学者关于西方史学的思考》,北京师范大学出版社 2008 年版。

张广智:《克丽奥之路——历史长河中的西方史学》,复旦大学出版社 1989 年版。

张广智、张广勇:《史学,文化中的文化》,浙江人民出版社 1990 年版。

张广智主著:《西方史学史》,复旦大学出版社 2010 年第 3 版。

张世华:《意大利文学史》(修订版),上海外语教育出版社 2003 年版。

张文杰编:《历史的话语》,广西师范大学出版社 2002 年版。

朱谦之:《中国哲学对欧洲的影响》,河北人民出版社 1999 年版。

2. 论文

〔德〕卡希尔:《历史观念的演变——笛卡儿、莱布尼茨、维科》,张永清译,《现代外国哲学社会科学》1987 年第 7 期。

〔荷〕B·德费伽奥夫:《历史与进步》,傅乐安译,《哲学译丛》1963 年第 5 期。

〔英〕彼得·伯克:《西方历史思想的十大特点》,王晴佳译,《史学理论研究》1997 年第 1 期。

毕玉:《乔尔乔·瓦萨里的艺术史著与艺术思想探略》,《社会科学》2004 年第 10 期。

陈锐:《论维柯的历史哲学》,《杭州师范学院学报》1994 年第 2 期。

何平:《历史进步观与 18、19 世纪西方史学》,《学术研究》2002 年第 1 期。

何平:《作为历史研究本体论范畴的历史进步观及其内涵》,《史学集刊》2001 年第 2 期。

黄蕾:《维柯史学思想研究》,硕士研究生学位论文,安徽大学历史学系,2008 年。

李秋零、田薇:《启蒙主义的历史进步论》,《中国青年政治学院学报》1994 年第 2 期。

李勇:《布鲁尼史学新论》,《史学史研究》2009 年第 3 期。

李勇:《论比昂多的意大利史写作》,《合肥师范学院学报》2011 年第

1期。

李勇:《论圭恰亚迪尼的史学》,《淮北煤炭师范学院学报》(哲学社会科学版)2009年第2期。

李勇:《论瓦拉的史学》,《淮北煤炭师范学院学报》(哲学社会科学版)2010年第4期。

李勇:《马基雅维里的史学》,《史学理论与史学史学刊》2008年卷。

刘华:《文明的批判——亚当·弗格森及其〈文明社会史论〉》,《历史教学问题》2004年第5期。

吕大年:《瓦拉和"君士坦丁赠礼"》,《国外文学》2002年第4期。

米辰峰:《劳伦佐·瓦拉的生平与思想》,《史学月刊》2004年第8期。

米辰峰:《马比荣与西方古文献学的发展》,《历史研究》2004年第5期。

米辰峰:《瓦拉批驳〈君士坦丁赠与〉的学术得失》,《史学月刊》2006年第3期。

欧阳萍:《历史进步观中的神学阴影》,《湖南社会主义学院学报》2004年第6期。

彭小瑜:《近代西方古文献学的发源》,《世界历史》2001年第1期。

齐思和:《中国和拜占庭帝国的关系》,《北京大学学报》1955年第1期。

孙锦泉:《论布鲁尼的人文主义史学》,《四川大学学报》(哲社版)2007年第5期。

谭英华:《十六至十七世纪西方历史思想的更新》,《历史研究》1987年第4期。

王利红:《试论赫尔德浪漫主义历史哲学思想》,《史学理论研究》2008年第4期。

王勤榕:《西方史学中的历史循环论与历史进步史观》,《首都师范大学学报》(社会科学版)1991年第6期。

王挺之:《乔尔乔·瓦萨里的〈意大利艺苑名人传〉》,《世界历史》2002年第3期。

吴于廑:《吉本的历史批判与理想主义思潮》,《社会科学战线》1982年第1期。

夏祖恩:《"历史哲学"对历史研究的宏观指导——兼评维柯新科学》,《福建师范大学福清分校学报》1998年第1期。

徐波:《博学好古研究与西方史学》,《四川大学学报》(哲学社会科学版)2005 年第 1 期。

徐波:《法国文艺复兴时期的历史方法研究》,《西南师范大学学报》2004 年第 6 期。

徐善伟:《试论波丹的史学思想》,《史学理论研究》1997 年第 1 期。

严建强:《论维柯的历史科学观》,《杭州大学学报》1992 年第 9 期。

易宁:《论波利比阿的"政体循环"说》,《世界历史》1998 年第 6 期。

尤昭和:《维柯历史思想之分析》,《淡江史学》1994 年第 6 期。

曾清媛:《维柯新科学的历史哲学思想研究》,江西师范大学硕士研究生学位论文,2007 年。

张广智:《"天才的闪光"——维柯史学思想述论》,《史学史研究》1987 年第 4 期。

张广智:《爱德华·吉本》,《世界历史》1981 年第 2 期。

张广智:《吉本史学生涯随记》,《历史教学问题》2001 年第 5 期。

张广智:《近代以来西方史学反省的历史考察》,史学理论丛书编辑部编:《当代西方史学思想的困惑》,中国社会科学出版社 1991 年版。

张井梅:《16、17 世纪历史进步观与西方史学》,《历史教学问题》2008 年第 2 期。

张井梅:《浅论西方史学史上的"博学时代"》,《史学史研究》2008 年第 3 期。

张井梅:《嬗变与转型:文艺复兴后期法国史学析论》,博士研究生学位论文,复旦大学历史学系,2010 年。

赵金轶:《哲学与历史的统一——论维柯新科学对史学研究的影响》,《辽宁师专学报》2003 年第 1 期。

周保巍:《"自由主义"的自由与"共和主义"的自由——苏格兰启蒙运动中的观念冲突》,《华东师范大学学报》(哲学社会科学版)2006 年第 1 期。

祝宏俊:《古代希腊进步史观的产生》,《东北师大学报》(哲学社会科学版)2004 年第 2 期。

二、英文部分

1. 著作

Ackroyd, Peter, *The Life of Thomas More*, London: Chatto &

Windus, 1998.

Althusser, Louis, *Montesqiueu, Rousseau, Marx Politics and History*, translated by Ben Brewster, London: Verso, 1972.

Atkinson, James B. and Sices David, edited and Translated, *Machiavelli and His Friends: Their Personal Correspondence*, DeKalb, Illinois: Northern Illinois University Press, 1996.

Avis, Paul, *Foundations of Modern Historical Thought*, London, Sydney, Dover, New Hampshire: Croom Helm Ltd., 1986.

Bacon, Francis, *The History of the Reign of King Henry Ⅶ and Selected Works*, Cambridge: Cambridge University Press, 1998.

Barber, W. H., *Leibniz in France from Arnauld to Voltaire*, London: Oxford University Press, 1955.

Barnes, Harry Elmer, *A History of Historical Writing*, second edition, New York: Dover Publications, INC., 1963.

Baron, H., *The Crisis of the Early Italian Renaissance*, Princeton: Princeton University Press, 1955.

Barrriault, Anne B., Andrew Ladis, Norman E. Land, and Jeryldene M. Wood, *Reading Vasari*, London: Philip Wilson Publisher Ltd., 2005.

Bayle, Pierre, *Historical and Critical Dictionary*, Selections, translated by Richard H. Popkin, Indianapolis, Cambridge: Hackett Publishing Company, Inc., 1991.

Bentley, Michael, *Modern Historiography*, London, New York: Routledge, 1999.

Berlin, Isaiah, *Three Critics of the Enlightenment: Vico, Hamann, Herder*, London: Pimlico, 2000.

Berlin, Isaiah, *Vico and Herder: Two Studies in the History of Ideas*, New York: the Viking Press, 1976.

Besterman, Theodore, edited, *Studies on Voltaire and the Eighteenth Century*, Vol. ⅩⅩ-ⅩⅪ, Geneve: Institut Et Musee Voltaire, 1962.

Biondo, Flavio, *Italy illuminated*, translated by Jeffrey A. White, Cambridge, Massachusetts, London: Harvard University Press, 2005.

Black, J. B., *The Art of History: a Study of Four Great Historians of the Eighteenth Century*, London: Methuen & Co. Ltd., 1926.

Bodin, Jean, *Method for the Easy Comprehension of History*, New York: Columbia University Press, 1945.

Botley, Paul, *Latin Translation in the Renaissance: the Theory and Practice of Leonardo Bruni, Giannozzo Manetti, and Desiderius Erasmus*, Cambridge, New York: Cambridge University Press, 2004.

Bowersock, G. W., John Clive, and Stephen R. Graubard, eds., *Edward Gibbon and the Decline and Fall of the Roman Empire*, Cambridge, Massachusetts: Harvard University Press, 1977.

Box, Ian, *The Social Thought of Francis Bacon*, Lewiston, Lampeter, Queenston: the Edwin Mellen Press, 1989.

Boyd, Kelly, *Encyclopedia of Historians and Historical Writing*, London, Chicago: Fitzroy Dearborn Publishers, 1999.

Breisach, Ernst, *Historiography: Ancient, Medieval and Modern*, Second edition, Chicago, London: the University of Chicago Press, 1994.

Brien, Karen O., *Narratives of Enlightenment: Cosmopolitan History from Voltaire to Gibbon*, Cambridge: Cambridge University Press, 1997.

Broadie, Alexander, *The Scottish Enlightenment*, Cambridge: Cambridge University, 2003.

Brumfitt, J. H., *Volfaire: Historian*, Glasgow, New York: Oxford University Press, 1958.

Bruni, Leonardo, *History of the Florentine People*, translated by James Harkins, Cambridge, Mass: Harvard University Press, 2001.

Burke, Peter, *Vico*, Oxford, New York: Oxford University Press, 1985.

Burlingame, Anne, Elizabeth, *The Battle of the Books in It Historical Setting*, New York: Biblo and Tannen Booksellers and Publishers, Inc., 1969.

Burrow, J. W., *Gibbon*, Oxford, New York: Oxford University Press, 1985.

Cannon, John, *The Blackwell, Dictionary of Historians*, New York: Basil Blackwell Ltd., 1988.

Capaldi, Nicholas and Livingston, Donald W., edited, *Liberty in Hume's History of England*, Dordrecht, Boston, London: Kluwer Academic Publishers, 1990.

Caponigri, A. Robert, *Time and Idea: the Theory of History in Giambattista Vico*, New Brunswick and London: Transaction Publishers, 2004.

Cassirer, Ernst, *The Question of Jean-Jacques Rousseau*, second edition, edited and translated with an introduction and a new postscript by Peter Gay, New Haven, London: Yale University Press, 1989.

Celenza, Christopher S., *The Lost Italian Renaissance: Humanists, Historians, and Latin's Legacy*, Baltimore, London: the Johns Hopkins University Press, 2004.

Cochrane, Eric, *Historians and Historiography: in the Italian Renaissance*, Chicago, London: the University of Chicago Press, 1981.

Coleman, Patrick, Jayne Lewis, and Jill Kowalik, edited, *Representations of the Self from the Renaissance to Romanticism*, Cambridge: Cambridge University Press, 2000.

Conroy, Peter V. Jr., *Montesquieu Revisited*, New York: Twayne Publishers, 1992.

Cosgrove, Peter, *Impartial Stranger, History and Gibbon's Decline and Fall of the Roman Empire*, London: Associated University Press, Inc., 1999.

Cotter, James, *Gibbon*, New York: Arkell Weekly Company, 1895.

Craddock, Patricia, *Edward Gibbon, Luminous Historian 1772 - 1794*, Baltimore: The Johns Hopkins University Press, 1989.

Craddock, Patricia, *Young Edward Gibbon, Gentleman of Letters*, Baltimore: The Johns Hopkins University Press, 1982.

Craddock, Patricia, *Edward Gibbon: A Reference Guide*, Margaret Craddock Huff, 1987.

Cranston, Maurice, *The Noble Savage, Jean-Jacques Rousseau*

1754 -1762, Allen Lane: the Penguin Press, 1991.

Desan, Philippe edited, *Humanism in Crisis: the Decline of the French Renaissance*, Ann Arbor: The University of Michigan Press, 1994.

Descartes, Renè, *Philosophical Essays and Correspondence*, edited and translated by Roger Ariew, Indianapolis, Cambridge: Hackett Publishing Company, Inc. , 2000.

Dodd, Alfred, *Francis Bacon's Personal Life-Story*, London, Melbourne: Rider & Company, 1986.

Falco, Maria J. , edited, *Feminist Interpretations of Niccol ò Machiavelli*, University Park, Pennsylvania: The Pennsylvanian State University Press, 2004.

Farrell, John, *Paranoia and Modernity: Cervantes to Rousseau*, Ithaca, London: Cornell University Press, 2006.

Faulkner, Robert K. , *Francis Bacon and the Project of Progress*, London: Rowman & Littlefield Publishers Inc. , 1993.

Ferguson, Adam, *The Correspondence of Adam Ferguson*, edited by Vincenzo Merolle, London: William Pickerling, 1995.

Ferguson, Adam, *The History of the Progress and Termination of the Roman Republic*, Edinburgh, 1799.

Ferguson, Wallace K. , *The Renaissance in Historical Thought*, Boston, New York: Houghton Mifflin Co. , 1948.

Fieser, James, *Early Responses to Hume's History of England*, Bristol: Thoemmes Press, 2002.

Fodor, Jerry A. , *Hume Variations*, Oxford: Clarendon Press, 2003.

Foster, Stephen Paul, *Melancholy Duty: the Hume-Gibbon Attack on Christianity*, Dordrecht, Boston, London: Kluwer Academic Publishers, 1997.

Franklin, Julian H. , *Jean Bodin and the Sixteenth-Century Revolution in the Methodology of Law and History*, New York, London: Columbia University Press, 1963.

Fryde, E. B. , *Humanism and Renaissance*, London: the Hambledon

Press, 1983.

Fussner, F. Smith, *The Historical Revolution: English Historical Writing and Thought, 1580–1640*, New York: Routledge & Kegan Paul Limited, 1962.

Gay, Peter J. and Victor G. Wexler, *Historians at Work*, Harper and Row: Publishers, 1972.

Geneviève Rodis-Lewis, *Descartes: His Life and Thought*, translated by Jane Marie Told, Ithaca and London: Cornell University Press, 1998.

Getscher, Robert H., *An Annotated and Illustrated Version of Giorgio Vasari's History of Italian and Northern Prints from His Lives of the Artists (1550 & 1568)*, Lewistong, Queenston, Lampeter: the Edwin Mellen Press, 2003.

Gibbon, Edward, *Autobiography of Edward Gibbon*, edited by Oliphant Smeaton, London: J. M. Dent & Sons Ltd., New York: E. P. Dutton & Co., 1923.

Gibbon, Edward, *Gibbon's Journal*, New York: W. W. Norton & Company, Inc., 1999.

Gibbon, Edward, *Private Letters of Edward Gibbon (1753–1794)*, Vol. Ⅱ, London: John Murray, Albemarle Street, 1971.

Gibbon, Edward, *The Decline and Fall of the Roman Empire*, Vol. Ⅰ–Ⅵ, London: Routledge/Thoemmes Press, 1997.

Gibbon, Edward, *The Miscellaneous Works of Edward Gibbon*, New York: First AMS edition, 1971.

Gilbert, Felix, *Marchiavelli and Guicciardini*, Princeton: Princeton University Press, 1965.

Gilbert, Francis La Freniere, *Jean-Jacques Rousseau and the Idea of Progress*, the Requirements for the degree of Doctor of Philosophy, at University of California, 1976.

Goetsch, James Robert Jr., *Vico's Axioms: the Geometry of the Human World*, New Haven and London: Yale University Press, 1995.

Grant, Michael, *Roman History from Coins*, London: the

Cambridge Press, 1958.

Grayling, A. C., *Descartes: the Life of René Descartes and Its Place in his Time*, London: the Free Press, 2005.

Greig, J. Y. T., edited, *The Letters of David Hume*, Oxford: the Clarendon Press, 1932.

Griffiths Gordon, Hankins James, Thompson David, *The Humanism of Leonardo Bruni*, translations and introductions by Gordon Griffiths, James Hankins, David Thompson, Binghamton, New York: Center for Medieval and Early Renaissance Studies, 1987.

Guicciardini, Francesco, *Dialogue on the Government of Florence*, translated by Alison Brown, Cambridge: Cambridge University Press, 1994.

Guicciardini, Francesco, *The History of Italy*, translated by Sidney Alexander, New York: the Macmillan Company, London: Collior-Macmillan Ltd., 1969.

Habben, Dorothy E., *The Reputation of Sir Francis Bacon Among the English Romantics*, for the Degree of Doctor of Philosophy at New York University, 1976.

Hampson, Norman, *Will & Circumstance: Montesquieu, Rousseau and the French Revolution*, London: Gerald Duckworth & Co. Ltd., 1983.

Hankins, James, *Renaissance Civic Humanism*, Cambridge: Cambridge University Press, 2000.

Harvey, Van A., *The History and the Believer*, Urbana and Chicago: University of Illinois Press, 1996.

Havens, George Remington, *Voltaire's Marginalia on the Pages of Rousseau*, New York: B. Franklin, 1971.

Heath, Eugene and Merolle, Vincenzo, edited, *Adam Ferguson: History, Progress and Human Nature*, London: Pickering & Chatto, 2008.

Hobbs, Catherine L., *Rhetoric on the Margins of Modernity*, Carbondale and Edwardsville: Southern Illinois University Press, 2002.

Horne, George and Jackson, Samuel, *A Letter to Adam Smith and Apology for the Life and Writings of David Hume*, *Esq*, London: Routledge/Thoemmes Press, 1994.

Hume, David, *A History of England*, thirty second edition, John Murry: Albemarle Street, 1895.

Jones, Peter, *The Reception of David Hume in Europe*, London, New York: Thoemmes Continuum, 2005.

Joyce, Michael, *Edward Gibbon*, London, Toronto: 1953.

Kelley, Donald R. and Harris, Sacks David edited, *The Historical Imagination in Early Modern Britain*, Cambridge, New York: Woodrow Wilson Center Press and Cambridge University Press, 1997.

Kelley, Donald R. and Popkin, R. H., *The Shapes of Knowledge from the Renaissance to the Enlightenment*, Dordrecht, Boston, London: Kluwer Academic Publishers, 1991.

Kelley, Donald R., *Renaissance Humanism*, Boston: Twayne Pulishers, 1991.

Kidd, Colin, *Subverting Scotland's Past*, Cambridge: Cambridge University Press, 1993.

Klibansky, Raymomd and Mossner, Ernest C., *New Letters of David Hume*, Oxford: the Clarendon Press, 1954.

Lange, Lynda, *Feminist Interpretations of Jean-Jacques Rousseau*, University Park, Pennsylvania: the Pennsylvania State University Press, 2002.

Lilla, Mark, *G. B.*, *Vico: the Making of an Anti-Moder*n, Cambridge, Massachusetts, London: Harvard University Press, 1993.

Livingston, Donald and Martin, Marie, edited, *Hume as Philosopher of Society*, *Politics and History*, Rochester: University of Rochester Press, 1991.

Low, M., *Edward Gibbon*, *1737 - 1794*. London: Chatto & Windus, 1937.

Luft, Sandra Rudnick, *Vico's Uncanny Humanism*, Ithaca and London: Cornell University Press, 2003.

Machiavelli, Niccolò and Guicciardini, *The Sweetness of Power*, translated by James B. Atkinson and David Sices, DeKalb, Illinois: Northern Illinois University Press, 2002.

Machiavelli, Niccolò, *Art of War*, translated by Christopher Lynch, Chicago and London: the University of Chicago Press, 2003.

Machiavelli, Niccolò, *Life of Castruccio Castrani*, translated by Andrew Brown, London: Hesperus Press, 2003.

Machiavelli, Niccolò, *The Discourses of Niccolò Machiavelli*, London: Routledge & Kegan Paul Ltd., 1991.

Macus, Nancy du Bois, *Vico and Plato*, New York, Washington: Peter Lang Publishing, Inc., 2001.

Mali, Joseph, *Mythistory: the Making of a Modern Historiography*, Chicago and London: the University of Chicago Press, 2003.

Marks, Jonathan, *Perfection and Disharmony in the Thought of Jean-Jacques Rousseau*, Cambridge, New York: Cambridge University Press, 2005.

Mathews, Nieves, *Francis Bacon: the History of a Character Assassination*, New Haven and London: Yale University Press, 1996.

Mazzocco, Angelo, edited, *Interpretations of Renaissance Humanism*, Leiden, Boston: Brill, 2006.

Mccloy, Shelly T., *Gibbon's Antagonism to Christianity*, Chapel Hill: the University of North Carolina Press, 1933.

McKitterick, Rosamond, Roland Quinault, edited, *Edward Gibbon and Empire*, Cambridge: Cambridge University Press, 1997.

Mcknight, Stephen A., *The Religions Foundations of Francis Bacon's Thought*, Columbia and London: University of Missouri Press, 2006.

Meara, Maureen F. O., *Language Theory and Techniques in Voltaire's Fictional and Historical Writing*, for the Degree of Doctor of Philosophy in Cornell University, 1976.

Meek, R. L., edited, *Turgot on Progress, Sociology, and Economics*, Cambridge, 1973.

Mill, John Stuart, *Essays on French History and Historians*, Toronto and Buffalo: University of Toronto Press, 1985.

Miller, Cecilia, *Giambattista Vico: Imagination and Historical Knowledge*, New York: St. Martin's Press, 1993.

Miner, Robert C., *Vico: Genealogist of Modernity*, Notre Dame, Indiana: University of Notre Dame Press, 2002.

Momigliano, Arnaldo, *Studies in Historiography*, New York and Evanston: Harper Torchbooks, 1966.

Momigliano, Arnaldo, *Studies on Modern Scholarship*, Berkeley, Los Angeles, London: University of California Press, 1994.

Momigliano, Arnaldo, *The Classical Foundations of Modern Historiography*, Berkeley, Los Angeles, Oxford: University of California Press, 1990.

Mooney, Michael, *Vico in the Tradition of Rhetoric*, Princeton, New Jersey: Princeton University Press, 1985.

More, Thomas, *The History of King Richard the Third*, Bloomington, Indianapolis: Indiana University Press, 2005.

Neal, John C. O., *Changing Minds: the Shifting Perception of Culture in Eighteenth-Century France*, Newark: University of Delaware Press, London: Associated University Press, 2002.

Oliver, E. J., *Gibbon and Rome*, London: Sheed and Ward Ltd., 1958.

Owen, Aldridge, A., *Voltaire and the Century of Light*, Princeton, New Jersey: Princeton University Press, 1975.

Owen, David, *Hume's Reason*, Oxford: Oxford University, 1999.

Parkinson, G. H. R., *The Renaissance and Seventeenth-Century Rationalism*, London, New York: Routledge, 1993.

Pompa, Leon, *Human Nature and Historical Knowledge*, Cambridge: Cambridge University Press, 1990.

Pereboom, Derk, edited, *The Rationalists: Critical Essays on Descartes, Spinoza, and Leibniz*, Lanham, Boulder, New York: Oxford, Rowman & Littlefield Publishers, Inc., 1999.

Plamenatz, John, *Man and Society: Political and Social Theories from Machiavelli to Marx*, Vol. 1, from the Middle Ages to Locke, second edition, New York: Longman Publishing Group, 1992.

Porter, Noah, edited, *Descartes and His School*, translated by J. P. Gordy, London: Thoemmes Press, 1992.

Porter, Roy, *Gibbon Making History*, New York: St. Martin's Press, 1988.

Quennell, Peter, *Four Portraits*, London, Collins: 1946.

Queen, Daniel Mac, *Letters on Hume's History of Great Britain*, London: Thoemmes Antiquarian Books Ltd., 1990.

Richard, David, *Descartes: Belief, Scepticism and Virtue*, London and New York: Routledge, 2001.

Ridolfi, Roberto, *Life of Niccolò Machiavelli*, translated by Cecil Grayson, London: Routledge and Kegan Paul, 1963.

Riley, Patrick, *Character and Conversion in Autobiography*, Chalottesville and London: University of Virginia Press, 2004.

Ritchie, Thomas Edward, *An Account of the Life and Writings of David Hume, Esq.*, Bristol: Thoemmes Antiquarian Books Ltd., 1990.

Robertson, William, *Miscellaneous Works and Commentaries*, London: Routledge/Thoemmes Press, 1996.

Robertson, William, *The Historical Disquisition Concerning the Knowledge which the Ancients had of India*, London: Routledge/Thoemmes Press, 1996.

Robertson, William, *The History of America*, London: Routledge/Thoemmes Press, 1996.

Robertson, William, *The History of Scotland*, London: Routledge/Thoemmes Press, 1996.

Robertson, William, *The History of the Reign of the Emperor Charles V*, London: Routledge/Thoemmes Press, 1996.

Rossi, Paolo, *The Dark Abyss of Time*, translated by Lydia G. Cochrane, Chicago and London: the University of Chicago Press, 1984.

Rousseau, Jean-Jacques, *The Confessions and Correspondence*, translated by Christopher Kelly, Hanover and London: University Press of New England, 1995.

Rubin, Patricia Lee, *Giorgio Vasari: Art and History*, New Haven, London: Yale University Press, 1995.

Russell, Trusten Wheeler, *Voltaire, Dryden and Heroic Tragedy*, New York: Columbia University Press, 1946.

Schmaltz, Tad M., *Receptions of Descartes: Cartesianism and Anti Cartesianism in Early Modern Europe*, edited by Tad M. Schmaltz, London, New York: Routledge Taylor & Francis Group, 2005.

Schmidt, Claudia M., *David Hume: Reason in History*, University Park, Pennsylvania: The Pennsylvania State University Press, 2003.

Stapleton, Thomas, *The Life and Illustrious Martyrdom of Sir Thomas More*, London: Burns & Oates, 1966.

Stern, Fritz, *The Varieties of History*, New York: Vintage Books, A Division of Random House, 1973.

Stewart, Dugald, *Account of the Life and Writings of William Robertson*, with a new introduction by Jeffrey Smitten, Thoemmes Press, 1997.

Stone, Harold Samuel, *Vico's Culture History: the Production and Transmission of Ideas in Naples, 1685 - 1750*, Leidon, New York, Kölin: E. J. Brill, 1997.

Tagliacozzo, Giorgio, edited, *Vico and Contemporary*, London and Basingstoke: the Macmillan Press Ltd., 1980.

Tagliacozzo, Giorgio, edited, *Vico and Marx: Affinities and Contrasts*, New Jersey: Humanities Press Inc., 1983.

Tagliacozzo, Giorgio, edited, *Vico: Past and Present*, Atlantic Highlands, New Jersey: Humanities Press Inc., 1981.

Thompson, James Westfall, *A History of Historical Writing*, vol. 1, New York: the Macmillan Company, 1942.

Torrey, Norman L., *The Spirit of Voltaire*, New York: Columbia University Press, 1938.

Vaglio, Mirella, *Truth and Authority in Vico's Universal Law*, New York, Washington: Peter Lange Publishing, 1999.

Vasari, Giorgio, *Lives of the Painters, Sculptors and Architects*, trans. by Gaston du C. de Vere, Alfred A. Knopf, New York, Toronto: Everyman's Library, 1996.

Vico, Giambattista, *The Autobiography of Giambattista Vico*, translated by Max Harold Fisch and Thomas Goddard Bergin, Ithaca, New York: Cornell University Press, 1944.

Weintraub, Karl J., *Visions of Culture*, Chicago & London: University of Chicago, 1966.

Wells, Ronald A., edited, *History and the Christian Historian*, Grand, Rapids, Michigan: William B. Eeerdmans Publishing Company, 1998.

Wertz, Spencer K., *Between Hume's Philosophy and History, Historical Theory and Practice*, Lanham, New York: Oxford, University Press of America, 2000.

Womersley, David, *Gibbon and the "Watchmen of the Holy City", The Historian and His Reputation, 1776 - 1815*, Oxford: Clarendon Press, 2002.

Womersley, David, *The Transformation of the Decline and Fall of the Roman Empire*, Cambridge, New York: Cambridge University Press, 1988.

Wormald, B. H. G., *Francis Bacon: History, Politics and Science, 1561 - 1626*, Cambridge: Cambridge University Press, 1993.

2. 论文

Bowersock, G. W., "Gibbon's Historical Imagination", *The American Scholar*, Winter, 1988.

Bull, George, "Vasari' Lives", Giorgio Vasari, *Lives of the Artists*, a selection translated by George Bull, Ringwood, Victoria, Australia: Penguin Books Australia Ltd., 1965.

Fisch, Max H., "What has Vico to say to Philosophers of today", *Vico and Contemporary Thought*, edited by Giorgio Tagliacozzo, Michael Mooney, Donald Phillip Verene, London, Basingstoke: the Macmillan Press Ltd., 1980.

Haddock, B. A., " Vico and the problem of Historical

Reconstruction", *Vico and Contemporary Thought*, edited by Giorgio Tagliacozzo, Michael Mooney, Donald Phillip Verene, London, Basingstoke: the Macmillan Press Ltd., 1980.

Hope Charles, "Can You Trust Vasari", *New York Review of Books*, Vol. 42, Oct., 1995.

Iggers, Georg G., "The University of Göttingen 1760 – 1800 and the Transformation of Historical Scholarship", *Historiographie*, No. 2, 1982.

Knowles, M. D., "Presidential Address: Great Historical Enterprises Ⅰ. The Bollandists", *Transactions of the Royal Historical Society*, 5th Ser., Vol. 8, 1958.

Knowles, M. D., "Presidential Address: Great Historical Enterprises Ⅱ. The Maurists", *Transactions of the Royal Historical Society*, 5th Ser., Vol. 9, 1959.

Oz-Salzberger, Fanla, "Introduction" in Adam Ferguson's *An Essay on the History of Civil Society*, Cambridge: Cambridge University Press, 1995.

Pittock, Murray G. H., "Historiography", *The Scottish Enlightenment*, Alexander Broadie, Cambridge: Cambridge University Press, 2003.

Sellin, Thorsten, "Dom Jean Mabillon: A Prison Reformer of the Seventeenth Century", *Journal of the American Institute of Criminal Law and Criminology*, Vol. 17, No. 4, Feb., 1927.

Stuart Clark, "Bacon' Henry Ⅶ: a case-study in the Science of man", *History and Theory*, Vol. 13, 1974.

Thompson, J. W., "The Age of Mobillon and Montfaucon", *The American Historical Review*, Vol. 47, No. 2. Jan., 1942.

Vanuxem, Jacques, "The Theories of Mabillon and Montfaucon on French Sculpture of the Twelfth Century", *Journal of the Warburg and Court auld Institutes*, Vol. 20, No. 1/2, Jan.-Jun., 1957.

Woolf, D. R., "Erudition and the Idea of History in Renaissance England", *Renaissance Quarterly*, Vol. 40, No. 1, Spring, 1987.

Woolf, D. R., "John Seldon, John Borough and Francis Bacon' History of Henry Ⅶ, 1621", *Huntington Library Quarterly*, Vol. 47, 1984.

图书在版编目(CIP)数据

西方史学通史　第四卷　近代时期(上)/张广智主编;李勇著.
—上海:复旦大学出版社, 2011.12
ISBN 978-7-309-08327-9

Ⅰ. 西…　Ⅱ. ①张…②李…　Ⅲ. 史学史-西方国家-近代　Ⅳ. K091

中国版本图书馆 CIP 数据核字(2011)第 156386 号

西方史学通史　第四卷　近代时期(上)
张广智　主编　李　勇　著
责任编辑/关春巧

复旦大学出版社有限公司出版发行
上海市国权路 579 号　邮编:200433
网址:fupnet@fudanpress.com　http://www.fudanpress.com
门市零售:86-21-65642857　团体订购:86-21-65118853
外埠邮购:86-21-65109143
上海浦东北联印刷厂

开本 787×960　1/16　印张 23.5　字数 366 千
2012 年 7 月第 1 版第 2 次印刷

ISBN 978-7-309-08327-9/K·346
定价: 46.00 元